suhrkamp taschenbuch
wissenschaft 434

Die mit diesem Band vorliegende repräsentative Auswahl aus seinem soziologischen Werk möchte Georg Simmel wieder einem breiteren Publikum bekannt machen und die Auseinandersetzung mit ihm anregen. Neben unbekannt gebliebenen Texten stehen Passagen aus Simmels soziologischen Büchern, die seine theoretischen Überlegungen zur sozialen Differenzierung, zur Geldtheorie und zur Theorie der Moderne einbeziehen. – Damit wird dem deutschsprachigen Leser zum erstenmal Simmels Soziologie präsentiert, wenn auch nur in einer Auswahl, da eine Gesamtausgabe noch aussteht.

Georg Simmel
Schriften zur Soziologie

Eine Auswahl

Herausgegeben und eingeleitet von
Heinz-Jürgen Dahme und
Otthein Rammstedt

Suhrkamp

Bibliografische Information der Deutschen Nationalbibliothek
Die Deutsche Nationalbibliothek verzeichnet diese Publikation
in der Deutschen Nationalbibliografie;
detaillierte bibliografische Daten sind im Internet über
http://dnb.d-nb.de abrufbar.

6. Auflage 2016

Erste Auflage 1983
suhrkamp taschenbuch wissenschaft 434

Suhrkamp Taschenbuch Verlag

Printed in Germany
Umschlag nach Entwürfen von
Willy Fleckhaus und Rolf Staudt
ISBN 978-3-518-28034-8

Inhalt

Einleitung

Georg Simmel (1858-1918) gehört unbestritten zu den Klassikern der Soziologie. Neben Max Weber und Emile Durkheim ist es ihm zu danken, daß die Soziologie im ausgehenden 19. Jahrhundert zur Wissenschaft wurde. Aber auch wenn Georg Simmel zu den Begründern der modernen Soziologie zählt, sind seine Publikationen in Vergessenheit geraten; und selbst in der Soziologie gilt er zumeist als »Geheimtip«, wohl auch als ein »Brunnen, aus dem man geheim schöpft, ohne Gefahr zu laufen«, entdeckt zu werden (Pryzywara). Dies mag Simmel schon geahnt haben. Denn er betrachtete seine geistige Erbschaft wie Bargeld, »das an viele Erben verteilt wird, und jeder setzt seinen Teil in irgendeinen Erwerb um, der seiner Natur entspricht: dem die Provinienz aus jener Hinterlassenschaft nicht anzusehen ist«. Die heutige paradigmatische Zweitrangigkeit Simmels – z. B. gegenüber Durkheim und Weber – ist aber zuerst einmal Folge der Rezeptionsgeschichte seines Werkes und der häufig damit einhergehenden Stereotypenbildung gegenüber seiner soziologischen Leistung. Die Rubrizierung Simmels unter dem Stichwort »Formale Soziologie« war einer offenen Rezeption bis heute eher hinderlich als förderlich (vgl. z. B. Schnabel 1974). Vorurteile und Ressentiments gegenüber der Simmelschen Soziologie dominieren die intellektuelle Szene und eine Etikettierung seiner Soziologie als Psychologismus, Formalismus, Irrationalismus oder Ästhetizismus ist auffallend (vgl. Dahme 1981). Das eher negative Simmel-Bild in der Soziologie – vor allem in der offiziellen Geschichtsschreibung des Faches – steht dabei häufig auf tönernen Füßen. Denn die Kritik und Typisierung der Simmelschen Soziologie basiert nicht selten auf der Auseinandersetzung mit lediglich *einer* Arbeit oder *eines* Aspektes seines umfangreichen Œuvres. Einiges läßt sich anführen, was diese Praktik begünstigt: Eine gute Gesamtbibliographie seiner Arbeiten (die immer noch erhebliche Lücken aufweist) ist erst seit dem Ende der 50er Jahre zugänglich; eine Gesamtausgabe seiner Schriften fehlt bis heute; nur wenige der von ihm verfaßten Arbeiten sind als Neuauflagen greifbar; ein Großteil seiner Arbeiten erschien in schwer zugänglichen Zeitschriften oder gar im Feuilleton von Tageszeitungen, Wochenzeitungen oder Kulturmagazinen; die bisher vorliegenden Sammelbände mit Arbeiten Simmels geben zwar einen Überblick über die große Spannbreite seiner geistigen Interessen und reichen von der Soziologie, Psychologie über Erkenntnistheorie, Religionsphilosophie, Ästhetik, Kulturphilosophie bis hin zur Lebensmetaphysik, müssen sich deshalb aber notwendigerweise auch selektiv bescheiden und sind deshalb auch untauglich für eine Aneignung und Auseinandersetzung mit Simmels soziologischen Arbeiten.

Schwierig macht eine Rezeption Simmels wohl auch, daß es *das* systematische soziologische Hauptwerk Simmels nicht gibt. Vielmehr schreibt Simmel – auch wieder im Vergleich zu Weber und Durkheim und sich damit von beiden unterscheidend – essayistisch. Die behandelten Themen werden scheinbar willkürlich, ohne Zusammenhang aufgegriffen, und Simmel wirkt auf den ersten Blick wie ein Wanderer zwischen den Disziplinen. Nicht selten ist von der Kritik angemerkt worden, daß seine Arbeiten und sein Gesamtschaffen fragmentarisch und unsystematisch seien. Und ein flüchtiger Blick auf Simmels Bibliographie scheint dies zu bestätigen. Ästhetische, ethische, geschichtsphilosophische, psychologische, soziologische und metaphysische Arbeiten folgen in bunter Reihe. Auch von den in diesen Arbeiten thematisierten heterogenen Gegenständen – wie z. B. dem Henkel, der Ruine, dem Armen, dem Abenteurer, der Mode, der Koketterie, dem Fremden, Florenz, Rom, Michelangelo, Rembrandt, sozialer Differenzierung, dem Geheimnis, der Großstadt, um auszugsweise nur einige zu nennen – scheint sich ein systematisches theoretisches Anliegen Simmels nicht erschließen zu lassen. Leicht verführt dies dazu, Simmels Werk als Steinbruch zu betrachten, dem man beliebige Stücke entnehmen kann, um selbst damit weiter zu arbeiten. Wenn ein Teil der Soziologie, die sich durchaus positiv auf Simmel bezieht, ihn als »Hypothesenlieferanten« (Schnabel 1974: 40) benutzt und sich weniger um den Stellenwert solcher Hypothesen im Gesamtkontext kümmert, dann ist das deutlicher Ausdruck einer solchen Auffassung und verstärkt das Vorurteil, es gäbe bei Simmel eher *die* Gedanken als *den* Gedanken (vgl. Landmann 1968: 16).

Die hier vorgelegte Textsammlung soll das soziologische Werk einem breiteren Publikum zugänglich machen. Die Auswahl berücksichtigt dabei sowohl unbekannt gebliebene Texte aus dem Kreis seiner soziologischen Arbeiten, versucht aber auch durch den Wiederabdruck schon bekannter Texte, den Gesellschaftstheoretiker Simmel, wie er sich in seinen Arbeiten zur Theorie der sozialen Differenzierung und seinen Analysen der Moderne präsentiert, bekannter zu machen. Diese Dimension in Simmels Soziologie ist häufig durch Orientierung an der Etikettierung »Formale Soziologie« und durch die Rezeption der in diesen Bereich fallenden Arbeiten übersehen bzw. vergessen worden. Die Textauswahl versucht sich von Simmels Soziologieverständnis leiten zu lassen, um den »ganzen« Soziologen Simmel erstmals wieder in die Diskussion zu bringen.

Das Leben Georg Simmels

Georg Simmel wurde am 1. März 1858 als jüngstes von sieben Geschwistern geboren. Die Familie ist jüdischer Herkunft, beide Elternteile traten jedoch schon früh zum christlichen Glauben über. Der Vater, Kaufmann, gründet in Berlin nach der Übersiedlung aus Breslau die Süßwarenfirma »Felix und Sarotti«, die allerdings wegen finanzieller Schwierigkeiten nicht im Besitz der Familie bleibt, so daß man in beengteren Verhältnissen leben muß. Nach dem Tod des Vaters im Jahre 1874 wird ein Freund der Familie, Julius Friedländer, Begründer und Inhaber der Musikedition Peters, zum Vormund Georg Simmels bestellt. Er erbt später das aus dem Musikgeschäft stammende beachtliche Vermögen seines Vormunds. Dadurch wird es ihm möglich, die akademische Laufbahn einzuschlagen und durchzustehen, als ihm für viele Jahre eine Professur verwehrt wird.

Georg Simmel wird protestantisch getauft. Er heiratet 1890 Gertrud Kinel, mit der er einen Sohn hat. Gertrud Simmel ist unter dem Pseudonym Marie-Luise Enckendorf als philosophische Schriftstellerin bekannt geworden (z. B. »Vom Sein und vom Haben der Seele« (1906); »Realität und Gesetzlichkeit im Geschlechtsleben (1910); »Über das Religiöse« (1919)). Georg Simmel beginnt im Sommersemester 1876 mit dem Studium der Geschichte, Völkerpsychologie und Philosophie in Berlin. Er promoviert 1881 mit seiner Arbeit über »Das Wesen der Materie nach Kants Physischer Monadologie«, nach dem die ursprünglich eingereichte, stark auf Darwin rekurrierende Arbeit mit dem Titel »Psychologisch-ethnographische Studien über die Anfänge der

Musik« abgelehnt worden ist. Der Philosophiehistoriker Zeller und der Physiker Helmholtz hatten Bedenken gegen die Annahme der Arbeit erhoben. Simmel hatte in seiner ursprünglich eingereichten Arbeit die These Darwins zu widerlegen versucht, daß die Sprache sich aus anfänglich beim Menschen vorhandenen Fähigkeiten zur Äußerung musikalischer Laute entwickelt habe. Demgegenüber versuchte er, anhand von ethnologischen und ethologischen Materialien zu belegen, daß der Gesang beim Menschen evolutionär später einsetze und die Entwicklung der Sprache zur Voraussetzung habe. Beide Gutachter halten Simmels These für sehr gewagt. Helmholtz macht einen Vermittlungsvorschlag und schlägt vor, Simmels kurz zuvor von der Fakultät ausgezeichnete Preisschrift über Kants Materiebegriff als Dissertation einzureichen. Die Fakultät und Simmel selbst stimmen dem Verfahren zu. Simmel promoviert so am 20. 1. 1881 mit seiner Kantarbeit. Auch Simmels Habilitation verläuft dann problematisch. Im Oktober 1883 bewirbt sich Simmel mit einer Arbeit über Kants Raum- und Zeitlehre um die Habilitation. Sie wird abgelehnt. Dagegen protestieren Zeller und Dilthey erfolgreich: Die Arbeit wird im nachhinein als Habilitationsleistung doch angenommen. Auch der Habilitationsvortrag zum Thema »Die metaphysischen Grundlagen des Erkennens« wird zuerst als ungenügend bezeichnet. Die Simmelsche Familienchronik berichtet, daß der Ablehnungsgrund in einer Streitfrage zwischen Th. Ziegler und Simmel zu suchen sei, in der es um den Sitz der Seele geht. Ziegler vertrat die Auffassung, die Seele sei ein punktförmiges Wesen und ihr Sitz in der Mitte des Gehirns. Der naturwissenschaftlich interessierte und gebildete junge Simmel widerspricht heftig. Der Sohn Georg Simmels berichtet in seinen Lebenserinnerungen, daß die Heftigkeit des Disputs mit Ziegler die anderen Kollegen veranlaßt habe, mit der Ablehnung der Probevorlesung das ungehörige, aufbrausende Verhalten Simmels gegenüber älteren Kollegen disziplinieren zu wollen. Der zweite Habilitationsvortrag im Oktober 1884 »Über die Lehre von den Assoziationen der Vorstellung« wird angenommen. Im Januar 1885 nimmt Simmel seine Lehrtätigkeit als Privatdozent an der Philosophischen Fakultät der Universität Berlin auf, mit der öffentlichen Antrittsvorlesung »Über das Verhältnis des ethischen Ideals zu dem logischen und dem ästhetischen«.

Privatdozent bleibt Georg Simmel ungewöhnlich lange. Trotz

einer umfangreichen Veröffentlichungsliste und großer Hörerzahlen wird er erst 1901 zum Extraordinarius für Philosophie ernannt. Dem ersten Antrag der Fakultät auf Beförderung Simmels vom Juni 1898 wurde vom Ministerium nicht stattgegeben. Das ist wahrscheinlich auf das halbherzige Engagement Diltheys zurückzuführen, der zwar als Fakultätsmitglied den Förderungsvorschlag der Fakultät mit unterzeichnet hat, aber zu dieser Zeit Simmels soziologischen Arbeiten und Interessen eher ablehnend gegenübersteht. Erst durch Schmollers Engagement und Vermittlung, der an Simmels soziologischen Arbeiten interessiert ist, gelingt es, ihn zwei Jahre später zum Extraordinarius ohne Prüfungsrecht zu befördern. Bis zu einer ordentlichen Professur muß Simmel aber noch 14 Jahre warten. Erst im Alter von 56 Jahren wird ihm durch einen Ruf nach Straßburg auch die äußere Anerkennung zuteil, die er in Fachkreisen und weit darüber hinaus lange Zeit schon besaß. Bei verschiedenen Berufungen in Berlin ist Simmel übergangen worden. Zwei Berufungen nach Heidelberg, für die sich Max Weber engagiert hat, scheiterten 1908 und 1915 an der Badischen Kultusbürokratie.

Ein bei dem Berliner Historiker D. Schäfer eingeholtes Gutachten durch das Ministerium in Karlsruhe weist auf zwei Aspekte hin, die die Berufung Simmels wahrscheinlich verhindert haben. Zum einen macht das Gutachten Schäfers von 1908 auf Simmels jüdische Abstammung aufmerksam, die sich s. E. an »Erscheinung« und »Geistesart« zeige; zum anderen kritisiert er an Simmels Soziologie, daß sie »die ›Gesellschaft‹ als maßgebendes Organ für menschliches Zusammenleben an die Stelle von Staat und Kirche« setzen wolle (in Landmann 1958: 26 f.).

Die gescheiterten Berufungsversuche machen deutlich, daß Simmel innerhalb des Wissenschaftssystems nicht nur aufgrund seiner wissenschaftlichen Leistungen umstritten war, sondern daß er zugleich Opfer eines latenten Antisemitismus wurde. Aber diese Vorbehalte gegen Simmel waren nicht allseitig. 1911 erhält er die Ehrendoktorwürde durch die Staatswissenschaftliche Fakultät in Freiburg i. B., die auf Betreiben Rickerts zustandekommt. In der Laudatio werden Simmels Leistungen um die Begründung der Soziologie als Wissenschaft sowie seine »Philosophie des Geldes« als wichtiger Beitrag zur Nationalökonomie hervorgehoben. Der ambivalenten Haltung weiter akademischer Kreise in Deutschland gegenüber Simmel steht sein breiter Publikumserfolg und die breite Anerkennung des Auslandes entgegen. Simmel veröffentlichte regelmäßig in den USA und in Frankreich. Er war Mitherausgeber und Autor des »American Journal of Sociology«, veröffentlichte in dem von Durkheim gegründeten »L'Année Sociologique« und war Mitglied des von René Worms gegründeten »Institute Internationale de Sociologie«.

Auch ein Ruf an eine amerikanische Universität zeigt, daß das Ausland Simmels Arbeiten positiv aufnahm. Diesen Ruf lehnt Simmel jedoch ab, da er vermeinte, seine Gedanken in einer fremden Sprache nicht adäquat formulieren zu können (vgl. H. Simmel 1976: 252).

Georg Simmel stirbt am 26. 9. 1918 im Alter von 60 Jahren in Straßburg.

Simmel als Wissenschaftler

Simmels wissenschaftliche Interessen sind weitläufig, vielschichtig und Disziplinen übergreifend. Seine wissenschaftliche Karriere beginnt mit an Kant orientierten erkenntnistheoretischen Arbeiten und der Entwicklung einer eigenen Soziologie. Hier zeigt der junge Simmel ein starkes Interesse an Spencers und Darwins Evolutions- und Differenzierungstheorie. Die folgenden naturwissenschaftlichen, geisteswissenschaftlichen wie auch philosophisch-ästhetischen Arbeiten manifestieren, daß Simmel schon früh zur Einsicht kommt, Philosophie und Wissenschaft stellten zwei grundverschiedene Deutungssysteme in der geistigen Auseinandersetzung mit und Aneignung der Welt dar: Philosophie und Wissenschaft gäben auf verschiedene Fragen Antworten, die sich nicht miteinander in Einklang bringen ließen, sich daher aber auch nicht unbedingt gegenseitig ausschließen. Diese Ansichten legitimiert Simmel, hier als Wissenschaftler und dort als Philosoph zu denken und zu schreiben. Denn er wechselt die Perspektiven, Referenzpunkte, hier: Tatsachenfeststellung, Begründung und Erklärung von Sachverhalten, und dort: Bewertung von Sachverhalten und das Fragen nach ihrem Sinn und Zweck. Der Eindruck, den jungen Simmel als Positivisten einzustufen, entsteht nur, wenn man sich einseitig an die soziologischen und erkenntnistheoretischen Arbeiten hält und die publizierten Monographien zur Grundlage der Beurteilung erhebt.

In diesen Arbeiten dominiert in der Tat eine naturwissenschaftlich-positivistische Perspektive. Sie machen einen Großteil der früheren Publikationen aus. Die Erkenntnistheorie wird in enger Anlehnung an Ergebnisse der Physiologie und der biologischen Selektionstheorie entwickelt; die Themen der soziologischen Arbeiten kreisen um das Thema der sozialen Differenzierung und die damit zusammenhängenden Komplexe einer zunehmenden sozialen Rationalisierung und Individualisierung. Die Kritik ethischer Grundbegriffe wird auf dem Hintergrund soziologischer, psychologischer, historischer und kulturvergleichender Daten durchgeführt. Die wichtigsten Veröffentlichungen dieser Zeit sind: »Über soziale Differenzierung. Soziologische und psychologische Untersuchungen« (1890); »Die Probleme der Geschichtsphilosophie. Eine erkenntnistheoretische Studie« (1892); und »Einleitung in die Moralwissenschaft. Eine Kritik der ethischen Grundbegriffe«, 2 Bände (1892/1893).

Der junge Simmel beschäftigt sich intensiv mit ethischen Problemen und ist mit der Entwicklung eines soziologischen Forschungsprogramms befaßt. Aus dem Studium der Völkerpsychologie, die Simmel bei Lazarus und Steinthal kennenlernte, hat sich sein relativistisches Weltbild entwickelt und die Einsicht, daß ethische Prinzipien nicht allgemeingültig sind.

Simmel betrachtet die Moralwissenschaft nicht als eine normative Disziplin, sondern als eine Wirklichkeitswissenschaft. Diese frühe Einsicht Simmels – zwischen empirischen Verhältnissen und Ideen gibt es einen Unterschied – hat wahrscheinlich den Anstoß zur Beschäftigung mit der Soziologie gebracht, die ihrem Anspruch nach eine Wirklichkeits- und Tatsachenwissenschaft sein will. Die Entstehung und Entwicklung der Simmelschen Soziologie ist daher im Schnittpunkt von Völkerpsychologie und Ethik zu suchen.

Mit dem Erscheinen der »Philosophie des Geldes« (1900) – vielleicht Simmels systematischste, aber bis heute auch unbekannteste Arbeit aus dem Kreis seiner sozialwissenschaftlich orientierten Schriften – bahnt sich eine Perspektivenverschiebung im Denken Simmels an. Während Simmel in seinen frühen soziologischen Schriften und moralwissenschaftlichen Arbeiten eine relativistische Sichtweise der Dinge hat, bemüht war, nachzuweisen, daß es keine objektiven kulturunabhängigen Ideale, Werte und Institutionen gibt, seine Soziologie auch als eine Kritik des immer noch

›spukenden Platonismus der Allgemeinbegriffe‹ versteht, entdeckt er allmählich, über seine geldtheoretischen Studien und seine kunstphilosophischen Interessen, daß es jenseits der Verhaltensregelmäßigkeiten und Wechselwirkungen so etwas wie eine Welt objektiver Werte gibt, etwas, was jenseits des objektiven Handelns als eigenständiges autonomes Reich existiert, vom Menschen geschaffen ist, diesem aber mit objektiver Gewalt entgegentritt und sein Verhalten reguliert und normiert. Simmel entwickelt im Sinne und in Anlehnung an die südwestdeutsche, wertphilosophische Schule des Neukantianismus (Windelband, Rickert) seit dieser Zeit seine Theorie des »Dritten Reiches«, der objektiven Kultur. Neben Physis und Psyche existiert nach Simmel ein »Drittes Reich«, ein »Reich der ideellen Inhalte«. Dieses »Dritte Reich« setzt sich aus verschiedenen autonomen Welten zusammen, die ihrer eigenen Logik folgen, nicht aufeinander verweisen und nicht aufeinander reduzierbar sind, weil sie auf verschiedenen Organisationsprinzipien des Geistes basieren. Autonome Welten, die den Menschen mit Geltungsansprüchen entgegentreten und Anerkennung verlangen, sind nach Simmel Religion, Kunst, Wissenschaft, Philosophie, Recht u. ä. Gegenüber seiner kulturrelativistischen Perspektive und psychologischen Begründung in den frühen soziologischen Schriften, der Auflösung ins Bodenlose, entdeckt der »Relativist« Simmel um die Jahrhundertwende das Objektivitätsproblem wieder. Damit beteiligt er sich an der Kritik des im ausgehenden 19. Jahrhundert herrschenden Psychologismus. Inwiefern die Psychologismuskritik und die Entdeckung des Objektivitätsproblems über Husserl vermittelt ist, läßt sich bei Simmel, der so gut wie nie zitiert, dessen Nachlaß verschollen ist und dessen Korrespondenz erst noch aus den verschiedensten Archiven und Nachlässen herausgeholt werden muß, nur schwer beurteilen. Simmel geht es nicht, wie der südwestdeutschen Schule, um die Entfaltung und Begründung einer abstrakten Systematik der Wertgebiete und einer reinen Wertlehre, die die Werte und Wirklichkeit zu versöhnen sucht. Wert und Wirklichkeit sind zwei unversöhnbare, nebeneinander existierende Welten und Organisationsprinzipien unseres Geistes. Seine Wertlehre und sein Objektivitätsproblem ist eher kulturphilosophisch eingebunden und stark empirieorientiert. Mit seiner Idee der »Dritten Welt« versucht Simmel die Tatsache zu fassen und zu umschreiben, daß die kulturelle Entwicklung Ideale erzeugt, die sich mit zeitloser Gültigkeit und mit einer Logik sui generis entfalten und erhalten und den Bereich »objektiver Kultur« bilden.

In dieser objektiven Kultur manifestieren sich geistige Energien. Die Existenz verschiedener Welten ist Ausdruck der verschiedenen im Mensch vorhandenen Energien. Insgesamt stellt die objektive Kultur den »Weg der Seele zu sich selbst« (1968:125) dar.

In diese Zeit fällt und in diesen Zusammenhang gehört auch die Entfaltung des für Simmel so wichtigen Lebensbegriffs. In der ersten Phase seines Schaffens war Simmel stark an den Naturwissenschaften orientiert und rezipierte den Lebensbegriff über Darwin und Spencer in seiner biologischen Dimension als reine Reproduktion. Seit der Jahrhundertwende wird das Leben auch in seiner Kulturbedeutung und geistigen Schöpfungsfähigkeit begriffen, eine Einsicht und Entwicklung, die Simmel in seinem Spätwerk, der »Lebensanschauung« (1918), durch die Formel: Leben = Mehr-Leben und Mehr-als-Leben, zum Ausdruck bringt. Diese Formel zeigt aber auch, daß Simmel das zu dieser Zeit weit verbreitete dualistische Weltbild (Geist vs. Natur; Naturwissenschaften vs. Geisteswissenschaften) nicht teilt. Der junge wie der alte Simmel bleibt im Rahmen einer monistischen Denkweise. »Die Stufe des Geisteslebens ist nur eine Fortentwicklung des organischen Lebens, dem gegenüber sie keinen besonderen und ausgezeichneten metaphysischen Wert erhält« (Frischeisen-Köhler 1920: 47/48). Um die Jahrhundertwende und in der darauf folgenden Zeit beschäftigt sich Simmel mit dem Werk großer Philosophen und Künstler, die für ihn genuine Produzenten kultureller Güter der Menschheit sind und durch ihre Leistungen die geistige Schöpfungskraft des Menschen repräsentieren, wie Kant, Goethe, Schopenhauer, Nietzsche, George, Rembrandt, Rodin oder Michelangelo. Neben dem Versuch, solche individuellen Kulturleistungen und Beiträge zu verstehen und nachzuzeichnen, interessiert sich Simmel zu dieser Zeit auch verstärkt für die Frage nach dem Wesen von Philosophie, Wissenschaft, Kunst und Religion, die typischen Bereiche der objektiven Kultur. Diese eher theoretisch orientierten Arbeiten stehen in enger Beziehung zu seinen Monographien künstlerischer und philosophischer Persönlichkeiten und bilden zusammen die als kulturphilosophisch bezeichenbaren Arbeiten seiner Schaffensperiode seit der Jahrhundertwende.

Simmel bezeichnet die objektive Kultur als »Weg der Seele zu sich selbst«, spricht aber auch gleichzeitig von einer unlösbaren kulturellen Tragödie. Kultur ist Vergegenständlichung des Geistes, »ein Objektivwerden des Subjekts«, aber gleichzeitig auch »das Subjektivwerden eines Objektiven«. (1968: 121). Kultur ist vom Menschen geschaffen und soll den Menschen gleichzeitig kultivieren. Dieser wechselseitige Prozeß funktioniert aber nur bedingt, da die immanente Dialektik dieses Prozesses an Grenzen stößt. »Eine Tragödie der Kultur« liegt vor, weil einerseits der Einzelne sich die Fülle der Inhalte der objektiven Kultur nicht mehr aneignen kann, die subjektive Kultur also immer ärmer ist als die objektive, d. h. er sich auf Grund begrenzter Verarbeitungskapazitäten nicht in dem Maße kultivieren kann, wie es objektiv möglich ist; andererseits entwickelt sich im Laufe der geschichtlichen Entwicklung und besonders rasant mit dem Beginn der Neuzeit die auf allen Kulturgebieten konstatierbare Tendenz einer gesteigerten Entwicklung nach den den einzelnen Sachgebieten innewohnenden eigenen Gesetzen. Resultat ist ein fast grenzenlos erscheinendes Wachstum an kulturellen Gütern und Leistungen, die von den Subjekten geschaffen sind, ihnen aber auch als nicht zu bewältigende, objektive, entfremdete Kultur entgegentreten.

Mit diesem Begriff der Kultur bringt Simmel die Ansicht zum Ausdruck, daß alle Entäußerungen des Menschen sich in Formen verdichten und daß diese Formen als übermächtige Hemmnisse wirken, an denen sich das Leben aufreibt. Dieser Grundgedanke ist auch schon in den frühen soziologischen Schriften zu finden: Dort handelt Simmel davon, daß die Individuen sich soziale Formen schaffen und in ihnen leben. Die sozialen Formen setzen Individualität frei, bergen aber auch die Gefahr, bei zunehmender Höherentwicklung die Entfaltung von Individualität zu verhindern. Die ›soziale Tragödie‹ ist die Ohnmacht des Individuums vor den sozialen Formen, vor der Gesellschaft.

Ein Grundmotiv der Simmelschen Soziologie und Philosophie oszilliert um das Leben-Form-Problem. Das Leben entäußert sich in Formen, kann sich nur in Formen erfüllen. Die Formen wirken aber erdrückend auf das Individuum, das Leben zurück. Mit der Einsicht in die Tragödie der Kultur und der Gesellschaft stellt sich die Frage, ob es eine Lösung gibt. Die Begrenzung des Lebens durch Formen, die Simmel in der Soziologie und Kulturphilosophie durchspielt, scheint eine anthropologische Basis zu haben, denn schon das Leben auf der vitalen Ebene trägt durch den Tod eine Begrenzung in sich, die nicht von außen kommt. Für den je einzelnen ist die Tatsache, daß er in seinen Nachfahren und in seinen Kulturleistungen weiterlebt, nur ein schwacher Trost. Die Einsicht in die zeitliche Begrenzung des individuellen Lebens führt Simmel zur Lebensphilosophie und zu einer intensiven Beschäftigung mit der Frage nach dem Sinn und Zweck eines in sich eng begrenzten Lebens. Dieses Problem beschäftigt Simmel in seinen letzten Lebensjahren. Schriften zu einer Metaphysik des Lebens machen daher den größten und wichtigsten Teil seiner Arbeiten in dieser Phase aus.

Simmel sucht einen individuellen Fluchtpunkt vor der Übermacht der objektiven Kultur wie der sozialen Formen. Sein Denken ist darauf ausgerichtet, Leben als Leben, d. h. Leben in seinem Werden zu thematisieren und die Individualität vor den Formen zu retten. Die Vergewaltigung der Individualität durch die Form, des Besonderen durch das Allgemeine hat sich bis in die Sprachstruktur niedergeschlagen. Die Schwierigkeit, ein in sich zentriertes Leben zu leben, korrespondiert mit dem Problem Individualität sprachlich zum Ausdruck zu bringen. Die Thematisierung von Individualität ist nur durch Anwendung sprachlich-logischer Kategorien möglich, die ihrem Wesen nach immer auf Allgemeinheiten abzielen. Simmels eigene Sichtweise dieses Dilemmas lautete am Ende seines Lebens: »Ich weiß sehr wohl, welche logischen Schwierigkeiten dem begrifflichen Ausdruck dieser Art, das Leben zu schauen, entgegenstehen. Ich habe sie, in voller Gegenwart der logischen Gefahr, zu formulieren versucht, da doch immerhin möglicherweise die Schicht hier erreicht ist, in der logische Schwierigkeiten nicht ohne weiteres Schweigen gebieten – weil sie diejenige ist, aus der sich die metaphysische Wurzel der Logik selbst erst nährt« (1918: 27).

Die Zeit nach dem Erscheinen der Großen Soziologie (1908) wird in der Simmel-Literatur meist als endgültiger Übergang zur Lebensphilosophie angesehen, der durch die Bergson-Lektüre eingeleitet wird. Simmels langjährige Beschäftigung mit dem Individualitätsproblem ist die Voraussetzung und Vorbereitung für die Beschäftigung mit Metaphysik, d. h. der Frage nach dem Sinn und Zweck des Lebens. Diese Wendung Simmels zur Lebensphilosophie wird schon durch Arbeiten wie »Kant und Goethe« (1906), »Schopenhauer und Nietzsche« (1907) vorbereitet und findet ihre erste Ausführung in der Essaysammlung »Philosophische Kultur« (1911) und ihre Vollendung in seinem philosophischen Testament, der »Lebensanschauung« (1918).

Kernstück der Simmelschen Lebensphilosophie ist die Lehre vom Individuellen Gesetz, einer augenscheinlichen contradictio in adjecto. Gesellschaftliche und kulturelle Entfremdung sind von Simmel als Tragödien analysiert worden, die somit nicht lösbar sind. Im Laufe der gesellschaftlichen Entwicklung wird der einzelne zwar zunehmend vergesellschaftet und tritt aus der Enge traditioneller Bindungen. Seine Individualität entsteht im Schnittpunkt der sozialen Kreise, denen er zugehört. Diese quantitative oder soziologische Individualität – so Simmels Bezeichnung – bestimmt sich durch die Summe der sozialen Beziehungen, die Summe der sozialen Rollen, die bei keinen zwei Menschen identisch sind. Zunehmende Vergesellschaftung schafft einerseits Individualität, um sie in einem zweiten Schritt wieder aufzuheben.

Die Auflösung traditioneller Sozialverbände durch zunehmende soziale Differenzierung ist häufig Folge eines quantitativen Wachstums von Gruppen und einer damit einhergehenden Konkurrenz der Mitglieder untereinander. Durch die Ausbildung von Arbeitsteilungsstrukturen entsteht eine Spezialisierung und Individualisierung, die es in wenig differenzierten Gesellschaften nicht gibt. Traditionelle Sozialverbände zeichnen sich eher durch Gleichheit der Positionen und durch Ähnlichkeit der Personen aus. Wenn man davon ausgeht, daß Differenzierungs- und Individualisierungsprozesse gleichzeitig in mehreren nebeneinander liegenden Gesellschaften stattfinden, muß man auch davon ausgehen, daß aufgrund dieser Differenzierung und Individualisierung eine Ähnlichkeit und Angleichung von Position und Person der verschiedenen nebeneinander bestehenden Gesellschaften und Gruppen entsteht. In einem sich weiter vergrößernden Kreis schlägt der Individualisierungsprozeß in einen Nivellierungsprozeß um.

Simmel erklärt den quantitativen Individualismus durch zunehmende Vergesellschaftung, als Produkt der sich ausdehnenden und überschneidenden sozialen Kreise. Parallel zu dieser soziologischen Erklärung der Entstehung von Individualität finden sich in der Simmelschen Soziologie auch anthropologische Faktoren: Simmel spricht verschiedentlich von einem Individualitätstrieb bzw. -drang, einem Quantum von innerer Energie, die auf Individualisierung drängt (vgl. 1908: 533). Als ein soziologisches Apriori nimmt Simmel an, daß das Individuum im Vergesellschaftungsprozeß nie ganz aufgeht, daß ein Rest Einmaligkeit immer außerhalb der Gesellschaft bleiben muß. Simmel spricht von einem *qualitativen Individualismus*, der nicht gesellschaftlich bedingt ist. Ein qualitatives Individuum verfügt über die Kraft, sich selbst zu normieren nach einem nur ihm eigenen Ideal, einem nur ihm eigenen individuellen Gesetz zu leben. Der lebensphilosophische, qualitative Individualismus entspringt aus Simmels »mystisch-anarchistischem Vertrauen an die Kraft des Lebens« (Landmann 1976: 6). Modelle solcher, nur nach einem individuellen Gesetz lebenden Persönlichkeiten sind Künstler wie Goethe und Rembrandt, über die Simmel lebensphilosophische Monographien verfaßt und deren individuelles Gesetz er nachzuzeichnen versucht. Das qualitative Individuum steht jenseits der Gesellschaft und ist nicht durch Gesellschaft determiniert. Es folgt lediglich seinem individuellen Gesetz und kennt kein äußeres Sollen, sondern ist Schöpfer eigener, ethischer Normen. Individuelle Normen sind wegen des Fehlens externer Sanktionsinstanzen nicht unverbindlicher als äußere Normen. Indem man seinem individuellen Gesetz folgt, erfüllt man seine Bestimmung.

In Simmels Lehre vom individuellen Gesetz scheint Nietzsches Vornehmheits- und Aristokratenideal eingegangen zu sein. Während bei Nietzsche aber der »Wille zur Macht« eine Gegenstrategie zum diagnostizierten europäischen Nihilismus und Verfall der Werte durch Egalisierungstendenzen ist, und dadurch eine immanent politische Dimension gewinnt, ist Simmels individuelles Gesetz eher ein Lösungsversuch, um neben der mit so tragischen Zügen behafteten Gesellschaft und Kultur weiterzuleben. Simmels individuelles Gesetz, als Kernstück seiner Lebensphilosophie, ist aus gesellschaftstheoretischer Perspektive Resignation und Rückzug auf ein ästhetisierendes, in sich zentriertes Leben und sein Fluchtpunkt vor der von ihm in den Jahren zuvor diagnostizierten sozialen und kulturellen Entwicklung. Das individuelle Gesetz ist aber auch Simmels Verbeugung vor der »rätselhaften Einheit« der Seele (1900: 312) und die Anerkennung ihrer aufbauenden, aber nicht leicht zu fassenden Wirkung im verfallenden Kulturprozeß. Aufbau und Verfall sind – im Gegensatz zu Nietzsche – bei Simmel gleichzeitig ablaufende Prozesse. Die Verfalltendenzen sind mit Hilfe der zur Verfügung stehenden Erkenntnis und Analysewerkzeuge rekonstruierbar. Die »Logik« des qualitativen Individualismus ist weniger leicht zu fassen, da es keine Logik zur Erklärung von Einmaligkeiten gibt. Ein Verstehen qualitativer Individualität mit Hilfe auf Verallgemeinerung angelegter Sprach- und Deutungsmittel muß immer unzulänglich bleiben. Simmels Lebensphilosophie ist der Versuch, den Wert des einmalig Einzelnen zu explizieren, ohne dabei über das notwendige Instrumentarium, eine verstehende Logik, zu verfügen.

Die Bedeutung der Soziologie für Simmels Denken

Georg Simmel gilt der Wissenschaft als Soziologe und Philosoph. Seine soziologischen Arbeiten liegen schwerpunktmäßig in seiner frühen Phase, etwa bis zur »Philosophie des Geldes« (1900); in der Folge scheint sich Simmel auf kulturphilosophische und schließlich auf immer abstraktere metaphysische Fragestellungen konzentriert zu haben. Vor diesem Hintergrund wird verständlich, daß einige Interpreten vermeinen, Simmel sei eigentlich als Philosoph anzusehen, der sich nur nebenbei und in einer Phase seiner wissenschaftlichen Entwicklung mit Soziologie beschäftigt habe (z. B. von Wiese). Aber Simmel hat dann 1908 seine Große Soziologie veröffentlicht und schließlich gar 1917 noch eine Kleine Soziologie unter dem Titel »Grundfragen der Soziologie« publiziert. Einige halten die Große Soziologie nur für eine erweiterte Ausgabe der 1890 erschienenen »Sozialen Differenzierung« (vgl. Troeltsch 1922: 573n; Tenbruck 1959) und rechnen somit diese Arbeit der ersten Schaffensperiode zu. Und auch hier wieder die Unterstellung, der späte Simmel habe sich nicht mehr um soziologische Fragen gekümmert. Verwiesen wird in diesem Zusammenhang auf Troeltsch, dem Simmel gesagt haben soll, an Soziologie sei er nicht mehr interessiert. Simmels Austritt aus dem Vorstand der Deutschen Gesellschaft für Soziologie scheint dies praktisch zu bestätigen. Demgegenüber läßt sich aber anhand von Dokumenten Simmels zeigen, daß er durchaus noch nicht mit der Soziologie »fertig« war, wie es bei der Betrachtung der seit 1910 publizierten Arbeiten erscheint. In einem Brief an Rickert vom 17. 2. 1912 schreibt Simmel z. B. noch: »Mir schien, als ob der Begriff der Soziologie, den ich gefunden zu haben glaube, eine

Berücksichtigung innerhalb ihrer Gedankengänge verdient. Da ich nicht weiß, ob Sie ihn kennen, schicke ich Ihnen hier die erste Formulierung, die etwa 8 Jahre alt ist; den letzten Absatz würde ich heute etwas anders fassen. An dem Grundgedanken aber halte ich fest, so daß ich jetzt daran gehe, eine ausführliche Soziologie auf dieser Basis zu verfassen« (in: Gassen/Landmann 1958: 110).

Die angekündigte Wiederaufnahme soziologischer Arbeiten bestätigt auch eine Äußerung des Simmel-Schülers Arthur Stein, dem Simmel 1913 kurz vor seinem Weggang aus Berlin angeboten hat, sein Assistent für Soziologie zu werden. Simmels kontinuierliche Interessen an der Soziologie dokumentieren sich auch in den weiterhin gehaltenen Vorlesungen nach 1910.

Verwiesen werden muß aber vor allem auf die Kleine Soziologie von 1917. Denn in ihr wiederholt Simmel keineswegs längst Vertrautes; vielmehr revidiert er hier seinen soziologischen Standpunkt, so daß diese Schrift als Überwindung der Soziologie als Lehre von den sozialen Formen angesehen wird (vgl. z. B. Wolff 1950; Schnabel 1974). In einer unvollständig gebliebenen Selbstdarstellung Simmels hebt er die Bedeutung der Soziologie in seinem Gesamtwerk hervor. Er sieht seine Soziologie als den Ort an, an dem es ihm gelungen ist, die zuerst nur erkenntnistheoretisch entwickelte Form-Inhalt-Trennung in ihrer Tragweite für die Einzelwissenschaften zu demonstrieren. Der herausragende Stellenwert der Soziologie für Simmels übriges Werk zeigt sich auch ferner darin, daß der Wechselwirkungsbegriff zuerst in den soziologischen Arbeiten eingeführt worden ist und erst »allmählich zu einem schlechthin umfassenden metaphysischen Prinzip« (1958: 9) ausgeweitet wurde. Aufgrund dieses Selbstverständnisses Simmels tut man also gut daran, seine Soziologie nicht bloß als einen Abschnitt in seinem Schaffen zu betrachten, sondern vielmehr als ein konstitutives Element seines ganzen Werkes. Konstitutiv darum, weil der hier erfolgreich entwickelte und erprobte soziologische Wechselwirkungsbegriff Anlaß dafür gab, Wechselwirkungen als methodisches Konzept auf andere Gebiete anzuwenden und zuletzt als metaphysisches Prinzip zu begründen.

Wenn wir bisher festhalten können, daß die Soziologie starken Einfluß auf Simmels andere Arbeiten bis hin zu seinen metaphysischen Arbeiten ausgeübt hat, dann drängt sich die Frage auf, ob die philosophischen Interessen Simmels nicht auch wiederum die

Soziologie beeinflußt haben könnten. Dieser Einfluß zeigt sich in der Tat in Simmels erweiterter Fassung seines soziologischen Ansatzes. War Soziologie früher für ihn lediglich eine formale Disziplin, d. h. vor allem eine Tatsachenwissenschaft, so erweitert er explizit in der Kleinen Soziologie den formal-soziologischen Ansatz um eine allgemeine und um eine philosophische Komponente. Simmel spricht jetzt von einer allgemeinen, von einer formalen oder reinen und von einer philosophischen Soziologie als den Teilgebieten seiner Soziologiekonzeption. Diese Standpunktverschiebung ist nur konsequent, denn schon in der Großen Soziologie von 1908 heißt es, daß jede Wissenschaft – auch die Soziologie – an eine obere Grenze stößt, an der sie in philosophische Fragen einmündet, d. h. das Gebiet der Tatsachenfeststellung verläßt.

Jede exakte Wissenschaft geht an zwei Grenzen in Philosophie über. Zum einen gibt es das Grenzgebiet, in dem die jeweiligen erkenntnistheoretischen Prinzipien und Axiome entwickelt und erörtert werden. Zum anderen gibt es aber auch in jeder Einzelwissenschaft die Grenze, an der Spekulation einsetzt, z. B. dann, wenn es darum geht, den Wert einer gesellschaftlichen Entwicklung zu beurteilen.

»Dieser Typus von Fragen ist ersichtlich nicht auf dem Wege der Tatsachenfeststellung beantwortbar; vielmehr handelt es sich um die *Deutung* festgestellter Tatsachen und darum, das Relative und Problematische der bloßen sozialen Wirklichkeit zu einer Gesamtanschauung zu führen, die mit der Empirie nicht konkurriert, weil sie ganz anderen Bedürfnissen als diese dient« (1917: 31).

In seinen Abhandlungen zum Problem und zum Gegenstand der Soziologie sowie bei der Behandlung der Frage »Wie ist Gesellschaft möglich?« bewegt sich Simmel auf einem der exakten Forschung vorgelagerten Gebiet. Alle Einzeldisziplinen müssen solche erkenntnistheoretischen und methodologischen Fragen behandeln. Die jeweilige Disziplin aber, auf die hin diese erkenntnistheoretischen Fragen gestellt werden, bleibt der Nukleus all dieser Überlegungen. Bei der Behandlung erkenntnistheoretischer Fragen der Soziologie bleibt also selbstverständlich die Soziologie Bezugspunkt aller Überlegungen. Einen Großteil der Arbeiten Simmels, die sich z. B. mit Individualität, Ethik und Kultur befassen, lassen sich von der Neubestimmung des Gebiets der Soziologie her als dem Gebiet der philosophischen Soziologie zugehörig einstufen. Eine Zuordnung dieser Arbeiten zum Gebiet der philosophischen Soziologie ist dann legitim, wenn in diesen Arbeiten manifest oder latent Gesellschaft, Vergesellschaftung und ihre Folgen, das soziale Zusammenleben zum Bezugspunkt der philosophischen Fragestellung gemacht wird. Wenn Simmel also kulturkritische Fragen behandelt, dann bewegt er sich nach seinem Wissenschaftsverständnis auf einem Grenzgebiet zwischen Philosophie und Wissenschaft.

Die Beschäftigung mit soziologischen Problemen ist somit immer Bestandteil von Simmels wissenschaftlichem Schaffen geblieben. Nicht zuletzt zeigt die Veränderung und Präzisierung seines soziologischen Ansatzes in den letzten Lebensjahren an, daß er sich kontinuierlich mit dem Problem der Soziologie und dem Versuch ihrer Begründung als Wissenschaft auseinandergesetzt hat. Die Soziologie beeinflußte vielmehr thematisch die anderen Interessengebiete Simmels. Deshalb sind die späteren Beiträge zur Ethik und Kulturphilosophie, in denen das Spannungsverhältnis von im sozialen Zusammenleben entstandenen und jetzt das Zusammenleben beeinflussenden und hemmenden Institutionen thematisiert wird, als soziologische Beiträge im weitesten Sinne anzusehen.

Der Stellenwert der Soziologie in Simmels Denken muß hoch veranschlagt werden. Die Soziologie ist das Feld, auf dem er den so wichtigen Formbegriff entwickelt; die Soziologie ist der Bereich, in dem das Konzept der Wechselwirkung für Simmel zuerst greifbar wurde; die Soziologie ist auch der Ort, an dem Simmel die »menschliche Tragödie« mit ihrer selbstverschuldeten Selbstvernichtung beobachtet. Die mit der sozialen Differenzierung freigesetzte Individualität führt letztendlich zu einer alle Wertunterschiede nivellierenden Gleichheit und zu einem nur quantitativen Individualismus. Die analysierten gesellschaftlichen Entwicklungstrends, die herausgearbeiteten typischen Formen des Zusammenlebens und der sozialen Wechselwirkung sowie die Prozesse des gesellschaftlichen und kulturellen Verfalls bewertet Simmel später aus einer kulturphilosophischen Perspektive. Sie gelten als Beitrag zur philosophischen Soziologie.

Simmels soziologische Theorie

Georg Simmel hat keine Arbeit veröffentlicht, in der seine Soziologie umfassend dargeboten ist. Die von ihm selbst 1917 vorgeschlagene Gliederung der Soziologie in eine allgemeine, eine formale und eine philosophische Abteilung hilft nur bedingt. Denn Simmels Vorschlag verfolgt primär das Ziel, angesichts des diffusen Diskussionsstandes in der seinerzeitigen Soziologie die Einheit der Wissenschaft zu wahren, und er läßt sich nur sekundär – und grobschlächtig – zur Strukturierung seines soziologischen Œuvres heranziehen. Eine sich als anleitende Lektüre verstehende Textauswahl braucht ein anderes Raster, um aus dem umfangreichen soziologischen Werk Simmels beispielhafte Arbeiten auswählen zu können. Dieses Raster muß aus Simmels Soziologie abgeleitet werden. Deren Dimensionen sind zu präsentieren. Sie lassen sich als bei Simmel immer wieder auftauchende Themen fassen, wozu noch einmal ein Schnitt durch Simmels Soziologie gelegt werden soll (vgl. Frost 1925/26).

Die im 19. Jahrhundert erst als eigenständige Disziplin entstandene Soziologie war in ihrer vorliegenden Form – hauptsächlich durch den Comteschen Positivismus und den Spencerschen Evolutionismus repräsentiert – eine außeruniversitäre Wissenschaft, die von Privatgelehrten betrieben wurde. Akademisch war die Soziologie noch nicht akzeptabel, zumal sie häufig in ihrem Universalitätsanspruch, alles menschliche Geschehen soziologisch erklären zu wollen, als gefährliche Konkurrenz zu den schon etablierten universitären Wissenschaften, wie Staatswissenschaft, Ökonomie, Geschichte u. ä. empfunden wurde. Die universalistischen Soziologiekonzeptionen eines Comte, Spencer und ihrer Epigonen, die gesamtgesellschaftlichen Entwicklungs- und Bewegungsgesetzen auf der Spur waren, wurden z. T. als zu stark geschichtsphilosophisch und deshalb als »gigantische Traumidee« (Dilthey) abgeurteilt. Simmel ist – soweit überschaubar – in Deutschland der erste, der im ausgehenden 19. Jahrhundert akademisch die Frage behandelt und auch positiv beantwortet, ob es sich bei der Soziologie um eine akzeptable Tatsachenwissenschaft handelt, die ihre Rechte durch Abgrenzung gegenüber schon bestehenden Disziplinen begründen kann und entsprechend auch einen eigenen noch nicht okkupierten Gegenstand für sich in Anspruch nehmen kann. Nach anfänglichem Schwanken zwischen der Frage, ob die Soziologie nur eine Methode sei, die immer neue Schnitte durch die schon von den anderen Fächern behandelten Gegenstände legt, um das Soziologische aus ihnen herauszufiltern, oder ob sie mit Recht einen eigenen Gegenstand reklamieren kann, den die anderen Sozial- und Geisteswissenschaften noch nicht, oder nur ungenügend behandeln, tendiert Simmel immer stärker zu einer positiven Beantwortung der zweiten Frage. In verschiedenen Arbeiten hat sich Simmel mit dem Problem der Soziologie und ihrem Gegenstand befaßt. Die schon 1894 vorgestellte Lösung enthält in ihrem Kern die definitive Antwort Simmels. Gegenstand der Soziologie sind der Wechselwirkungs- und Gegenseitigkeitscharakter sozialer Beziehungen sowie die Formen, in denen soziale Wechselwirkungen stattfinden. Thema der Soziologie ist nicht mehr wie in der älteren Soziologie die Gesellschaft, sondern Vergesellschaftungsprozesse, die in kleinen Gruppen wie auch in sozialen Aggregaten und zwischen diesen stattfinden. Mit der Betonung des Vergesellschaftungsaspektes sozialer Beziehungen sprengt Simmel die statische Betrachtung der Gesellschaft und dynamisiert die soziologische Perspektive. Reduzierte sich soziale Dynamik bei Comte noch auf die Aufzählung und Analyse der aufeinander abfolgenden großen Entwicklungsschritte der Menschheit, so ist nach Simmels Verständnis die Analyse der Dynamik sozialer Mikro-Prozesse, durch die soziale Gebilde zustande kommen und getragen werden, wichtigste Aufgabe der Soziologie (vgl. Nedelmann 1980, Levine 1981). Die Soziologie untersucht ihren Gegenstand mit Querschnitts- wie Längsschnittanalysen. Diese Auffassung von den Aufgaben einer Soziologie als einer exakten Einzelwissenschaft hat Simmel im Kern beibehalten und nur noch in Einzelaspekten entwickelt. Die Frage nach dem Gegenstand der Soziologie behandelt er im Einleitungskapitel »Zur Erkenntnistheorie der Sozialwissenschaft« seinen »Sozialen Differenzierungen« (1890), in der 1894 erschienenen Arbeit »Das Problem der Soziologie«, die in den Jahren darauf in Englisch, Französisch und Italienisch erscheint, in dem 1896 erschienenen Artikel »Zur Methodik der Sozialwissenschaft«, dem eine Buchbesprechung zugrunde liegt, im ersten Kapitel seiner Soziologie von 1908, sowie in dem hier abgedruckten Einleitungskapitel seiner Kleinen Soziologie von 1917. (Zur zeitlichen Veränderung seiner Soziologiekonzeption vgl. im Detail Frisby 1981). Die hier abgedruckte Fassung ist Simmels letzte

Äußerung zu diesem Problem und durch die explizite Berücksichtigung einer allgemeinen und philosophischen Soziologie neben der reinen oder formalen Simmels reifste Fassung dieses Problems.

Simmel beginnt seine soziologischen Studien mit Untersuchungen zur sozialen Differenzierung. Diese Differenzierungsarbeiten könnte man auch als den gesellschaftstheoretischen Teil seiner Soziologie betrachten, da es ihm hier um eine Analyse und Beurteilung der gesellschaftlichen Entwicklung seit der Neuzeit geht. Sie stehen damit in einer Reihe mit Durkheims Arbeitsteilungstheorie und Webers Theorie des okzidentalen Rationalismus. Simmel faßt die moderne Entwicklungsrichtung der Gesellschaft im Begriff der Individualisierung und der Funktionalisierung (Kraftersparnis) zusammen. Die moderne Entwicklung setzt Individualität frei und vergrößert Handlungsspielraum wie Handlungsfreiheit des Einzelnen, und gleichzeitig entwickeln sich gesellschaftliche Gebilde und Strukturen, die immer stärker auf Funktionalität und auf Vereinnahmung des Einzelnen ausgerichtet sind. In den frühen Differenzierungsarbeiten Simmels werden die Konsequenzen dieses Widerspruchs für den Einzelnen noch nicht umfassend nachgewiesen. Die Individualisierung aufgrund der geforderten Spezialisierung in arbeitsteiligen Strukturen behandelt Simmel zum Teil als Freisetzung von individuellen Energien, als Loslösung des Einzelnen von traditionellen Sozialbeziehungen, als Freiheitsgewinn, zum Teil aber auch schon als Gefahr der Entfremdung. Dieser Widerspruch löst sich bei Simmel noch dadurch, daß er ähnlich wie Durkheim zwischen einer »guten« und »schlechten« Arbeitsteilungsstruktur unterscheidet. Nicht jedes sich differenzierende System folgt dem Prinzip der Kraftersparnis. Wie es bei der Entwicklung der Arten evolutionäre Sackgassen gibt, so lassen sich in der sozialen Differenzierung auch Entwicklungen ausmachen, die nicht funktional sind, die die Gefahr einer »zu weit getriebenen Individualisierung, Arbeitsteilung« in sich bergen (1890: 128).

Simmel versucht in seinen geldtheoretischen Arbeiten, die zwischen 1889 und 1900 liegen, die zunehmende soziale Differenzierung seit der Neuzeit samt ihrer positiven und negativen Folgen aus dem Mechanismus des Geldes abzuleiten. Zwar enthält die »Philosophie des Geldes« (1900) auch andere Elemente, z. B. generelle psychologische und anthropologische Ausführungen, lebensphilosophische Implikationen u. ä.; aber generell steht sie wie die anderen geldtheoretischen Arbeiten Simmels in enger Beziehung zu seiner Differenzierungstheorie. In ihnen versucht er, aus einem Mechanismus eine Reihe von Aspekten der Moderne und ihrer Folgen abzuleiten. Was die Differenzierungstheorie formal und abstrakt formulierte – Erweiterung der sozialen Gruppe, Kreuzung sozialer Kreise, Prinzip der Kraftersparnis –, wird jetzt noch einmal als mit dem Übergang vom Mittelalter zur Neuzeit zusammenhängender Vorgang rekonstruiert und begründet. Differenzierungstheorie und Geldtheorie müssen als Simmels genuin gesellschaftstheoretischer Beitrag angesehen werden, die in enger Beziehung miteinander stehen und sich gut von den übrigen soziologischen Arbeiten Simmels abheben lassen.

Ein weiterer in sich geschlossener und zusammenhängender Bereich soziologischer Studien – häufig sogar das wertvollste der Simmelschen Soziologie genannt, allerdings nur bei Nichtbeachtung und Außerachtlassung der gesellschaftstheoretischen Arbeiten (vgl. z. B. Lieber/Furth 1958) – bilden Untersuchungen, in denen häufig scheinbar unbedeutende Details des sozialen Alltags thematisiert werden. Profanes wie der Schmuck, die Scham, die Mode u. ä. stehen dabei im Vordergrund. Bei genauerer Betrachtung zeigt sich jedoch, daß Simmel im scheinbar Unbedeutenden, im Besonderen das Allgemeine sucht und diese Untersuchungen in engem Zusammenhang mit der in der Differenzierungstheorie und Geldtheorie entwickelten Theorie der Moderne stehen. Auf einem, dem schnellen Leser nicht gleich ins Auge springenden gesellschaftstheoretischen Hintergrund wird die Moderne in ihren Auswirkungen auf persönliche Beziehungen und private Verkehrsformen hin analysiert. Der »moderne Mensch« – wie Simmel häufig betont – ist in seiner Privatheit Thema. Die psychische Verfassung des modernen Menschen und sein Verhalten wird in mikroskopischer Perspektive analysiert. Den modernen Menschen kennzeichnet eine Hast nach Neuem, nach Seltenem, nach allem, das scheinbar Individualität verleiht, bar jeder inhaltlichen Orientierung. Ort des modernen Lebens ist die Stadt, die Großstadt als Sitz der Verwaltung und Wirtschaft, d. h. der »Verstandesherrschaft«. Dem Menschen als Unterschiedswesen wird erst durch die zunehmende soziale Differenzierung, Geldwirtschaft und Organisierung ermöglicht, seinen Trieb nach Individualität zunehmend auszuleben. In den traditionellen Sozialbeziehungen, deren Ort das Land ist, wurde dieser Trieb nach Individualität unterdrückt, bzw. war es nur einigen wenigen Privilegierten möglich, ihn auszuleben. Mit der Geldwirtschaft wächst die persönliche Freiheit, und das Unterschiedsempfinden wird bis aufs äußerste gereizt. Blasiertheit als Abgestumpftheit gegen Unterschiede, Zynismus als Empfindung keiner Wertunterschiede, persönliche Reserviertheit im Verkehr, das sind Erscheinungen des modernen Lebens, die Simmel schon in der Philosophie des Geldes als psychische Folgen einer gesteigerten sozialen Differenzierung und Geldwirtschaft analysiert hat und die ihn als Mikro-Soziologen und Soziologen des Alltags zunehmend interessieren. Simmel, der von vielen wegen seiner feinsinnigen sozialpsychologischen Analysen scheinbar unbedeutender Dinge des Alltags als »Freud der Soziologie« (Hughes) oder als »Mikroskopist der Gesellschaft« (Nisbet) bezeichnet wird, ist mehr als nur ein meisterhafter Analytiker und Deuter menschlicher Seelenregungen, Vorläufer und Begründer der Mikro- und Kleingruppensoziologie, denn unverkennbar kann Simmel das Besondere im Allgemeinen nur thematisieren, weil er selbst schon das Allgemeine kennt, nicht nur ahnt. In seinen zeitlich früheren und parallel erstellten gesellschaftstheoretischen Arbeiten hat Simmel dieses Allgemeine als Rationalisierung und Individualisierung zu deuten versucht.

Ein weiterer Kreis soziologischer Untersuchungen Georg Simmels oszilliert um die Frage, ob es so etwas wie Grundformen menschlichen Verkehrs gibt, zeitlich und räumlich invariante, universell aufweisbare Vergesellschaftungsformen. Dieses Thema führt uns in den Kreis der Schriften, die häufig zum Gebiet der Formalen Soziologie im engeren Sinne gerechnet werden, die einen Großteil der Großen Soziologie ausmachen und wirkungsgeschichtlich bei der Entwicklung der Soziologie von entscheidender Bedeutung gewesen sind. Wie viele Soziologen stößt Simmel bei der Suche nach solchen Phänomenen auf Herrschafts- und Schichtungsverhältnisse. Durch Herrschaft und die daraus folgende Unter- und Überordnung gliedern sich soziale Aggregate. Da Simmel den Wechselwirkungsbegriff zum Leitinstrument seiner soziologischen Analysen gewählt hat, interessiert ihn vor allem der Gegenseitigkeitscharakter sozialer Herrschaft und die Dynamik, mit der sich Über- und Unterordnungsverhältnisse entwickeln und stabilisieren. Im Begriff der Herrschaft versucht Simmel die Funktionalität des Führens und Geführtwerdens aufzuzeigen. Ähnlich verfährt er auch in seiner Konflikttheorie. Galt der Konflikt lange als ein dissoziierender sozialer Vorgang, so ist Simmel bemüht, als eine Funktion von sozialen Konflikten ihren Vergesellschaftungsaspekt zu betonen. An Konflikten, wie Streit, Kampf oder Konkurrenz weist Simmel in dynamischen Analysen auf, unter welchen Bedingungen solche Prozesse trennend und unter welchen sie vergesellschaftend sind. In der Großen Soziologie und in zeitlich vorhergehenden Arbeiten hat sich Simmel eingehend mit dem Phänomen des Konflikts befaßt. Seine Untersuchungen und die Art der Behandlung des Themas sind so grundlegend, daß er zum Vater und Begründer der modernen Konfliktsoziologie wurde. In den Bereich der Analyse von Grundformen menschlichen Zusammenlebens gehört auch die Frage, welche sozialen Mechanismen geschaffen worden sind, um den Fortbestand der Gesellschaft über das Ausscheiden einzelner Mitglieder hin zu sichern. Es geht um das Problem der Bestandserhaltung von Strukturen und Systemen. Simmel behandelt dieses Thema in der Großen Soziologie im Kapitel »Die Selbsterhaltung der sozialen Gruppe« und analysiert einige »Organbildungen«, die dem dienen. So interessiert sich Simmel z. B. für die Funktion und die Struktur der Priesterschaft im Bereich der Kirche, der Beamtenschaft im politischen System und die Funktion von Vorständen in Vereinen und Organisationen. Als Beispiele für dysfunktionale Organe unter bestimmten Bedingungen behandelt er z. B. die Bürokratie, das Militär und die Rechtspflege als ausdifferenzierte Systeme, die zu Schematismen neigen und eine Tendenz der Verselbständigung gegenüber der Gesellschaft, der sie dienen sollten, in sich bergen. Auch die bekannte Arbeit Simmels zur »Soziologie der Armut«, die in der Großen Soziologie als Kapitel »Der Arme« auftaucht, gehört in den Bereich Simmelscher Studien von Selbsterhaltungsorganen der Gesellschaft. Moderne Wohlfahrtspflege wird nicht als Selbstzweck, sondern als Mittel zum Zweck gedeutet. Wohlfahrtspflege entspringt nicht dem Mitleid, sondern dem Selbsterhaltungsinteresse der Gesellschaft. Aus dem Kreis der Arbeiten zu den Mechanismen der sozialen Selbsterhaltung wählen wir Simmels bekannte Arbeit zur Funktion der Dankbarkeit aus, da es sich bei der Dankbarkeit um eine universell aufweisbare assoziierende Form handelt, in der das Reziprozitätsverhältnis sozialer Beziehungen deutlich herausgearbeitet wird. In Simmels »Dankbarkeit« werden Gedanken der modernen Austauschsoziologie vorweggenommen, wie sie von Homans, Gouldner und Blau dann in den 60er Jahren entwickelt wurden.

Auch zur Formalen Soziologie zählt die Untersuchung der formalen Bedingungen der Vergesellschaftung. Dieser Bereich umschließt die Arbeiten, in denen Simmel sich mit der sozialen Bedeutung und Wirkung von Raum, Zahl und Zeit auseinandersetzt, man könnte auch verkürzt sagen: der Kausalität von Raum, Zeit und Zahl. Explizit hat sich Simmel allerdings nur mit Raum und Zahl befaßt. Eine Analyse der sozialen Wirkung von Zeit fehlt. In einer Fußnote stellt er diese Analyse zwar in Aussicht, jedoch scheint er dazu nicht mehr gekommen zu sein. Hingewiesen werden muß in diesem Zusammenhang auf eine Arbeit aus dem Jahre 1897 – »Die Bedeutung des Geldes für das Tempo des Lebens« –, auch wenn hier Simmel nur die durch das Geld bedingten Zeitstrukturen und die ihnen entsprechenden Zeitbewußtseinsformen anspricht.

Ausführlich behandelt Simmel hingegen die Wirkung von Zahl und Raum. Nach Vorstudien in den 90er Jahren veröffentlicht er 1903 »Über räumliche Projektionen sozialer Formen«. Diese Arbeit entspricht weitestgehend dem Kapitel »Der Raum und die räumlichen Ordnungen der Gesellschaft« in der Großen Soziologie von 1908. In ihr wird dann auch das Problem der Zahl angesprochen, und zwar im Kapitel »Die quantitative Bestimmtheit der Gruppe«. Raum und Zahl wirken nicht per se, sondern mittels psychischer Prozesse; Raum und Zahl, wie auch Zeit, sind nicht Ursache für Vergesellschaftungsprozesse, sie lösen jedoch psychische Prozesse aus, so daß subjektiv Raum, Zahl und Zeit eine Bedeutung zukommt. Von daher nennt Simmel diese Gruppe seiner soziologischen Untersuchungen Analysen der formalen Bedingungen der Vergesellschaftung. Kausalität von Raum und Zeit ist ein von uns gewähltes Kürzel für komplexe soziale Ursache-Wirkungsketten, in denen andere – häufig noch nicht erforschte – Faktoren wirken. Die formalen Bedingungen der Vergesellschaftung dürfen nicht mit wirklichen Ursachen verwechselt werden, was Simmel auch immer wieder betont. Die durchgeführten Analysen zu sozialen Prozessen und Strukturen in Zweierbeziehungen (Dyaden) oder Dreierkonstellationen (Triaden) sowie die Ausführungen zur sich durch die Räumlichkeit sozialer Beziehungen herstellenden räumlichen Ordnung von Gesellschaften, z. B. Aufteilung von Territorien durch Grenzziehungen, Wirkung von

Distanz auf Qualität und Quantität von Beziehungen u. ä., sind Versuche, die sozialen Wirkfaktoren aufzudecken, für die Raum und Zahl nur als vorläufige Erklärung stehen. Die Bedeutung formaler Bedingungen für Vergesellschaftungsprozesse und soziale Erscheinungen wird von Simmel auch in anderen Arbeiten herausgehoben oder zur Leitidee bei der Analyse bestimmter Erscheinungen gemacht. So ist z. B. die Studie zur »Soziologie des Adels« (1907 und 1908: 732 ff.) von der Grundidee getragen, daß Aristokratien nicht nur relativ sondern auch absolut eine bestimmte Anzahl von Mitgliedern nicht übersteigen dürfen, will man einen aristokratischen Lebensstil praktizieren. Simmel weist nach, daß größerwerdende Aristokratien immer an gesellschaftlicher Bedeutung verlieren und sich von daher die historisch bekanntgewordenen komplexen Eintrittsregeln erklären lassen. In seiner berühmt gewordenen und wirkungsgeschichtlich bedeutenden Studie des »Fremden« aus der Großen Soziologie behandelt Simmel die Rolle des Fremden auf dem Hintergrund der durch die räumliche Ordnung von Gesellschaften für einige Berufsgruppen notwendig werdenden Wanderbewegungen. Auch hier versucht Simmel zu zeigen, wie formale Bedingungen bestimmte soziale Erscheinungen, wie z. B. Migrationsprozesse bewirken können.

Die in der letzten Rubrik unter dem Titel »Individualität und Gesellschaft« abgedruckten Beispiele repräsentieren Arbeiten aus dem Kreis der philosophischen Soziologie Simmels, deren Aufgabenstellung und Fragerichtung er im Einleitungskapitel der Kleinen Soziologie umrissen hat. Die hier ausgewählten Beispiele behandeln zentral das Individualitätsproblem, das wir schon an anderer Stelle erläutert haben. Die Arbeit »Wie ist Gesellschaft möglich?« beinhaltet Simmels Lehre von den soziologischen Aprioris; sie ist ein Beitrag zur Erkenntnistheorie der Soziologie und fällt somit in das Gebiet der philosophischen Soziologie. Wenn Simmel sich hier bewußt auf Kant bezieht und als Ziel seiner Ausführungen die Erstellung soziologischer Aprioris nennt, so läßt das eine soziologische Erkenntnistheorie erwarten, die die Modalitäten des soziologischen »Blicks« aufzeigt. Aber Simmel gibt keine Antwort im Sinne Kants auf die Frage, »Wie ist Gesellschaft möglich?«; er geht nicht auf die Problematik des dualistischen Wissenschaftsverständnisses ein, die aus der Gegenüberstellung von Geistes- und Naturwissenschaften zu Beginn des 20. Jahrhunderts aktuell war. So sind Simmels soziologische Aprioris keine Kategorienlehre zur Erfassung, Strukturierung und Erkenntnis der sozialen Welt als Gegenstück zur Anleitung zur Erkenntnis der Natur gemäß Kants Transzendentalphilosophie. Denn Simmel ist kein Anhänger eines dualistischen Wissenschaftverständnisses; in gewisser Weise kann man ihn als Monist einschätzen (vgl. Frischeisen-Köhler 1920: 47). Simmels Lehre von den soziologischen Apriori sind daher eher als Grundriß einer Sozialontologie zu verstehen, in der materielle Wesensmerkmale des Verhältnisses von Individuum und Gesellschaft, dem Grundthema der Simmelschen Soziologie, fixiert und beschrieben werden. Es geht um das hinter den konkreten Vergesellschaftungsformen und ihren historischen Realisierungen liegende Wesen des gesellschaftlichen Seins. Dieses Verständnis von Apriori bei Simmel wird um so verständlicher, wenn man sich in Erinnerung ruft, daß Simmel 1908, als er die Frage »Wie ist Gesellschaft möglich?« behandelt, schon zur Lebensphilosophie tendierte. Simmels veränderte Einstellung zu Kant deutet sich in einem Brief aus dieser Zeit an: »was hat dieser mann der welt angetan, daß er sie für eine vorstellung erklärte! wann wird einmal der genius kommen, der uns vom bann des subjekts befreit, wie uns kant von dem des objekts befreit hat? und was wird das dritte sein?« Die drei Apriori sind Simmels Antwort auf die Frage nach den Urprinzipien und Urgesetzlichkeiten des Sozialen überhaupt. Wenn die Ontologie das Ganze erfassen will und dadurch immer wieder zur Behandlung des Grundverhältnisses von Mensch und Welt gelangt, so interessiert Simmel in seiner Sozialontologie das Grundverhältnis von Individuum und Gesellschaft. Es geht ihm um eine subjektunabhängige Wesensbestimmung des Gesellschaftlichen, die er als Rollen-, Individualitäts- und Struktur-Apriori, wie es Uta Gerhardt (1971) pointiert formuliert hat, zum Ausdruck bringt. Insgesamt oszilliert seine Apriori-Lehre wieder um das bei ihm dominierende Problem der Individualität, das ihn zu dieser Zeit besonders stark interessiert. Struktur und Rollen werden als gesellschaftlich notwendig, untranszendierbare Formen des sozialen Zusammenlebens betrachtet, die aber gleichzeitig auch die volle Entfaltung qualitativer Individualität verhindern. Das Individuum kann in der Gesellschaft nicht zur Entfaltung seiner Einmaligkeit gelangen. Es geht nicht auf in der Summe seiner sozialen Rollen, es bleibt immer ein Rest, ein unvergesellschafteter Teil, ein Besonderes übrig, wodurch sich Gesellschaft letztlich als Hemmschuh für die Individualität erweist. Simmels Grundmotiv der Tragödie des auf Formen angewiesenen und sich gleichzeitig dadurch selbst begrenzenden Lebens steht im Hintergrund der Entfaltung seiner drei soziologischen Apriori. Daß die Struktur der Gesellschaft darauf angelegt ist, dem Individuum einen Platz zu bieten, seine Besonderheit in das Allgemeine einzubringen, um sich dadurch als ein soziales Element zu verstehen und seinem Leben dadurch einen Sinn zu geben, ist vielleicht tröstlich, aber nicht Lösung des tragischen Konflikts von qualitativer Individualität und Gesellschaft.

Die Auswahl der in diesem Band abgedruckten soziologischen Schriften Georg Simmels verfolgt zwei Ziele. Zum einen sollen die einzelnen Beiträge neugierig machen und einladen, weitere Arbeiten Simmels zum gleichen Themenkomplex zu lesen. Die Bibliographie kann hier bei der Suche helfen. Zum anderen soll die Art und Weise der Auswahl Simmels soziologische Theorie faßbar werden lassen. Das scheint um so wichtiger, da aus den wenigen Schriften Simmels, die gegenwärtig noch auf dem Buchmarkt greifbar sind, sich diese Theorie kaum ableiten läßt.

Simmels soziologische Schriften, wenn auch nur in einer Auswahl, wieder der Öffentlichkeit zugänglich zu machen, ist eine Verbeugung vor dem Klassiker der Soziologie. Das scheint angemessen, denn Max Webers und Emile Durkheims Schriften stoßen derzeit auf ein rezentes Interesse. Und wie diese gehören auch Simmels Arbeiten zu den Selbstverständlichkeiten in der Geschichte der Soziologie. Aber mit dem vorliegenden Band soll nicht nur eine historische Aufgabe erfüllt werden, soll nicht nur wieder faßbar werden, welche Bedeutung Simmel für die Konstituierung und Entwicklung der Soziologie als wissenschaftliches Fach hatte. Sondern die vorliegende Auswahl aus Simmels soziologischen Schriften muß auch als ein Beitrag zur aktuellen Theoriediskussion in der Soziologie verstanden werden. Die Soziologie vermeint, sich jenseits aller Flügelkämpfe in einer Krisis zu befinden. Das führt zu einem Überdenken des generellen Ansatzes der modernen Soziologie. Sie geht auf Weber, Durkheim und Simmel zurück. Und sie scheint über diese Klassiker nicht hinausgekommen zu sein. Dafür spricht, daß jeder neue theoretische Ansatz in der Soziologie immer wieder auf diese Klassiker zurückgreift, um sich dann von ihnen absetzen zu können. Angesichts der gegenwärtigen Lage, in der die Soziologie sich zu befinden glaubt, ist es geboten, endlich einmal das Gemeinsame in Webers, Durkheims und Simmels Soziologien herauszuarbeiten, um das Generelle der modernen Soziologie transparent werden zu lassen.

Heinz Jürgen Dahme Otthein Rammstedt

I. Der Gegenstand und die Aufgaben der Soziologie

Das Gebiet der Soziologie
(1917)

Die Aufgabe, über die Wissenschaft Soziologie Auskunft zu geben, findet ihre erste Schwierigkeit darin, daß ihr Anspruch auf den Titel einer Wissenschaft keineswegs unbestritten ist; und daß, wo ihr dieser selbst zugestanden wird, über ihren Inhalt und ihre Ziele sich ein Chaos von Meinungen ausbreitet, deren Widersprüche und Unklarheiten den Zweifel, ob man es hier überhaupt mit einer wissenschaftlich berechtigten Fragestellung zu tun hat, immer von neuem nähren. Nun wäre der Mangel an einer unbestrittenen, grenzgesicherten Definition zu verschmerzen, wenn wenigstens eine Summe einzelner Probleme vorläge, die, in anderen Wissenschaften nicht oder nicht erschöpfend behandelt, die Tatsache oder den Begriff der »Gesellschaft« als ein Element enthielten und darin ihren gemeinsamen Berührungspunkt besäßen. Wären sie dann auch in ihren sonstigen Inhalten, Richtungen, Lösungsarten so verschieden, daß man sie nicht gut als einheitliche Wissenschaft behandeln könnte, so würde doch der Begriff Soziologie ihnen eine vorläufige Unterkunft gewähren, es stünde wenigstens äußerlich fest, wo man sie zu suchen hätte – wie etwa der Begriff Technik durchaus legitim für einen ungeheuren Bezirk von Aufgaben gilt, ohne daß es Verständnis und Lösung der einzelnen gerade viel förderte, daß ein gemeinsamer Charakterzug ihr an diesem Eigennamen teilgibt. Allein selbst diese schmale Verknüpfung mannigfaltigster Probleme, die immerhin eine in tieferer Schicht aufzufindende Einheit verspräche, scheint an der Problematik des einzig zusammenhaltenden Begriffes zu zersplittern, des Begriffes Gesellschaft – an der Problematik, mit der jene prinzipielle Leugnung einer Soziologie überhaupt sich beweisen möchte. Und es ist merkwürdigerweise einerseits eine Abschwächung, andrerseits eine Übersteigerung dieses Begriffes, an die solche Beweise geknüpft wurden. Alle Existenz, so hören wir, komme ausschließlich den Individuen, ihren Beschaffenheiten und Erlebnissen zu, und »Gesellschaft« sei eine Abstraktion, unentbehrlich für praktische Zwecke, höchst nützlich auch für eine vorläufige Zusammenfassung der Erscheinungen, aber kein wirklicher *Gegenstand* jenseits der Einzelwesen und der Vorgänge an ihnen. Wenn ein jedes von diesen in seiner naturgesetzlichen und historischen Bestimmtheit erforscht sei, so bliebe für eine davon gesonderte Wissenschaft überhaupt kein reales Objekt mehr übrig. Ist für diese Kritik die Gesellschaft sozusagen zu wenig, so ist sie für eine andere gerade zu viel, um einen Wissenschaftsbezirk abzugrenzen. Alles, was Menschen sind und tun, so heißt es nun andrerseits, geht innerhalb der Gesellschaft, durch sie bestimmt und als ein Teil ihres Lebens vor sich. Es gebe also überhaupt keine Wissenschaft von menschlichen Dingen, die nicht Wissenschaft von der Gesellschaft sei. An Stelle der künstlich gegeneinander isolierten Einzelwissenschaften historischer, psychologischer, normativer Art habe also die Gesellschaftswissenschaft zu treten und in ihrer Einheit zum Ausdruck zu bringen, daß alle menschlichen Interessen, Inhalte und Vorgänge durch die Vergesellschaftung zu konkreten Einheiten zusammengingen. Ersichtlich aber nimmt diese Bestimmung, die der Soziologie alles geben will, ihr ebensoviel fort wie die andere, die ihr nichts geben will. Denn da Rechtswissenschaft und Philologie, die Wissenschaft von der Politik und die von der Literatur, die Psychologie und die Theologie und alle andern, die den Bezirk des Menschlichen unter sich aufgeteilt haben, ihre Existenz fortsetzen werden, so ist nicht das geringste dadurch gewonnen, daß man die Gesamtheit der Wissenschaften in einen Topf wirft und diesem das neue Etikett: Soziologie – aufklebt. Die Gesellschaftswissenschaft befindet sich also, unterschieden von andern, wohlgegründeten Wissenschaften, in der ungünstigen Lage, zunächst ihr Recht auf Existenz überhaupt beweisen zu müssen – freilich auch in der günstigen, daß dieser Beweis über die sowieso nötige Aufklärung ihrer Grundbegriffe und ihrer besonderen Fragestellung gegenüber der gegebenen Wirklichkeit führt. [...]

Alle jene großen Systeme und überindividuellen Organisationen, an die man bei dem Begriff von Gesellschaften zu denken pflegt, sind nichts anderes als die Verfestigungen – zu dauernden Rahmen und selbständigen Gebilden – von unmittelbaren, zwischen Individuum und Individuum stündlich und lebenslang hin und her gehenden Wechselwirkungen. Sie gewinnen damit freilich Eigenbestand und Eigengesetzlichkeit, mit denen sie sich diesen gegenseitig sich bestimmenden Lebendigkeiten auch gegenüber- und entgegenstellen können. Aber Gesellschaft in ihrem fortwährend sich realisierenden Leben bedeutet immer, daß die Einzelnen vermöge gegenseitig ausgeübter Beeinflussung und Bestimmung verknüpft sind. Sie ist also eigentlich etwas Funktionelles, etwas, was die Individuen tun und leiden, und ihrem Grundcharakter nach sollte man nicht von Gesellschaft, sondern von Vergesellschaftung sprechen. Gesellschaft ist dann nur der Name für einen Umkreis von Individuen, die durch derartig sich auswirkende Wechselbeziehungen aneinander gebunden sind und die man deshalb als eine Einheit bezeichnet, gerade wie man ein System körperlicher Massen, die sich in ihrem Verhalten durch ihre gegenseitigen Einwirkungen vollständig bestimmen, als Einheit ansieht. Nun kann man sich dem letzteren gegenüber darauf versteifen, nur die einzelnen materiellen Stücke seien die echte »Realität«, ihre wechselseitig erregten Bewegungen und Modifikationen seien als etwas nie Handgreifliches gewissermaßen nur Realitäten zweiten Grades; sie hätten ihren Ort eben nur in jenen Substanzstücken, die sogenannte Einheit sei nur die Zusammenschau dieser stofflichen Sonderexistenzen, deren empfangene und ausgeteilte Impulse und Formungen doch in einer jeden verblieben. In demselben Sinne kann man freilich dabei bleiben, die eigentlichen Realitäten seien doch immer nur die menschlichen Individuen. Gewonnen wird dadurch nichts. Gesellschaft ist dann allerdings sozusagen keine Substanz, nichts für sich Konkretes, sondern ein *Geschehen,* ist die Funktion des Empfangens und Bewirkens von Schicksal und Gestaltung des einen von seiten des andern. Nach dem Greifbaren tastend, fänden wir nur Individuen, und zwischen ihnen gleichsam nur leeren Raum. Die Folgen dieser Betrachtung werden uns später beschäftigen; aber wenn sie die »Existenz« in einem engeren Sinne auch wirklich nur den Individuen übrig läßt, so muß sie doch auch das Geschehen, die Dynamik des Wirkens und Leidens, mit der diese Individuen sich gegenseitig modifizieren, als etwas »Wirkliches« und Erforschbares stehen lassen.

Jede Wissenschaft zieht aus der Totalität oder der erlebten Unmittelbarkeit der Erscheinungen *eine* Reihe oder *eine* Seite unter Führung je eines bestimmten Begriffes heraus, und nicht weniger als alle andern handelt die Soziologie legitim, wenn sie die individuellen Existenzen zerlegt und nach einem nur ihr eigenen Begriff wieder neu zusammenfaßt, und also fragt: Was geschieht mit den Menschen, nach welchen Regeln bewegen sie sich, nicht insofern sie die Ganzheit ihrer erfaßbaren Einzelexistenzen entfalten, sondern sofern sie vermöge ihrer Wechselwirkung Gruppen bilden und durch diese Gruppenexistenz bestimmt werden? So darf sie die Geschichte der Ehe behandeln, ohne das Zusammenleben einzelner Paare zu analysieren, das Prinzip der Ämterorganisation, ohne einen Tag auf dem Büro zu schildern, die Gesetze und Resultate des Klassenkampfes ergründen, ohne auf den Verlauf eines Streiks oder die Verhandlungen über einen Lohntarif einzugehen. Gewiß sind die Gegenstände solcher Fragen durch Abstraktionsprozesse zustande gekommen; aber damit unterscheiden sie sich nicht von den Wissenschaften wie Logik oder theoretische Nationalökonomie, die gleichfalls unter der Anleitung durch bestimmte Begriffe – dort des Erkennens, hier der Wirtschaft – zusammenhängende Gebilde aus der Wirklichkeit zustande bringen, und Gesetze und Evolutionen an ihnen entdecken, während diese Gebilde als isolierte Erfahrbarkeiten gar nicht bestehen.

Steht so die Soziologie auf einer Abstraktion aus der vollen Wirklichkeit – hier unter Führung des Begriffes Gesellschaft vollzogen – und ist dennoch der Vorwurf der Irrealität hinfällig, der von der behaupteten alleinigen Realität der Individuen herkam, so schützt diese Einsicht sie auch vor der Überspannung, die ich zuvor als eine nicht geringere Gefährdung ihres Bestandes als einer Wissenschaft erwähnte. Da der Mensch in jedem Augenblick seines Seins und Tuns durch die Tatsache, daß er ein gesellschaftliches Wesen ist, bestimmt sei, so schienen alle Wissenschaften vom Menschen sich in die Wissenschaft vom gesellschaftlichen Leben zurückzuschmelzen: alle Gegenstände jener Wissenschaften seien nur einzelne, besonders geformte Kanäle, durch die das gesellschaftliche Leben, einziger Träger aller Kraft und alles Sinnes, rinne. Ich zeigte, daß damit nichts anderes erlangt sei, als ein neuer, gemeinschaftlicher Name für all die Erkenntnisse, die in ihren besonderen Inhalten und Benennungen, Richtungen und Methoden ganz ungestört und selbstgesetzlich weiterbestehen werden. Ist dies also auch eine irrige Dehnung der Vorstellung von der Gesellschaft und der Soziologie, so liegt ihr doch eine an sich bedeutsame und folgenreiche Tatsache zugrunde. Die Einsicht: der Mensch sei in seinem ganzen Wesen und allen Äußerungen dadurch bestimmt, daß er in Wechselwirkung mit andern Menschen lebt – muß allerdings zu einer neuen *Betrachtungs*weise in allen sogenannten Geisteswissenschaften führen.

Die großen Inhalte des geschichtlichen Lebens: die Sprache wie die Religion, die Staatenbildung wie die materielle Kultur wußte man noch im 18. Jahrhundert wesentlich nur auf die »Erfindung« einzelner Persönlichkeiten zurückzuführen, und wo Verstand und Interessen des Einzelmenschen dazu nicht auszureichen schienen, blieb nur der Appell an transzendente Mächte übrig – zu denen übrigens das »Genie« jener einzelnen Erfinder eine Mittelstufe bildete: denn mit dem Geniebegriff drückte man eigentlich nur aus, daß die bekannten und begreiflichen Kräfte des Individuums zu der Produktion der Erscheinung nicht zulangten. So war die Sprache entweder die Erfindung Einzelner oder ein göttliches Geschenk, die Religion – als geschichtliches Ereignis – die Erfindung schlauer Priester oder göttlicher Wille, die sittlichen Gesetze entweder von Heroen der Masse eingeprägt oder von Gott verliehen, oder von der »Natur« – einer nicht weniger mystischen Hypostasierung – den Menschen mitgegeben. Aus dieser ungenügenden Alternative hat der Gesichtspunkt der gesellschaftlichen Produktion erlöst. All jene Gebilde erzeugen sich in den Wechselbeziehungen der Menschen, oder manchmal auch *sind* sie derartige Wechselbeziehungen, die also aus dem für sich betrachteten Individuum freilich nicht herleitbar sind. Neben jene beiden Möglichkeiten ist eben nun die dritte gestellt: die Produktion von Erscheinungen durch das gesellschaftliche Leben, und zwar im zweifachen Sinne, durch das Nebeneinander wechselwirkender Individuen, das *in* jedem erzeugt, was doch *aus* ihm allein nicht erklärbar ist, und durch das Nacheinander der Generationen, deren Vererbungen und Überlieferungen mit dem Eigenerwerb des Einzelnen unlösbar verschmelzen und es bewirken, daß der gesellschaftliche Mensch, im Unterschied gegen alles untermenschliche Leben, nicht nur Nachkomme, sondern Erbe ist. Durch das Bewußtwerden der sozialen Produktionsart, die sich zwischen die rein individuelle und die transzendente einschiebt, ist eine genetische Methode in alle Geisteswissenschaften gekommen, ein neues Werkzeug zur Lösung ihrer Probleme – mögen diese den Staat oder die Kirchenorganisation, die Sprache oder die sittliche Verfassung betreffen. Die Soziologie ist nicht nur eine Wissenschaft mit eigenen, gegen alle andern Wissenschaften arbeitsteilig abgegrenzten Objekten, sondern sie ist eben auch eine *Methode* der historischen und der Geisteswissenschaften überhaupt geworden. Um sie auszunutzen, brauchen diese Wissenschaften ihren Standort durchaus nicht zu verlassen, sie brauchen nicht, wie jene phantastische Überspannung des Soziologiebegriffes forderte, zu Teilen der Soziologie zu werden. Diese vielmehr akklimatisiert sich jedem besonderen Forschungsgebiet, dem nationalökonomischen wie dem kulturgeschichtlichen, dem ethischen wie dem theologischen. Damit aber verhält sie sich nicht wesentlich anders als seinerzeit die Induktion, die als neues Forschungsprinzip in alle möglichen Problemgruppen eindrang und den darin feststehenden Aufgaben zu neuen Lösungen verhalf. So wenig aber daraufhin Induktion eine besondere Wissenschaft ist oder gar eine allbefassende, so wenig ist es, auf *diese* Momente hin, die Soziologie. Soweit sie sich darauf stützt, daß der Mensch als Gesellschaftswesen verstanden werden muß, und daß die Gesellschaft der Träger alles historischen Geschehens ist, enthält sie kein *Objekt*, das nicht schon in einer der bestehenden Wissenschaften behandelt würde, sondern nur einen neuen Weg für alle diese, eine Methode der Wissenschaft, die gerade wegen ihrer Anwendbarkeit auf die Gesamtheit der Probleme nicht eine Wissenschaft mit eignem Inhalt ist[1].

Und eben weil die Methode diese Allgemeinheit besitzt, bildet sie ein gemeinsames Fundament für einzelne Problemgruppen, die zuvor gewisser Aufklärungen entbehrten, die der einen nur von der andern kommen können; der Gemeinsamkeit des Vergesellschaftetseins, das die Kräfte der Individuen sich gegenseitig bestimmen läßt, entspricht die Gemeinsamkeit der soziologischen Erkenntnisweise, vermöge deren dem einen Problem eine Lösungs- oder Vertiefungsmöglichkeit mit einem inhaltlich ganz heterogenen Erkenntnisgebiet zukommt. [...]

Von diesen Erwägungen aus öffnet sich, über den bloßen Begriff der Methode hinaus, der Blick auf den ersten prinzipiellen Problemkreis der Soziologie. Aber wenn er auch fast das ganze Feld menschlicher Existenz umfaßt, so verliert er dadurch nicht den Charakter jener immerhin einseitigen Abstraktion, den keine Wissenschaft abstreifen kann. Denn so sozial bestimmt, gleichsam von Gesellschaftlichkeit durchdrungen jeder Punkt der wirtschaftlichen und geistigen, der politischen und rechtlichen, ja der

1 Ich entnehme die letzten Sätze, sowie noch einige andere meinem größeren Werke: Soziologie; Untersuchungen über die Formen der Vergesellschaftung (1908), das manche der auf diesen Blättern berührten Gedanken ausführlicher und namentlich mit breiterer Begründung auf geschichtliche Tatsachen behandelt.

religiösen und allgemein kulturellen Sphäre sei, so verwebt sich doch diese Bestimmung an einem jeden innerhalb des vollen Erlebens mit andern, die aus andern Dimensionen stammen. Vor allem mit denen der reinen Sachlichkeit. Es ist immer irgendein Sachgehalt, technischer oder dogmatischer, intellektueller oder physiologischer Art, der die Entwicklung der sozialen Kräfte trägt und der durch seinen eigenen Charakter, seine Gesetze und seine Logik diese Entwicklung in bestimmten Richtungen und Schranken hält. Jede gesellschaftliche Arbeit, die sich an irgendeiner Materie vollzieht, muß sich deren Naturgesetzlichkeit fügen, jede intellektuelle Leistung bindet sich, mit welchen Schwankungen auch immer, an Denkgesetze und Verhalten von Objekten, jede Reihe von Schöpfungen auf künstlerischem oder politischem, rechtlichem oder medizinischem, philosophischem oder überhaupt erfinderischem Gebiet hält eine gewisse Ordnung ein, die uns aus den sachlichen Verhältnissen ihrer Inhalte – Steigerung, Anknüpfung, Differenzierung, Kombination usw. – verständlich wird. Hier ganz beliebige Schritte zu tun, beliebige Abstände zu überspringen, beliebige Synthesen zu vollziehen, vermag kein menschliches Wollen und Können, sondern dieses folgt einer gewissen inneren Logik der Dinge selbst. [...]

Der vollen Wirklichkeit gegenüber ist freilich auch dies eine Abstraktion, da kein Sachgehalt sich durch seine eigene Logik verwirklicht, sondern es nur durch die geschichtlichen und seelischen Kräfte vermag; was dasteht, ist eine dem Erkennen unmittelbar gar nicht erfaßbare Einheit, und was wir Sachgehalt nennen, ist eine Aufnahme von einer einseitigen Kategorie her. [...]

Der Zweck dieser Ausführungen liegt in der Erkenntnis, daß neben dem gesellschaftlichen Leben als begründender Kraft und umfassender Formel des menschheitlichen Lebens auch noch Herleitung und Deutung des letzteren aus dem sachlichen Sinn seiner Inhalte und auch noch aus dem Wesen und der Produktivität der Individuen als solcher besteht – vielleicht auch noch aus anderen, bisher nicht entschieden herausgearbeiteten Kategorien. Diese Zerlegungen und Konstruktionsarten unseres unmittelbaren, als Einheit von all diesem empfundenen Lebens und Schaffens liegen in der gleichen Schicht und haben das gleiche Recht. Infolgedessen – und darauf kommt es jetzt an – kann eine einzelne von ihnen nicht beanspruchen, uns den alleinigen und allein ausreichenden Weg der Erkenntnis zu führen, also auch nicht die, die von der gesellschaftlichen Form unseres Daseins bestimmt ist. Auch sie ist nur eine einseitige, die andern ergänzend und von ihnen ergänzt. Aber freilich, unter diesem Vorbehalt kann sie prinzipiell der Ganzheit menschlicher Existenz eine Erkenntnismöglichkeit gewähren. Die Tatsachen der Politik wie der Religion, der Wirtschaft wie des Rechts, der Kulturstile als ganzer und der Sprache und unzählige andere können danach befragt werden, wie sie, jenseits individuell verantwortlicher Leistungen wie objektivsachlicher Bedeutung, als Leistungen des Subjekts Gesellschaft begreiflich, als Entwicklungen dieses Subjekts darstellbar sind; und es machte den Erkenntniswert davon keineswegs illusorisch, wenn über das Wesen dieses Subjekts auch keine völlig erschöpfende und völlig unstrittige Definition bestünde. Es ist nun einmal eine Eigentümlichkeit unseres Geistes, daß er auf begrifflich noch unsicheren Fundamenten doch ein sicheres Gebäude aufführen kann: physikalische und chemische Feststellungen leiden nicht unter der Dunkelheit und Problematik des Begriffes der Materie, rechtliche nicht unter dem Streit über das Wesen des Rechts und seiner ersten Grundsätze, psychologische nicht darunter, daß das »Wesen der Seele« uns durchaus fragwürdig ist. Wenn demnach die »soziologische Methode« angewendet wird, um den Verfall des Römerreiches oder das Verhältnis von Religion und Wirtschaft bei den großen Kulturvölkern, um die Entstehung des deutschen Nationalstaatsgedankens oder die Herrschaft des Barockstils zu entwickeln, d. h. wenn solche Geschehnisse oder Zustände als Summierungen ununterscheidbarer Beiträge, als Ergebnisse der Wechselwirkung von Individuen, als Lebensstadien überindividueller Gruppeneinheiten erscheinen – so mag man diese nach soziologischer Methode geführten Untersuchungen als Soziologie bezeichnen.

Allein aus ihnen erhebt sich, durch eine weitere Abstraktion, die man wohl als Ergebnis einer höchst differenzierten Wissenschaftskultur charakterisieren kann, eine Problemgruppe von im engeren Sinne soziologischer Natur. Wenn nämlich alle möglichen Tatsächlichkeiten des Lebens daraufhin betrachtet werden, daß sie sich innerhalb einer gesellschaftlichen Gruppe und durch sie vollziehen, so muß es Gemeinsamkeiten ihres Vollzuges geben (wenn auch, gemäß den verschiedenen Umständen, nicht allenthalben die gleichen), Charakterzüge, die daraufhin und nur daraufhin hervortreten, daß sich das gesellschaftliche Leben als Ursprung oder Subjekt jener Ereignisse zeigt. Dahin gehören Fragen wie die: ob sich etwa in den geschichtlichen Entwicklungen der allerverschiedensten Art, die sich nur in ihrem Getragensein durch je eine Gruppe begegnen, ein gemeinsames Gesetz finden läßt, ein nur auf diese Tatsache zurückführbarer Rhythmus? So hat man z. B. behauptet, alle historischen Evolutionen realisierten sich, auf ihrer ersten Stufe, in einer ungeschiedenen Einheit vielfacher Elemente, führten auf der zweiten zu einer differenzierten Verselbständigung dieser, nun gegeneinander entfremdeten, und zeigten auf der dritten eine neue Einheit, die aber jetzt in dem harmonischen Ineinandergreifen der in ihrer Besonderheit erhaltenen Elemente bestünde; kürzer: der Weg aller voll ausgelebten Entwicklungen ginge von der undifferenzierten Einheit über die differenzierte Mannigfaltigkeit zu der differenzierten Einheit. Oder, man erblickt in allem historischen Leben einen von organischer Gemeinsamkeit zu mechanischem Nebeneinander fortschreitenden Prozeß; Besitz, Arbeiten, Interessen erwüchsen zunächst in der Solidarität der Individuen, die das Gruppenleben tragen, verteilten sich dann aber auf egoistische Personen, von denen jede nur das Ihre suche und sich nur aus dieser Gesinnung heraus mit anderen verbinde; jenes erste sei die Darstellung eines unbewußten, nur im Gefühl offenbarten Willens unseres tiefsten Wesens, während das andere ein Produkt der Willkür und des berechnenden Verstandes sei. Oder: man glaubte eine feste Beziehung zwischen der geistigen Weltanschauung jeder bestimmten Epoche und ihrem sozialen Zustande festzustellen, indem beides gewissermaßen nur zwei Äußerungen der biologischen Entwicklung seien. Die menschliche Erkenntnis durchlaufe im großen drei Stadien: das theologische, das die Naturerscheinungen aus der Willkür irgendwelcher Wesen erklärt, das metaphysische, in dem die übernatürlichen Ursachen zwar durch gesetzmäßige ersetzt werden, aber durch mystische und spekulative wie die »Lebenskraft«, die »Naturzwecke« usw., endlich das positive, das die heutige experimentelle und exakte Wissenschaft darstellt. Durch diese Stadien entwickle sich jeder Wissenszweig hindurch, und die Beobachtung hiervon enträtsle uns also die in alle möglichen Gebiete sich verzweigende soziale Entwicklung.

Ferner reihen sich in diese Kategorie Fragen ein wie die nach den Bedingungen der *Macht* von Gruppen, in ihrem Unterschied gegen die der Macht von Individuen. Die Bedingungen der letzteren sind unmittelbarer anschaulich: Intelligenz, Energie, geeigneter Wechsel von Konsequenz und Biegsamkeit – obgleich auch gewisse noch dunkle Kräfte bestehen müssen, die die historische Mächtigkeit von Erscheinungen wie Jesus auf der einen, Napoleon auf der andern Seite eigentlich begründen, und die durch Benennungen wie Suggestionskraft, Prestige usw. keineswegs geklärt sind. In den Machtübungen der Gruppen, sowohl ihren Individuen wie andern Gruppen gegenüber, wirken außer solchen noch andere Energien: Fähigkeit zu straffer Konzentration ebenso wie zur Auflösung in individuelle Sonderbetätigungen, bewußter Glaube an führende Geister wie dumpfe Expansionstriebe, parallele Egoismen der Einzelnen wie aufopfernde Hingabe an das Ganze, fanatischer Dogmatismus wie überallhin prüfende geistige Freiheit. Alles dies wirkt nicht nur zu dem Aufstieg – und, negativ gewendet, zum Verfall – politischer Volkseinheiten, sondern aller möglichen wirtschaftlichen und religiösen, parteimäßigen und familiären Gruppierungen; aber immer geht die Frage hier nicht auf das Zustandekommen der Vergesellschaftung als solcher, sondern auf die induktiv festzustellenden Schicksale von Gesellschaft, als eines schon zustande gekommenen Subjekts.

Eine andere Frage, die sich gegenüber allen soziologisch betrachteten Zuständen und Ereignissen erhebt, ist die: Wie denn das kollektive Verhalten, Handeln, Gedankenbilden dem *Werte* nach zu den entsprechenden, aus Individuen unmittelbar hervorgehenden Äußerungen stehe? Welche Unterschiede des Niveaus, an irgendwie idealen Maßstäben gemessen, zwischen den sozialen Erscheinungen und den individuellen bestehen? So wenig wie für die vorige Frage wird für diese die innere, grundlegende Struktur der Gesellschaft zum Problem; vielmehr diese Struktur wird schon vorausgesetzt, die Lebenstatsachen werden von ihr aus betrachtet, und die Frage ist: Welche allgemeinen Züge treten an diesen Tatsachen hervor, wenn sie in diese Blickrichtung eingestellt sind? [...]

Die wissenschaftliche Abstraktion legt noch von einer anderen Richtung her eine Linie durch die volle Konkretheit der gesellschaftlichen Erscheinungen, alles das verbindend, was in einem gleich zu erörternden, mir eigentlich als ganz entscheidend erscheinenden Sinne »soziologisch« ist, und dies zu der Einheit einer Erkenntnisweise bringend – obgleich es in der Wirklichkeit in dieser Isoliertheit und Wiederzusammenfügung nicht besteht, sondern aus der Lebenseinheit eben dieser Wirklichkeit durch einen herzugebrachten Begriff herausabstrahiert ist. All jene gesellschaftlichen Tatsachen sind doch, wie schon erwähnt wurde, nicht *nur* gesellschaftliche, es ist immer ein Sachgehalt sinnlicher oder geistiger, technischer oder physiologischer Art, der gesellschaftlich getragen oder produziert oder fortgepflanzt wird und so das Gesamtgebilde des sozialen Lebens ergibt. Aber diese gesellschaftliche Formung solcher Inhalte muß doch auch für sich in einer arbeitsteiligen Wissenschaft erforschbar sein, gerade wie die geometrische Abstraktion die bloßen Raumformen der Körper erforscht, die doch nur als Formen materieller Inhalte empirisch vorliegen. Kann man sagen, Gesellschaft sei Wechselwirkung unter Individuen, so wäre: die Formen dieser Wechselwirkung zu beschreiben, Aufgabe der Gesellschaftswissenschaft im engsten und eigentlichsten Sinne der »Gesellschaft«. War der erste Problemkreis erfüllt von dem ganzen geschichtlichen Leben, soweit es gesellschaftlich geformt ist, immer aber diese Gesellschaftlichkeit als Ganzes umgreifend, so dieser zweite von den Formen selbst, die aus der bloßen Summe lebender Menschen Gesellschaft und Gesellschaften machen. Diese Forschung – man könnte sie die »reine Soziologie« nennen – zieht aus den Erscheinungen das Moment der Vergesellschaftung, induktiv und psychologisch von der Mannigfaltigkeit ihrer Inhalte und Zwecke, die für sich noch nicht gesellschaftlich sind, gelöst, wie die Grammatik die reinen Formen der Sprache von den Inhalten sondert, an denen diese Formen lebendig sind. Tatsächlich finden wir an gesellschaftlichen Gruppen, welche ihren Zwecken und ihrer ganzen Bedeutung nach die denkbar verschiedensten sind, die gleichen formalen Verhaltungsweisen der Individuen zueinander. Über- und Unterordnung, Konkurrenz, Nachahmung, Arbeitsteilung, Parteibildung, Vertretung, Gleichzeitigkeit des Zusammenschlusses nach innen und des Abschlusses nach außen und unzähliges Ähnliches findet sich an einer staatlichen Gesellschaft wie an einer Religionsgemeinde, an einer Verschwörerbande wie an einer Wirtschaftsgenossenschaft, an einer Kunstschule wie an einer Familie. So mannigfaltig auch die Interessen sind, aus denen es überhaupt zu diesen Vergesellschaftungen kommt – die Formen, in denen sie sich vollziehen, können dennoch die gleichen sein. Und nun andrerseits: das inhaltlich gleiche Interesse kann sich in sehr verschiedenartig geformten Vergesellschaftungen darstellen, z. B. das wirtschaftliche Interesse realisiert sich ebenso durch Konkurrenz wie durch planmäßige Organisation der Produzenten, bald durch Abschluß gegen andere Wirtschaftsgruppen, bald durch Anschluß an sie; die religiösen Lebensinhalte fordern, inhaltlich die identischen bleibend, einmal eine freiheitliche, ein andermal eine zentralistische Gemeinschaftsform; die Interessen, die den Beziehungen der Geschlechter zugrunde liegen, befriedigen sich in der kaum übersehbaren Mannigfaltigkeit der Familienformen usw.

Wie also die Form die identische sein kann, in der die divergentesten Inhalte sich vollziehen, so kann umgekehrt auch der Stoff beharren, während das Miteinander der Individuen, das ihn trägt, sich in einer Mannigfaltigkeit von Formen bewegt; wodurch denn die Tatsachen, obgleich in ihrer Gegebenheit Stoff und Form eine unlösbare Einheit des sozialen Lebens ausmachen, deren Trennung zum Zweck des soziologischen Problems: der Feststellung, systematischen Ordnung, psychologischen Begründung und historischen Entwicklung der reinen Formen der Vergesellschaftung, legitimieren. Eine Spezialwissenschaft ist die Soziologie hier nicht, wie bei der ersten Problemgruppe, nach ihren Gegenständen, wohl aber nach ihrer eindeutig umgrenzten Fragestellung gegenüber diesen Gegenständen. [...]

Die Einstellungen gegenüber den gegebenen Tatsachen, die das jetzige Stadium der Wissenschaft verlangt, machen zuletzt noch einen dritten Bezirk von Fragen an die Tatsache Gesellschaft kenntlich. Insofern sie sich gleichsam an deren obere und untere Grenze anschließen, sind sie freilich nur im weiteren Sinne als soziologische zu bezeichnen, ihrem eigenen Charakter nach aber als philosophische. Ihren *Inhalt* nur bildet jene einfache Tatsache – wie die Natur und die Kunst, aus denen wir *unmittelbar* Naturwissenschaft und Kunstwissenschaft entwickeln, doch auch die Gegenstände der Naturphilosophie und Kunstphilosophie hergeben, deren Interessen und Methoden in einer andern Schicht des Denkens liegen, derjenigen, wo jede tatsächliche Einzelheit nach ihrer Bedeutung für die Ganzheit von Geist, Leben, Dasein überhaupt und nach ihrer Legitimation von diesen Ganzheiten her befragt wird.

Wie also jede andere exakte, auf das unmittelbare Verständnis des Gegebenen gerichtete Wissenschaft, ist auch die soziale von zwei *philosophischen* Gebieten eingegrenzt. Das eine umfaßt die

Bedingungen, Grundbegriffe, Voraussetzungen der Einzelforschung, die in dieser selbst keine Erledigung finden können, da sie ihr vielmehr schon zugrunde liegen; in dem andern wird diese Einzelforschung zu Vollendungen und Zusammenhängen geführt und mit Fragen und Begriffen in Beziehung gesetzt, die innerhalb der Erfahrung und des unmittelbar gegenständlichen Wissens keinen Platz haben. Jenes ist die Erkenntnistheorie der fraglichen Einzelgebiete, dieses ihre Metaphysik. Die Aufgaben der einzelnen Sozialwissenschaften: die Lehre von der Wirtschaft und den Institutionen, die Geschichte der Sitten und die der Parteien, die Bevölkerungstheorie und die Erörterung der beruflichen Gliederung, könnten gar nicht behandelt werden, wenn nicht gewisse Begriffe, Axiome, Verfahrungsweisen indiskutabel vorausgesetzt würden. Wenn wir nicht ein Maß egoistischer Gewinn- und Genußsucht, aber auch eine Beschränkbarkeit dieses Maßes durch Zwang, Sitte, Moral annähmen; wenn wir uns nicht das Recht zusprächen, von den Stimmungen einer Masse als Einheit zu reden, obgleich viele ihrer Elemente nur äußerlich mitmachen oder dissentieren; wenn wir nicht die Entwicklung innerhalb einer Kulturprovinz daraufhin für begriffen erklärten, daß wir sie als eine aufsteigende, einer psychologischen Logik folgende, in uns nachbilden können – so würden wir unzählige Tatsachen gar nicht zu einem sozialen Bilde formen können. In all diesem und sehr vielem Ähnlichen liegen Verfahrungsweisen des Denkens vor, mit denen es an den Rohstoff der einzelnen Geschehnisse herantritt, um aus ihm sozialwissenschaftliche Erkenntnisse zu gewinnen, wie das Denken die äußeren Erscheinungen von gewissen Voraussetzungen über Raum, Stoff, Bewegung, Zählbarkeit aus ergreift und ohne diese niemals aus jenen die Wissenschaft der Physik zustande bringen könnte. Die einzelne soziale Wissenschaft pflegt mit Recht diese Basis ihrer selbst fraglos hinzunehmen; ja, sie kann sie innerhalb ihrer selbst gar nicht behandeln, weil sie ersichtlich alle übrigen Sozialwissenschaften hinzunehmen müßte. Hier also tritt die Soziologie als die Erkenntnistheorie der sozialen Sonderwissenschaften ein, als die Analyse und Systematik der Grundlagen, die in diesen formend und normierend wirken.

Wie diese Fragestellungen unter die konkreten Erkenntnisse vom sozialen Dasein hinuntergehen, so gehen andere über diese hinaus: sie versuchen durch Hypothese und Spekulation den unvermeidlich fragmentarischen Charakter dieser wie jeder Empirie zu einem geschlossenen Gesamtbilde zu ergänzen; sie ordnen die chaotisch zufälligen Ereignisse in Reihen, die einer Idee folgen oder einem Zweck zustreben; sie fragen, wo das gleichgültig-naturgesetzliche Abrollen der Ereignisse einem *Sinn* der Einzelerscheinungen oder des Ganzen Raum gäbe; sie behaupten oder sie bezweifeln – beides gleichmäßig einer überempirischen Weltanschauung entspringend –, daß diesem ganzen Spiel der gesellschaftlich-geschichtlichen Erscheinungen eine religiöse Bedeutung, eine erkennbare oder zu ahnende Beziehung zu dem metaphysischen Grunde des Seins einwohne. Im besonderen ergeben sich hier Fragen wie diese: Ist die Gesellschaft der Zweck der menschlichen Existenz oder ein Mittel für das Individuum? Liegt der definitive Wert der sozialen Entwicklung in der Ausbildung der Persönlichkeit oder in der der Assoziation? Ist Sinn und Zweck überhaupt in den gesellschaftlichen Gebilden als solchen vorhanden oder realisieren diese Begriffe sich nur an der Einzelseele? Zeigen die typischen Entwicklungsstadien der Gesellschaften eine Analogie mit kosmischen Evolutionen, so daß es eine allgemeine Formel oder Rhythmus von Entwicklung überhaupt gäbe – z. B. den Wechsel von Differenzierung und Integrierung –, der sich an den gesellschaftlichen wie an den materiellen Tatsachen gleichmäßig offenbart? Werden die sozialen Bewegungen vom Prinzip der Kraftersparnis, werden sie von materialistischen oder von ideologischen Motiven gelenkt? Dieser Typus von Fragen ist ersichtlich nicht auf dem Wege der Tatsachenfeststellung beantwortbar; vielmehr handelt es sich um die *Deutung* festgestellter Tatsachen und darum, das Relative und Problematische der bloßen sozialen Wirklichkeit zu einer Gesamtanschauung zu führen, die mit der Empirie nicht konkurriert, weil sie ganz andern Bedürfnissen als diese dient.

Es liegt auf der Hand, daß die Problembehandlung auf diesem Gebiet von der Verschiedenheit der Weltanschauungen, von individuellen und parteimäßigen Wertschätzungen, von letzten, unbegründbaren Überzeugungen mehr abhängig ist, als innerhalb der beiden andern, von den Tatsächlichkeiten enger umgrenzten Bezirke der Soziologie. [...]

II. Soziale Differenzierung und ihre Folgen

»Die Ausdehnung der Gruppe und die Ausbildung der Individualität« (1888)

Bei dem Verhältnis zwischen der Ausbildung der Individualität und dem sozialen Interesse ist vielfach zu beobachten, daß die Höhe der ersteren Schritt hält mit der Erweiterung des Kreises, auf den sich das letztere erstreckt. Haben wir zwei soziale Gruppen, *M* und *N*, die sich scharf voneinander unterscheiden, sowohl nach den charakteristischen Eigenschaften wie nach den gegenseitigen Gesinnungen, deren jede aber in sich aus homogenen und eng zusammenhängenden Elementen besteht: so bringt die gewöhnliche Entwicklung unter den letzteren eine steigende Differenzierung hervor; die ursprünglich minimalen Unterschiede unter den Individuen nach äußerlichen und innerlichen Anlagen und deren Betätigung verschärfen sich durch die Notwendigkeit, den umkämpften Lebensunterhalt durch immer eigenartigere Mittel zu gewinnen; die Konkurrenz bildet bekanntlich die Spezialität des Individuums aus. Wie verschieden nun auch der Ausgangspunkt dieses Prozesses in *M* und *N* gewesen sei, so muß er diese doch allmählich einander verähnlichen. Es ist von vornherein wahrscheinlich, daß, je größer die Unähnlichkeit der Bestandteile von *M* unter sich und derer von *N* unter sich wird, sich eine immer wachsende Anzahl von Bildungen im einen finden werden, die solchen im andern ähnlich sind; die nach allen Seiten gehende Abweichung von der bis dahin für jeden Komplex für sich gültigen Norm muß notwendig eine Annäherung der Glieder des einen an die des anderen erzeugen. Schon deshalb wird dies geschehen, weil unter noch so verschiedenen sozialen Gruppen die *Formen* der Differenzierung gleich oder ähnlich sind: die Verhältnisse der einfachen Konkurrenz, die Vereinigung vieler Schwacher gegen einen Starken, die Pleonexie Einzelner, die Progression, in der einmal angelegte individuelle Verhältnisse sich steigern usw. Die Wirkung dieses Prozesses – von der bloß formalen Seite – kann man häufig in der internationalen Sympathie beobachten, die Aristokraten untereinander hegen und die von dem spezifischen *Inhalt* des Wesens, der sonst über Anziehung und

Abstoßung entscheidet, in wunderlicher Weise unabhängig ist. Nachdem der soziale Differenzierungsprozeß zu der Scheidung zwischen Hoch und Niedrig geführt hat, bringt die bloß formale Tatsache einer bestimmten sozialen Stellung die durch sie charakterisierten Mitglieder der verschiedenartigsten Gruppen in innerliche, oft auch äußerliche Beziehung.

Dazu kommt, daß mit einer solchen Differenzierung der sozialen Gruppe die Nötigung und Neigung wachsen wird, über ihre ursprünglichen Grenzen in räumlicher, ökonomischer und geistiger Beziehung hinauszugreifen und neben die anfängliche Zentripetalität der einzelnen Gruppe bei wachsender Individualisierung und dadurch eintretender Repulsion ihrer Elemente eine zentrifugale Tendenz als Brücke zu andern Gruppen zu setzen. Von vielen Beispielen dafür nur eines, aus der Geschichte der Zünfte. Während ursprünglich in den Zünften der Geist strenger Gleichheit herrschte, der den Einzelnen einerseits auf diejenige Quantität und Qualität der Produktion einschränkte, die alle andern gleichfalls leisteten, andrerseits ihn durch Normen des Verkaufs und Umsatzes vor Überflügelung durch den andern zu schützen suchte – war es doch auf die Dauer nicht möglich, diesen Zustand der Undifferenziertheit aufrecht zu halten. Der durch irgendwelche Umstände reich gewordene Meister wollte sich nicht mehr in die Schranken fügen, nur das eigne Fabrikat zu verkaufen, nicht mehr als eine Verkaufsstelle zu halten, und Ähnliches. Indem er aber das Recht dazu, zum Teil unter schweren Kämpfen, gewann, mußte ein Doppeltes eintreten: einmal mußte sich die ursprünglich homogene Masse der Zunftgenossen mit wachsender Entschiedenheit in Reiche und Arme, Kapitalisten und Arbeiter differenzieren; nachdem das Gleichheitsprinzip einmal so weit durchbrochen war, daß einer den andern für sich arbeiten lassen und seinen Absatzmarkt frei nach seiner persönlichen Fähigkeit und Energie, auf seine Kenntnis der Verhältnisse und seine Chancenberechnung hin, wählen durfte, so mußten eben jene persönlichen Eigenschaften mit der Möglichkeit, sich zu entfalten, sich auch steigern, und zu immer schärferen Spezialisierungen und Individualisierungen innerhalb der Genossenschaft und schließlich zur Sprengung derselben führen. Andrerseits aber wurde durch diese Umgestaltung ein weiteres Hinausgreifen über das bisherige Absatzgebiet gegeben; dadurch, daß der Produzent und der Händler, früher in einer Person vereinigt, sich voneinander differenzierten, gewann der letztere eine unvergleichlich freiere Beweglichkeit und wurden früher unmögliche kommerzielle Anknüpfungen erzielt. Es war also eine zwiefache Richtung, in der die Entwicklung von dem engen homogenen Zunftkreise aus führte und die in ihrer Doppelheit die Auflösung desselben vorbereiten sollte: einmal die individualisierende Differenzierung und dann die an das Ferne anknüpfende Ausbreitung. So begründet sich die im ersten Satz ausgesprochne Beobachtung: die Individualisierung lockert das Band mit den Nächsten, um dafür ein neues – reales und ideales – zu den Entfernteren zu spinnen.

Ein ganz entsprechendes Verhältnis findet sich in der Tier- und Pflanzenwelt. Bei unsern Haustierrassen (und dasselbe gilt für die Kulturpflanzen) ist zu bemerken, daß die Individuen derselben Unterabteilung sich schärfer voneinander unterscheiden, als es mit den Individuen einer entsprechenden im Naturzustande der Fall ist; dagegen stehen die Unterabteilungen einer Art als Ganze einander näher, als es bei unkultivierten Spezies der Fall ist. Die wachsende Ausbildung durch Kultivierung bewirkt also einerseits ein schärferes Hervortreten der Individualität innerhalb der eignen Abteilung, andrerseits eine Annäherung an die fremden, ein Hervortreten der über die ursprünglich homogene Gruppe hinausgehenden Gleichheit mit einer größeren Allgemeinheit. Und es stimmt damit vollkommen überein, wenn uns versichert wird, daß die Haustierrassen unzivilisierter Völker viel mehr den Charakter gesonderter Spezies tragen als die bei Kulturvölkern gehaltenen Varietäten; denn jene sind eben noch nicht auf den Standpunkt der Ausbildung gekommen, der bei längerer Zähmung die Verschiedenheiten der Abteilungen vermindert, weil er die der Individuen vermehrt. Und hierin ist die Entwicklung der Tiere der ihrer Herren proportional: in roheren Zeiten sind die Individuen eines Stammes so einheitlich und einander so gleich als möglich, dagegen stehen die Stämme als Ganze einander fremd und feindlich gegenüber: je enger die Synthese innerhalb des eignen Stammes, desto strenger die Antithese gegenüber dem fremden; mit fortschreitender Kultur wächst die Differenzierung unter den Individuen und steigt die Annäherung an den fremden Stamm. Dem entspricht es durchaus, daß die breiten ungebildeten Massen eines Kulturvolkes unter sich homogener, dagegen von denen eines andern Volkes durch schärfere Charakteristiken geschieden sind, als beides unter den Gebildeten beider Völker statthat.

Dieser Gedanke läßt sich auch verallgemeinernd so wenden, daß in jedem Menschen ceteris paribus gleichsam eine unveränderliche Proportion zwischen dem Individuellen und dem Sozialen besteht, die nur die Form wechselt: je enger der Kreis ist, an den wir uns hingeben, desto weniger Freiheit der Individualität besitzen wir; dafür aber ist dieser Kreis selbst etwas Individuelles, scheidet sich, eben weil er ein kleiner ist, mit scharfer Begrenzung gegen die übrigen ab. Und umgekehrt: erweitert sich der Kreis, in dem wir uns betätigen und dem unsre Interessen gelten, so ist darin mehr Spielraum für die Entwicklung unsrer Individualität, aber als Teile dieses Ganzen haben wir weniger Eigenart, dieses letztere ist als soziale Gruppe weniger individuell – gerade wie ein sehr allgemeiner Begriff den unter ihm enthaltenen Einzeldingen einen großen Spielraum für spezifische Differenzen läßt. Das erstere Korrelationsverhältnis zeigt sich z. B. in dem Zusammenbestehen von kommunaler Gebundenheit mit politischer Freiheit, wie wir es in der russischen Verfassung der vorzarischen Zeit finden. Besonders in der Epoche der Mongolenkämpfe gab es in Rußland eine große Anzahl territorialer Einheiten, Fürstentümer, Städte, Dorfgemeinden, welche untereinander von keinem einheitlichen staatlichen Bande zusammengehalten wurden und also als Ganze große politische Freiheit genossen: dafür aber war die Gebundenheit des Individuums an die kommunale Gemeinschaft die denkbar engste, so sehr, daß überhaupt kein Privateigentum an Grund und Boden bestand, sondern allein die Kommune diesen besaß. Der engen Eingeschlossenheit in den Kreis der Gemeinde, die dem Individuum den persönlichen Besitz und gewiß auch oft die persönliche Beweglichkeit versagte, entsprach der Mangel an bindenden Beziehungen zu einem weiteren politischen Kreise. Die Kreise der sozialen Interessen liegen konzentrisch um uns: je enger sie uns umschließen, desto kleiner müssen sie sein.

Daher kommt es, daß eine starke Ausbildung der Individualität und eine starke Wertschätzung derselben sich häufig mit kosmopolitischer Gesinnung paart; daß umgekehrt die Hingabe an eine eng begrenzte soziale Gruppe beides verhindert. Da nun aber, in Vererbung von den Anfängen der sozialen Bildung und ihren Erfordernissen her, die Mehrzahl der Menschen Sittlichkeit nur in dem Altruismus im Sinne der engeren Gruppe zu erblicken weiß, so entsteht dadurch der Verdacht der Herzlosigkeit und des Egoismus, der so häufig auf großen Männern lastet – weil die objektiven Ideale, von denen sie entflammt sind, nach ihren Ursachen und Folgen weit über den engeren, sie umgebenden Kreis hinausreichen und die Möglichkeit dazu eben in dem starken Hinausragen ihrer Individualität über den sozialen Durchschnitt gegeben ist; um so weit sehen zu können, muß man über die Nächststehenden hinwegblicken.

Es ist nur eine Folge des Gedankens einer solchen Beziehung zwischen Individuellem und Sozialem, wenn wir sagen: je mehr statt des Menschen als Sozialelement der Mensch als Individuum und damit diejenigen Eigenschaften, die ihm bloß als Menschen zukommen, in den Vordergrund des Interesses treten, desto enger muß die Verbindung sein, die ihn gleichsam über den Kopf seiner sozialen Gruppe hinweg zu allem, was überhaupt Mensch ist, hinzieht, und ihm den Gedanken einer idealen Einheit der Menschenwelt nahelegt. Für diese Korrelation liefert die stoische Lehre ein deutliches Beispiel. Während der politisch-soziale Zusammenhang, in dem der einzelne steht, noch bei Aristoteles den Quellpunkt der ethischen Bestimmungen bildet, heftet sich das stoische Interesse, was das Praktische betrifft, eigentlich nur an die Einzelperson, und die Heranbildung des Individuums zu dem Ideale, welches das System vorschrieb, wurde so ausschließlich zur Ägide der stoischen Praxis, daß der Zusammenhang der Individuen untereinander nur als Mittel zu jenem idealen individualistischen Zweck erscheint. Aber dieser freilich wird seinem Inhalt nach von der Idee einer allgemeinen, durch alles einzelne hindurchgehenden Vernunft bestimmt. Und an dieser Vernunft, deren Realisierung im Individuum das stoische Ideal bildet, hat *jeder* Mensch teil, sie schlingt, über alle Schranken der Nationalität und der sozialen Abgrenzung hinweg, ein Band der Gleichheit und Brüderlichkeit um alles, was Mensch heißt. Und so hat denn der Individualismus der Stoiker ihren Kosmopolitismus zum Komplement; die Sprengung der engeren sozialen Bande, in jener Epoche nicht weniger durch die politischen Verhältnisse wie durch theoretische Überlegung begünstigt, schob, unserm vorangestellten Prinzip zufolge, den Schwerpunkt des ethischen Interesses einerseits nach dem Individuum hin, andrerseits nach jenem weitesten Kreise, dem jedes menschliche Individuum als solches angehört.

Man muß im Auge haben, daß dies ein kontinuierlicher Prozeß

ist; daß nicht etwa nur die Extreme des Individualismus und des Kosmopolitismus sich psychologisch und ethisch berühren, sondern daß schon auf den Wegen zu diesen von der sozialen Gruppe aus die zurückgelegten Strecken beider Richtungen sich zu entsprechen pflegen. Und zwar gilt dies nicht nur für Einzel-, sondern auch für Kollektivindividuen. Die Entwicklungsgeschichte der Familienformen bietet uns dafür manchen Beleg, z. B. den folgenden. Als die Mutterfamilie (wie Bachofen und Lippert sie rekonstruiert haben) durch die Geltung der männlichen Macht verdrängt war, war es zunächst nicht sowohl die Tatsache der *Erzeugung* durch den Vater, die die Familie als *eine* darstellte, als vielmehr die *Herrschaft*, die er über eine bestimmte Anzahl von Menschen ausübte, unter denen sich nicht nur seine Leibesnachkommen, sondern Zugelaufene, Zugekaufte, Angeheiratete und deren ganze Familien usw. befanden und unter einheitlichem Regimente zusammengehalten wurden. Aus dieser ursprünglichen patriarchalischen Familie heraus differenziert sich erst später die jüngere der bloßen Blutsverwandtschaft, in der Eltern und Kinder ein selbständiges Haus ausmachen. Diese war natürlich bei weitem kleiner und individuelleren Charakters als jene umfassende patriarchalische; allein eben dadurch ermöglichte sich ihr Zusammenschluß zu einem nun viel größeren staatlichen Ganzen. Jene ältere Gruppe konnte allenfalls sich selbst genügen, sowohl zur Beschaffung des Lebensunterhaltes wie zur kriegerischen Aktion; hatte sie sich aber erst in kleine Familien individualisiert, so war aus naheliegenden Gründen der Zusammenschluß der letzteren zu einer nun erweiterten Gruppe möglich und erfordert. Die Funktionen, die das Ganze als solches übt, ermöglichen ihm eine um so umfassendere Größe, je spezialisierter seine Teile sind.

Für dieses Reziprozitätsverhältnis von Individualisierung und Verallgemeinerung finden wir ein Beispiel auf äußerlicherem Gebiet. Wir vernehmen von Reisenden, und können es auch in gewissem Maße leicht selbst beobachten, daß bei der ersten Bekanntschaft mit einem fremden Volksstamme alle Individuen desselben ununterscheidbar ähnlich erscheinen, und zwar in um so höherem Maße, je verschiedener von uns dieser Stamm ist; bei Negern, Chinesen u. a. nimmt diese Differenz das Bewußtsein so sehr gefangen, daß die individuellen Verschiedenheiten unter jenen völlig davor verschwinden. Mehr und mehr aber treten sie hervor, je länger man diese zunächst gleichförmig erscheinenden

Menschen kennt; und entsprechend verschwindet das stete Bewußtsein des generellen und fundamentalen Unterschiedes zwischen uns und ihnen; sobald sie uns nicht mehr als geschlossene, in sich homogene Einheit entgegentreten, gewöhnen wir uns an sie; die Beobachtung zeigt, daß sie in demselben Maße als uns homogener erscheinen, in dem sie als unter sich heterogener anerkannt werden: die *allgemeine Gleichheit,* die sie mit *uns* verbindet, wächst in dem Verhältnis, in dem die *Individualität* unter *ihnen* erkannt wird.

In diesem Beispiel liegt angedeutet, daß nicht nur im realen Verhalten, sondern auch in der psychologischen Vorstellungsart die Korrelation zwischen dem Hervortreten der Individualität und der Erweiterung der Gruppe statthat; auch unsere Begriffsbildung nimmt den Weg, daß zunächst eine gewisse Anzahl von Objekten nach sehr hervorstechenden Merkmalen in eine Kategorie einheitlich zusammengefaßt und einem andern ebenso entstandenen Begriffe schroff entgegengestellt werden. In demselben Maße nun, in dem man neben jenen zunächst auffallenden und bestimmenden Qualitäten andere entdeckt, welche die unter dem zuerst konzipierten Begriff enthaltenen Objekte individualisieren – in demselben müssen die scharfen begrifflichen Grenzen fallen. Die Geschichte des menschlichen Geistes ist voll von Beispielen für diesen Prozeß, von denen eines der hervorragendsten die Umwandlung der alten Artlehre in die Deszendenztheorie ist. Die frühere Anschauung glaubte zwischen den organischen Arten so scharfe Grenzen, eine so geringe Wesensgleichheit zu erblicken, daß sie an keine gemeinsame Abstammung, sondern nur an gesonderte Schöpfungsakte glauben konnte; das Doppelbedürfnis unseres Geistes, einerseits nach Zusammenfassung, andrerseits nach Unterscheidung befriedigte sie so, daß sie in einem einheitlichen Begriff eine große Summe von gleichen einzelnen einschloß, diesen Begriff aber um so schärfer von allen andern abschloß, und, wie es entsprechend der Ausgangspunkt der oben entwickelten Formel ist, die geringe Beachtung der Individualität innerhalb der Gruppe durch um so schärfere Individualisierung dieser den andern gegenüber und durch Ausschluß einer *allgemeinen* Gleichheit großer Klassen oder der gesamten organischen Welt ausglich. Dieses Verhalten verschiebt die neuere Erkenntnis nach beiden Seiten hin; sie befriedigt den Trieb nach Zusammenfassung durch den Gedanken einer allgemeinen Einheit alles Lebenden, welche die

Fülle der Erscheinungen als blutsverwandte aus *einem* ursprünglichen Keime hervortreibt; der Neigung zur Differenzierung und Spezifikation kommt sie dadurch entgegen, daß ihr jedes Individuum gleichsam eine besondere, für sich zu betrachtende Stufe jenes Entwicklungsprozesses alles Lebenden ist; indem sie die starren Artgrenzen flüssig macht, zerstört sie zugleich den eingebildeten wesentlichen Unterschied zwischen den rein individuellen und den Arteigenschaften; so faßt sie das Allgemeine allgemeiner und das Individuelle individueller als die frühere Theorie es konnte. Und dies eben ist das Komplementärverhältnis, das sich auch in den realen sozialen Entwicklungen geltend macht.

Ich halte es nicht für unmöglich, daß eine sehr tief gelegene ursächliche Beziehung zwischen der realen und der psychologischen Form dieses Verhältnisses existiert; und zwar einerseits so, daß die geistige Beschränktheit auf oberflächliche Artbegriffe auch auf die vorurteilsvolle soziale Abschließung hingewirkt habe; andrerseits so, daß die aus praktischen Gründen erforderte Exklusivität der relativ kleinen Gruppe einen Einfluß auf die Bildung der Vorstellungen von der Zusammengehörigkeit der Lebewesen, von ihrer Einteilung in Gruppen, von dem Verhältnis der Individuen zueinander und zum Ganzen usw. geübt habe; und weiter würde dann auch der *Fortschritt* in der einen Beziehung in Wechselwirkung mit dem in der andern gestanden haben. Dies indes gehört, der zweitgenannten Seite nach, in das große und erst der zukünftigen Forschung vorbehaltene Gebiet der Wirkungen, die von den rein praktischen Lebensgestaltungen auf das rein theoretische Verständnis der Dinge ausgegangen sind.

Die Differenzierung und das Prinzip der Kraftersparnis
(1890)

Alle aufsteigende Entwicklung in der Reihe der Organismen kann betrachtet werden als beherrscht von der Tendenz zur Kraftersparnis. Das entwickeltere Wesen unterscheidet sich von dem niedrigeren so, daß es zunächst die gleichen Funktionen wie dieses, außerdem aber noch andere auszuüben imstande ist. Das wird allerdings so möglich sein, daß diesem Wesen ausgiebigere Kraftquellen zur Verfügung stehen. Diese indes als gleich gesetzt, wird es das Plus an Zwecktätigkeit dadurch erreichen, daß es die niederen Funktionen mit einem geringeren Aufwand von Kraft vollbringen und auf diese Weise für die darüber hinausgehenden Kraft gewinnen kann; Kraftersparnis ist die Vorbedingung der Kraftausgabe. Jedes Wesen ist in dem Maße vollkommener, in dem es den gleichen Zweck mit einem kleineren Kraftquantum erreicht. Alle Kultur geht nicht nur dahin, immer mehr Kräfte der untermenschlichen Natur unsern Zwecken dienstbar zu machen, sondern auch jeden dieser letzteren auf immer kraftsparenderem Wege durchzusetzen.

Es sind, wie ich glaube, dreierlei Hindernisse der Zwecktätigkeit, in deren Vermeidung die Kraftersparnis besteht: die Reibung, der Umweg und die überflüssige Koordination der Mittel. Was der Umweg im Nacheinander ist, das ist die letztere im Nebeneinander; wenn ich zur Erreichung eines Zweckes eine unmittelbare, darauf führende Bewegung bewirken könnte, statt dessen aber eine abseits gelegene einleite, welche erst ihrerseits und vielleicht erst durch Erregung einer dritten jene direkt zweckmäßige anregt, so ist dies, auf die Zeit übertragen, wie wenn ich neben der einen zum Zweck hinreichenden Bewegung noch eine Reihe anderer ausführe – sei es, weil sie mit jener assoziiert und, obgleich augenblicklich überflüssig, nicht von ihr zu trennen sind, sei es, daß sie tatsächlich dem gleichen Zwecke dienen, der aber durch eine einzige von ihnen hinreichend realisiert wird.

Der evolutionistische Vorteil der Differenzierung läßt sich nun als Kraftersparnis fast nach allen hier angezeigten Richtungen ausdeuten. Ich gehe zunächst von einem nicht unmittelbar sozialen Gebiete aus. In der Sprachentwicklung hat die Differenzierung dahin geführt, daß aus den wenigen Vokalen der älteren Sprachen eine mannigfaltige Reihe derselben in den neueren auftrat. Jene früheren Vokale weisen scharfe und grelle Lautunterschiede auf, während die neueren Vermittelungen und Schattierungen zwischen ihnen stiften, sie gleichsam in Teile spalten und diese Teile mannigfaltig zusammenfügen. Man hat dies wohl richtig so erklärt, daß es eine Erleichterung der Arbeit für die Sprachorgane mit sich brächte; jenes leichtere Gleiten der Sprache durch Mischlaute, durch unentschiedene und biegsame Schattierungen war eine Kraftersparnis gegenüber dem unvermittelten Springen zwischen scharf voneinander abstehenden, jedes Mal eine völlig anders gerichtete Innervation fordernden Vokalen. Vielleicht ist nun auch rein geistig die Verflüssigung der scharfen Begriffsgrenzen, wie sie aus der Entwicklungslehre und der monistischen Weltanschauung überhaupt hervorgeht, eine Ersparnis von Denkarbeit, insofern das Vorstellen der Welt um so größere Anstrengung fordert, je heterogener ihre Teile sind, je weniger das Denken des einen derselben inhaltlich mit dem des anderen vermittelt ist. Wie eine kompliziertere, kraftverbrauchendere Gesetzgebung da nötig ist, wo die Klassen der Gruppe durch besondere Rechte oder Formen der rechtlichen Verhältnisse voneinander getrennt sind; wie das denkende Umfassen der letzteren sich erleichtert, wenn die Schroffheit absoluter rechtlicher Unterschiede sich in diejenigen fließenden Differenzen auflöst, die bei ganz einheitlicher und für alle gleicher Gesetzgebung noch wegen des Unterschiedes des Besitzes und der gesellschaftlichen Position bestehen bleiben: so wird vielleicht jede psychische Arbeit in dem Maße erleichtert, in dem die Starrheit streng begrenzter Begriffe sich zu Vermittelungen und Übergängen verflüssigt. Als Differenzierung ist dies insofern aufzufassen, als so das Band, welches eine große Anzahl von Individuen schematisch zusammengefaßt hat, durchgeschnitten wird und statt der gleichen Kollektiveigenschaften die Individualität des Wesens den Inhalt seines Vorgestelltwerdens ausmacht. Während jene scharf begrenzten, begrifflichen Zusammenfassungen immer subjektiven Charakter tragen – alle Synthesis, so drückt Kant dies erschöpfend aus, kann nicht in den Dingen, sondern nur im Geiste liegen –, zeigt das Zurückgehen auf den einzelnen in seiner Einzelheit realistische Tendenz; und die

Wirklichkeit ist unsern Begriffen gegenüber immer vermittelnd, immer ein Kompromiß zwischen diesen, weil sie nur herausgelöste und in unserem Kopfe verselbständigte Seiten der Wirklichkeit sind, die an sich diese mit vielen anderen verschmolzen enthält. Daher ist die Differenzierung, die scheinbar ein trennendes Prinzip ist, doch in Wirklichkeit so oft ein versöhnendes und annäherndes und eben dadurch ein kraftsparendes für den Geist, der theoretisch oder praktisch damit operiert.

Die Differenzierung zeigt hier wieder ihr Verhältnis zum Monismus; sobald die scharf abgrenzende Zusammenfassung in einzelne Gruppen und Begriffe aufhört, um zugleich mit der Individualisierung auch Vermittelung und Allmählichkeit der Übergänge eintreten zu lassen, stellt sich eine zusammenhängende Reihe kleinster Unterschiede und damit die Fülle der Erscheinungen als einheitliches Ganzes dar. Aller Monismus ist nun aber seinerseits als denkkraftsparendes Prinzip angesprochen worden. Gewiß mit vielem Recht; ob mit bedingungslosem und so unmittelbarem, wie es den Anschein hat, möchte ich dennoch bezweifeln. Wenn sich die monistische Anschauung der Dinge auch enger an die Wirklichkeit anschließt, als etwa das Dogma der gesonderten Schöpfungsakte und ihre erkenntnistheoretischen Pendants, so bedarf doch auch sie einer synthetischen Tätigkeit, und zwar vielleicht einer umfassenderen und anstrengenderen, als wenn man sich begnügt, beliebig viele Reihen von Erscheinungen, je nachdem einem gerade Ähnlichkeiten unter ihnen auffallen, als genetisch zusammengehörige anzusehen; es erfordert wohl ein höheres Denken, die Gesamtheit der physikalischen Bewegungen aus einer einheitlichen Kraftquelle und ihren ineinander übergehenden Umsetzungen zu begreifen, als für jede verschiedene Erscheinung auch eine verschiedene Ursache zu konstituieren: für die Wärme eine besondere Wärmekraft, für das Leben eine besondere Lebenskraft, oder, mit jener typischen Übertreibung, für das Opium eine besondere vis dormitiva. Es ist wohl endlich schwieriger, das Leben der Seele als jenes einheitliche Ganze zu erkennen, wie es sich bei der Auflösung in die Prozesse zwischen den einzelnen Vorstellungen darbietet, als wenn man mit gesonderten Seelenvermögen rechnet und die Reproduktion der Vorstellungen aus dem »Gedächtnis« oder die Fähigkeit des Schließens aus der »Vernunft« erklärt glaubt.

Wo freilich der Monismus der Anschauungsweise nicht die Differenzierung und Individualisierung ihrer Inhalte zum Korrelat hat, da ist er vielfach kraftsparend, allein nicht im Sinne der anderweitig und im ganzen erhöhten Tätigkeit, sondern im Sinne der Trägheit. So ist es, um auf theoretischem Gebiete zu bleiben, keineswegs immer eine Stärke des Denkens, welche zu so hohen und allgemeinen Abstraktionen aufsteigt, wie es z. B. die indische Brahmaidee ist, vielmehr oft eine Schlaffheit und Widerstandslosigkeit, die vor der scharfkantigen, grellen Wirklichkeit der Dinge flieht, nicht imstande, mit den Rätseln der Individualität fertig zu werden, und nun immer höher und höher getrieben wird bis zu der metaphysischen Idee des All-Einen, bei der überhaupt jedes bestimmte Denken aufhört. Statt in den dunklen Bergwerksschacht der Einzelheiten der Welt hinabzusteigen, aus dem allein sich das Gold wahrer und gerechter Erkenntnis herausholen läßt, überspringt eine bequemere, kraftlosere Denkart einfach die Gegensätze des Seins, die sie vielmehr zu vereinigen streben sollte, und badet sich im Äther des all-einen und all-guten Prinzips. Wo nun aber, wie in den vorher angeführten Fällen, der auf Grund von Differenzierung sich erhebende Monismus mehr Kraft verbraucht als die pluralistische Denkart, ist dies doch mehr vorübergehend als definitiv. Denn die auf diese Weise erreichten Resultate sind dafür um so reicher, so daß im Verhältnis zu diesen doch ein geringerer Kraftverbrauch stattfindet – ungefähr wie eine Lokomotive sehr viel mehr Kraft verbraucht als eine Postkutsche, allein im Verhältnis zu den erreichten Wirkungen sehr viel weniger. So macht ein großer, einheitlich verwalteter Staat eine große und bis ins Kleinste arbeitsteilig gegliederte Beamtenschaft nötig, richtet aber mit diesem bedeutenden, durch seine Einheitlichkeit und seine Differenzierung erforderlichen Kraftaufwand doch auch relativ viel mehr aus, als wenn eben dasselbe Gebiet in lauter kleine staatliche Einheiten zerfiele, deren jede freilich in sich keiner hohen Differenzierung des Verwaltungskörpers bedarf.

Schwieriger liegt die Frage nach der Kraftersparnis bei jener Differenzierung, die ein Auseinandergehen in feindliche Gegensätze enthält, also z. B. in dem früher erwähnten Falle, daß eine ursprünglich einheitliche Körperschaft mannigfach entgegengesetzte Parteien in sich ausbildet. Man kann dies als Arbeitsteilung betrachten; denn die Tendenzen, aus denen die Parteibildungen hervorgehen, sind Triebe der menschlichen Natur überhaupt, die sich in irgendeinem, wie auch immer verschiedenen Maße in jedem Einzelnen finden, und man kann sich vorstellen, daß die verschiedenartigen Momente, die früher im Kopfe jedes einzelnen Abwägung und relative Ausgleichung fanden, nun auf verschiedene Persönlichkeiten übertragen und von jedem in spezialisierter Weise gepflegt werden, während die Ausgleichung erst im Zusammen aller stattfindet. Die Partei, die als solche nur die Verkörperung eines einseitigen Gedankens darstellt, unterdrückt in dem ihr Angehörigen, insoweit er ein solcher ist, alle anders gearteten Triebe, von denen er von vornherein doch nicht ganz frei zu sein pflegt; verfolgen wir die psychologischen Momente, die die Parteistellung des einzelnen bestimmen, so sehen wir, wie in den weitaus meisten Fällen nicht eine undurchbrechliche Naturanlage auf sie hingedrängt hat, sondern die Zufälligkeit der Umstände und Einflüsse, denen der einzelne ausgesetzt war, und die in ihm gerade die eine von verschiedenen Richtungsmöglichkeiten und potentiell vorhandenen Kräften zur Entwicklung gebracht haben, während die anderen rudimentär werden. Aus diesem letzten Umstande, aus dem Aufhören der inneren Gegenbewegungen, die vor dem Eintritt in eine einseitige Partei unserm Denken und Wollen einen Teil seiner Kraft nehmen, erklärt sich die Macht, die die Partei über das Individuum übt, und die sich u. a. darin zeigt, daß die sittlichsten und gewissenhaftesten Menschen die ganze rücksichtslose Interessenpolitik mitmachen, die eben die Partei als solche für nötig findet, welche sich um Bedenken der individuellen Moral fast so wenig kümmert, wie es Staaten untereinander tun. In dieser Einseitigkeit liegt ihre Stärke, wie es sich besonders daraus ergibt, daß die Parteileidenschaft ihre volle Wucht auch dann noch behält, ja oft erst entfaltet, wenn die Parteiung ihren Sinn und ihre Bedeutung ganz verloren hat, wenn gar nicht mehr um positive Ziele gestritten wird, sondern die durch keinen sachlichen Grund mehr bestimmte Zugehörigkeit zu einer Partei den Antagonismus gegen die andere hervorruft. Vielleicht das stärkste Beispiel sind die Zirkusparteien in Rom und Byzanz; trotzdem nicht der geringste sachliche Unterschied die weiße von der roten Partei, die blaue von der grünen trennte, um so weniger, als schließlich nicht einmal die Pferde und Lenker den Parteien eigentümlich, sondern von Unternehmern gehalten waren, die sie jeder beliebigen Partei vermieteten, – trotzdem genügte das zufällige Ergreifen der einen oder der anderen Partei, um ein tödlicher Feind der entgegengesetzten zu werden. Unzählige Familienzwiste früherer Zeiten trugen, wenn sie mehrere Generationen hindurch gewährt hatten, keinen anderen Charakter; das Objekt des Streites war oft längst verschwunden; aber die Tatsache, daß man der einen oder der anderen Familie angehörte, gab jedem eine Parteistellung des schärfsten Gegensatzes gegen die andere. Als im 14. und 15. Jahrhundert die Tyranneien in Italien aufkamen und dadurch das politische Parteileben überhaupt jede Bedeutung verlor, dauerten dennoch die Kämpfe zwischen Guelfen und Ghibellinen weiter fort, aber ohne irgendeinen Inhalt: der Parteigegensatz als solcher hatte eine Bedeutung gewonnen, die nach seinem Sinne gar nicht mehr fragte. Kurz, die Differenzierung, die in der Parteiung liegt, entwickelt Kräfte, deren Größe sich gerade in der Sinnlosigkeit zeigt, mit der sie, oft ohne Einbuße zu erleiden, jeden Inhalt abstreift und sich nur an die Form der Partei überhaupt hält. Nun geht zwar aller soziale Zusammenschluß aus der Schwäche und Bestandsunfähigkeit des Individuums hervor, und die blinde, sinnlose Hingabe an eine Partei, wie in den angeführten Fällen, kommt gerade häufig in Zeiten des Niedergangs und der Impotenz der Völker oder Gruppen vor, in denen der einzelne das sichere Gefühl individueller Kraft, wenigstens für die bisherigen Arten ihrer Äußerung, verloren hat. Immerhin zeigen sich in dieser Form noch Kraftquanta, die sonst unentwickelt geblieben wären. Und wenn viele Kräfte auch gerade durch solche Parteiungen nutzlos aufgerieben und verschwendet werden mögen, so ist dies doch nur eine Übertreibung und ein Mißbrauch, vor dem keine menschliche Tendenz sicher ist; im Ganzen wird man sagen müssen: die Parteibildung schafft Zentralgebilde, an welche die Anlehnung dem einzelnen die inneren Gegenbewegungen erspart und seine Kräfte dadurch zu großer Wirkung bringt, daß sie dieselben in *einen* Kanal leitet, wo sie, ohne psychologische Hindernisse zu finden, ausströmen können; und indem nun Partei gegen Partei kämpft und jede eine große Anzahl persönlicher Kräfte verdichtet in sich enthält, muß sich das Resultat aus der gegenseitigen Messung der Momente und der ihnen entsprechenden Kräfte reiner, schneller und vollständiger herausstellen, als wenn der Kampf zwischen ihnen in einem individuellen Geiste oder zwischen einzelnen Individuen ausgefochten würde.

Ein eigenartiges Verhältnis zwischen Kraftverbrauch und Differenzierung findet bei jener Arbeitsteilung statt, die man die quantitative nennen könnte; während die Arbeitsteilung im gewöhnlichen Sinne bedeutet, daß der eine etwas anderes arbeitet als der andere, also qualitative Verhältnisse betrifft, ist auch die Arbeitsteilung von dem Gesichtspunkte aus wichtig, daß der eine mehr arbeitet als der andere. Diese quantitative Arbeitsteilung wirkt freilich nur dadurch kultursteigernd, daß sie zum Mittel der qualitativen wird, indem das Mehr oder Weniger einer zunächst für alle wesensgleichen Arbeit eine wesensverschiedene Gestaltung der Persönlichkeiten und ihrer Betätigungen zur Folge hat; die Sklaverei und die kapitalistische Wirtschaft zeigen den Kulturwert dieser quantitativen Arbeitsteilung. Die Umsetzung derselben in qualitative bezog sich zunächst auf die Differenzierung zwischen körperlicher und geistiger Tätigkeit. Die bloße Entlastung von der ersteren mußte ganz von selbst zu einer Steigerung der letzteren führen, da diese sich spontaner einstellt als jene und vielfach ohne auf bewußte Impulse und Anstrengungen zu warten. Und nun zeigt sich auch hier, wie die Kraftersparnis durch Differenzierung doch zum Vehikel so viel höherer Kraftwirkung wird. Denn man kann doch wohl das Wesen der geistigen Arbeit gegenüber der körperlichen darein setzen, daß sie mit geringerem Kraftaufwand die größeren Wirkungen erzielt.

Dieser Gegensatz ist freilich kein absoluter. Weder gibt es eine körperliche, hier in Betracht kommende Tätigkeit, die nicht irgendwie vom Bewußtsein und Willen gelenkt würde, noch eine geistige, die ohne irgendeine körperliche Wirkung oder Vermittelung bliebe. Man kann also nur sagen, daß das relative Mehr von Geistigkeit in einem Tun kraftsparend wirkt. Man darf dieses Verhältnis der körperlicheren und der geistigeren Arbeit wohl mit dem zwischen der niederen und der höheren Seelentätigkeit in Analogie stellen. Der psychische Prozeß, der im einzelnen und Sinnlichen befangen bleibt, ist zwar weniger anstrengend als der abstrakte und rationale; aber seine theoretischen und praktischen Ergebnisse sind dafür auch um so geringer. Das Denken nach logischen Prinzipien und Gesetzen ist kraftersparend, insofern es durch seinen zusammenfassenden Charakter das Durchdenken der Einzelheit ersetzt: das Gesetz, das das Verhalten unendlich vieler Einzelfälle in eine Formel verdichtet, bedeutet die höchste Kraftersparnis des Denkens; wer das Gesetz kennt, verhält sich zu dem, der nur den einzelnen Fall kennt, wie der, der die Maschine besitzt, zum Handarbeiter. Wenn aber das höhere Denken so Zusammenfassung und Verdichtung ist, so ist es zunächst doch Differenzierung. Denn jede Einzelheit der Welt, die von einem bestimmten Gesetz zwar nur einen einzigen Fall bedeutet, ist doch ein Kreuzungspunkt außerordentlich vieler Kraftwirkungen und Gesetze, und es bedarf zunächst der psychologischen Auseinanderlegung derselben, um jene einzelne Beziehung zu erkennen, die, mit der gleichen an anderen Erscheinungen zusammengehalten, den Grund und den Bereich des höheren Gesetzes abgibt; erst über der Differenzierung aller der Faktoren, in deren zufälligem Zusammen die einzelne Erscheinung besteht, kann sich die höhere Norm erheben. Und nun verhält sich offenbar die geistige Tätigkeit überhaupt zur körperlichen, wie sich innerhalb des Gebietes jener die höhere zur niederen, da ja, wie oben erwähnt, der Unterschied zwischen körperlicher und geistiger Tätigkeit nur ein quantitatives Mehr und Minder beider Elemente an der Tätigkeit bedeutet. Das Denken schiebt sich zwischen die mechanischen Tätigkeiten wie das Geld zwischen die realen ökonomischen Werte und Vorgänge, konzentrierend, vermittelnd, erleichternd. Und auch das Geld ist aus einem Differenzierungsprozeß hervorgegangen; der Tauschwert der Dinge, eine Qualität oder Funktion, die sie neben ihren anderweitigen Eigenschaften erwerben, muß von ihnen gelöst und im Bewußtsein verselbständigt werden, ehe die Zusammenschließung dieser, den verschiedensten Dingen gemeinsamen Eigenschaft in einen über allen einzelnen stehenden Begriff und Symbol stattfinden konnte; und die Kraftersparnis, die durch diese Differenzierung und nachherige Zusammenschließung erreicht wird, liegt gleicherweise in dem Aufsteigen zu höheren Begriffen und Normen, die in der gleichen Weise gewonnen werden. Wie kraftsparend die Konzentration, die Zusammenfassung der Individualfunktionen in eine Zentralkraft wirkt, ist ohne weiteres klar; aber man muß sich zum Bewußtsein bringen, daß einer solchen Zentralisierung stets Differenzierung zugrunde liegt, daß sie, um Kraft zu ersparen, nicht die Erscheinungskomplexe in ihrer Totalität, sondern immer nur herausgesonderte Seiten derselben zusammenzufassen hat. Die Geschichte des menschlichen Denkens, ebenso wie die der sozialen Entwicklungen, läßt sich als die Geschichte dieser Fluktuationen auffassen, durch die der bunte, prinzipienlos zusammengestellte Erscheinungskomplex nach gewissen Gesichtspunkten hin differenziert und die Resultate dieser Differenzierung zu einem höheren Gebilde zusammengeschlossen werden; das Gleichgewicht zwischen

Auflösung und Zusammenfassung ist aber nie ein stabiles, sondern immer ein labiles; jene höhere Einheit ist nie eine definitive, insofern sie entweder selbst wieder in Elemente differenziert wird, die dann ihrerseits neue und wieder höhere Zentralgebilde formen, für die sie das Material bilden, oder insofern jene früheren Komplexe nach anderen Gesichtspunkten differenziert werden, was dann neue Zusammenschließungen hervorbringt und die früheren antiquiert.

Diese ganze Bewegung läßt sich vorstellen als beherrscht von der Tendenz zur Kraftersparnis, und zwar zunächst im Sinne der Reibungsminderung. Ich habe dies oben von einem anderen Gesichtspunkte für das Verhältnis der kirchlichen Interessen zu den staatlichen und den wissenschaftlichen ausgeführt. Unzählige Kräfte gehen da verloren, wo die Arbeitsteilung noch nicht jedem ein gesondertes Gebiet angewiesen hat, sondern der Anspruch an das gleiche, gewissermaßen nicht aufgeteilte, den Wettbewerb entfesselt; denn so sehr dieser in vielen Fällen dem Produkt zugute kommt und zu höherer objektiver Leistung anspornt, so bringt er doch in vielen anderen es mit sich, daß zunächst auf die Beseitigung des Konkurrenten Kräfte verwandt werden müssen, bevor man an die Arbeit geht, oder auch neben ihr her. Der Sieg in diesem Kampf entscheidet sich unzählige Male nicht durch die Anspannung aller Kräfte auf die Arbeit, sondern auf außerhalb derselben gelegene, mehr oder weniger subjektive Momente; und diese Kräfte sind verschwendet: sie gehen für die Sache verloren; sie dienen nur zur Beseitigung einer Schwierigkeit, die für den einen da ist, weil sie für den andern da ist, und unter günstigerer Zielsetzung für beide fortfallen würde: es ist das doppelt unzweckmäßige Verhältnis, daß Kräfte verbraucht werden, um andere Kräfte lahmzulegen. Wenn es das Ideal der Kultur ist, daß die Kräfte der Menschen auf die Besiegung des Objekts resp. der Natur, statt auf die des Mitmenschen verwandt werden, so ist die Verteilung der Arbeitsgebiete die größte Förderung desselben; und wenn die griechischen Sozialpolitiker den eigentlich kaufmännischen Beruf dem Staatswesen verderblich hielten und nur den Landbau als geziemenden und gerechten Erwerb gelten lassen wollten, da dieser seinen Nutzen nicht von Menschen und deren Beraubung nähme, so ist kein Zweifel, daß der Mangel an Arbeitsteilung sie zu diesem Urteil berechtigte. Denn die Gestattung des Landbaues erweist ihre Erkenntnis, daß nur Hinwendung an das

Objekt allein die Konkurrenz besiegt, von der sie die Sprengung des Staatswesens fürchteten, und daß unter den damaligen, noch nicht arbeitsgeteilten Verhältnissen die Hinwendung an das Objekt unmöglich wäre, außer wo es sich um ein der Konkurrenz so wenig zugängliches Objekt, wie das der Landbebauung, handelt. Erst wachsende Differenzierung kann die Reibung beseitigen, die aus der Setzung des gleichen Zieles hervorgeht, welche die Kräfte von diesem fort auf die persönliche Besiegung des Mitbewerbers lenkt.

Die Betrachtung des Individuums zeigt dies von einer anderen Seite. Wenn die Gesamtheit der Willens- und Denkakte eines einzelnen als ein Ganzes seiner Gruppe gegenüber sehr differenziert, in sich also sehr einheitlich ist, so werden damit jene Umstimmungen, jener Wechsel der Innervierungen vermieden, der bei größerer Verschiedenheit der Denkrichtungen und Impulse notwendig ist. In unserm psychischen Wesen ist etwas dem physischen Beharrungsvermögen wenigstens Analoges zu beobachten: ein Trieb, dem augenblicklich herrschenden Gedanken auch weiter nachzuhängen, dem jetzigen Wollen sich noch weiter zu überlassen, sich innerhalb des einmal gegebenen Interessenkreises auch weiter zu bewegen. Wo nun ein Wechsel, ein Abspringen erfordert ist, da muß diese Trägheitswirkung erst durch einen besonderen Impuls überwunden werden; die neue Innervierung muß stärker sein, als ihr Zweck an und für sich erfordert, weil sie zunächst von einer anders gerichteten Kraftwirkung gekreuzt wird und deren ablenkende Wirkung nur durch vermehrte Energie paralysieren kann. Man darf sich jene physisch-psychische Analogie der vis inertiae vielleicht damit erklären, daß wir die Kraftsumme nie mit völliger Bestimmtheit berechnen können, die um eines gegebenen inneren oder äußeren Zweckes willen aus dem latenten in den wirkenden Zustand übergeführt werden muß; da aber das Zurückbleiben hinter dem nötigen Quantum sich sehr schnell bemerkbar machen würde, so irren wir offenbar mehr und öfter nach der Seite des Zuviel und die motorisch aufgewandte Energie wirkt noch über den Punkt hinaus, auf den sie rationalerweise gerichtet ist. Setzt an diesem nun eine neue Willensrichtung ein, so hat sie gewissermaßen nicht ganz freies Feld vor sich, sondern findet jenen Überschuß anders gerichteter Kraft vor, den sie erst durch eine entsprechende eigene Verstärkung überwinden muß.

Man muß hier auch an Vorgänge innerhalb des Individuums erinnern, die wenigstens gleichnisweise als Reibung und Konkurrenz zu begreifen sind. Je vielseitiger man sich betätigt, je geringer die Einheitlichkeit und Umgrenzung unseres Wesens ist, desto häufiger wird die verfügbare Kraftsumme desselben von verschiedenen Direktiven in Anspruch genommen, die so wenig wie Individuen untereinander eine friedliche Teilung jener vornehmen, sondern indem jede möglichst viel Kraft für sich beansprucht, muß sie jeder anderen Abbruch tun, und zwar geschieht dies offenbar oft genug so, daß auf die direkte Beseitigung des konkurrierenden Triebes Kraft verwandt wird, die uns dem sachlichen Ziele nicht näher bringt; es findet nur eine gegenseitige Aufhebung entgegengesetzt gerichteter Kräfte statt, deren Resultat Null ist, ehe es zu positiver Leistung kommt. Durch zweierlei Differenzierungen allein kann das Individuum die so in ihm verschwendeten Kräfte sparen: entweder indem es sich als Ganzes differenziert, d. h. in möglichster Einseitigkeit seine Triebe auf *einen* Grundton abstimmt, zu dem sie nun insgesamt harmonisch sind, so daß es wegen ihrer Gleichheit oder Parallelität zu keiner Konkurrenz kommt; oder indem es sich seinen einzelnen Trieben und Seiten nach derart differenziert und jede derselben ein so gesondertes Gebiet – sei es im Nebeneinander, oder, wie wir es weiterhin ausführen werden, im Nacheinander –, ein so scharf umgrenztes Ziel und so selbständige, abseits aller anderen liegende Wege dazu besitzt, daß gar keine Berührung und deshalb keine Reibung und Konkurrenz unter ihnen stattfindet; die Differenzierung im Sinne des Ganzen wie im Sinne der Teile wirkt gleichermaßen kraftsparend. Will man diesem Verhältnis eine Stellung in einer kosmologischen Metaphysik anweisen, was ja immer nur den Anspruch einer unsicheren Ahnung und andeutenden Symbolik erheben kann, so dürfte man auf die Zöllnersche Hypothese verweisen: die den Elementen der Materie innewohnenden Kräfte müßten so beschaffen sein, daß die unter ihrem Einflusse stattfindenden Bewegungen dahin streben, in einem begrenzten Raume die Anzahl der stattfindenden Zusammenstöße auf ein Minimum zu reduzieren. Danach würden also z. B. die Bewegungen eines mit Gasmolekülen erfüllten kubischen Raumes sich mit der Zeit in drei Gruppen teilen, von denen jede parallel zu zwei Seitenflächen vor sich ginge; dann würden eben gar keine Zusammenstöße der Moleküle mehr untereinander, sondern nur noch mit je zwei einander gegenüberliegenden Gefäßwänden stattfinden und daher die Zahl der Zusammenstöße auf ein Minimum reduziert sein. Ganz analog sehen wir nun, wie die Verminderung der Zusammenstöße resp. der Reibung, innerhalb zusammengesetzterer Organisationen so zustande kommt, daß sich die Wege der einzelnen Elemente möglichst auseinanderlegen. Aus dem wirren Durcheinander, das sie in jedem Augenblick an einen Punkt zusammenführt, an dem also Reibung, Repulsion, Kraftaufhebung stattfindet, stellt sich der Zustand der gesonderten Bahnen her, und man kann jene physikalische Tendenz ebenso als Differenzierung, wie diese psychologisch soziale als Reduktion der Zusammenstöße bezeichnen. Zöllner selbst deutet auf erkenntnistheoretische Gründe hin das Verhältnis so aus, daß den äußeren Zusammenstößen der Dinge ein Unlustgefühl entspräche, und gibt der obigen physikalischen Hypothese deshalb diese metaphysische Form: Alle Arbeitsleistungen der Naturwesen werden durch die Empfindungen der Lust und Unlust bestimmt, und zwar so, daß die Bewegungen innerhalb eines abgeschlossenen Gebietes von Erscheinungen sich verhalten, als ob sie den unbewußten Zweck verfolgten, die Summe der Unlustempfindungen auf ein Minimum zu reduzieren.

Wie sich in dieses Prinzip das Differenzierungsstreben einordnet, liegt auf der Hand. Man kann aber vielleicht in der Abstraktion noch eine Stufe höher steigen und als allgemeinste formale Tendenz des Naturgeschehens die Kraftersparnis ansehen; dies ersetzte den alten und jedenfalls höchst mißverständlich ausgedrückten Grundsatz, daß die Natur immer den kürzesten Weg *nimmt,* durch die Maxime, daß sie den kürzesten Weg *sucht;* zu welchen Zielen dieser führt, ist dann Sache materialer Ausmachung und gestattet vielleicht keine einheitliche Zusammenfassung. Die Herbeiführung von Lust und die Vermeidung der Unlust wären dann nur entweder eines dieser Ziele, oder für gewisse Naturwesen das Zeichen gelungener Kraftersparnis, oder ein angezüchtetes psychologisches Lock- und Hilfsmittel für dieselbe.

Ordnen wir nun die Differenzierung dem Prinzip der Kraftersparnis unter, so ist von vornherein wahrscheinlich, daß gelegentlich auch ihr entgegengesetzte Bewegungen und Einschränkungen diesem höchsten Ziele werden dienen müssen. Denn bei der Mannigfaltigkeit und Heterogenität der menschlichen Dinge wird kein höchstes Prinzip immer und überall durch gleichgeartete Einzelvorgänge verwirklicht, sondern wegen der Verschiedenheit der Ausgangspunkte und der Notwendigkeit, auf Ungleiches auch Ungleiches wirken zu lassen, um Gleiches als Resultat zu erzielen, werden die Zwischenglieder, die zu der höchsten Einheit hinaufführen, in dem Verhältnis verschiedenartige sein müssen, als sie in der teleologischen Kette noch von dieser abstehen. Aus der Täuschung hierüber, aus dem falschen monistischen Schein, den die Einheit des höchsten Prinzips psychologisch auch auf die Stufen zu ihm wirft, erklären sich unzählige Verblendungen und Einseitigkeiten im Handeln wie im Erkennen.

Die Gefahren einer zu weit getriebenen Individualisierung und Arbeitsteilung sind zu bekannt, um hier mehr als einer Hinweisung zu bedürfen. Nur das eine will ich doch erwähnen, daß die der Spezialtätigkeit zugewandte Kraft zunächst zwar durch den Verzicht auf anderweitige Tätigkeit aufs Äußerste gesteigert wird, bei großer Entschiedenheit und langer Dauer dieses Zustandes aber wieder abnimmt. Denn der Mangel an Übung bringt für jene anderen Muskel- oder Vorstellungsgruppen Schwächung und Atrophie mit sich, die natürlich eine Affektion des gesamten Organismus in gleichem Sinne bedeutet. Da nun aber der allein funktionierende Teil doch schließlich aus diesem Ganzen seine Nahrung und Kraft zieht, so muß auch seine Tüchtigkeit leiden, wenn das Ganze leidet. Die einseitige Anstrengung bringt also auf dem Umwege über die Zusammenhänge des Gesamtorganismus, den die durch jene nötige Vernachlässigung der anderen Organe schwächt, auch eine Schwächung eben des Organes mit, dessen Kräftigung sie ursprünglich diente.

Ferner wird auch jene Arbeitsteilung, die in der Abgabe der Funktionen an öffentliche Organe besteht und im allgemeinen eine eminente Kraftersparnis bewirkt, eben um der Kraftersparnis willen oft wieder an die Individuen oder an kleinere Verbände zurückgehen. Es tritt dabei nämlich Folgendes ein. Wenn mehrere Funktionen von den Individuen abgelöst und von einem gemeinsamen Zentralorgan, z. B. dem Staat, übernommen werden, so treten sie in diesem, als einem einheitlichen, in derartige gegenseitige Beziehung und Abhängigkeit, daß die Wandlungen der einen auch die Gesamtheit der andern alterieren. Dadurch wird die einzelne mit einem Ballast von Rücksichten, mit der Notwendigkeit, ein stets verschobenes Gleichgewicht wiederzugewinnen, belastet und bedingt dadurch eine größere Kraftaufwendung, als für das vorliegende Ziel an sich erforderlich wäre. Sobald sich aus den abgegebenen Funktionen ein neuer, mehrseitig tätiger Organismus zusammengliedert, steht dieser unter selbständigen Lebensbedingungen, die auf die Gesamtheit der Interessen berechnet sind und deshalb für die einzelne einen größeren Apparat arbeiten lassen, als ihre isolierte Zweckmäßigkeit beanspruchen würde. Ich nenne nur einige dieser Belastungen, die jede an den Staat übergegangene Funktion treffen: die Etatisierung der Ausgaben, die Notwendigkeit, jede kleinste Aufwendung in einer Balancierung ungeheurer Gesamtsummen zu halten, die Vielfachheit der Kontrolle, die, im allgemeinen notwendig, im einzelnen oft überflüssig ist, das Interesse der politischen Parteien und die öffentliche Kritik, die oft einerseits zu unnützen Versuchen zwingen, andererseits nützliche unterdrücken, die besonderen Berechtigungen, die die vom Staate angestellten Funktionäre genießen: die Pension, das soziale Übergewicht und vieles andere, – kurz, das Prinzip der Kraftersparnis wird vielfach die Ablösung der Funktionen von den individuellen Wesen und ihre Übertragung auf einen Zentralkörper ebenso einschränken, wie es sie andererseits hervorruft.

Die zwischen Differenzierung und ihrem Gegenteil wechselnde Zweckmäßigkeit der Entwicklung zeigt sich klar auf dem religiösen [...] Gebiet. Die Entwicklung der christlichen Kirche hatte sehr früh zu einer Scheidung zwischen den Vollkommenen und den Alltagsmenschen geführt, zwischen einer geistig-geistlichen Aristokratie und der misera contribuens plebs. Der Priesterstand der katholischen Kirche, der die Beziehungen der Gläubigen zum Himmel vermittelt, ist nur ein Resultat eben derselben Arbeitsteilung, die etwa die Post als ein besonderes soziales Organ konstituiert hat, um die Beziehungen der Bürger zu entfernten Orten zu vermitteln. Diese Differenzierung hob die Reformation auf; sie gab dem Einzelnen die Beziehung zu seinem Gott wieder, die der Katholizismus von ihm abgelöst und in einem Zentralgebilde zusammengeschlossen hatte; die Religionsgüter wurden von neuem jedem zugänglich, und die irdischen Verhältnisse, Haus und Herd, Familie und bürgerlicher Beruf, erhielten eine religiöse Weihe oder wenigstens die Möglichkeit zu ihr, die die frühere Differenzierung von ihnen getrennt hatte. Die vollständigste Beseitigung dieser zeigen dann die Gemeinden, in denen überhaupt kein besonderer Priesterstand mehr existiert, sondern jeder, je nachdem der Geist ihn treibt, predigt.

Inwieweit jener frühere Zustand indes unter das Prinzip der Kraftersparnis fällt, zeigt die folgende Betrachtung. Drei wesentliche Requisiten des Katholizismus: der Zölibat, das Klosterleben und die dogmatische Hierarchie, die sich zur Inquisition aufgipfelte, waren höchst wirksame und umfassende Mittel, um alles geistige Leben in einem bestimmten Stande zu monopolisieren, der alle Elemente des Fortschritts aus den weitesten Kreisen heraussaugte; dies war zwar in den allerrohesten Zeiten ein Weg, um die vorhandenen geistigen Kräfte zu konservieren, die sich ohne Anhalt an einem bestimmten Stande und bestimmten Mittelpunkten wirkungslos zerstreut hätten; dann aber bewirkte es doch eine negative Zuchtwahl. Denn für alle tieferen und geistigeren Naturen gab es keinen anderen Beruf, als das Klosterleben, und da dieses den Zölibat forderte, so war die Vererbung höherer geistiger Anlage stark verhindert; gerade die roheren und niedrigeren Naturen gewannen dadurch das Feld für sich und ihre Nachkommenschaft. Das ist immer und überall der Fluch des Keuschheitsideals; gilt die Keuschheit als sittliche Forderung und sittliches Verdienst, so wird sie doch nur diejenigen Seelen für sich gewinnen, die überhaupt der Beeinflussung durch ideale Momente zugänglich sind, also gerade die feineren, höheren, ethisch angelegten, und der Verzicht dieser auf Fortpflanzung muß notwendig das schlechte Vererbungsmaterial überwiegen machen. Wir haben hierin ein Beispiel für den oben charakterisierten Fall, daß die Konzentration der Kräfte auf ein arbeitsteilig bestimmtes Glied zunächst zwar eine Stärkung, dann aber auf dem Umwege über die Gesamtverhältnisse des Organismus eine Schwächung eben dieses bewirkt. Zuerst wurden durch die scharfe Differenzierung zwischen den Organen für die geistigen und für die irdischen Interessen die ersteren konserviert und gesteigert; indem sie aber durch die völlige Abkehr vom Sinnlichen die Durchdringung der größeren Massen mit vererbbaren höheren Qualitäten verhinderten, sich selbst aber wieder nur aus eben diesen Massen rekrutieren konnten, mußte ihr eigenes Material schließlich degenerieren. Dazu kam der Dogmatismus im Inhalt der Lehre, der die fortschrittliche Entfaltung geistigen Lebens zunächst durch unmittelbare Einwirkung auf die Geister, dann aber auch mittelbar durch die Ketzerverfolgung beschränkte, welche man gleichfalls mit einer Zuchtwahl verglichen hat, die mit äußerster Sorgfalt die freisinnigsten und kühnsten Männer auswählte, um sie auf irgend eine Weise unschädlich zu machen. Allein in alledem hat doch vielleicht eine segensreiche Kraftersparnis gelegen. Vielleicht war damals die geistige Kraft der Völker in ihren älteren Bestandteilen zu erschöpft, in ihren jüngeren zu barbarisch, um bei voller Freiheit zur Entwicklung jedes geistigen Triebes tüchtige Gebilde hervorzubringen; es war vielmehr günstig, daß ihr Auskeimen verhindert oder beschnitten und dadurch die Säfte konzentriert wurden; das Mittelalter war so eine Sparbüchse für die Kräfte der Volksseele; seine bornierende Religiosität versah die Stelle des Gärtners, der die unzeitigen Triebe wegschneidet, bis sich durch Konzentrierung des für sie doch nur verschwendeten Saftes ein wahrhaft lebensfähiger Zweig bildet. Wie viele Kräfte nun aber durch das Rückgängigmachen jener Arbeitsteilung in der Reformation direkt und indirekt gespart wurden, liegt auf der Hand. Nun war für die religiöse Empfindung und Betätigung der Umweg über den Priester und das weitläufige Zeremoniell überflüssig gemacht; wie es nicht mehr der Wallfahrt nach bestimmten Orten bedurfte, sondern von jedem Kämmerlein aus ein kürzester Weg zu Gottes Ohre führte; wie das Gebet nicht mehr die Instanz der fürsprechenden Heiligen passieren mußte, um Erfüllung zu finden; wie das individuelle Gewissen sich unmittelbar des sittlichen Wertes der Handlungen bewußt werden durfte, ohne erst durch Nachfrage beim Priester diesen und sich selbst mit Aussprachen, Zweifeln, Vermittlungen zu belasten, – so wurde die Gesamtheit der innerlichen und äußerlichen Religiosität vereinfacht und durch Rückgewähr der herausdifferenzierten religiösen Qualitäten an den Einzelnen die Kraft gespart, die der zu ihrer Bewährung nötige Umweg über das Zentralorgan gekostet hatte.

[...] Überhaupt ist diese Differenzierung der Zeit nach wichtig, derzufolge nicht Übertragung einer Funktion auf einen bestimmten Teil und gleichzeitig die einer andern auf einen andern stattfindet, sondern das Ganze zu einer Zeit sich einer bestimmten Funktion hingibt, zu einer andern einer andern. Wie bei der homochronen Differenzierung ein Teil sich einseitig gegen anderweitig mögliche Funktionen verschließt, so hier eine Periode. Jener auf so vielen Gebieten bemerkbare Parallelismus der Erscheinungen der räumlichen Folge und der zeitlichen Folge nach macht sich auch hier geltend. Wenn der Weg der Entwicklung der ist, daß aus unterschiedsloser Organisation sich scharf gesonderte, nebeneinander funktionierende Glieder bilden, daß aus der homogenen Masse der Gruppengenossen sich individuelle, einseitig ausgebildete Persönlichkeiten differenzieren: so geht eben derselbe auch dahin, daß das gleichförmige, von Anfang an in geradlinigeren Gleisen verlaufende Leben niedriger Stufen in immer entschiedenere, schärfer gegen einander abgesetzte Perioden zerfällt, und daß überhaupt das Leben des Einzelnen, wenngleich als Ganzes und, relativ betrachtet, einseitiger, so doch in sich eine immer größere Mannigfaltigkeit von besonders charakterisierten Entwicklungsstadien durchmacht. [...]

Das Geld in der modernen Kultur
(1896)

Wenn die Soziologie den Gegensatz der neueren Zeit, insbesondere gegen das Mittelalter, in eine Formel bringen wollte, so könnte sie es mit der folgenden versuchen. Im Mittelalter findet sich der Mensch in bindender Zugehörigkeit zu einer Gemeinde oder zu einem Landbesitz, zum Feudalverband oder zur Korporation; seine Persönlichkeit war eingeschmolzen in sachliche oder soziale Interessenkreise, und die letzteren wiederum empfingen ihren Charakter von den Personen, die sie unmittelbar trugen. Diese Einheitlichkeit hat die neuere Zeit zerstört. Sie hat einerseits die Persönlichkeit auf sich selbst gestellt und ihr eine unvergleichliche innere und äußere Bewegungsfreiheit gegeben; sie hat dafür andererseits den sachlichen Lebensinhalten eine ebenso unvergleichliche Objektivität verliehen: in der Technik, den Organisationen jeder Art, den Betrieben und Berufen gelangen mehr und mehr die eigenen Gesetze der Dinge zur Herrschaft und befreien sie von der Färbung durch Einzelpersönlichkeiten – wie unser Bild der Natur mehr und mehr die vermenschlichten Züge auszumerzen und sie einer objektiven Gesetzlichkeit anheimzugeben strebt. So hat die Neuzeit Subjekt und Objekt gegeneinander verselbständigt, damit jedes die ihm eigene Entwicklung reiner und voller fände. Wie beide Seiten dieses Differenzierungs-Prozesses von der Geldwirtschaft getroffen werden, haben wir darzustellen.

Das Verhältnis zwischen der Persönlichkeit und ihrem Besitz tritt innerhalb der deutschen Geschichte bis zur Höhe des Mittelalters in zwei charakteristischen Formen auf. In der Urzeit begegnet uns der Landbesitz als eine der Persönlichkeit als solcher zukommende Kompetenz, er fließt aus der persönlichen Zugehörigkeit des einzelnen zu seiner Marktgemeinde. Schon im zehnten Jahrhundert indes war diese Personalität des Besitzes verschwunden und nun umgekehrt alles persönliche Recht von dem Besitz an Grund und Boden abhängig geworden. In beiden Formen aber erhielt sich eine enge lokale Verbindung zwischen der Person und dem Besitz. Zum Beispiel galt in der Genossenschaft der hörigen Hofgemeinde, in welcher der Lehenbesitz einer vollen Hufe zur

Vollgenossenschaft berechtigte, derjenige dem Grundbesitzlosen gleich, der zwar eine Hufe besaß, aber außerhalb des Hofverbandes, dem er *mit seiner Person* angehörte. Umgekehrt mußte derjenige, welcher ein Gut innerhalb des Frohngemeindelandes besaß, ohne doch persönlich zu dieser Gemeinde zu gehören (Freie, Stadtbürger, Körperschaften etc.), einen Vertreter bestellen, der nun *persönlich* dem betreffenden Herrn des Stückes huldigte und Rechte und Pflichten des Hofgenossen übernahm. Solche Zusammengehörigkeit zwischen Personalität und dinglichen Beziehungen, wie sie jenen naturalwirtschaftlichen Zeiten eigen war, löst die Geldwirtschaft auf. Sie schiebt zwischen die Person und die bestimmt qualifizierte Sache in jedem Augenblick die völlig objektive, an sich qualitätlose Instanz des Geldes und Geldeswertes. Sie stiftet eine Entfernung zwischen Person und Besitz, indem sie das Verhältnis zwischen beiden zu einem vermittelten macht. Sie hat damit das frühere enge Zusammengehören des personalen und des lokalen Elementes bis zu dem Grade differenziert, daß ich heute in Berlin meine Einkünfte aus amerikanischen Eisenbahnen, norwegischen Hypotheken und afrikanischen Goldminen empfangen kann. Diese fernwirkende Form des Besitzes, die wir heute als selbstverständlich hinnehmen, ist doch erst möglich geworden, seit das Geld trennend und verbindend zwischen Besitz und Besitzer getreten ist. Dadurch erzeugt das Geld auf der einen Seite eine früher unbekannte Unpersönlichkeit alles ökonomischen Tuns, andererseits eine ebenso gesteigerte Selbständigkeit und Unabhängigkeit der Person. Und ähnlich wie zum Besitz entwickelt sich das Verhälntis der Persönlichkeit zur Genossenschaft. Die mittelalterliche Korporation schloß den ganzen Menschen in sich ein; eine Zunft der Tuchmacher war nicht eine Assoziation von Individuen, welche die bloßen Interessen der Tuchmacherei pflegte, sondern eine *Lebensgemeinschaft* in fachlicher, geselliger, religiöser, politischer und vielen sonstigen Hinsichten. Um so fachliche Interessen sich die mittelalterliche Assoziation auch gruppieren mochte, sie lebte doch ganz unmittelbar in ihren Mitgliedern, und diese gingen rechtlos in ihr auf. Im Gegensatze zu dieser Einheitsform hat nun die Geldwirtschaft jene unzähligen Assoziationen ermöglicht, die entweder von ihren Mitgliedern nur Geldbeiträge verlangen oder auf ein bloßes Geldinteresse hinausgehen. Dadurch wird einerseits die reine Sachlichkeit in den Vornahmen der Assoziation, ihr rein *technischer* Charakter, ihre

Gelöstheit von personaler Färbung ermöglicht, andererseits das Subjekt von einengenden Bindungen befreit, weil es jetzt nicht mehr als ganze Person, sondern in der Hauptsache durch Hingeben und Empfangen von Geld mit dem Ganzen verbunden ist. Seit das Interesse des einzelnen Teilhabers, direkter oder indirekter, in Geld ausdrückbar ist, hat sich dieses wie eine Isolierschicht zwischen das objektive Ganze der Assoziation und das subjektive Ganze der Persönlichkeit geschoben – wie es sich zwischen den Besitz und den Besitzer geschoben hat – und hat beiden eine neue Selbständigkeit gegeneinander und Ausbildungsfähigkeit geboten. Den Gipfel dieser Entwickelung stellt die Aktien-Gesellschaft dar, deren Betrieb dem einzelnen Aktionär völlig objektiv und unbeeinflußt gegenübersteht, während dieser seinerseits absolut nicht mit seiner Person, sondern nur mit einer Geldsumme an der Assoziation beteiligt ist.

Durch diese Unpersönlichkeit und Farblosigkeit, die dem Gelde im Gegensatze zu allen spezifischen Werten eigen ist und die sich im Laufe der Kultur immer steigern muß, weil es immer mehr und immer mannigfaltigere Dinge aufzuwiegen hat, durch diese Charakterlosigkeit gerade hat es unermeßliche Dienste geleistet. Denn damit läßt es eine Gemeinsamkeit der Aktion von solchen Individuen und Gruppen entstehen, die ihre Getrenntheit und Reserviertheit in allen sonstigen Punkten scharf betonen. Es wird damit eine ganz neue Linie durch die der Assoziation zugängigen Lebensinhalte gelegt. Ich führe nur zwei Beispiele an, die mir die Feinheit der Grenze recht zu markieren scheinen, die das Geld zwischen der Vereinigung der Interessen einerseits und ihrer Getrenntheit andererseits ermöglicht. Nach 1848 bildeten sich in Frankreich Syndikate von Arbeiter-Assoziationen desselben Gewerkes, derart, daß jede ihren unteilbaren Fonds an dieses Syndikat ablieferte und so eine unteilbare gemeinsame Kasse zustande käme. Diese sollte namentlich Engros-Einkäufe ermöglichen, Darlehen gewähren usw. Diese Syndikate sollten aber durchaus nicht den Zweck haben, die teilhabenden Assoziationen zu einer einzigen zu vereinigen, sondern jede sollte ihre besondere Organisation beibehalten. Dieser Fall ist deshalb so bezeichnend, weil die Arbeiter damals in einer wahren Leidenschaft der Assoziations-Bildung befangen waren. Lehnten sie nun die hier so naheliegende Verschmelzung ausdrücklich ab, so müssen sie besonders starke Gründe für diese gegenseitige Reserve gehabt haben – und finden dabei die Möglichkeit, die dennoch vorhandene Einheit ihrer Interessen in jener Gemeinsamkeit des bloßen Geldbesitzes wirksam werden zu lassen. Und ferner: die Erfolge des Gustav-Adolph-Vereines, jener großen Gemeinschaft zur Unterstützung bedrängter evangelischer Gemeinden, wären unmöglich gewesen, wenn nicht der objektive Charakter der Geldbeiträge die konfessionellen Unterschiede der Beitragenden verwischt hätte; aber indem dieses gemeinsame Werk von Lutheranern, Reformierten, Unierten – die zu keiner sonstigen Gemeinsamkeit zu bewegen gewesen wären – so möglich wurde, diente es zu einem idealen Bindemittel und stärkte das Gefühl unter all diesen, dennoch zusammenzugehören. Man kann überhaupt sagen, daß der Gewerkverband, diese dem Mittelalter so gut wie unbekannte Organisationsart, die sozusagen das Unpersönliche von dem Individuum zu einer Aktion vereint, mit seinen ungeheuren Erfolgen erst durch das Geld möglich geworden ist, das uns die bisher einzige Möglichkeit einer Vereinigung unter absoluter Reserve alles Persönlichen und Spezifischen gelehrt hat – eine Einigungsform, die uns heute vollkommen selbstverständlich ist, aber eine der ungeheuersten Wandlungen und Fortschritte in der Kultur darstellt.

So soll man überhaupt, wenn man die trennende und entfremdende Wirkung des Geldverkehrs beklagt, doch das Folgende nicht vergessen. Durch die Notwendigkeit, das Geld umzusetzen und definitive, konkrete Werte dafür zu halten, schafft das Geld eine äußerst starke Bindung zwischen den Mitgliedern desselben Wirtschaftskreises; gerade weil es nicht unmittelbar verbraucht werden kann, weist es auf die anderen Individuen hin, von denen man das eigentlich zu Verbrauchende dafür erlangen kann. So ist der moderne Mensch von unvergleichlich mehr Lieferanten und Bezugsquellen abhängig, als der altgermanische Vollfreie oder der spätere Hörige; seine Existenz steht in jedem Augenblicke auf hundert durch Geldinteressen gestifteten Verbindungen, ohne die er so wenig fortexistieren könnte, wie das Glied eines organischen Wesens, das aus dem Kreislauf der Säfte ausgeschaltet wäre.

Vor allem wirkt zu dieser Verschlingung und Verwachsung des modernen Lebens unsere Arbeitsteilung, die sich im Zustande des Naturaltausches ersichtlich nicht über die dürftigsten Anfänge hinaus entwickeln konnte. Denn wie sollte man die Werte der einzelnen Produkte gegeneinander abmessen, so lange es noch kein gemeinsames Wertmaß für die allerverschiedensten Dinge und Qualitäten gab? Wie sollte sich der Tausch glatt und leicht vollziehen, so lange es noch kein Tauschmittel gab, das jede Differenz begleichen, in das man jedes Produkt umsetzen und das sich in jedes Produkt umsetzen konnte? Und indem das Geld so die Teilung der Produktion ermöglicht, bindet es die Menschen unweigerlich zusammen, denn nun arbeitet jeder für den andern, und erst die Arbeit aller schafft die umfassende wirtschaftliche Einheit, welche die einseitige Leistung des Individuums ergänzt.[1] So ist es schließlich das Geld, das unvergleichlich mehr Verknüpfungen zwischen den Menschen stiftet, als sie je in den von den Assoziations-Romantikern gerühmtesten Zeiten des Feudalverbandes oder der gewillkürten Einung bestanden.

Und endlich hat das Geld ein so umfassendes gemeinsames Interessen-Niveau für alle Menschen hergestellt, wie naturalwirtschaftliche Zeiten es absolut nicht konnten; mit ihm ist ein Boden unmittelbaren gegenseitigen Verstehens, eine Gleichheit der Direktiven gegeben, die außerordentlich viel dazu beitragen mußte, jene Verstellung des *Allgemein-Menschlichen* zu erzeugen, die in der Kultur- und Sozialgeschichte seit dem vorigen Jahrhundert eine so große Rolle gespielt hat – gerade wie sie in der Kultur des Römerreiches auftauchte, als in ihm die Geldwirtschaft völlig durchgedrungen war.

Allein wie das Geld überhaupt – das leuchtet wohl schon aus dem Gesagten hervor – eine ganz neue Proportion zwischen Freiheit und Bindung hat entstehen lassen, so hat die betonte Enge und Unvermeidlichkeit des Zusammenschlusses, die es bewirkt, die eigentümliche Folge, andererseits doch der Individualität und dem Gefühl innerer Unabhängigkeit einen besonders weiten Spielraum zu eröffnen. Denn der Mensch jener früheren Wirt-

1 Die Geldentlohnung befördert die Arbeitsteilung, weil in der Regel nur eine einseitige Leistung mit Geld bezahlt wird: nur dem objektiven, von der Persönlichkeit gelösten Einzelprodukt entspricht dies qualitätlose, abstrakte Äquivalent. Für den gesamten Menschen mit all seiner Vielseitigkeit wird – wo keine Sklaverei besteht – kein Geld aufgewendet, vielmehr nur für die arbeitsteilige Leistung. Deshalb muß die Ausbildung dieser Hand in Hand mit der Verbreitung der Geldwirtschaft gehen. Aus dieser Tatsache erklären sich, beiläufig gesagt, die Mängel und Widersprüche des modernen Dienstbotenverhältnisses; denn hier wird tatsächlich noch ein ganzer Mensch mit der Totalität seiner Leistungen für Geld gekauft.

schaftsepochen stand zwar zu weit weniger Menschen in gegenseitiger Abhängigkeit, aber diese wenigen waren individuell bestimmt und beharren, während wir heute zwar von dem Lieferanten überhaupt viel abhängiger sind, mit dem einzelnen aber oft und beliebig wechseln: wir sind von jedem *bestimmten* sehr viel unabhängiger. Gerade ein solches Verhältnis muß einen starken Individualismus erzeugen, denn nicht die Isolierung anderen gegenüber, sondern die Beziehung zu ihnen, aber ohne Rücksicht darauf, wer es gerade ist, ihre Anonymität, die Gleichgültigkeit gegen ihre Individualität – das ist es, was die Menschen gegeneinander entfremdet und jeden auf sich selbst zurückweist. Gegenüber den Zeiten, wo jede äußerliche Beziehung zu anderen zugleich personalen Charakter trug, ermöglicht das Geldwesen so, entsprechend unserer Charakterisierung der Neuzeit, eine reinlichere Scheidung zwischen dem objektiven ökonomischen Tun des Menschen und seiner individuellen Färbung, seinem eigentlichen Ich, das jetzt ganz aus jenen Beziehungen zurücktritt und sich aus ihnen mehr als je gleichsam auf seine innersten Schichten zurückziehen kann.

Die Ströme der modernen Kultur ergießen sich in zwei scheinbar entgegengesetzte Richtungen: einerseits nach der Nivellierung, der Ausgleichung, der Herstellung immer umfassenderer sozialer Kreise durch die Verbindung des Entlegensten unter gleichen Bedingungen, und andererseits auf die Herausarbeitung des Individuellsten hin, auf die Unabhängigkeit der Person, auf die Selbständigkeit ihrer Ausbildung. Und beide Richtungen werden durch die Geldwirtschaft getragen, die einerseits ein ganz allgemeines, überall gleichmäßig wirksames Interesse, Verknüpfungs- und Verständigungsmittel, andererseits der Persönlichkeit die gesteigertste Reserviertheit, Individualisierung und Freiheit ermöglicht.

Die letztere Folge bedarf noch eines Beweises. Die Ausdrückbarkeit und Ablösbarkeit der Leistungen durch Geld ist von jeher als ein Mittel und Rückhalt der persönlichen Freiheit empfunden worden. So bestimmte das klassische römische Recht, daß derjenige, der zu einer bestimmten Leistung verpflichtet ist, ihre Naturalerfüllung verweigern und sie auch gegen den Willen des Berechtigten durch Zahlung ihres Wertes in Geld solvieren durfte. Hiermit war die Garantie gegeben, daß man alle persönlichen Verpflichtungen sich mit Geld abkaufen konnte, und im Hinblick darauf hat man jene Bestimmung als die *Magna charta* der persönlichen Freiheit im Gebiete des Privatrechtes bezeichnet. In der gleichen Richtung erfolgte vielfach die Befreiung der Hörigen. Die hörigen Handwerker eines mittelalterlichen Herrenhofes zum Beispiel gelangten oft zur Freiheit auf dem Wege, daß ihre Dienste erst beschränkt, dann fixiert und schließlich in eine Geldabgabe umgewandelt wurden. So wirkte es als ein kräftiger Fortschritt zur Freiheit, als die englischen Grafschaften, vom dreizehnten Jahrhundert an, ihre Verpflichtungen zur Stellung von Soldaten und Arbeitern durch Geldzahlungen ersetzen durften. So war unter den Bestimmungen Josephs II., durch die er die Emanzipation der Bauern einleiten wollte, eine der wichtigsten, daß sie ihre Frohnen und Naturalleistungen durch Geldzinsungen ablösen konnten, ja mußten. Der Ersatz der Leistung durch die Geldabgabe entläßt die Persönlichkeit sofort aus der spezifischen Fesselung, die jene Leistung ihr auferlegte: nicht mehr auf das unmittelbare persönliche Tun, sondern nur auf das unpersönliche Ergebnis desselben hat der andere nun Anspruch; in der Geldzahlung gibt die Persönlichkeit nicht mehr sich selbst, sondern etwas, das von jeder inneren Beziehung zum Individuum gelöst ist. Aber gerade aus diesem Grunde kann der Ersatz einer Leistung durch Geld auch herabdrückend wirken. Die Entrechtung der Bundesgenossen Athens begann damit, daß sie ihre bisherigen Kontingente von Schiffen und Mannschaften durch Geldzahlungen an Athen ablösten; diese scheinbare Befreiung ihrer nur mehr personalen Verpflichtung enthielt doch den Verzicht auf eigene politische Betätigung, auf die Bedeutung, die man nur auf den Einsatz einer spezifischen Leistung, auf die Entfaltung realer Kräfte hin beanspruchen darf. Das wird bei steigender Geldwirtschaft so häufig übersehen: daß in den Pflichten, die man sich abkauft, oft noch Rechte und Bedeutsamkeiten stecken, weniger bemerkbare, die man zugleich mit jenen dahingibt. Wie hier an das Geben von Geld, knüpft sich die gleiche Doppelheit der Folgen auch an das Nehmen von Geld, an den Verkauf. Einerseits empfindet man die Umsetzung eines Besitzstückes in Geld als eine Befreiung. Mit Hilfe des Geldes können wir den Wert des Objektes in jede beliebige Form gießen, während er vorher in diese eine gebannt war; mit dem Gelde in der Tasche sind wir frei, während uns vorher der Gegenstand von den Bedingungen seiner Konservierung und Fruktifizierung abhängig machte. Allein wie oft bedeutet nun gerade diese Freiheit zugleich Inhaltlosigkeit des Lebens und Lokkerung seiner Substanz! Deshalb hat dieselbe Gesetzgebung des vorigen Jahrhunderts, welche die Geldablösung der bäuerlichen Dienste vorschrieb, doch den Herrschaften die zwangsweise Zugeldesetzung des Bauers verboten. Es schien zwar, als ob diesem gar kein Unrecht geschähe, wenn die Herrschaft ihm zu einem angemessenen Preise seine Rechte auf den Boden abkauft (um diesen zum Gutsfelde zu schlagen); allein in dem Lande steckte für den Bauer noch etwas ganz anderes als der bloße Vermögenswert; es war für ihn die Möglichkeit nützlichen Wirkens, ein Zentrum der Interessen, ein richtunggebender Lebensinhalt, den er verlor, sobald er statt des Bodens nur seinen Wert in Geld besaß. Die häufigen Zugeldesetzungen des Bauers im vorigen Jahrhundert gaben ihm zwar eine momentane Freiheit, nahmen ihm aber das Unbezahlbare, das der Freiheit erst ihren Wert gibt: das feste Objekt persönlicher Betätigung. Das ist wiederum das Bedenkliche einer auf Geld gestellten Kultur, wie die des späten Athen, des späten Rom, der modernen Welt: dadurch, daß immer mehr Dinge mit Geld bezahlt, durch Geld erreichbar werden, und dieses so als der ruhende Pol in der Flucht der Erscheinungen hervortritt, übersieht man gar zu oft, daß auch die Objekte des wirtschaftlichen Verkehres noch Seiten haben, die nicht in Geld ausdrückbar sind; man glaubt gar zu leicht, in ihrem Geldwerte ihr genaues, restloses Äquivalent zu besitzen. Hier liegt sicher ein tiefer Grund für den problematischen Charakter, für die Unruhe und Unbefriedigtheit unserer Zeit. Die qualitative Seite der Objekte büßt durch die Geldwirtschaft an psychologischer Betonung ein, die fortwährend erforderliche Abschätzung nach dem Geldwerte läßt diesen schließlich als den einzig gültigen erscheinen, immer rascher lebt man an der spezifischen, ökonomisch nicht ausdrückbaren Bedeutung der Dinge vorüber, die sich nur durch jene dumpfen, so sehr modernen Gefühle gleichsam rächt: daß der Kern und Sinn des Lebens uns immer von neuem aus der Hand gleitet, daß die definitiven Befriedigungen immer seltener werden, daß das ganze Mühen und Treiben doch eigentlich nicht lohne. Ich will nicht behaupten, daß unsere Epoche sich schon ganz in solcher seelischen Verfassung befände; wo sie sich aber ihr nähert, da hängt es sicher mit der vorschreitenden Überdeckung der qualitativen Werte durch einen bloß quantitativen, durch das Interesse an einem bloßen Mehr oder Weniger zusammen – da doch die ersteren allein unsere Bedürfnisse endgültig befriedigen.

Und tatsächlich werden auch die Dinge selbst durch ihre Äquivalenz mit diesem für jedes Beliebige geltenden Tauschmittel in höherem Sinne entwertet. Das Geld ist »gemein«, weil es das Äquivalent für all und jedes ist; nur das Individuelle ist vornehm; was vielem gleich ist, ist dem Niedrigsten unter diesem gleich und zieht deshalb auch das Höchste auf das Niveau des Niedrigsten herab. Das ist die Tragik jedes Nivellements, daß es unmittelbar zu dem Standorte des *niedrigsten* Elements hinführt. Denn immer kann das Höchste zu diesem herab, fast nie aber alles Niedrige zum höchsten Elemente hinaufsteigen. So leidet der eigenste Wert der Dinge unter der gleichmäßigen Umsetzbarkeit des Heterogensten in Geld, und mit Recht bezeichnet deshalb die Sprache das ganz Besondere und Ausgezeichnete als »unbezahlbar«. Nur der psychologische Reflex dieser Tatsache ist die »Blasiertheit« unserer wohlhabenden Stände. Weil sie jetzt ein Mittel besitzen, mit dem sie trotz seiner farblosen Immergleichheit das Mannigfaltigste und Speziellste erkaufen; weil ihnen damit die Frage, was es wert ist, mehr und mehr durch die Frage, wieviel es wert ist, verdrängt wird, muß die feine Empfindlichkeit für die spezifischen und individuellsten Reize der Dinge sich mehr und mehr zurückbilden. Das eben ist Blasiertheit, daß man auf die Abstufungen und Eigenheiten der Objekte nicht mehr mit einer entsprechenden Nuancierung des Empfindens reagiert, sondern sie alle in einer gleichmäßigen und darum matten, keiner entschiedenen Schwingungsweite mehr zugängigen Färbung empfindet.

Eben durch diesen Charakter aber, den das Geld immer mehr annehmen muß, je mehr Dinge es aufwiegt – also mit steigender Kultur – verliert es seine früher besessene Bedeutung in gewissen höheren Beziehungen: die Geldbuße z. B. hat ihr Gebiet eingeschränkt. Das altgermanische Recht sühnte die schwersten Verbrechen, bis zum Morde, mit Geld. Die Kirchenbuße konnte vom siebenten Jahrhundert an durch Geld ersetzt werden, während die modernen Rechte die Geldstrafe auf die relativ leichten Vergehen beschränken. Das ist kein Zeichen gegen, sondern für die gewachsene Bedeutung des Geldes: gerade weil es jetzt so sehr viel mehr Dinge aufwiegt und dadurch um so farb- und charakterloser ist, könne es nicht mehr zur Ausgleichung in ganz besonderen und ausnahmsweisen Beziehungen dienen, in denen das Innerste und

Wesentliche der Persönlichkeit getroffen werden soll, und nicht trotzdem man so gut wie alles für Geld haben kann, sondern gerade weil man das kann, hörte es auf, die sittlich-religiösen Anforderungen, auf denen die Kirchenbuße ruhte, zu begleichen. In diesem Punkte begegnen sich charakteristisch zwei Hauptströmungen der geschichtlichen Entwicklung. Wenn der Mord in der primitiven Gesellschaft durch Geld gesühnt werden konnte, so bedeutete das einerseits, daß das Individuum als solches in seinem Werte noch nicht so betont war, daß es noch nicht als so unvergleichbar und unersetzlich empfunden wurde, wie in späteren Zeiten, in denen es sich entschiedener und individualisierter aus der Gruppe heraushebt; andererseits bedeutet es, daß das Geld noch nicht so indifferent geworden war, noch nicht so jenseits aller qualitativen Bedeutung stand. Die vorschreitende Differenzierung der Menschen und die ebenso vorschreitende Indifferenz des Geldes begegnen sich, um die Sühnung des Mordes durch Geld unmöglich zu machen.

In ähnlicher Richtung wie diese Abschleifung und Deteriorierung des Geldes durch den wachsenden Kreis seiner Äquivalente mündet eine zweite äußerst wichtige Folge des vorherrschenden Geldwesens: daß man das Geld, ein bloßes Mittel, andere Güter zu erlangen, als ein selbständiges Gut empfindet; während es seine ganze Bedeutung nur als Übergang, nur als Glied in der Reihe hat, die zu einem definitiven Zwecke und Genusse führt – wird die Reihe psychologisch an dieser Stufe abgebrochen, das Zweckbewußtsein macht am Geld halt. Indem die Mehrzahl der modernen Menschen den größten Teil des Lebens hindurch den Gewinn von Geld als nächstes Strebeziel vor Augen haben muß, entsteht die Vorstellung, daß alles Glück und alle definitive Befriedigung des Lebens mit dem Besitze einer gewissen Summe Geldes solidarisch verbunden wäre: aus einem bloßen Mittel und einer Vorbedingung wächst es innerlich zu einem Endzwecke aus. Allein wenn dieses Ziel nun erreicht ist, so tritt unzähligemale jene tödliche Langweile und Enttäuschung ein, die am auffälligsten an Geschäftsleuten zu beobachten ist, wenn sie sich nach Ersparung einer gewissen Summe in ein Rentierleben zurückgezogen haben; das Geld enthüllt sich nach Wegfall der Umstände, die das Wertbewußtsein sich darauf konzentrieren ließen, in seinem wahren Charakter als bloßes Mittel, das unnütz und unbefriedigend wird, sobald das Leben darauf allein angewiesen ist – es ist eben nur die

Brücke zu definitiven Werten, und auf einer Brücke kann man nicht wohnen.

Diese Überwucherung der Zwecke durch die Mittel ist einer der Hauptzüge und eines der Hauptprobleme jeder höheren Kultur. Denn diese hat ihr Wesen darin, daß im Gegensatze zu primitiven Verhältnissen die Absichten der Menschen nicht mehr einfache, naheliegende, durch unmittelbare Aktion zu erreichende sind, sondern sie werden allmählich so schwierige, komplizierte, weitabliegende, daß es eines vielgliedrigen Aufbaues von Mitteln und Apparaten, eines vielstufigen Umweges vorbereitender Schritte für sie bedarf. Kaum je kann in höheren Verhältnissen der erste Schritt schon zum Ziele führen; und nicht nur eines Mittels bedarf es, sondern auch dieses ist oft genug nicht direkt zu erreichen, sondern es ist eine Vielheit von Mitteln, von denen eines immer das andere trägt, die schließlich im definitiven Zwecke münden. Um so näher aber liegt die Gefahr, in diesem Labyrinth von Mitteln stecken zu bleiben und über sie den Endzweck zu vergessen. So wird die Technik aller Lebensgebiete – das heißt doch das System bloßer Mittel und Werkzeuge – je verschlungener, kunstreicher, gegliederter sie ist, mehr und mehr als ein für sich befriedigender Endzweck empfunden, über den man nicht mehr hinausfragt. So ist die Festigkeit aller äußeren Sitten entstanden, die ursprünglich nur Mittel zu bestimmten sozialen Zwecken waren, aber als Eigenwert, sich selbst tragende Forderungen weiterbestehen, während jene Zwecke längst vergessen oder illusorisch geworden sind. Durch die moderne Zeit, insbesondere, wie es scheint, durch die neueste, geht ein Gefühl von Spannung, Erwartung, ungelöstem Drängen – als sollte die Hauptsache erst kommen, das Definitive, der eigentliche Sinn und Zentralpunkt des Lebens und der Dinge. Das ist sicher der Gefühlserfolg jenes Überhandnehmens der Mittel, des Zwanges unserer komplizierten Lebenstechnik, Mittel auf Mittel zu bauen, bis die eigentlichen Zwecke, denen sie dienen sollen, weiter und weiter an den Horizont des Bewußtseins rücken und schließlich unter ihn versinken. Kein Element aber hat in diesem Prozeß breiteren Anteil als das Geld, niemals ist ein Objekt, das nur als Mittel Wert hat, mit solcher Energie, solcher Vollständigkeit und solchem Erfolge für den Gesamtstand des Lebens zu einem – scheinbar oder wirklich – für sich befriedigenden Strebensziele ausgewachsen.

Die zentrale Stellung, die das Geld durch das ungeheure Anwachsen des Kreises dadurch erreichbarer Objekte erhält, strahlt in vielerlei einzelne Charakterzüge des modernen Lebens hinein. Das Geld hat dem einzelnen die Chance völliger Befriedigung seiner Wünsche in viel größere, versuchungsvollere Nähe gerückt. Es gibt die Möglichkeit, gleichsam mit einem Schlage zu gewinnen, was überhaupt begehrenswert erscheint. Es schiebt zwischen den Menschen und seine Wünsche eine vermittelnde Stufe, einen erleichternden Mechanismus, und weil mit der Erreichtheit dieses einen unzähliges andere erreichbar wird, erregt es die Illusion, als sei alles dieses andere leichter als sonst zu erreichen. Mit der Annäherung an das Glück aber wächst die Sehnsucht danach. Denn nicht das absolut Ferne und Versagte, sondern das Nichtbesessene, dessen Besitz näher und näher zu rücken scheint – wie es durch die Geldorganisation geschieht – das entzündet die größte Sehnsucht und Leidenschaft. Das ungeheure Glücksverlangen des modernen Menschen, wie es sich in Kant nicht weniger als in Schopenhauer, in der Sozial-Demokratie nicht weniger als im wachsenden Amerikanismus der Zeit ausspricht, ist offenbar an dieser Macht und diesem Erfolge des Geldes genährt. Die spezifisch moderne »Begehrlichkeit« der Klassen und der Individuen, mag man sie nun verdammen oder als Stimulus der Kulturentwicklung begrüßen, konnte aufwachsen, weil es jetzt ein Schlagwort gibt, das alles Behrenswerte in sich verdichtet, einen Zentralpunkt, den man, wie den Zauberschlüssel im Märchen, nur zu gewinnen braucht, um mit ihm zu allen Freuden des Lebens zu gelangen.

Damit wird – und dies ist sehr bedeutsam – das Geld jenes unbedingte Ziel, dessen Erstrebung überhaupt in jedem Augenblicke prinzipiell möglich ist, im Gegensatze zu den konstanten Zielen, von denen nicht jedes zu jeder Zeit gewünscht wird oder erstrebt werden kann. Dadurch wird dem modernen Menschen ein fortwährender Stachel zur Tätigkeit gegeben, er hat nun ein Ziel, das als *Pièce de résistance* sofort eintritt, sobald andere Ziele ihm Raum lassen, es ist potentiell immer da. Daher die Unruhe, Fieberhaftigkeit, Pausenlosigkeit des modernen Lebens, dem im Gelde das unabstellbare Rad gegeben ist, das die Maschine des Lebens zum *Perpetuum mobile* macht. Schleiermacher hebt vom Christentum hervor, daß es zuerst die Frömmigkeit, das Verlangen nach Gott zu einer dauernden Verfassung der Seele gemacht habe, während frühere Glaubensformen die religiöse Stimmung an bestimmte Zeiten und Orte geknüpft haben. So ist das Verlangen nach Geld die dauernde Verfassung, welche die Seele bei durchgeführter Geldwirtschaft aufweist. So kann der Psychologe überhaupt nicht achtlos an jener häufigen Klage vorbeigehen, daß das Geld der Gott unserer Zeit wäre. Er kann freilich bei ihr nur stehen bleiben und bedeutsame Beziehungen zwischen beiden Vorstellungen aufdecken, weil es das Privilegium der Psychologie ist, keine Blasphemien begehen zu können. Der Gottesgedanke hat sein tieferes Wesen darin, daß alle Mannigfaltigkeiten und Gegensätze der Welt in ihm zur Einheit gelangen, daß er nach dem schönen Worte des Nikolaus von Kusa, jenes merkwürdigen modernen Geistes im Ausgang des Mittelalters, die *Coincidentia oppositorum* ist. Aus dieser Idee, daß alle Fremdheiten und Unversöhntheiten des Seins in ihm ihre Einheit und Ausgleichung finden, stammte der Friede, die Sicherheit, der allumfassende Reichtum des Gefühles, das mit der Vorstellung Gottes und daß wir ihn haben, mitschwebt! Unzweifelhaft haben die Empfindungen, die das Geld erregt, auf ihrem Gebiete eine psychologische Ähnlichkeit mit diesem. Indem das Geld immer mehr zum absolut zureichenden Ausdrucke und Äquivalent aller Werte wird, erhebt es sich in ganz abstrakter Höhe über die ganze weite Mannigfaltigkeit der Objekte, es wird zu dem Zentrum, in dem die entgegengesetztesten, fremdesten, fernsten Dinge ihr Gemeinsames finden und sich berühren; damit gewährt tatsächlich auch das Geld jene Erhebung über das Einzelne, jenes Zutrauen in seine Allmacht wie in die eines höchsten Prinzips, uns dieses Einzelne und Niedrigere in jedem Augenblicke gewähren, sich gleichsam wieder in dieses umsetzen zu können. Diese Sicherheit und Ruhe, deren Gefühl der Besitz von Geld gewährt, diese Überzeugung, in ihm den Schnittpunkt der Werte zu besitzen, enthält so rein psychologisch, sozusagen formal, den Gleichungspunkt, der jener Klage über das Geld als den Gott unserer Zeit die tiefere Begründung gibt.

Aus der gleichen Quelle fließen anders gerichtete und mehr abseits gelegene Charakterzüge des modernen Menschen. Die Geldwirtschaft bringt die Notwendigkeit fortwährender mathematischer Operationen im täglichen Verkehre mit sich. Das Leben vieler Menschen wird von solchem Bestimmen, Abwägen, Rechnen, Reduzieren qualitativer Werte auf quantitative ausgefüllt. Dies trägt sicher bei zu dem verstandesmäßigen, rechnenden Wesen der Neuzeit gegenüber dem mehr impulsiven, auf das Ganze gehenden, gefühlsmäßigen Charakter früherer Epochen. So mußte überhaupt eine viel größere Genauigkeit und Grenzbestimmtheit in die Lebensinhalte durch das Eindringen der Geldschätzung kommen, die jeden Wert bis in seine Pfennigdifferenzen hinein bestimmen und spezifizieren lehrte. Wo die Dinge in ihrem unmittelbaren Verhältnis zueinander gedacht werden – also nicht auf ihren Generalnenner Geld reduziert sind – da findet viel mehr Abrundung, Setzen von Einheit gegen Einheit statt. Die Exaktheit, Schärfe, Genauigkeit in den ökonomischen Beziehungen des Lebens, die natürlich auf seine anderweitigen Inhalte abfärbt, hält mit der Ausbreitung des Geldwesens Schritt – freilich nicht zur Förderung des großen Stiles in der Lebensführung. Und in demselben Sinne wirkt, die Ausbreitung der Geldwirtschaft verkündend, der immer wachsende Gebrauch von kleinem Geld. Bis 1759 gab die englische Bank keine Noten unter 20 Pfd. St. aus, seitdem ist sie auf 5 Pfd. St. heruntergegangen. Und was noch bezeichnender ist: ihre Noten liefen bis 1844 im Durchschnitt 51 Tage, ehe sie wieder zur Einlösung in kleineres Geld präsentiert wurden, im Jahre 1871 dagegen liefen sie nur noch 37 Tage – in 27 Jahren ist also das Bedürfnis nach kleinem Geld fast um ein Viertel seiner Intensität gestiegen. Die Tatsache, daß jeder kleines Geld in der Tasche hat, mit dem er, oft nur momentaner Lockung folgend, allerhand Kleinigkeiten sofort einkaufen kann, muß Industrien hervorrufen, die von diesen Möglichkeiten leben. Dies und überhaupt die Teilbarkeit des Geldes in kleinste Summen trägt sicher zu dem kleinen Stil in der äußeren, insbesondere der ästhetischen Ausgestaltung des modernen Lebens bei, zu der wachsenden Zahl von Kleinigkeiten, mit denen wir unser Leben behängen. Und jener Pünktlichkeit und Exaktheit, welche die Verbreitung des Geldwesens – etwa analog jener der Taschenuhren – den äußeren Beziehungen der Menschen verliehen hat, entspricht auf ethischem Gebiete keineswegs eine gewachsene innere Gewissenhaftigkeit. Das Geld vielmehr verleitet durch seinen ganz objektiven und indifferenten Charakter, durch den es sich der höchsten wie der niedrigsten Aktion gleichmäßig und innerlich beziehungslos darbietet, leicht zu einer gewissen Laxheit und Unbedenklichkeit des Handelns, die bei anderen als bloßen Geldaktionen oft durch die eigene Struktur der Objekte, durch das individuelle Verhältnis des Handelnden zu diesen gehemmt wird. So haben sich Personen von sonstiger persönlicher Ehrenhaftigkeit an den dunkelsten »Gründungen« beteiligt, und viele Menschen verfahren eher in reinen Geldangelegenheiten gewissenloser und zweideutiger, als daß sie in anderen Beziehungen sittlich Zweifelhaftes täten. Dem schließlich gewonnenen Resultate, dem Geld, ist eben nichts von seinem Ursprung anzusehen, während andere Besitztümer und Zustände, weil sie individueller, qualitätsreicher sind, entweder sachlich oder psychologisch ihre Ursprünge in sich tragen; man kann sie ihnen mehr ansehen, sie erinnern mehr daran. Ist die Tat dagegen erst in den großen Geldozean gemündet, so ist sie nicht mehr herauszuerkennen, und die Abflüsse desselben tragen nichts mehr von dem Charakter seiner Zuflüsse.

Zurückkehrend von diesen einzelnen Folgen des Geldverkehres, schließe ich mit einer ganz allgemeinen Bemerkung über sein Verhältnis zu den tieferen Zügen und Motiven unserer Kultur. Wollte man den Charakter und die Größe des neuzeitlichen Lebens in eine Formel zusammenzufassen wagen, so könnte es diese sein: daß die Gehalte der Erkenntnis, des Handelns, der Idealbildung aus ihrer festen, substantiellen und stabilen Form in den Zustand der Entwicklung, der Bewegung, der Labilität übergeführt werden. Jeder Blick auf die unter unseren Augen vorgehenden Schicksale jener Lebensinhalte zeigt unverkennbar diese Linie ihrer Gestaltung: wir verzichten auf die unbedingten Wahrheiten, die aller Entwicklung entgegen wären, und geben unser Erkennen gerne fortwährender Umgestaltung, Vermehrung, Korrektur preis – denn nichts anderes heißt die fortwährende Betonung der Empirie auf allen Gebieten. Die Arten der Organismen gelten uns nicht mehr als ewige Schöpfungsgedanken, sondern als Durchgangspunkte einer ins Unendliche strebenden Evolution. Bis in das Unbelebte hinab und bis in die höchsten geistigen Formationen hinauf erstreckt sich die gleiche Tendenz: die Starrheit der Materie lehrt uns, moderne Naturwissenschaft in den rastlosen Wirbel kleinster Teile aufzulösen; die einheitlichen, jenseits alles Wechsels und Widerspruches der Dinge gegründeten Ideale früherer Zeiten erkennen wir in ihrer Abhängigkeit von geschichtlichen Bedingungen, in ihrer Anpassung an allen Wechsel dieser. Innerhalb der sozialen Gruppe werden die festen Abgrenzungen mehr und mehr gelöst, die Starrheit kastenähnlicher und ständischer Bindungen und Traditionen werden – mag es zum Segen oder zum Verderben sein – durchbrochen, und die Persönlichkeit kann durch eine wechselnde Mannigfaltigkeit von Lebenslagen zirkulieren, gleichsam das *Πάντα ῥεῖ* der Dinge in sich spiegelnd. Diesem großen und einheitlichen Lebensprozesse, den die geistige und soziale Kultur der Neuzeit in einen so entschiedenen Gegensatz gegen das Mittelalter wie gegen das Altertum stellt, ordnet sich die Herrschaft des Geldes, ihn tragend und von ihm getragen, ein. Indem die Dinge ihr Äquivalent an einem völlig farblosen, jenseits aller spezifischen Bestimmtheit stehenden Tauschmittel finden, indem sie sich in jedem Augenblicke gegen ein solches umsetzen, werden sie gewissermaßen abgeschliffen und geglättet, ihre Reibungsflächen mindern sich, fortwährende Ausgleichungsprozesse vollziehen sich zwischen ihnen, ihre Zirkulation, Geben und Nehmen finden in einem ganz andern Tempo statt, wie in naturalwirtschaftlichen Zeiten, immer mehr Dinge, die jenseits des Tauschverkehrs zu stehen schienen, werden in seinen rastlosen Fluß hinabgezogen: ich erinnere nur, als an eines der krassesten Beispiele, an die Schicksale des Grundbesitzes seit der Herrschaft des Geldes. Derselbe Übergang der Stabilität zur Labilität, der das gesamte moderne Weltbild charakterisiert, hat mit der Geldwirtschaft auch den ökonomischen Kosmos ergriffen, dessen Schicksale, wie sie einen Teil jener Bewegung bilden, zugleich ein Symbol und Spiegel der ganzen sind.

Es kann hier nur auf den Hinweis ankommen, daß eine Erscheinung wie die Geldwirtschaft, so sehr sie rein ihren inneren Gesetzen zu gehorchen scheint, dennoch demselben Rhythmus folgt, der die Gesamtheit der gleichzeitigen Kulturbewegungen, auch der entlegensten, reguliert. Im Unterschiede von dem historischen Materialismus, der den gesamten Kulturprozeß von den ökonomischen Verhältnissen abhängig macht, kann die Betrachtung des Geldes uns lehren, daß von der Formung des Wirtschaftslebens zwar tiefgreifende Folgen auf den psychischen und kulturellen Stand der Periode ausgehen, daß aber andererseits diese Formung selbst doch ihren Charakter von den großen einheitlichen Strömungen des geschichtlichen Lebens empfängt, deren letzte Kräfte und Motive freilich das göttliche Geheimnis sind. Enthüllen aber diese Formgleichheiten und tiefe Zusammenhänge uns das Geldwesen als einen Zweig der gleichen Wurzel, die alle Blüten unserer Kultur treibt, so mag man daraus einen Trost gegenüber den Klagen schöpfen, die gerade die Pfleger der geistigen und gemütlichen

Güter über die *Auri sacra fames* und über die Verwüstungen des Geldwesens erheben. Denn je mehr die Erkenntnis sich jener Wurzel nähert, desto ersichtlicher müssen die Beziehungen der Geldwirtschaft, wie zu den Schattenseiten, so doch auch zu dem Feinsten und Höchsten unserer Kultur hervortreten, so daß es, wie alle großen geschichtlichen Mächte, dem mythischen Speer gleichen mag, der die Wunden, die er schlägt, selbst zu heilen im Stande ist.

»Die Arbeitsteilung als Ursache für das Auseinandertreten der subjektiven und der objektiven Kultur«
(1900)

Wenn wir die Verfeinerungen, die vergeistigten Formen des Lebens, die Ergebnisse der inneren und äußeren Arbeit an ihm als Kultur bezeichnen, so ordnen wir diese Werte damit in eine Blickrichtung, in der sie durch ihre eigene und sachliche Bedeutung noch nicht ohne weiteres stehen. Inhalte der Kultur sind sie uns, insofern wir sie als gesteigerte Entfaltungen natürlicher Keime und Tendenzen ansehen, gesteigert über das Maß der Entwicklung, Fülle und Differenzierung hinaus, das ihrer bloßen Natur erreichbar wäre. Eine naturgegebene Energie oder Hinweisung – die freilich nur da sein muß, um hinter der wirklichen Entwicklung zurückzubleiben – bildet die Voraussetzung für den Begriff der Kultur. Denn von diesem aus gesehen sind die Werte des Lebens eben kultivierte *Natur,* sie haben hier nicht die isolierte Bedeutung, die sich gleichsam von oben her an dem Ideal des Glücks, der Intelligenz, der Schönheit mißt, sondern sie erscheinen als Entwicklungen einer Grundlage, die wir Natur nennen und deren Kräfte und Ideengehalt sie überschreiten, insofern sie eben Kultur sind. Wenn deshalb ein veredeltes Gartenobst und eine Statue gleichermaßen Kulturprodukte sind, so deutet die Sprache doch dieses Verhältnis sehr fein an, indem sie jenen Obstbaum selbst »kultiviert« nennt, während der rohe Marmorblock keineswegs zu Statuen »kultiviert« ist. Denn in dem ersteren Falle nimmt man eine natürliche Triebkraft und Angelegtheit des Baumes in der Richtung jener Früchte an, die durch intelligente Beeinflussung über ihre natürliche Grenze hinausgetrieben ist, während wir in dem Marmorblock keine entsprechende Tendenz auf die Statue hin voraussetzen; die in ihr verwirklichte Kultur bedeutet die Erhöhung und Verfeinerung gewisser menschlicher Energien, deren ursprüngliche Äußerungen wir als »natürliche« bezeichnen.

Nun scheint es zunächst selbstverständlich, daß unpersönliche Dinge nur gleichnisweise als kultiviert zu bezeichnen sind. Denn jene durch Willen und Intellekt bewirkte Entfaltung des Gegebenen über die Grenze seines bloß natürlichen Sich-Auslebens hinaus lassen wir doch schließlich nur uns selbst oder solchen Dingen zukommen, deren Entwicklungen sich an unsere Impulse anschließen und rückwirkend unsere Gefühle anregen. Die materiellen Kulturgüter: Möbel und Kulturpflanzen, Kunstwerke und Maschinen, Geräte und Bücher, in denen natürliche Stoffe zu ihren zwar möglichen, durch ihre eignen Kräfte aber nie verwirklichten Formen entwickelt werden, sind unser eigenes, durch Ideen entfaltetes Wollen und Fühlen, das die Entwicklungsmöglichkeiten der Dinge, soweit sie auf seinem Wege liegen, in sich einbezieht; und das verhält sich nicht anders als mit der Kultur, die das Verhältnis des Menschen zu anderen und zu sich selbst formt: Sprache, Sitte, Religion, Recht. Insofern diese Werte als kulturell angesehen werden, unterscheiden wir sie von den Ausbildungsstufen der in ihnen lebendigen Energien, die sie sozusagen von sich aus erreichen können und die für den Kultivierungsprozeß ebenso nur Material sind, wie Holz und Metall, Pflanzen und Elektrizität. Indem wir die Dinge kultivieren, d. h. ihr Wertmaß über das durch ihren natürlichen Mechanismus uns geleistete hinaus steigern, kultivieren wir uns selbst: es ist der gleiche, von uns ausgehende und in uns zurückkehrende Werterhöhungsprozeß, der die Natur außer uns oder die Natur in uns ergreift. Die bildende Kunst zeigt diesen Kulturbegriff am reinsten, weil in der größten Spannung der Gegensätze. Denn hier scheint zunächst die Formung des Gegenstandes sich jener Einfügung in den Prozeß unserer Subjektivität völlig zu entziehen. Das Kunstwerk deutet uns doch grade den Sinn der Erscheinung selbst, liege ihm dieser nun in der Gestaltung der Räumlichkeit oder in den Beziehungen der Farben oder in der Seelenhaftigkeit, die so in wie hinter dem Sichtbaren lebt. Immer aber gilt es, den Dingen ihre Bedeutung und ihr Geheimnis abzuhören, um es in reinerer oder deutlicherer Gestalt, als zu der ihre natürliche Entwicklung es gebracht hat, darzustellen – nicht aber im Sinne chemischer oder physikalischer Technologie, die die Gesetzlichkeiten der Dinge erkundet, um sie in unsere außerhalb ihrer gelegenen Zweckreihen einzustellen; vielmehr der artistische Prozeß ist abgeschlossen, sobald er den Gegenstand zu dessen eigenster Bedeutung entwickelt hat. Tatsächlich ist hiermit dem bloß artistischen Ideal auch genügt, denn für dieses ist die Vollendung des Kunstwerkes als solchen ein objektiver Wert, völlig unabhängig von seinem Erfolge für unser subjektives Fühlen: das Stichwort des l'art pour l'art bezeichnet treffend die Selbstgenügsamkeit der rein künstlerischen Tendenz. Anders aber vom Standpunkte des Kulturideals. Das Wesentliche dieses ist eben, daß es die Eigenwertigkeit der ästhetischen, wissenschaftlichen, sittlichen, eudämonistischen, ja der religiösen Leistung aufhebt, um sie alle als Elemente oder Bausteine in die Entwicklung des menschlichen Wesens über seinen Naturzustand hinaus einzufügen; oder genauer: sie sind die Wegstrecken, die diese Entwicklung durchläuft. Freilich muß sie sich in jedem Augenblick auf einer dieser Strecken befinden; sie kann niemals ohne einen Inhalt rein formell und an sich selbst verlaufen; allein darum ist sie mit diesem Inhalt noch nicht identisch. Die Kulturinhalte bestehen aus jenen Gebilden, deren jedes einem autonomen Ideal untersteht, nun aber betrachtet unter dem Blickpunkt der von ihnen getragenen und durch sie hindurchbewegten Entwicklung unserer Kräfte über das Maß hinaus, das wir als das bloß natürliche ansehen. Indem der Mensch die Objekte kultiviert, schafft er sie sich zum Bilde: insofern die transnaturale Entfaltung ihrer Energien als Kulturprozeß gilt, ist sie nur die Sichtbarkeit oder der Körper für die gleiche Entfaltung unserer Energien.

Dieser Erörterung des allgemeinen Kulturbegriffs stelle ich nun ein besonderes Verhältnis innerhalb der gegenwärtigen Kultur gegenüber. Vergleicht man dieselbe etwa mit der Zeit vor hundert Jahren, so kann man – viele individuelle Ausnahmen vorbehalten – doch wohl sagen: die Dinge, die unser Leben sachlich erfüllen und umgeben, Geräte, Verkehrsmittel, die Produkte der Wissenschaft, der Technik, der Kunst – sind unsäglich kultiviert, aber die Kultur der Individuen, wenigstens in den höheren Ständen, ist keineswegs in demselben Verhältnis vorgeschritten, ja vielfach sogar zurückgegangen. Dies ist ein keines Einzelbeweises bedürftiges Verhältnis. Ich hebe darum nur weniges hervor. Die sprachlichen Ausdrucksmöglichkeiten haben sich, im Deutschen wie im Französischen, seit hundert Jahren außerordentlich bereichert und nuanciert; nicht nur die Sprache Goethes ist uns geschenkt, sondern es ist noch eine große Anzahl von Feinheiten, Abtönungen, Individualisierungen des Ausdrucks hinzugekommen. Dennoch, wenn man das Sprechen und Schreiben der einzelnen betrachtet, so wird es als ganzes immer inkorrekter, würdeloser und trivialer. Und inhaltlich: der Gesichtskreis, aus dem die Konversation ihre Gegenstände schöpft, hat sich objektiv, durch die vorgeschrittene Theorie und Praxis, in derselben Zeit erheblich erweitert; und doch scheint es, als ob die Unterhaltung, die gesellschaftliche wie auch die intimere und briefliche, jetzt viel flacher, uninteressanter und weniger ernsthaft wäre als am Ende des 18. Jahrhunderts. In diese Kategorie gehört es, daß die Maschine so viel geistvoller geworden ist als der Arbeiter. Wieviele Arbeiter, sogar unterhalb der eigentlichen Großindustrie, könnten denn heute die Maschine, an der sie zu tun haben, d. h. den in der Maschine investierten Geist, verstehen? Nicht anders liegt es in der militärischen Kultur. Was der einzelne Soldat zu leisten hat, ist im wesentlichen seit langem unverändert geblieben, ja, in manchem durch die moderne Art der Kriegführung herabgesetzt. Dagegen sind nicht nur die materiellen Werkzeuge derselben, sondern vor allem die jenseits aller Individuen stehende Organisation des Heeres unerhört verfeinert und zu einem wahren Triumph objektiver Kultur geworden. Und auf das Gebiet des rein Geistigen hinsehend – so operieren auch die kenntnisreichsten und nachdenkendsten Menschen mit einer immer wachsenden Zahl von Vorstellungen, Begriffen, Sätzen, deren genauen Sinn und Inhalt sie nur ganz unvollständig kennen. Die ungeheure Ausdehnung des objektiv vorliegenden Wissensstoffes gestattet, ja erzwingt den Gebrauch von Ausdrücken, die eigentlich wie verschlossene Gefäße von Hand zu Hand gehen, ohne daß der tatsächlich darin verdichtete Gedankengehalt sich für den einzelnen Gebraucher entfaltete. Wie unser äußeres Leben von immer mehr Gegenständen umgeben wird, deren objektiven, in ihrem Produktionsprozeß aufgewandten Geist wir nicht entfernt ausdenken, so ist unser geistiges Innen- und Verkehrsleben von symbolisch gewordenen Gebilden erfüllt, in denen eine umfassende Geistigkeit aufgespeichert ist – während der individuelle Geist davon nur ein Minimum auszunutzen pflegt. Diese Diskrepanz zwischen der objektiv gewordenen und der subjektiven Kultur scheint sich stetig zu erweitern. Täglich und von allen Seiten her wird der Schatz jener vermehrt, aber nur wie aus weiter Entfernung ihr folgend und in einer nur wenig zu steigernden Beschleunigung kann der individuelle Geist die Formen und Inhalte seiner Bildung erweitern.

Wie erklärt sich nun diese Erscheinung? Wenn alle Kultur der

Dinge, wie wir sahen, nur eine Kultur der Menschen ist, so daß nur wir uns ausbilden, indem wir die Dinge ausbilden – was bedeutet jene Entwicklung, Ausgestaltung, Vergeistigung der Objekte, die sich wie aus deren eigenen Kräften und Normen heraus vollzieht und ohne daß sich einzelne Seelen darin oder daran entsprechend entfalteten? Hierin liegt eine Steigerung des rätselhaften Verhältnisses vor, das überhaupt zwischen dem Leben und den Lebensprodukten der Gesellschaft einerseits und den fragmentarischen Daseinsinhalten der Individuen andrerseits besteht. In Sprache und Sitte, politischer Verfassung und Religionslehren, Literatur und Technik ist die Arbeit unzähliger Generationen niedergelegt, als gegenständlich gewordener Geist, von dem jeder nimmt, so viel wie er will oder kann, den aber überhaupt kein einzelner ausschöpfen könnte; zwischen dem Maß dieses Schatzes und dem des davon Genommenen bestehen die mannigfaltigsten und zufälligsten Verhältnisse, und die Geringfügigkeit oder Irrationalität der individuellen Anteile läßt den Gehalt und die Würde jenes Gattungsbesitzes so unberührt, wie irgendein körperliches Sein es von seinem einzelnen Wahrgenommen- oder Nichtwahrgenommenwerden bleibt. Wie sich der Inhalt und die Bedeutung eines vorliegenden Buches als solche indifferent zu seinem großen oder kleinen, verstehenden oder verständnislosen Leserkreise verhält, so steht auch jedes sonstige Kulturprodukt dem Kulturkreise gegenüber, zwar bereit, von jedem ergriffen zu werden, für diese Bereitheit aber immer nur eine sporadische Aufnahme findend. Diese verdichtete Geistesarbeit der Kulturgemeinschaft verhält sich also zu ihrer Lebendigkeit in den individuellen Geistern wie die weite Fülle der Möglichkeit zu der Begrenzung der Wirklichkeit. Das Verständnis der Daseinsart solcher objektiven Geistesinhalte fordert ihre Einstellung in eine eigenartige Organisation unserer weltauffassenden Kategorien. Innerhalb dieser wird dann auch das diskrepante Verhältnis der objektiven und der subjektiven Kultur, das unser eigentliches Problem bildet, seine Stelle finden.

Wenn der Platonische Mythus die Seele in ihrer Präexistenz das reine Wesen, die absolute Bedeutung der Dinge schauen läßt, so daß ihr späteres Wissen nur eine *Erinnerung* an jene Wahrheit sei, die gelegentlich sinnlicher Anregungen in ihr auftauche – so ist das nächste Motiv dafür freilich die Ratlosigkeit, wo denn unsere Erkenntnisse herstammen mögen, wenn man ihnen, wie Plato es tut, den Ursprung aus der Erfahrung verweigert. Allein über diese Gelegenheitsursache ihrer Entstehung hinweg ist in jener metaphysischen Spekulation ein erkenntnistheoretisches Verhalten unserer Seele tiefsinnig angedeutet. Mögen wir nämlich unser Erkennen als eine unmittelbare Wirkung äußerer Gegenstände ansehen, oder als einen rein inneren Vorgang, innerhalb dessen alles Außen eine immanente Form oder Verhältnis seelischer Elemente ist – immer empfinden wir unser Denken, insoweit es uns für wahr gilt, als die Erfüllung einer sachlichen Forderung, als das Nachzeichnen einer ideellen Vorzeichnung. Selbst wenn eine genaue Abspiegelung der Dinge, wie sie an sich sind, unser Vorstellen ausmachte, so würde *die* Einheit, Richtigkeit und Vollendung, der sich die Erkenntnis, ein Stück nach dem andern erobernd, ins unendliche nähert, doch nicht den Gegenständen selbst zukommen. Vielmehr, das Ideal unseres Erkennens würde immer nur ihr Inhalt *in der Form des Vorstellens* sein, denn auch der äußerste Realismus will nicht die Dinge, sondern die Erkenntnis der Dinge gewinnen. Wenn wir die Summe von Bruchstücken, die in jedem gegebenen Augenblick unseren Wissensschatz ausmacht, also im Hinblick auf die Entwicklung bezeichnen, zu der dieser strebt und an der sich jedes gegenwärtige Stadium in seiner Bedeutung mißt – so können wir das auch nur durch die Voraussetzung, die jener Platonischen Lehre zum Grunde liegt: daß es ein ideales Reich der theoretischen Werte, des vollendeten intellektuellen Sinnes und Zusammenhanges gibt, das weder mit den Objekten zusammenfällt – da diese ja eben erst seine *Objekte* sind – noch mit dem jeweilig erreichten, psychologisch wirklichen Erkennen. Dieses letztere vielmehr bringt sich erst allmählich und immer unvollkommen mit jenem, das alle überhaupt mögliche Wahrheit einschließt, zur Deckung, es *ist* wahr in dem Maße, in dem ihm das gelingt. Die Grundtatsache dieses Gefühles: daß unser Erkennen in jedem Augenblick der Teil eines nur ideell vorhandenen, aber uns zur psychischen Verwirklichung dargebotenen und sie fordernden Komplexes der Erkenntnisse ist – diese scheint für Plato bestanden zu haben; nur daß er sie als einen Abfall des wirklichen Erkennens von dem einstigen Besitz dieser Totalität ausdrückte, als ein Nicht-Mehr, was wir heute als ein Noch-Nicht auffassen müssen. Das Verhältnis selbst aber kann offenbar bei beiden Deutungen – wie sich ja die identische Summe sowohl durch Subtraktion von Höherem, wie durch Addition von Niedrigerem herstellen läßt – als das ganz gleich gefühlte zum Grunde liegen. Die eigentümliche Daseinsart dieses Erkenntnisideals, das unseren wirklichen Erkenntnissen als Norm oder Totalität gegenübersteht ist dieselbe, wie sie der Gesamtheit sittlicher Werte und Vorschriften, gegenüber dem tatsächlichen Handeln der Individuen, zukommt. Hier, auf dem ethischen Gebiet, ist uns das Bewußtsein geläufiger, daß unser Tun eine in sich gültige Norm vollständiger oder mangelhafter verwirklicht. Diese Norm – welche übrigens ihrem Inhalte nach für jeden Menschen und für jede Epoche seines Lebens verschieden sein mag – ist weder in Raum und Zeit auffindbar, noch fällt sie mit dem ethischen Bewußtsein zusammen, das sich vielmehr als von ihr abhängig empfindet. Und so ist dies schließlich die Formel unseres Lebens überhaupt, von der banalen Praxis des Tages bis zu den höchsten Gipfeln der Geistigkeit: in allem Wirken haben wir eine Norm, einen Maßstab, eine ideell vorgebildete Totalität über uns, die eben durch dies Wirken in die Form der Realität übergeführt wird – womit nicht nur das Einfache und Allgemeine gemeint ist, daß jedes Wollen durch irgendein Ideal gelenkt wird. Sondern es steht ein bestimmter, mehr oder weniger deutlicher Charakter unseres Handelns in Frage, der sich nur so ausdrücken läßt, daß wir mit diesem Handeln, gleichviel ob es seinem Werte nach etwa sehr kontra-ideal ist, eine irgendwie vorgezeichnete Möglichkeit, gleichsam ein ideelles Programm erfüllen. Unsere praktische Existenz, unzulänglich und fragmentarisch wie sie ist, erhält eine gewisse Bedeutsamkeit und Zusammenhang dadurch, daß sie sozusagen die Teilverwirklichung einer Ganzheit ist. Unser Handeln, ja unser gesamtes Sein, schönes wie häßliches, rechtes wie irrendes, großes wie kleinliches erscheint einem Schatze von Möglichkeiten entnommen, derart, daß es sich in jedem Augenblick zu seinem ideell bestimmten Inhalt verhält, wie das konkrete Einzelding zu seinem Begriff, der sein inneres Gesetz und logisches Wesen ausspricht, ohne in der Bedeutung dieses Inhalts von dem Ob, Wie und Wieoft seiner Verwirklichungen abhängig zu sein. Wir können uns das Erkennen gar nicht anders denken, als daß es diejenigen Vorstellungen innerhalb des Bewußtseins verwirkliche, die an der grade fraglichen Stelle sozusagen darauf gewartet haben. Daß wir unsere Erkenntnisse notwendige nennen, d. h. daß sie ihrem Inhalte nach nur in *einer* Weise da sein können, das ist doch nur ein andrer Ausdruck für die Bewußtseinstatsache, daß wir sie als psychische Realisierungen jenes ideell bereits feststehenden Inhaltes empfinden. Diese *eine* Weise bedeutet keineswegs, daß es für alle Mannigfaltigkeit der Geister nur *eine* Wahrheit gibt. Vielmehr: wenn auf der einen Seite ein bestimmt angelegter Intellekt, auf der anderen eine bestimmte Objektivität gegeben ist, so ist damit dasjenige, was gerade für diesen Geist »Wahrheit« ist, sachlich präformiert, wie es das Resultat einer Rechnung ist, wenn ihre Faktoren gegeben sind; bei jeder Änderung der mitgebrachten geistigen Struktur ändert sich der Inhalt dieser Wahrheit, ohne darum weniger objektiv und unabhängig von allem in diesem Geiste erfolgenden Bewußtwerden festzustehen. Die ganze unverbrüchliche Anweisung, die wir bestimmten Wissenstatsachen entnehmen, daß nun auch bestimmte andere angenommen werden müssen, bedeutet die Gelegenheitsursache, die jenes Wesen unserer Erkenntnisse sichtbar macht: jede einzelne dieser das Bewußtwerden von etwas, das innerhalb des sachlich determinierten Zusammenhanges der Erkenntnisinhalte bereits gültig und festgelegt ist. Von der psychologischen Seite endlich angesehen, gehört dies zu der Theorie, nach der alles Fürwahrhalten ein gewisses *Gefühl* ist, das Vorstellungsinhalte begleitet; was wir beweisen nennen, ist nichts als die Herbeiführung einer psychologischen Konstellation, auf die hin jenes Gefühl eintritt. Kein sinnliches Wahrnehmen oder logisches Folgen *ist* unmittelbar die Überzeugung von einer Wirklichkeit; sondern dies sind nur Bedingungen, die das übertheoretische Gefühl der Bejahung, der Zustimmung, oder wie man dieses eigentlich unbeschreibliche Wirklichkeitsgefühl nennen mag, hervorrufen. Dieses bildet das psychologische Vehikel zwischen den beiden erkenntnistheoretischen Kategorien: dem gültigen, durch seinen inneren Zusammenhang getragenen, jedem Element seine Stelle anweisenden inhaltlichen Sinn der Dinge und unserem Vorstellen ihrer, das ihre Wirklichkeit innerhalb eines Subjekts bedeutet.

Dieses allgemeine und grundlegende Verhältnis findet nun in dem zwischen dem vergegenständlichten Geist und Kultur und dem individuellen Subjekt eine Analogie in engeren Maßen. Wie wir unsere Lebensinhalte, erkenntnistheoretisch betrachtet, einem Reiche des sachlich Geltenden entnehmen, so beziehen wir, historisch angesehen, ihren überwiegenden Teil aus jenem Vorrat aufgespeicherter Geistesarbeit der Gattung; auch hier liegen präformierte Inhalte vor, der Verwirklichung in individuellen Geistern sich darbietend, aber auch jenseits solcher ihre Bestimmtheit festhaltend, die doch auch hier keineswegs die eines materiellen Gegenstandes ist; denn selbst wenn der Geist an Materien gebunden ist, wie in Geräten, Kunstwerken, Büchern, so fällt er doch nie mit dem zusammen, was an diesen Dingen sinnlich wahrnehmbar ist. Er wohnt ihnen in einer nicht weiter definierbaren potenziellen Form ein, aus der heraus ihn das individuelle Bewußtsein aktualisieren kann. Die objektive Kultur ist die historische Darstellung oder – vollkommenere oder unvollkommenere – Verdichtung jener sachlich gültigen Wahrheit, von der unsere Erkenntnis eine Nachzeichnung ist. Wenn wir sagen dürfen, das Gravitationsgesetz habe gegolten, bevor Newton es aussprach, so ruht das Gesetz als solches doch nicht in den realen Materienmassen, da es nur die Art bedeutet, in der sich deren Verhältnisse in einem bestimmt organisierten Geist darstellen, und da die Gültigkeit dieses Gesetzes gar nicht davon abhängt, daß es in der Wirklichkeit Materie gibt. Insofern also liegt es weder in den objektiven Dingen selbst noch in den subjektiven Geistern, sondern in jener Sphäre des objektiven Geistes, von der unser Wahrheitsbewußtsein einen Abschnitt nach dem andern zur Wirklichkeit in ihm verdichtet. Wenn dies nun aber an dem fraglichen Gesetze durch Newton vollbracht ist, so ist es in den objektiven historischen Geist eingerückt und seine ideelle Bedeutung innerhalb dieses ist nun wieder von seiner Wiederholung in einzelnen Individuen prinzipiell unabhängig.

Indem wir diese Kategorie des objektiven Geistes als der historischen Darstellung des gültigen Geistesgehaltes der Dinge überhaupt gewinnen, zeigt sich, wieso der Kulturprozeß, den wir als eine subjektive Entwicklung erkannten – die Kultur der Dinge als eine Kultur der Menschen – sich von seinem Inhalt trennen kann; dieser Inhalt nimmt, in jene Kategorie tretend, gleichsam einen anderen Aggregatzustand an, und damit ist die prinzipielle Grundlage für die Erscheinung geschaffen, die uns als gesonderte Entwicklung der sachlichen und der personalen Kultur entgegentrat. Mit der Vergegenständlichung des Geistes ist die Form gewonnen, die ein Konservieren und Aufhäufen der Bewußtseinsarbeit gestattet; sie ist die bedeutsamste und folgenreichste unter den historischen Kategorien der Menschheit. Denn sie macht zur geschichtlichen Tatsache, was als biologische so zweifelhaft ist: die Vererbung des Erworbenen. Wenn man es als den Vorzug des

Menschen den Tieren gegenüber bezeichnet hat, daß er Erbe und nicht bloß Nachkomme wäre, so ist die Vergegenständlichung des Geistes in Worten und Werken, Organisationen und Traditionen der Träger dieser Unterscheidung, die dem Menschen erst seine Welt, ja: eine Welt schenkt.

Ist dieser objektive Geist der geschichtlichen Gesellschaft nun ihr Kulturinhalt im weitesten Sinne, so mißt sich die praktische Kulturbedeutung seiner einzelnen Bestandteile dennoch an dem Umfang, in dem sie zu Entwicklungsmomenten der Individuen werden. Denn angenommen, jene Entdeckung Newtons stünde nur in einem Buch, von dem niemand weiß, so wäre sie zwar immer noch objektiv gewordener Geist und ein potenzieller Besitz der Gesellschaft, aber kein Kulturwert mehr. Da dieser extreme Fall in unzähligen Abstufungen auftreten kann, so ergibt sich unmittelbar, daß in einer größeren Gesellschaft immer nur ein gewisser Teil der objektiven Kulturwerte zu subjektiven werden wird. Betrachtet man die Gesellschaft als ein Ganzes, d. h. ordnet man die in ihr überhaupt objektiv werdende Geistigkeit in einen zeitlich-sachlichen Komplex, so ist die gesamte Kulturentwicklung, für die man so einen einheitlichen Träger fingiert hat, reicher an Inhalten, als die jedes ihrer Elemente. Denn die Leistung jedes Elementes steigt in jenen Gesamtbesitz auf, aber dieser nicht zu jedem Element hinab. Der ganze Stil des Lebens einer Gemeinschaft hängt von dem Verhältnis ab, in dem die objektiv gewordene Kultur zu der Kultur der Subjekte steht. Auf die Bedeutung der numerischen Bestimmtheiten habe ich schon hingedeutet. In einem kleinen Kreise von niedriger Kultur wird jenes Verhältnis nahezu eines der Deckung sein, die objektiven Kulturmöglichkeiten werden die subjektiven Kulturwirklichkeiten nicht weit überragen. Eine Steigerung des Kulturniveaus – insbesondere wenn es mit einer Vergrößerung des Kreises gleichzeitig ist – wird das Auseinanderfallen beider begünstigen: es war die unvergleichliche Situation Athens in seiner Blütezeit, daß es bei all seiner Kulturhöhe grade dies – außer etwa in bezug auf die höchsten philosophischen Bewegungen – zu vermeiden wußte. Aber die Größe des Kreises macht an und für sich das Auseinandertreten des subjektiven und des objektiven Faktors noch nicht verständlich. Es gilt vielmehr jetzt die konkreten, wirkenden Ursachen der letzteren Erscheinung aufzusuchen.

Will man diese und die Stärke ihres gegenwärtigen Auftretens in einen Begriff konzentrieren, so ist dieser: *Arbeitsteilung;* und zwar sowohl nach ihrer Bedeutung innerhalb der Produktion wie der Konsumtion. In ersterer Hinsicht ist oft genug hervorgehoben worden, wie die Vollendung des Produkts auf Kosten der Entwicklung des Produzenten zustande kommt. Die Steigerung der physisch-psychischen Energien und Geschicklichkeiten, die sich bei einseitiger Tätigkeit einstellt, pflegt für die einheitliche Gesamtpersönlichkeit wenig Nutzen abzuwerfen: sie läßt diese sogar vielfach verkümmern, indem sie ihr ein für die harmonische Gestaltung des Ich unentbehrliches Kraftquantum entsaugt, oder sie entwickelt sich in anderen Fällen wenigstens wie in Abschnürung von dem Kern der Persönlichkeit, als eine Provinz mit uneingeschränkter Autonomie, deren Erträge nicht der Zentralstelle zufließen. Die Erfahrung scheint zu zeigen, daß die innere Ganzheit des Ich sich im wesentlichen in Wechselwirkung mit der Geschlossenheit und Abrundung der Lebensaufgabe herstellt.

Wie uns die Einheit eines Objekts überhaupt so zustande kommt, daß wir die Art, wie wir unser »Ich« fühlen, in das Objekt hineintragen, es nach unserem Bilde formen, in welchem die Vielheit der Bestimmungen zu der Einheit des »Ich« zusammenwächst – so wirkt, im psychologisch-praktischen Sinne, die Einheit des Objekts, das wir schaffen, und ihr Mangel auf die entsprechende Formung unserer Persönlichkeit. Wo unsere Kraft nicht ein Ganzes hervorbringt, an dem sie sich nach der ihr eigentümlichen Einheit ausleben kann, da fehlt es an der eigentlichen Beziehung zwischen beiden, die inneren Tendenzen der Leistung ziehen sie zu den anderweitigen, mit ihr erst eine Totalität bildenden Leistungen anderer, auf den Produzenten aber weist sie nicht zurück. Infolge solcher, bei großer Spezialisierung eintretenden Inadäquatheit zwischen der Existenzform des Arbeiters und der seines Produktes löst sich das letztere so sehr leicht und gründlich von dem ersteren ab, sein Sinn strömt ihm nicht von dessen Seele zu, sondern von seinem Zusammenhang mit anderswoher stammenden Produkten, es fehlt ihm wegen seines fragmentarischen Charakters das Wesen der Seelenhaftigkeit, das sonst dem Arbeitsprodukt, sobald es ganz als Werk *eines* Menschen erscheint, so leicht angefühlt wird. So kann es seine Bedeutsamkeit weder als Spiegelung einer Subjektivität noch in dem Reflex suchen, den es als Ausdruck der schaffenden Seele in diese zurückwirft, sondern kann sie ausschließlich als objektive Leistung, in seiner Wendung vom Subjekt weg, finden. Dieser Zusammenhang zeigt sich nicht minder an seinem äußersten Gegensatz, dem Kunstwerk. Dessen Wesen widerstrebt völlig jene Aufteilung der Arbeit an eine Mehrzahl von Arbeitern, deren keiner für sich ein Ganzes leiste. Das Kunstwerk ist unter allem Menschenwerk die geschlossenste Einheit, die sich selbst genügendste Totalität – selbst den Staat nicht ausgenommen. Denn so sehr dieser, unter besonderen Umständen, mit sich selbst auskommen mag, so saugt er doch seine Elemente nicht so vollständig in sich ein, daß nicht ein jedes noch ein Sonderleben mit Sonderinteressen führte: immer nur mit einem Teile der Persönlichkeit, deren andere sich anderen Zentren zuwenden, sind wir dem Staate verwachsen. Die Kunst dagegen beläßt keinem aufgenommenen Element eine Bedeutung außerhalb des Rahmens, in den sie es einstellt, das einzelne Kunstwerk vernichtet den Vielsinn der Worte und der Töne, der Farben und der Formen, um nur ihre ihm zugewandte Seite für das Bewußtsein bestehen zu lassen. Diese Geschlossenheit des Kunstwerks aber bedeutet, daß eine subjektive Seeleneinheit in ihm zum Ausdruck kommt; das Kunstwerk fordert nur *einen* Menschen, diesen aber ganz und seiner zentralsten Innerlichkeit nach: es vergilt dies dadurch, daß seine Form ihm der reinste Spiegel und Ausdruck des Subjekts zu sein gestattet. Die völlige Ablehnung der Arbeitsteilung ist so Ursache wie Symptom des Zusammenhanges, der zwischen der in sich fertigen Totalität des Werkes und der seelischen Einheit besteht. Umgekehrt, wo jene herrscht, bewirkt sie eine Inkommensurabilität der Leistung mit dem Leistenden, dieser erblickt sich nicht mehr in seinem Tun, das eine allem Persönlich-Seelischen so unähnliche Form darbietet und nur als eine ganz einseitig ausgebildete Partialität unseres Wesens erscheint, gleichgültig gegen die einheitliche Ganzheit desselben. Die stark arbeitsteilige, mit dem Bewußtsein dieses Charakters vollbrachte Leistung drängt also schon von sich aus in die Kategorie der Objektivität, die Betrachtung und Wirkung ihrer als einer rein sachlichen und anonymen wird für den Arbeitenden selbst immer plausibler, der sie nicht mehr in die Wurzel seines Gesamtlebenssystems hinabreichen fühlt.

Ich erwähnte eben, daß das sehr spezialisierte Produkt sich schon seinem Begriffe nach anderen zuwendet, im Zusammenhange mit denen es erst seine eigene Bedeutung findet. Darin liegt also, daß die Einheit, die das vollendete Werk besitzt und die wir an seinen einzelnen arbeitsteiligen Elementen vermißten, nur in dem Zusammen aller Elemente besteht, das schlechthin objektiv ist. Denn die aus dem personalen Subjekt quellende Einheit ist dem Gesamtwerke, zu dem die Subjekte nur die Einzelbeiträge leisten, versagt. Wie einzelne Qualitäten und Energien, rein sachlich bestimmt und jede in den verschiedenartigsten Kombinationen auffindbar, durch ihr Verschmelzen und Wechselwirken die rätselhafte Einheit der Individualseele ergeben, so stellt sich umgekehrt aus der Summe differenzierter personaler Leistungen oft ein Ganzes her, das als Ganzes objektiver Natur ist. Auch hier bindet das Geheimnis der Form die Elemente zu einer Einheit zusammen, deren Wesen von dem der einzelnen Elemente selbst völlig verschieden ist. Das gilt nicht weniger für wissenschaftliche wie für staatliche wie für industrielle Leistungen. So sehr jedes Teilquantum einer jeden von diesen einem Subjekt entstammt, so liegt seine Fähigkeit, als Teil eines Ganzen zu wirken, doch über diese subjektive Genesis hinaus, und sobald deshalb jene Fähigkeit verwirklicht ist, verschwindet insoweit die Hinweisung auf die Subjektivität. Man kann sagen: je vollständiger ein Ganzes aus subjektiven Beiträgen den Teil in sich einsaugt, je mehr es der Charakter jedes Teiles ist, wirklich nur als Teil dieses Ganzen zu gelten und zu wirken, desto objektiver ist das Ganze, desto mehr lebt es ein Leben jenseits aller Subjekte, die es produzierten.

Endlich wirkt der Prozeß, den man als Trennung des Arbeiters von seinem Arbeitsmittel bezeichnet und der doch auch eine Arbeitsteilung ist, ersichtlich im gleichen Sinn. Indem es jetzt die Funktion des Kapitalisten ist, die Arbeitsmittel zu erwerben, zu organisieren, auszuteilen, haben diese letzteren für den Arbeiter eine ganz andere Objektivität, als sie für denjenigen haben müssen, der am eigenen Material und mit eigenen Werkzeugen arbeitet. Diese kapitalistische Differenzierung trennt die subjektiven und die objektiven Bedingungen der Arbeit gründlich voneinander – eine Trennung, zu der, als beide noch in einer Hand vereinigt waren, gar keine psychologische Veranlassung vorlag. Indem die Arbeit selbst und ihr unmittelbarer Gegenstand *verschiedenen* Personen zugehören, muß sich für das Bewußtsein des Arbeiters der objektive Charakter dieser Gegenstände außerordentlich scharf betonen, um so schärfer, als die Arbeit und ihre Materie doch andrerseits wieder eine Einheit sind und so grade ihr nahes Aneinander ihre jetzigen Gegenrichtungen am fühlbarsten machen muß. Und das findet seine Fortsetzung und Gegenbild darin, daß außer dem Arbeitsmittel auch noch die Arbeit selbst sich von dem Arbeiter trennt: denn dies ist die Bedeutung der Erscheinung, die man damit bezeichnet, daß die Arbeitskraft eine Ware geworden ist. Wo der Arbeiter an eigenem Material schafft, verbleibt seine Arbeit innerhalb des Umkreises seiner Persönlichkeit, und erst das vollendete Werk verläßt denselben beim Verkauf. Mangels der Möglichkeit indes, seine Arbeit in dieser Weise zu verwerten, stellt er sie für einen Marktpreis in die Verfügung eines anderen, trennt sich also von ihr von dem Augenblick an, wo sie ihre Quelle verläßt. Daß sie nun Charakter, Bewertungsweise, Entwicklungsschicksale mit allen Waren überhaupt teilt, das bedeutet eben, daß sie dem Arbeiter selbst gegenüber etwas Objektives geworden ist, etwas, das er nicht nur nicht mehr *ist*, sondern eigentlich auch nicht mehr *hat*. Denn sobald eine potentielle Arbeitsmenge sich in wirkliches Arbeiten umsetzt, gehört nicht mehr sie, sondern ihr Geldäquivalent ihm, während sie selbst einem anderen oder genauer: einer objektiven Arbeitsorganisation zugehört. Das Ware-Werden der Arbeit ist also auch nur eine Seite des weitausgreifenden Differenzierungsprozesses, der aus der Persönlichkeit ihre einzelnen Inhalte herauslöst, um sie ihr als Objekte, mit selbständiger Bestimmtheit und Bewegung, gegenüberzustellen. Schließlich zeigt sich das Ergebnis dieses Schicksals der Arbeitsmittel und Arbeitskraft an ihrem Produkt. Daß das Arbeitsprodukt der kapitalistischen Epoche ein Objekt mit entschiedenem Fürsichsein, eigenen Bewegungsgesetzen, dem herstellenden Subjekt selbst fremdem Charakter ist, wird da zur eindringlichsten Vorstellung werden, wo der Arbeiter genötigt ist, sein eigenes Arbeitsprodukt, wenn er es haben will, zu *kaufen*. – Dies ist nun ein allgemeines Schema der Entwicklung, das weit über den Lohnarbeiter hinaus gilt. Die ungeheure Arbeitsteilung z. B. in der Wissenschaft bewirkt es, daß nur äußerst wenige Forscher sich die Vorbedingungen ihrer Arbeit selbst beschaffen können; unzählige Tatsachen und Methoden muß man einfach als objektives Material von außen aufnehmen, ein geistiges Eigentum anderer, an dem sich die eigene Arbeit vollzieht. Ich erinnere für das Gebiet der Technik daran, daß noch am Anfang des Jahrhunderts, als insbesondere in der Textil- und Eisenindustrie die großartigsten Erfindungen rasch aufeinander folgten, die Erfinder nicht nur die Maschinen, die sie ersannen, eigenhändig und ohne

Beihilfe anderer Maschinen herstellen, sondern meistens noch vorher die dazu erforderlichen Werkzeuge selbst ausdenken und anfertigen mußten. Den jetzigen Zustand in der Wissenschaft kann man als eine Trennung des Arbeiters von seinen Arbeitsmitteln im weiteren Sinne bezeichnen, und jedenfalls in dem hier fraglichen. Denn in dem eigentlichen Prozeß der wissenschaftlichen Produktion scheidet sich nun doch ein dem Produzenten gegenüber objektives Material von dem subjektiven Prozeß seiner Arbeit. Je undifferenzierter der Wissenschaftsbetrieb noch war, je mehr der Forscher alle Voraussetzungen und Materialien seiner Arbeit persönlich erarbeiten mußte, desto weniger bestand für ihn der Gegensatz seiner subjektiven Leistung und einer Welt objektiv feststehender wissenschaftlicher Gegebenheiten. Und auch hier erstreckt sich dieser in das Produkt der Arbeit hinein: auch das Ergebnis selbst, so sehr es als solches die Frucht subjektiven Bemühens ist, muß um so eher in die Kategorie einer objektiven, von dem Produzenten unabhängigen Tatsache aufsteigen, je mehr Arbeitsprodukte anderer schon von vornherein in ihm zusammengebracht und wirksam sind. Darum sehen wir auch, daß in der Wissenschaft der geringsten Arbeitsteilung, der Philosophie – insbesondere in ihrem metaphysischen Sinne – einerseits das aufgenommene objektive Material eine durchaus sekundäre Rolle spielt, andrerseits das Produkt sich am wenigsten von seinem subjektiven Ursprung gelöst hat und ganz als Leistung dieser einen Persönlichkeit auftritt.

Wenn so die Arbeitsteilung – die ich hier in ihrem weitesten Sinne, die Produktionsteilung wie die Arbeitszerlegung wie die Spezialisation einschließend verstehe – die schaffende Persönlichkeit von dem geschaffenen Werk abtrennt und dies letztere eine objektive Selbständigkeit gewinnen läßt, so stellt sich Verwandtes in dem Verhältnis der arbeitsteiligen Produktion zum Konsumenten ein. Hier handelt es sich um die Herleitung innerer Folgen aus allbekannten äußeren Tatsachen. Die Kundenarbeit, die das mittelalterliche Handwerk beherrschte und erst im letzten Jahrhundert ihren rapidesten Rückgang erfahren hat, beließ dem Konsumenten ein persönliches Verhältnis zur Ware: da sie speziell für ihn bereitet war, sozusagen eine Wechselwirkung zwischen ihm und dem Produzenten darstellte, so gehörte sie, in einigermaßen ähnlicher Wiese wie diesem, innerlich auch ihm zu. Wie man den schneidenden Gegensatz von Subjekt und Objekt in der Theorie dadurch versöhnt hat, daß man dieses in jenem als seine Vorstellung bestehen ließ, so kommt der gleiche Gegensatz in der Praxis nicht zur Entfaltung, solange das Objekt entweder nur durch *ein* Subjekt, oder um *eines* Subjektes willen entsteht. Indem die Arbeitsteilung die Kundenproduktion zerstört – schon weil der Abnehmer sich wohl mit einem Produzenten, aber nicht mit einem Dutzend Teilarbeiter in Verbindung setzen kann – verschwindet die subjektive Färbung des Produkts auch nach der Seite des Konsumenten hin, denn es entsteht nun unabhängig von ihm, die Ware ist nun eine objektive Gegebenheit, an die er von außen herantritt und die ihr Dasein und Sosein ihm gleichsam als etwas Autonomes gegenüberstellt. Der Unterschied z. B. zwischen dem modernen, auf die äußerste Spezialisierung gebauten Kleidermagazin und der Arbeit des Schneiders, den man ins Haus nahm, charakterisiert aufs schärfste die gewachsene Objektivität des wirtschaftlichen Kosmos, seine überpersönliche Selbständigkeit im Verhältnis zum konsumierenden Subjekt, mit dem er ursprünglich verwachsen war.

Mit dieser dem Abnehmer gegenüber bestehenden Autonomie der Produktion hängt eine Erscheinung der Arbeitsteilung zusammen, die jetzt ebenso alltäglich, wie in ihrer Bedeutung wenig erkannt ist. Von den früheren Gestaltungen der Produktion her herrscht im ganzen die einfache Vorstellung, daß die niederen Schichten der Gesellschaft für die höheren arbeiten; daß die Pflanzen vom Boden, die Tiere von den Pflanzen, der Mensch von den Tieren lebt, das wiederhole sich, mit moralischem Recht oder Unrecht, im Bau der Gesellschaft: je höher die Individuen sozial und geistig stehen, desto mehr gründet sich ihre Existenz auf der Arbeit der tieferstehenden, die sie ihrerseits nicht mit Arbeit für diese, sondern nur mit Geld vergelten. Diese Vorstellung ist nun ganz unzutreffend, seit die Bedürfnisse der unteren Massen durch den Großbetrieb gedeckt werden, der unzählige wissenschaftliche, technische, organisatorische Energien oberster Stufen in seinen Dienst gestellt hat. Der große Chemiker, der in seinem Laboratorium über Darstellung der Teerfarben sinnt, arbeitet für die Bäuerin, die beim Krämer sich das bunteste Halstuch aussucht; wenn der Großkaufmann in weltumspannenden Spekulationen amerikanisches Getreide in Deutschland importiert, so ist er der Diener des ärmsten Proletariers; der Betrieb einer Baumwollspinnerei, in der Intelligenzen hohen Ranges tätig sind, ist von Abnehmern in der tiefsten sozialen Schicht abhängig. Diese Rückläufigkeit der Dienste, in der die niederen Klassen die Arbeit der höheren für sich kaufen, liegt jetzt schon in unzählbaren, unser ganzes Kulturleben bestimmenden Beispielen vor. Möglich aber ist diese Erscheinung nur durch die Objektivierung, die die Produktion sowohl dem produzierenden wie dem konsumierenden Subjekt gegenüber ergriffen hat und durch die sie jenseits der sozialen oder sonstigen Unterschiede dieser beiden steht. Dies Indienstnehmen der höchsten Kulturproduzenten seitens der niedrigstehenden Konsumenten bedeutet eben, daß kein Verhältnis zwischen ihnen besteht, sondern daß ein Objekt zwischen sie geschoben ist, an dessen einer Seite gleichsam die einen arbeiten, während die anderen von der anderen her es konsumieren, und das beide trennt, indem es sie verbindet. Die Grundtatsache selbst ist ersichtlich eine Arbeitsteilung: die Technik der Produktion ist so spezialisiert, daß die Handhabung ihrer verschiedenen Teile nicht nur an immer mehr, sondern auch an immer verschiedenere Personen übergeht – bis es eben schließlich dahin kommt, daß ein Teil der Arbeit an den niedrigsten Bedürfnisartikeln von den höchststehenden Individuen geleistet wird, grade wie umgekehrt, in ganz entsprechender Objektivierung, die maschinentechnische Arbeitszerlegung bewirkt, daß an den raffiniertesten Produkten der höchsten Kultur die rohesten Hände mitarbeiten (man denke etwa an eine heutige Druckerei im Unterschied gegen die Herstellung der Bücher vor Erfindung der Buchdruckerkunst!). An dieser Umkehrung des für typisch geltenden Verhältnisses zwischen oberen und tieferen Gesellschaftsschichten tritt also aufs klarste heraus: die Arbeitsteilung bewirkt, daß jene für diese arbeiten, die Form aber, in der dies allein geschehen kann, ist das völlige Objektivwerden der Produktionsleistung selbst, sowohl den einen wie den anderen als Subjekten gegenüber. Jene Umkehrung ist nichts als eine äußerste Konsequenz des Zusammenhanges, der zwischen der Arbeitsteilung und der Objektivierung der Kulturinhalte besteht.

Hat bis hierher die Arbeitsteilung als eine Spezialisierung der persönlichen Tätigkeiten gegolten, so wirkt die Spezialisierung, der Gegenstände selbst nicht weniger dazu, sie in jene Distanz zu den Subjekten zu stellen, die als Selbständigkeit des Objekts erscheint, als Unfähigkeit des Subjekts, jenes sich zu assimilieren und seinem eigenen Rhythmus zu unterwerfen. Dies gilt zunächst für die Arbeitsmittel. Je mehr diese differenziert, aus einer Vielheit spezialisierter Teile zusammengesetzt sind, desto weniger kann die Persönlichkeit des Arbeitenden sich durch sie hindurch ausdrücken, desto weniger ist seine Hand im Produkte zu erkennen. Die Werkzeuge, mit denen die Kunst arbeitet, sind relativ ganz undifferenziert und geben deshalb der Persönlichkeit den weitesten Spielraum, sich mittels ihrer zu entfalten; sie stellen sich ihr nicht gegenüber wie die industrielle Maschine, die durch ihre spezialistische Komplikation selbst gleichsam die Form personaler Festigkeit und Umschriebenheit hat, so daß der Arbeiter sie nicht mehr wie jene, an sich unbestimmteren, mit seiner Persönlichkeit durchdringen kann. Die Werkzeuge des Bildhauers sind seit Jahrtausenden nicht aus ihrer völligen Unspezialisiertheit heraus weiter entwickelt worden, und wo dies bei einem Kunstmittel allerdings und so entschieden geschehen ist wie bei dem Klavier, da ist sein Charakter auch ein sehr objektiver, einer der schon viel zu viel für sich ist und deshalb dem Ausdruck der Subjektivität eine viel härtere Schranke setzt als z. B. die an sich technisch viel weniger differenzierte Geige. Der automatische Charakter der modernen Maschine ist der Erfolg einer weit getriebenen Zerlegung und Spezialisierung von Stoffen und Kräften, grade wie der gleiche Charakter einer ausgebildeten Staatsverwaltung sich nur auf Grund einer raffinierten Arbeitsteilung unter ihren Trägern erheben kann. Indem die Maschine aber zur Totalität wird, einen immer größeren Teil der Arbeit auf sich nimmt, steht sie ebenso dem Arbeiter als eine autonome Macht gegenüber, wie er ihr gegenüber nicht als individualisierte Persönlichkeit, sondern nur als Ausführer einer sachlich vorgeschriebenen Leistung wirkt. Man vergleiche etwa den Arbeiter in der Schuhfabrik mit dem Kundenschuhmacher, um zu sehen, wie sehr die Spezialisierung des Werkzeugs die Wirksamkeit der persönlichen Qualitäten, hoch- wie minderwertiger, lähmt und Objekt und Subjekt als von einander ihrem Wesen nach unabhängige Potenzen sich entwickeln läßt. Während das undifferenzierte Werkzeug wirklich eine bloße Fortsetzung des Arms ist, steigt überhaupt erst das spezialisierte in die reine Kategorie des Objekts auf. In sehr bezeichnender und auf der Hand liegender Weise vollzieht sich dieser Prozeß auch an den Kriegswerkzeugen; seinen Gipfel bildet dann das spezialisierteste und als Maschine vollkommenste, das Kriegsschiff: an ihm ist die Objektivierung so weit vorgeschritten, daß in einem modernen Seekrieg überhaupt kaum noch ein andrer Faktor entscheidet als das bloße Zahlenverhältnis der Schiffe gleicher Qualität!

Der Objektivierungsprozeß der Kulturinhalte, der, von der Spezialisation dieser getragen, zwischen dem Subjekt und seinen Geschöpfen eine immer wachsende Fremdheit stiftet, steigt nun endlich in die Intimitäten des täglichen Lebens hinunter. Die Wohnungseinrichtungen, die Gegenstände, die uns zu Gebrauch und Zierde umgeben, waren noch in den ersten Jahrzehnten des 19. Jahrhunderts, von den Bedürfnissen der unteren bis zu denen der Schichten der höchsten Bildung hinauf, von relativ großer Einfachheit und Dauerhaftigkeit. Hierdurch entstand jenes »Verwachsen« der Persönlichkeiten mit Gegenständen ihrer Umgebung, das der jüngeren Generation heute als eine Wunderlichkeit der Großeltern erscheint. Diesen Zustand hat die Differenzierung der Objekte nach drei verschiedenen Dimensionen hin, und immer mit dem gleichen Erfolge unterbrochen. Zunächst ist es schon die bloße Vielheit sehr spezifisch gestalteter Gegenstände, die ein enges, sozusagen persönliches Verhältnis zu den einzelnen erschwert: wenige und einfache Gerätschaften sind der Persönlichkeit leichter assimilierbar, während eine Fülle von Mannigfaltigkeiten dem Ich gegenüber gleichsam Partei bildet; das findet seinen Ausdruck in der Klage der Hausfrauen, daß die Pflege der Wohnungsausstattung einen förmlichen Fetischdienst fordere, und in dem gelegentlich hervorbrechenden Haß tieferer und ernsterer Naturen gegen die zahllosen Einzelheiten, mit denen wir unser Leben behängen. Der erstere Fall ist deshalb kulturell so bezeichnend, weil die sorgende und erhaltende Tätigkeit der Hausfrau früher umfänglicher und anstrengender war als jetzt. Allein zu jenem Gefühl der Unfreiheit den Objekten gegenüber kam es nicht, weil sie der Persönlichkeit enger verbunden waren. Die wenigeren, undifferenzierteren Gegenstände konnte diese eher mit sich durchdringen, sie setzten ihr nicht die Selbständigkeit entgegen wie ein Haufen spezialisierter Dinge. Diese erst, wenn wir ihnen dienen sollen, empfinden wir als eine feindliche Macht. Wie Freiheit nichts Negatives ist, sondern die positive Erstreckung des Ich über ihm nachgebende Objekte, so ist umgekehrt Objekt für uns nur dasjenige, woran unsere Freiheit erlahmt, d. h. wozu wir in Beziehung stehen, ohne es doch unserem Ich assimilieren zu können. Das Gefühl, von den Äußerlichkeiten erdrückt zu werden, mit denen das moderne Leben uns umgibt, ist nicht nur die Folge, sondern auch die Ursache davon, daß sie uns als autonome Objekte gegenübertreten. Das Peinliche ist, daß diese vielfachen, umdrängenden Dinge uns im Grunde eben gleichgültig sind, und zwar aus den spezifisch geldwirtschaftlichen Gründen der unpersönlichen Genesis und der leichten Ersetzbarkeit. Daß die Großindustrie den sozialistischen Gedanken nährt, beruht nicht nur auf den Verhältnissen ihrer Arbeiter, sondern auch auf der objektiven Beschaffenheit ihrer Produkte: der moderne Mensch ist von lauter so unpersönlichen Dingen umgeben, daß ihm die Vorstellung einer überhaupt anti-individuellen Lebensordnung immer näher kommen muß – freilich auch die Opposition dagegen. Die Kulturobjekte erwachsen immer mehr zu einer in sich zusammenhängenden Welt, die an immer wenigeren Punkten auf die subjektive Seele mit ihrem Wollen und Fühlen hinuntergreift. Und dieser Zusammenhang wird von einer gewissen Selbstbeweglichkeit der Objekte getragen. Man hat hervorgehoben, daß der Kaufmann, der Handwerker, der Gelehrte heute weit weniger beweglich ist, als etwa in der Reformationszeit. Materielle wie geistige Objekte bewegen sich jetzt eben selbständig, ohne personalen Träger oder Transporteur. Dinge und Menschen sind auseinandergetreten. Der Gedanke, die Arbeitsmühe, die Geschicklichkeit haben durch ihre steigende Investierung in objektiven Gebilden, Büchern und Waren die Möglichkeit einer Eigenbewegung erhalten, für die der moderne Fortschritt in Transportmitteln nur die Verwirklichung oder der Ausdruck ist. Durch ihre eigene impersonale Beweglichkeit erst vollendet sich die Differenzierung der Objekte vom Menschen zu selbstgenügsamem Zusammenschluß. Das restlose Beispiel für diesen mechanischen Charakter der modernen Wirtschaft ist der Warenautomat; mit ihm wird nun auch aus dem Detailverkauf, in dem noch am längsten der Umsatz durch Beziehung von Person zu Person getragen worden ist, die menschliche Vermittlung völlig ausgeschaltet und das Geldäquivalent maschinenartig in die Ware umgesetzt. Auf anderer Stufe wird dasselbe Prinzip auch schon in dem Fünfzig-Pfennig-Bazar und ähnlichen Geschäften wirksam, in denen der wirtschaftspsychologische Prozeß nicht von der Ware zum Preis, sondern vom Preis zur Ware geht. Denn hier werden durch die apriorische Preisgleichheit sämtlicher Gegenstände vielerlei Überlegungen und Abwägungen des Käufers, vielerlei Bemühungen und Explikationen des Verkäufers wegfallen und so der wirtschaftliche Akt seine personalen Instanzen sehr schnell und gegen sie indifferent durchlaufen.

Auf den gleichen Erfolg wie diese Differenzierung im Nebeneinander, führt die im Nacheinander. Der Wechsel der Mode unterbricht jenen inneren Aneignungs- und Einwurzelungsprozeß zwischen Subjekt und Objekt, der es zur Diskrepanz beider nicht kommen läßt. Die Mode ist eines jener gesellschaftlichen Gebilde, die den Reiz von Unterschied und Abwechslung mit dem von Gleichheit und Zusammenschluß in einer besonderen Proportion vereinen. Jede Mode ist ihrem Wesen nach Klassenmode, d. h. sie bezeichnet jedesmal eine Gesellschaftsschicht, die sich durch die Gleichheit ihrer Erscheinung ebensowohl nach innen einheitlich zusammenschließt wie nach außen gegen andere Stände abschließt. Sobald nun die untere Schicht, die es der oberen nachzutun sucht, ihrerseits die neue Mode aufgenommen hat, wird sie von der letzteren verlassen und eine neue kreiert. Deshalb hat es freilich wohl überall Moden gegeben, wo soziale Unterschiede sich einen Ausdruck in der Sichtbarkeit gesucht haben. Allein die soziale Bewegung seit hundert Jahren hat ihr ein ganz besonderes Tempo verliehen. Und zwar einerseits durch das Flüssigwerden der klassenmäßigen Schranken und das vielfache individuelle, manchmal auch ganze Gruppen umfassende Aufsteigen von einer Schicht in die höhere, andrerseits durch die Vorherrschaft des dritten Standes. Der erstere Umstand bewirkt, daß die Moden der in dieser Hinsicht führenden Schichten äußerst schnell wechseln müssen, denn das Nachdrängen der unteren, das der bestehenden Mode ihren Sinn und Reiz raubt, erfolgt jetzt sehr bald. Das zweite Moment wird dadurch wirksam, daß der Mittelstand und die städtische Bevölkerung, im Gegensatz zu dem Konservativismus der höchsten und der bäurischen Stände, der der eigentlichen Variabilität ist. Unruhige, nach Abwechslung drängende Klassen und Individuen finden in der Mode, der Wechsel- und Gegensatzform des Lebens, das Tempo ihrer eignen psychischen Bewegungen wieder. Wenn die heutigen Moden lange nicht so extravagant und kostspielig sind, wie die früherer Jahrhunderte, dafür aber sehr viel kürzere Lebensdauer haben, so liegt dies daran, daß sie viel weitere Kreise in ihren Bann ziehen, daß es den Tieferstehenden jetzt sehr viel leichter gemacht werden muß, sie sich anzueignen, und daß ihr eigentlicher Sitz der wohlhabende Bürgerstand geworden ist. Der Erfolg dieses Umsichgreifens der Mode, sowohl in Hinsicht der Breite wie ihres Tempos, ist, daß sie als eine selbständige Bewegung erscheint, als eine objektive, durch eigne Kräfte entwickelte Macht, die ihren Weg unabhängig von jedem Einzelnen geht. So lange die Moden – und es handelt sich hier keineswegs nur um Kleidermoden – noch relativ längere Zeit dauerten und relativ enge Kreise zusammenhielten, mochte es zu einem sozusagen persönlichen Verhältnis zwischen dem Subjekt und den einzelnen Inhalten der Mode kommen. Die Schnelligkeit ihres Wechsels – also ihre Differenzierung im Nacheinander – und der Umfang ihrer Verbreitung lösen diesen Konnex, und wie es mit manchen anderen sozialen Palladien in der Neuzeit geht, so auch hier: die Mode ist weniger auf den einzelnen, der einzelne weniger auf die Mode angewiesen, ihre Inhalte entwickeln sich wie eine evolutionistische Welt für sich.

Wenn so die Differenzierung allverbreiteter Kulturinhalte nach den formalen Seiten des Neben- und Nacheinander sie zu einer selbständigen Objektivität zu gestalten hilft, so will ich nun, drittens, von den inhaltlich in diesem Sinne wirksamen Momenten ein einzelnes anführen. Ich meine die Vielheit der Stile, mit denen die täglich anschaubaren Objekte uns entgegentreten – vom Häuserbau bis zu Buchausstattungen, von Bildwerken bis zu Gartenanlagen und Zimmereinrichtungen, in denen Renaissance und Japonismus, Barock und Empire, Präraffaelitentum und realistische Zweckmäßigkeit sich nebeneinander anbauen. Dies ist der Erfolg der Ausbreitung unseres historischen Wissens, welche nun wieder in Wechselwirkung mit jener hervorgehobenen Variabilität des modernen Menschen steht. Zu allem historischen Verständnis gehört eine Biegsamkeit der Seele, eine Fähigkeit, sich in die von dem eignen Zustand abweichendsten seelischen Verfassungen hineinzufühlen und sie in sich nachzuformen – denn alle Geschichte, mag sie noch so sehr von Sichtbarkeiten handeln, hat Sinn und Verstandenwerden nur als Geschichte zum Grunde liegender Interessen, Gefühle, Strebungen: selbst der historische Materialismus ist nichts als eine psychologische Hypothese. Damit einem der Inhalt der Geschichte zum Eigentum werde, bedarf es deshalb einer Bildsamkeit, Nachbildsamkeit der auffassenden Seele, einer innerlichen Sublimierung der Variabilität. Die historisierenden Neigungen unseres Jahrhunderts, seine unvergleichliche Fähigkeit, das Fernliegendste – im zeitlichen wie im räumlichen Sinne – zu reproduzieren und lebendig zu machen, ist nur die Innenseite der allgemeinen Steigerung seiner Anpassungsfähigkeit und ausgreifenden Beweglichkeit. Daher die verwirrende Mannigfaltigkeit der Stile, die von unserer Kultur aufgenommen, dargestellt, nachgefühlt werden. Wenn nun jeder Stil wie eine Sprache für sich ist, die besondere Laute, besondere Flexionen, eine besondere Syntax hat, um das Leben auszudrücken, so tritt er unserem Bewußtsein offenbar so lange nicht als eine autonome Potenz, die ein eignes Leben lebt, entgegen, als wir nur einen einzigen Stil kennen, in dem wir uns und unsere Umgebung gestalten. Niemand empfindet an seiner Muttersprache, solange er sie unbefangen redet, eine objektive Gesetzmäßigkeit, an die er sich wie an ein Jenseits seines Subjekts zu wenden hat, um von ihr die nach unabhängigen Normen geprägte Ausdrucksmöglichkeit für seine Innerlichkeit zu entlehnen. Vielmehr, Ausgedrücktes und Ausdruck sind in diesem Fall unmittelbar eines, und als ein selbständiges, uns gegenüberstehendes Sein empfinden wir nicht nur die Muttersprache, sondern die Sprache überhaupt erst, wenn wir fremde Sprachen kennenlernen. So werden Menschen eines ganz einheitlichen, ihr ganzes Leben umschließenden Stiles denselben auch in fragloser Einheit mit den *Inhalten* desselben vorstellen. Da sich alles, was sie bilden oder anschauen, ganz selbstverständlich in ihm ausdrückt, so liegt gar keine psychologische Veranlassung vor, ihn von den Stoffen dieses Bildens und Anschauens gedanklich zu trennen und als ein Gebilde eigner Provenienz dem Ich gegenüber zu stellen. Erst eine Mehrheit der gebotenen Stile wird den einzelnen von seinem Inhalt lösen, derart, daß seiner Selbständigkeit und von uns unabhängigen Bedeutsamkeit unsere Freiheit, ihn oder einen anderen zu wählen, gegenübersteht. Durch die Differenzierung der Stile wird jeder einzelne und damit der Stil überhaupt zu etwas objektivem, dessen Gültigkeit vom Subjekte und dessen Interessen, Wirksamkeiten, Gefallen oder Mißfallen unabhängig ist. Daß die sämtlichen Anschauungsinhalte unseres Kulturlebens in eine Vielheit von Stilen auseinandergegangen sind, löst jenes ursprüngliche Verhältnis zu ihnen, in dem Subjekt und Objekt noch gleichsam ungeschieden ruhen, und stellt uns einer Welt nach eignen Normen entwickelter Ausdrucksmöglichkeiten, der Formen, das Leben überhaupt auszudrücken, gegenüber, so daß eben diese Formen einerseits und unser Subjekt andrerseits wie zwei Parteien sind, zwischen denen ein rein zufälliges Verhältnis von Berührungen, Harmonien und

Disharmonien herrscht.

Dies ist also ungefähr der Umkreis, in dem Arbeitsteilung und Spezialisation, persönlichen wie sachlichen Sinnes, den großen Objektivationsprozeß der modernsten Kultur tragen. Aus all diesen Erscheinungen setzt sich das Gesamtbild zusammen, in dem der Kulturinhalt immer mehr und immer gewußter *objektiver* Geist wird, gegenüber nicht nur denen, die ihn aufnehmen, sondern auch denen, die ihn produzieren. In dem Maß, in dem diese Objektivation vorschreitet, wird die wunderliche Erscheinung begreiflicher, von der wir ausgingen: daß die kulturelle Steigerung der Individuen hinter der der Dinge – greifbarer wie funktioneller wie geistiger – merkbar zurückbleiben kann.

Daß gelegentlich auch das Umgekehrte stattfindet, beweist die gleiche gegenseitige Verselbständigung beider Formen des Geistes. In etwas versteckter und umgebildeter Art liegt dies etwa in folgender Erscheinung. Die bäuerliche Wirtschaft scheint in Norddeutschland nur bei einer Art Anerbenrecht auf die Dauer erhaltbar, d. h. nur dann, wenn einer der Erben den Hof übernimmt und die Miterben mit geringeren Quoten abfindet, als sie nach dem Verkaufswert desselben bekommen würden. Bei der Berechnung nach dem letzteren – der momentan den Ertragswert weit übersteigt – wird der Hof bei der Abfindung derart mit Hypotheken überlastet, daß nur ein ganz minderwertiger Betrieb möglich bleibt. Dennoch fordert das moderne, individualistische Rechtsbewußtsein diese mechanische, geldmäßige Gleichberechtigung aller Erben und gibt nicht einem einzelnen Kind den Vorteil, der doch zugleich die Bedingung für den objektiv vollkommenen Betrieb wäre. Zweifellos sind hierdurch oft Kulturerhöhungen einzelner Subjekte erreicht worden, um den Preis, daß die Kultur des Objekts relativ zurückgeblieben ist. Mit großer Entschiedenheit tritt eine derartige Diskrepanz an eigentlichen sozialen Institutionen auf, deren Evolution ein schwerfälligeres und konservativeres Tempo zeigt, als die der Individuen. Unter dieses Schema gehören die Fälle, die dahin zusammengefaßt worden sind, daß die Produktionsverhältnisse, nachdem sie eine bestimmte Epoche über bestanden haben, von den Produktionskräften, die sie selbst entwickelten, überflügelt werden, so daß sie den letzteren keinen adäquaten Ausdruck und Verwendung mehr gestatten. Diese Kräfte sind zum großen Teil personalen Wesens: was die Persönlichkeiten zu leisten fähig oder zu wollen berechtigt sind, findet keinen Platz mehr in den objektiven Formen der Betriebe. Die erforderliche Umänderung dieser erfolgt immer erst, wenn die dahin drängenden Momente sich zu Massen angehäuft haben; bis dahin bleibt die sachliche Organisierung der Produktion hinter der Entwicklung der individuellen wirtschaftlichen Energien zurück. Nach diesem Schema verlaufen viele Veranlassungen zur Frauenbewegung. Die Fortschritte der modernen industriellen Technik haben außerordentlich viele hauswirtschaftliche Tätigkeiten, die früher den Frauen oblagen, außerhalb des Hauses verlegt, wo ihre Objekte billiger und zweckmäßiger hergestellt werden. Dadurch ist nun sehr vielen Frauen der bürgerlichen Klasse der aktive Lebensinhalt genommen, ohne daß so rasch sich andere Tätigkeiten und Ziele an die leergewordene Stelle eingeschoben hätten; die vielfache »Unbefriedigtheit« der modernen Frauen, die Unverbrauchtheit ihrer Kräfte, die zurückschlagend jede mögliche Störung oder Zerstörung bewirken, ihr teils gesundes, teils krankhaftes Suchen nach Bewährungen außerhalb des Hauses – ist der Erfolg davon, daß die Technik in ihrer Objektivität einen eignen und schnelleren Gang genommen hat, als die Entwicklungsmöglichkeiten der Personen. Aus einem entsprechenden Verhältnis soll der vielfach unbefriedigende Charakter moderner Ehen folgen. Die festgewordenen, die Individuen zwingenden Formen und Lebensgewohnheiten der Ehe stünden einer persönlichen Entwicklung der Kontrahenten, insbesondere der der Frau gegenüber, die weit über jene hinausgewachsen sei. Die Individuen wären jetzt auf eine Freiheit, ein Verständnis, eine Gleichheit der Rechte und Ausbildungen angelegt, für die das eheliche Leben, wie es nun einmal traditionell und objektiv gefestigt ist, keinen rechten Raum gebe. Der objektive Geist der Ehe, so könnte man dies formulieren, sei hinter den subjektiven Geistern an Entwicklung zurückgeblieben. Nicht anders das Recht: von gewissen Grundtatsachen aus logisch entwickelt, in einem Kodex fester Gesetze niedergelegt, von einem besonderen Stande getragen, gewinnt es den anderweitigen, von den Personen empfundenen Verhältnissen und Bedürfnissen des Lebens gegenüber jene Starrheit, durch die es sich schließlich wie eine ewige Krankheit forterbt, Vernunft zum Unsinn, Wohltat zur Plage wird. Sobald die religiösen Impulse sich zu einem Schatz bestimmter Dogmen kristallisiert haben und diese arbeitsteilig durch eine von den Gläubigen gesonderte Körperschaft getragen werden, geht es der

Religion nicht besser. Behält man diese relative Selbständigkeit des Lebens im Auge, mit der die objektiv gewordenen Kulturgebilde, der Niederschlag der geschichtlichen Elementarbewegungen, den Subjekten gegenüberstehen, so dürfte die Frage nach dem Fortschritt in der Geschichte viel von ihrer Ratlosigkeit verlieren. Daß sich Beweis und Gegenbeweis mit gleicher Plausibilität an jede Beantwortung derselben knüpfen läßt, liegt vielleicht oft daran, daß beide gar nicht denselben Gegenstand haben. So kann man z. B. mit demselben Recht den Fortschritt wie die Unveränderlichkeit in der sittlichen Verfassung behaupten, wenn man einmal auf die festgewordenen Prinzipien, die Organisationen, die in das Bewußtsein der Gesamtheit aufgestiegenen Imperative hinsieht, das andre Mal auf das Verhältnis der Einzelpersonen zu diesen objektiven Idealen, die Zulänglichkeit oder Unzulänglichkeit, mit der sich das Subjekt in sittlicher Hinsicht benimmt. Fortschritte und Stagnation können so unmittelbar nebeneinander liegen, und zwar nicht nur in verschiedenen Provinzen des geschichtlichen Lebens, sondern in einer und derselben, je nachdem man die Evolution der Subjekte oder die der Gebilde ins Auge faßt, die zwar aus den Beiträgen der Individuen entstanden sind, aber ein eignes, objektiv geistiges Leben gewonnen haben.

Nun sich neben die Möglichkeit, daß die Entwicklung des objektiven Geistes die des subjektiven überhole, die entgegengesetzte gestellt hat, blicke ich noch einmal auf die Bedeutung der Arbeitsteilung für die Bildung der ersteren zurück. Jene doppelte Möglichkeit ergibt sich, kurz zusammengefaßt, auf folgende Weise. Daß der in Produktionen irgendwelcher Art vergegenständlichte Geist dem einzelnen Individuum überlegen ist, liegt an der Komplikation der Herstellungsweisen, die außerordentlich viel historische und sachliche Bedingungen, Vor- und Mitarbeiter voraussetzen. Dadurch kann das Produkt Energien, Qualitäten, Steigerungen in sich sammeln, die ganz außerhalb des einzelnen Produzenten liegen. Dies aber wird insbesondere in der spezifisch modernen Technik als Folge der Arbeitsteilung auftreten. Solange das Produkt im wesentlichen von einem einzelnen Produzenten oder durch eine wenig spezialisierte Kooperation hergestellt wurde, konnte der in ihm objektivierte Gehalt an Geist und Kraft den der Subjekte nicht erheblich übersteigen. Erst eine raffinierte Arbeitsteilung macht das einzelne Produkt zur Sammelstelle von Kräften, die aus einer sehr großen Anzahl von Individuen auserlesen sind; so daß es, als Einheit betrachtet und mit irgendwelchem Einzelindividuum verglichen, dieses jedenfalls nach einer ganzen Reihe von Seiten hin überragen muß; und diese Aufhäufung von Eigenschaften und Vollkommenheiten an dem Objekt, das ihre Synthese bildet, geht ins Unbegrenzte, während der Ausbau der Individualitäten für jeden gegebenen Zeitabschnitt an der Naturbestimmtheit derselben eine unverrückbare Schranke findet. Aber wenn die Tatsache, daß das objektive Werk einzelne Seiten sehr vieler Persönlichkeiten in sich einsaugt, ihm so eine objektiv überragende Entwicklungsmöglichkeit gewährt, so versagt sie ihm doch auch Vollkommenheiten, die sich grade nur durch die Synthese der Energien in *einem Subjekt* verwirklichen. Der Staat, und zwar insbesondere der moderne, ist hier das umfassendste Beispiel. Wenn nämlich der Rationalismus es als logisch widerspruchsvoll gebrandmarkt hat, daß der Monarch, der doch nur ein einzelner Mensch sei, über eine ungeheure Anzahl andrer Menschen herrsche, so ist dabei übersehen, daß die letzteren, insofern sie eben diesen Staat unter dem Monarchen bilden, gar nicht in demselben Sinn »Menschen« sind, wie dieser es ist. Sie geben vielmehr nur einen gewissen Bruchteil ihres Seins und ihrer Kräfte in den Staat hinein, mit anderen reichen sie in andere Kreise, die Gesamtheit ihrer Persönlichkeit wird überhaupt von keinem erfaßt. Diese aber setzt der Monarch in das Verhältnis ein, und also mehr als jeder einzelne seiner Untertanen für sich. Solange freilich das Regiment in dem Sinne unumschränkt ist, daß der Herrscher unmittelbar über die Personen in dem ganzen Umfang ihres Seins verfügen kann, mag jene Unverhältnismäßigkeit bestehen. Der moderne Rechtsstaat dagegen grenzt den Bezirk genau ab, mit dem die Personen in die Staatssphäre hineinfallen, er differenziert jene, um aus gewissen ausgesonderten Elementen ihrer sich selbst zu bilden. Je entschiedner diese Differenzierung ist, als ein desto objektiveres, von der Form individueller Seelenhaftigkeit gelöstes Gebilde steht der Staat dem Individuum gegenüber. Daß er so eine Synthese aus den differenzierten Elementen der Subjekte ist, macht ihn ersichtlich ebenso zu einem unterpersönlichen, wie zu einem über-persönlichen Wesen. Wie mit dem Staat aber verhält es sich mit allen Gebilden des objektiven Geistes, die durch Zusammenfügung differenzierter individueller Leistungen entstehen. Denn so sehr diese an sachlich geistigem Gehalt und Entwickelbarkeit desselben jeden individuellen Intellekt übertreffen, so empfinden wir sie doch in demselben Maß, in dem die Differenziertheit und Anzahl der arbeitsteiligen Elemente zunimmt, als bloßen Mechanismus, dem die Seele fehlt. Aufs deutlichste tritt hier der Unterschied hervor, den man als den von Geist und Seele bezeichnen kann. Geist ist der objektive Inhalt dessen, was innerhalb der Seele in lebendiger Funktion bewußt wird; Seele ist gleichsam die Form, in der der Geist, d. h. der logisch-sachliche Inhalt des Denkens, für uns lebt. Der Geist in diesem Sinne ist deshalb nicht an die Gestaltung zur Einheit gebunden, ohne die es keine Seele gibt. Es ist, als ob die geistigen Inhalte irgendwie verstreut da wären und erst die Seele führte sie in sich einheitlich zusammen, ungefähr wie die unlebendigen Stoffe in den Organismus und die Einheit seines Lebens einbezogen werden. Darin liegt die Größe wie die Grenze der Seele gegenüber den einzelnen, in ihrer selbständigen Gültigkeit und sachlichen Bedeutsamkeit betrachteten Inhalten ihres Bewußtseins. In so leuchtender Vollkommenheit und restlosem Sich-Selbst-Genügen auch Plato das Reich der Ideen zeichnen mag, die doch nichts anderes sind, als die von aller Zufälligkeit des Vorgestelltwerdens gelösten Sachinhalte des Denkens, und so unvollkommen, bedingt und dämmernd ihm die Seele des Menschen mit ihrer blassen, verwischten, kaum erhaschten Abspiegelung jener reinen Bedeutsamkeiten erscheinen mag – für uns ist jene plastische Klarheit und logische Formbestimmtheit nicht der einzige Wertmaßstab der Ideale und Wirklichkeiten. Uns ist die Form persönlicher Einheit, zu der das Bewußtsein den objektiven geistigen Sinn der Dinge zusammenführt, von unvergleichlichem Wert: hier erst gewinnen sie die Reibung aneinander, die Leben und Kraft ist, hier entwickeln sich erst jene dunklen Wärmestrahlen des Gemütes, für die die klare Perfektion rein sachlich bestimmter Ideen keinen Platz und kein Herz hat. So aber verhält es sich auch mit dem Geiste, der durch Vergegenständlichung unserer Intelligenz sich der Seele als Objekt gegenüberstellt. Und zwar wächst der Abstand zwischen beiden offenbar in demselben Maße, in dem der Gegenstand durch das arbeitsteilige Zusammenwirken einer wachsenden Anzahl von Persönlichkeiten entsteht; denn in eben diesem Maß wird es unmöglich, in das Werk die Einheit der Persönlichkeit hineinzuarbeiten, hineinzuleben, an welche sich für uns grade der Wert, die Wärme, die Eigenart der Seele knüpft. Daß dem objektiven Geist durch die moderne Differenziertheit seines Zustandekommens eben diese Form der Seelenhaftigkeit fehlt – in engem Zusammenhang mit dem mechanischen Wesen unserer Kulturprodukte –, das mag der letzte Grund der Feindseligkeit sein, mit der sehr individualistische und vertiefte Naturen jetzt so häufig dem »Fortschritt der Kultur« gegenüberstehen. Und zwar um so mehr, als diese durch die Arbeitsteilung bestimmte Entwicklung der objektiven Kultur eine Seite oder Folge der allgemeinen Erscheinung ist, die man so auszudrücken pflegt: daß das Bedeutende in der gegenwärtigen Epoche nicht mehr durch die Individuen, sondern durch die Massen geschehe. Die Arbeitsteilung bewirkt in der Tat, daß der einzelne Gegenstand schon ein Produkt der Masse ist; die, unsere Arbeitsorganisation bestimmende, Zerlegung der Individuen in ihre einzelnen Energien und die Zusammenführung des so Herausdifferenzierten zu einem objektiven Kulturprodukt hat zur Folge, daß in diesem einzelnen um so weniger Seele ist, je mehr Seelen an seiner Herstellung beteiligt waren. Die Pracht und Größe der modernen Kultur zeigt so einige Analogie mit jenem strahlenden Ideenreiche Platos, in dem der objektive Geist der Dinge in makelloser Vollendung wirklich ist, dem aber die Werte der eigentlichen, nicht in Sachlichkeiten auflösbaren Persönlichkeit fehlen – ein Mangel, den alles Bewußtsein des fragmentarischen, irrationalen, ephemeren Charakters der letzteren nicht unfühlbar machen kann. Ja, die personale Seelenhaftigkeit besitzt als bloße Form einen spezifischen Wert, der sich neben aller Minderwertigkeit und Kontraidealität ihres Inhalts behauptet; sie bleibt als eine eigentümliche Bedeutsamkeit des Daseins, all seiner Objektivität gegenüber, selbst in den Fällen bestehen, von denen wir ausgingen und in denen die individuell-subjektive Kultur einen positiven Rückschritt zeigt, während die objektive fortschreitet.

Der Dualismus der Werte, der sich so in der Kulturentwicklung offenbart, setzt sich also an eine und dieselbe Tatsache an: die Zerlegung und Spezialisation der seelischen wie der sachlichen Erscheinungen ist gleichsam der Drehpunkt, um den sich beiderlei Werte bewegen. Die Differenzierung treibt die subjektive und die objektive Kultur immer weiter auseinander, derart indes, daß in dieser Gegenbewegung die letztere als das eigentlich bewegte Element erscheint, während die erstere eine erheblichere Stabilität besitzt; aber indem jene Bewegung gleichzeitig nach zwei Richtungen geht – in der oben angenommenen Bezeichnungsweise:

auf Steigerung des Geistes und Verminderung der Seele – ändert das subjektive Element, selbst wenn es ganz ungeändert bliebe, doch seine relative Stellung zu jenem und erscheint einerseits tiefer, andrerseits höher gerückt. –

Für jede Kulturgemeinschaft ist offenbar das Verhältnis, in dem ihr objektiv gewordener Geist und seine Entwicklung zu den subjektiven Geistern steht, von äußerster Bedeutsamkeit, und zwar grade nach der Seite ihres Lebensstiles hin: denn wenn der Stil eine Form ist, in der eine beliebige Verschiedenheit von Inhalten sich gleichmäßig ausdrückt, so kann doch sicher die Relation zwischen objektivem und subjektivem Geist in bezug auf Quantität, Höhenmaß, Entwicklungstempo bei sehr verschiedenen *Inhalten* des kulturellen Geistes dennoch die gleiche sein. Grade die allgemeine Art, wie das Leben sich abspielt, der Rahmen, den die soziale Kultur den Impulsen des Individuums darbietet, wird durch Fragen wie diese umschrieben: ob der einzelne sein Innenleben in Nähe oder in Fremdheit zu der objektiven Kulturbewegung seiner Zeit weiß, ob er diese als eine überlegene, von der er gleichsam nur den Saum des Gewandes berühren kann, empfindet, oder seinen personalen Wert allem verdinglichten Geiste überlegen; ob innerhalb seines eigenen Geisteslebens die objektiven, historisch gegebenen Elemente eine Macht eigener Gesetzmäßigkeit sind, so daß diese und der eigentliche Kern seiner Persönlichkeit sich wie unabhängig voneinander entwickeln, oder ob die Seele sozusagen Herr im eigenen Hause ist oder wenigstens zwischen ihrem innersten Leben und dem, was sie als impersonale Inhalte in dasselbe aufnehmen muß, eine Harmonie in bezug auf Höhe, Sinn und Rhythmus annehmen kann. Diese abstrakten Formulierungen zeichnen doch das Schema für unzählige konkrete Interessen und Stimmungen des Tages und des Lebens und damit also das Maß, in dem die Beziehungen zwischen objektiver und subjektiver Kultur den Stil des Daseins bestimmen.

Wurde nun die gegenwärtige Gestaltung dieses Verhältnisses von der Arbeitsteilung getragen, so ist sie auch ein Abkömmling der Geldwirtschaft. Und zwar einmal, weil die Zerlegung der Produktion in sehr viele Teilleistungen eine mit absoluter Genauigkeit und Zuverlässigkeit funktionierende Organisation fordert, wie sie, seit dem Aufhören der Sklavenarbeit, nur bei Geldentlohnung der Arbeiter herstellbar ist. Jede anders vermittelte Beziehung zwischen Unternehmer und Arbeiter würde unberechenbarere Elemente enthalten, teils weil naturaleres Entgelt nicht so einfach beschaffbar und genau bestimmbar ist, teils weil nur das reine Geldverhältnis den bloß sachlichen und automatischen Charakter hat, ohne den sehr differenzierte und komplizierte Organisationen nicht auskommen. Und dann, weil der wesentliche Entstehungsgrund des Geldes überhaupt in dem Maße wirksamer wird, in dem die Produktion sich mehr spezialisiert. Denn es handelt sich doch im wirtschaftlichen Verkehr darum, daß der eine fortgibt, was der andere begehrt, wenn dieser andere dem ersteren dasselbe tut. Jene Sittenregel: den Menschen zu tun, wovon man wünscht, daß sie es einem tun – findet das umfassendste Beispiel ihrer formalen Verwirklichung an der Wirtschaft. Wenn nun ein Produzent für den Gegenstand A, den er in Tausch geben will, auch einen Abnehmer bereit findet, so wird der Gegenstand B, den dieser letztere dagegen zu geben imstande ist, jenem häufig gar nicht erwünscht sein. Daß so die Verschiedenheit der Begehrungen zwischen zwei Personen nicht immer mit der Verschiedenheit der Produkte zusammenfällt, die sie beide anzubieten haben, fordert bekanntlich die Einschiebung eines Tauschmittels; so daß, wenn die Besitzer von A und von B sich nicht über unmittelbaren Tausch einigen können, der erstere sein A gegen Geld fortgibt, für das er sich nun das ihm erwünschte C verschaffen kann, während der Besitzer von B das Geld für den Kauf von A dadurch beschafft, daß er mit seinem B einem Dritten gegenüber ebenso verfährt. Da es also die *Verschiedenheit* der Produkte bzw. der auf sie gerichteten Begehrungen ist, um derentwillen es überhaupt zum Geld kommt, so wird seine Rolle ersichtlich um so größer und unentbehrlicher werden, je verschiedenartigere Gegenstände der Verkehr einschließt; oder, von der andern Seite gesehen: zu einer erheblichen Spezifikation der Leistungen kann es überhaupt erst kommen, wenn man nicht mehr auf unmittelbaren Austausch angewiesen ist. Die Chance, daß der Abnehmer eines Produkts seinerseits grade ein Objekt anzubieten hat, das jenem Produzenten genehm ist, sinkt in dem Maße, in dem die Spezifizierung der Produkte und die der menschlichen Wünsche steigt. Es ist nach dieser Richtung hin also gar kein neu eintretendes Moment, das die moderne Differenzierung an die Alleinherrschaft des Geldes knüpft; sondern die Verbindung zwischen beiden Kulturwerten findet schon in der Tiefe ihrer Wurzeln statt, und daß die Verhältnisse der Spezialisation, die ich schilderte, durch ihre Wechselwirkung mit der Geldwirtschaft eine völlige historische Einheit mit ihr bilden – das ist nur die graduelle Steigerung einer mit dem Wesen beider gegebenen Synthese.

Durch diese Vermittlung hindurch knüpft sich also der Stil des Lebens, insoweit er von dem Verhältnis zwischen objektiver und subjektiver Kultur abhängig ist, an den Geldverkehr. Und zwar wird hierbei das Wesen des letzteren völlig durch den Umstand enthüllt, daß er sowohl das Übergewicht des objektiven Geistes über den subjektiven, wie auch die Reserve, unabhängige Steigerung und Eigenentwicklung des letzteren trägt. Beides nicht nur, weil die Differenzierung innerhalb der Produktion vom Geld abhängt und diese zugleich die Differenzierung der Produktion von der Persönlichkeit bewirkt, sondern auch durch direktere Beziehung. Was die Kultur der Dinge zu einer so überlegnen Macht gegenüber der der Einzelpersonen werden läßt, das ist die Einheit und autonome Geschlossenheit, zu der jene in der Neuzeit aufgewachsen ist. Die Produktion, mit ihrer Technik und ihren Ergebnissen, erscheint wie ein Kosmos mit festen, sozusagen logischen Bestimmtheiten und Entwicklungen, der dem Individuum gegenübersteht, wie das Schicksal es der Unstetheit und Unregelmäßigkeit unseres Willens tut. Dieses formale Sich-selbst-gehören, dieser innere Zwang, der die Kulturinhalte zu einem Gegenbild des Naturzusammenhanges einigt, wird erst durch das Geld wirklich: das Geld funktioniert einerseits als das Gelenk-System dieses Organismus; es macht seine Elemente gegeneinander verschiebbar, stellt ein Verhältnis gegenseitiger Abhängigkeit und Fortsetzbarkeit aller Impulse zwischen ihnen her. Es ist andrerseits dem Blut zu vergleichen, dessen kontinuierliche Strömung alle Verästelungen der Glieder durchdringt, und, alle gleichmäßig ernährend, die Einheit ihrer Funktionen trägt. Und was das zweite betrifft: so ermöglicht das Geld, indem es zwischen den Menschen und die Dinge tritt, jenem eine sozusagen abstrakte Existenz, ein Freisein von unmittelbaren Rücksichten auf die Dinge und von unmittelbarer Beziehung zu ihnen, ohne das es zu gewissen Entwicklungschancen unserer Innerlichkeit nicht käme; wenn der moderne Mensch unter günstigen Umständen eine Reserve des Subjektiven, eine Heimlichkeit und Abgeschlossenheit des persönlichsten Seins erringt, die etwas von dem religiösen Lebensstil früherer Zeiten ersetzt, so wird das dadurch bedingt, daß das Geld uns in immer steigendem Maß die unmittelbaren Berührungen mit den

Dingen erspart, während es uns doch zugleich ihre Beherrschung und die Auswahl des uns Zusagenden unendlich erleichtert.

Und deshalb mögen diese Gegenrichtungen, da sie nun einmal eingeschlagen sind, auch einem Ideal absolut reinlicher Scheidung zustreben: in dem aller Sachgehalt des Lebens immer sachlicher und unpersönlicher wird, damit der nicht zu verdinglichende Rest desselben um so persönlicher, ein um so unbestreitbareres Eigen des Ich werde. Ein bezeichnender Einzelfall dieser Bewegung ist die Schreibmaschine; das Schreiben, ein äußerlich-sachliches Tun, das doch in jedem Fall eine charakteristisch-individuelle Form trägt, wirft diese letztere nun zugunsten mechanischer Gleichförmigkeit ab. Damit ist aber nach der anderen Seite hin das Doppelte erreicht: einmal wirkt nun das Geschriebne seinem reinen Inhalte nach, ohne aus seiner Anschaulichkeit Unterstützung oder Störung zu ziehen, und dann entfällt der Verrat des Persönlichsten, den die Handschrift so oft begeht, und zwar vermöge der äußerlichsten und gleichgültigsten Mitteilungen nicht weniger als bei den intimsten. So sozialisierend also auch alle derartigen Mechanisierungen wirken, so steigern sie doch das verbleibende Privateigentum des geistigen Ich zu um so eifersüchtigerer Ausschließlichkeit. Freilich ist diese Vertreibung der subjektiven Seelenhaftigkeit aus allem Äußerlichen dem ästhetischen Lebensideal ebenso feindlich, wie sie dem der reinen Innerlichkeit günstig sein kann – eine Kombination, die ebenso die Verzweiflung rein ästhetisch gestimmter Persönlichkeiten an der Gegenwart erklärt, wie die leise Spannung, die zwischen derartigen Seelen und solchen, die nur auf das innere Heil gerichtet sind, jetzt in gleichsam unterirdischeren Formen – ganz anderen als zur Zeit Savonarolas – aufwächst. Indem das Geld ebenso Symbol wie Ursache der Vergleichgültigung und Veräußerlichung alles dessen ist, was sich überhaupt vergleichgültigen und veräußerlichen läßt, wird es doch auch zum Torhüter des Innerlichsten, das sich nun in eigensten Grenzen ausbauen kann.

Inwieweit dies nun freilich zu jener Verfeinerung, Besonderheit und Verinnerlichung des Subjekts führt, oder wo es umgekehrt die unterworfenen Objekte grade durch die Leichtigkeit ihrer Erlangung zu Herrschern über den Menschen werden läßt – das hängt nicht mehr vom Geld, sondern eben vom Menschen ab. Die Geldwirtschaft zeigt sich auch hier in ihrer formalen Beziehung zu sozialistischen Zuständen: denn die Erlösung von dem individuellen Kampf ums Dasein, die Sicherung der niedrigeren und die leichte Zugängigkeit der höheren Wirtschaftswerte dürfte gleichfalls die differenzierende Wirkung üben, daß ein gewisser Bruchteil der Gesellschaft sich in eine bisher unerhörte und von allen Gedanken an das Irdische entfernteste Höhe der Geistigkeit erhebt, während ein andrer Bruchteil grade in einen ebenso unerhörten praktischen Materialismus versänke.

Im großen und ganzen wird das Geld wohl am wirksamsten an denjenigen Seiten unseres Lebens, deren Stil durch das Übergewicht der objektiven Kultur über die subjektive bestimmt wird. Daß es aber auch den umgekehrten Fall zu stützen sich nicht weigert, das stellt Art und Umfang seiner historischen Macht in das hellste Licht. Man könnte es höchstens nach mancher Richtung hin der Sprache vergleichen, die sich ebenfalls den divergentesten Richtungen des Denkens und Fühlens unterstützend, verdeutlichend, herausarbeitend leiht. Es gehört zu jenen Gewalten, deren Eigenart grade in dem Mangel an Eigenart besteht, die aber dennoch das Leben sehr verschieden färben können, weil das bloß Formale, Funktionelle, Quantitative, das sie hervorbringen, auf qualitativ bestimmte Lebensinhalte und -richtungen trifft und diese zur weiteren Zeugung qualitativ neuer Bildungen bestimmt. Seine Bedeutung für den Stil des Lebens wird dadurch, daß es *beiden* möglichen Verhältnissen zwischen dem objektiven und dem subjektiven Geist zur Steigerung und Reife hilft, nicht aufgehoben, sondern gesteigert, nicht widerlegt, sondern erwiesen.

III. Theorie des modernen Lebens

Zur Psychologie der Mode
Soziologische Studie
(1895)

Die physiologische Grundlage unseres Wesens, die uns auf den Wechsel von Ruhe und Bewegung, von Rezeptivität und Betätigung hinweist, enthält damit auch den Typus unserer geistigen Entwicklung. Wenn unser Erkennen von der Bestrebung nach der höchsten Verallgemeinerung und Abstraktion ebenso gelenkt wird wie von dem Bedürfnis, das Einzelne und Speziellste zu beschreiben; wenn unser Gefühlsleben bald in ruhiger Hingabe an Menschen und Dinge, bald in energischer Betätigung ihnen gegenüber sich befriedigt; wenn unser sittliches Wesen in der sozialisierenden Verschmelzung mit unserer Gruppe und in der individuellen Heraushebung aus derselben seine Pole, die Grenzen seiner Schwingungen findet – so sind alles dies gleichsam die provinziellen Ausgestaltungen der großen gegensätzlichen Kräfte, in deren Kampf und Ausgleichung unser Schicksal besteht. Diese Quellen und letzten Wesensrichtungen alles Menschlichen sind selbst nicht mit Worten zu bezeichnen; nur an jenen einzelnen Erscheinungen, die sie in ihrer Lenkung der einzelnen Lebensinhalte ergeben, an denen sie sich verwirklichen, kann man auf sie hinweisen und sie wie gleiche Kräfte aus verschiedenen Wirkungsgebieten herauslösen – mögen sie sich nun, vor Jahrtausenden als der Gegensatz der Eleaten und Heraklits, oder im Augenblick als der von Sozialismus und Individualismus verkörpern. Die wesentlichen Lebensformen innerhalb der Geschichte unserer Gattung zeigen durchweg die Wirksamkeit dieser antagonistischen Prinzipien, jede stellt auf ihrem Gebiete eine besondere Art dar, das Interesse an der Dauer und dem Beharren mit dem an der Veränderung und dem Wechsel zu vereinen, zwischen der Tendenz zum Allgemeinen und Gleichartigen und der zum Besonderen und Einzigartigen eine Versöhnung zu stiften, die Hingabe an das soziale Ganze und die Durchsetzung der Individualität zu einem Kompromiß zu bringen.

In den sozialen Ausgestaltungen dieser Gegensätze wird die eine Seite derselben meistens von der psychologischen Tendenz zur

Nachahmung getragen. Die Nachahmung gewährt uns zunächst den Reiz einer zweckmäßigen Kraftbewährung, die doch keine erhebliche persönliche, schöpferische Anstrengung fordert, sondern wegen der Gegebenheit ihres Inhaltes leicht und glatt abrollt. Zugleich aber gibt sie uns die Beruhigung, bei diesem Handeln nicht allein zu stehen, sie erhebt sich über den bisherigen Ausübungen derselben Tätigkeit wie auf einem festen Unterbau, der die jetzige von der Schwierigkeit, sich selbst zu tragen, entlastet. In der Nachahmung trägt die Gruppe den einzelnen, dem sie einfach die Formen seines Verhaltens überliefert und den sie so von der Qual der Wahl und von der individuellen Verantwortlichkeit für dieselbe befreit. Aber eben nur *einer* der Grundrichtungen unseres Wesens entspricht die Nachahmung, nur derjenigen, die sich an der Gleichmäßigkeit, der Einheitlichkeit, der Einschmelzung des einzelnen in die Allgemeinheit befriedigt, die das Bleibende im Wechsel betont. Nicht so derjenigen, die umgekehrt den Wechsel im Bleibenden sucht, die individuelle Differenzierung, die Selbständigkeit, das Sichabheben von der Allgemeinheit. Betrachtet man diese beiden antagonistischen Tendenzen unter dem Bilde ihrer biologischen Grundformen, so kann man die Nachahmung als eine psychologische Vererbung bezeichnen, während das Streben über sie hinaus, zu neuen und eigenen Lebensformen, der Variabilität entspricht.

Für die Mode ist nun das Folgende wesentlich. Sie genügt einerseits dem Bedürfnis nach sozialer Anlehnung, insofern sie Nachahmung ist; sie führt den einzelnen auf der Bahn, die alle gehen; andererseits aber befriedigt sie auch das Unterschiedsbedürfnis, die Tendenz auf Differenzierung, Abwechslung, Sichabheben, und zwar sowohl durch den Wechsel ihrer Inhalte, der der Mode von heute ein individuelles Gepräge gegenüber der von gestern und morgen gibt, wie durch den Umstand, daß Moden immer Klassenmoden sind, daß die Moden der höheren Schicht sich von denen der tieferen unterscheiden und in dem Augenblick verlassen werden, in dem diese letzteren sie sich aneignen. *Die Mode ist eine besondere unter jenen Lebensformen, durch die man einen Kompromiß zwischen der Tendenz nach sozialer Egalisierung und der nach individuellen Unterschiedsreizen herzustellen suchte.* In dieses Grundwesen der Mode ordnen sich die einzelnen psychologischen Züge ein, die wir an ihr beobachten.

In soziologischer Beziehung ist sie, wie erwähnt, ein Produkt klassenmäßiger Scheidung. Gerade wie die Ehre ursprünglich Standesehre ist, d. h. ihren Charakter und vor allem ihre sittlichen Rechte daraus zieht, daß der einzelne in seiner Ehre zugleich die seines sozialen Kreises, seines Standes repräsentiert und wahrt: so bedeutet die Mode einerseits den Anschluß an die Gleichgestellten, andererseits den Abschluß dieser als einer ganzen Gruppe gegen die Tieferstehenden. Die gesellschaftlichen Formen, die Kleidung, die ästhetischen Beurteilungen, der ganze Stil, in dem der Mensch sich ausdrückt, sind in fortwährender Umbildung durch die Mode begriffen, indes so, daß die »Mode«, d. h. die neue Mode in alledem nur den oberen Ständen zukommt. Diese schließen sich dadurch von den unteren ab, sie markieren damit die Gleichheit ihrer Angehörigen untereinander und im gleichen Moment die Differenz gegen die Tieferstehenden. Sobald daher diese letzteren sich die Mode anzueignen beginnen – weil sie eben immer nach oben sehen und streben und das noch am ehesten auf den der Mode unterworfenen Gebieten können – so wenden sich die oberen Stände von dieser Mode ab und einer neuen zu, durch die sie sich wieder von den breiten Massen differenzieren. Dieses Abscheidungsmoment, das neben dem Nachahmungsmoment das Wesen der Mode bildet, zeigt sich beim Mangel übereinander gelagerter Schichten sogar an nebeneinander geordneten. Von einigen Naturvölkern wird berichtet, daß eng benachbarte und unter den genau gleichen Bedingungen lebende Gruppen manchmal scharf gesonderte Moden ausbilden, durch die jede Gruppe den Zusammenschluß nach innen ebenso wie die Differenz nach außen markiert. Dies Moment des inneren Zusammenschlusses wird in ein besonderes Licht durch die Tatsache gestellt, daß die Mode so sehr oft von außen stammt. Sie wird innerhalb eines Kreises mit spezieller Vorliebe als »Mode« geschätzt, wenn sie nicht innerhalb dieses selbst entstanden ist. Dadurch, daß die Mode von außen kommt, schafft sie die besondere Sozialisierung, die durch die gemeinsame Beziehung zu einem außerhalb gelegenen Punkt eintritt. Es scheint manchmal, als ob die Sozialelemente, wie die Augenachsen, am besten auf einem nicht zu nahe gelegenen Punkt konvergierten. Und damit nun neben dem zentripetalen, sozialisierenden Erfolge auch dieses Faktum der Mode eine Variabilität, eine Befriedigung des Veränderungstriebes zeige – so garantiert der Ursprung der Mode von außen her besonders ihre *Neuheit*, d. h. den Unterschied gegen den bisherigen Stand, den scharf absetzenden Wechsel, der sich oft in Gegensätzen bewegt, weil man sich erst an diesen seiner recht bewußt wird. Von den gegenstrebenden Tendenzen unseres Wesens, für die jede Seite der Mode eine besondere Vereinheitlichung darstellt, findet hier die eine an der sozialen Form der Mode, die andere an ihrem Inhalt ihre Befriedigung. Wo eines von beiden Momenten fehlt: entweder Bedürfnis und Möglichkeit, sich abzusondern, oder Bedürfnis und Wunsch, sich zusammenzuschließen, da endet das Reich der Mode. Darum haben die unteren Stände sehr wenige und seltene spezifische Moden, die als solche gewollt würden, darum sind die Moden der Naturvölker sehr viel stabiler, als die unsrigen; aus dem umgekehrten Grunde kommt es in einem Kreise, in dem jedes Individuum für sich etwas Bestimmtes bedeuten will und die Nachahmung perhorresziert wird, zu keiner Mode. In Florenz soll es um 1390 deshalb keine herrschende Mode der männlichen Kleidung gegeben haben, weil jeder sich auf besondere Weise zu tragen suchte. Das Wesen der Mode besteht darin, daß immer nur ein Teil der Gruppe sie übt, die Gesamtheit aber sich auf dem Wege zu ihr befindet. Sie ist nie, sondern wird immer. Sobald sie total durchgedrungen ist, d. h. sobald einmal dasjenige, was ursprünglich nur einige taten, wirklich von allen ausnahmslos geübt wird, bezeichnet man es nicht mehr als Mode, z. B. gewisse Elemente der Kleidung, der Umgangsformen. Aus dieser Tatsache, daß die Mode als solche eben noch nicht allgemein verbreitet sein kann, quillt nun für den einzelnen die Befriedigung, daß sie an ihm immerhin noch etwas Besonderes, Auffälliges darstellt, während er zugleich doch von der nach Gleichem strebenden Gesamtheit – nicht wie bei sonstigen sozialen Befriedigungen von der Gleiches tuenden Gesamtheit – getragen wird. Deshalb ist die Gesinnung, der der Modische begegnet, eine wohltuende Mischung von Billigung und Neid.

Die Mode ist so der eigentliche Tummelplatz für Individuen, welche innerlich und inhaltlich unselbständig, anlehnungsbedürftig sind, deren Selbstgefühl aber doch einer gewissen Auszeichnung, Aufmerksamkeit, Besonderung bedarf. Sie erhebt eben auch den Unbedeutenden dadurch, daß sie ihn zum Repräsentanten einer Gesamtheit macht, er fühlt sich von einem Gesamtgeist getragen. In dem Modenarren und Gigerl erscheint dies auf eine Höhe gesteigert, auf der es wieder den Schein des Individualistischen, Besonderen, annimmt. Der Gigerl treibt die Tendenz der

Mode über das sonst innegehaltene Maß hinaus: wenn spitze Schuhe Mode sind, läßt er die seinigen in Schiffsschnäbel münden, wenn hohe Kragen Mode sind, trägt er sie bis zu den Ohren, wenn es Mode ist, sonntags in die Kirche zu gehen, bleibt er von morgens bis abends darin usw. Das Individuelle, das er vorstellt, besteht in quantitativer Steigerung von Elementen, die ihrem Grade nach eben Gemeingut der Menge sind. Er geht den anderen voraus, wenngleich genau auf ihrem Wege. Scheinbar marschiert er an der Tête der Gesamtheit, da es eben die letzterreichten Spitzen des öffentlichen Geschmacks sind, die er darstellt; tatsächlich aber gilt von dem Modehelden, was allenthalben im Verhältnis des einzelnen zu seiner sozialen Gruppe zu beobachten ist: daß der Führende im Grunde der Geführte ist. Der Modeheld repräsentiert so ein wirklich originelles Gleichgewichtsverhältnis zwischen sozialem und individualisierendem Trieb, und aus dem Reize davon verstehen wir die äußerlich so abstruse Modenarrheit manches sonst verständigen und sogar bedeutenden Menschen. – In primitiven, aber auch in höheren Verhältnissen entsteht eine Mode oft dadurch, daß eine irgendwie hervorragende Persönlichkeit einen Modus der Kleidung, des Betragens, der Interessen etc. erfindet, durch den sie sich von den anderen abhebt; die so aufgetauchte Auszeichnung suchen diese anderen nun wegen der Bedeutung jenes so schnell wie möglich nachzuahmen. Die Befriedigung des ersten liegt offenbar in der Mischung des Individualgefühles, etwas Besonderes zu haben, und des Sozialgefühles, von der Allgemeinheit nachgeahmt und so durch ihren Geist getragen zu werden. Obgleich beide Gefühle sich logisch zu widersprechen scheinen, so vertragen sie sich psychologisch durchaus und steigern sich sogar. Jeder Nachahmende nimmt, natürlich in abgeschwächten Graden, an dieser Gefühlskonstellation teil, bis die Mode völlig durchgedrungen ist, also das individuelle Moment wegfällt. Eine gleiche Kombination jener beiden Tendenzen, wie sie durch extremen Gehorsam der Mode gegenüber erreicht wird, kann man aber auch durch Opposition ihr gegenüber gewinnen. Wer sich bewußt unmodern trägt oder benimmt, erreicht das damit verbundene Individualisierungsgefühl nicht eigentlich durch eigene, individuelle Qualifikation, sondern durch bloße Negation des sozialen Beispiels: wenn Modernität Nachahmung dieses letzteren ist, so ist die absichtliche Unmodernität seine Nachahmung mit umgekehrtem Vorzeichen, die aber nicht weniger Zeugnis von der Macht der sozialen Tendenz ablegt, die uns in irgendeiner Weise, positiver oder negativer, von sich abhängig macht. Es kann sogar in ganzen Kreisen innerhalb einer ausgedehnten Gesellschaft direkt Mode werden, sich unmodern zu tragen – eine der merkwürdigsten soziologischen Komplikationen, in der der Trieb nach individueller Auszeichnung sich erstens, wie gesagt, mit einer bloßen Umkehrung der sozialen Nachahmung begnügt und zweitens seinerseits wieder seine Stärke aus der Anlehnung an einen gleich charakterisierten engeren Kreis zieht: soziologisch also ganz analog dem Vereine der Vereinsgegner.

Die soziologische Bedeutsamkeit der Mode, die den Egalisierungs- und den Individualisierungstrieb, den Reiz der Nachahmung und den der Auszeichnung zu gleich betontem Ausdruck bringt, mag es erklären, daß die Frauen im allgemeinen der Mode besonders stark anhängen. So sehr wissenschaftliche Besonnenheit auch alle Urteile über die Frauen im Plural scheuen soll, so darf man doch wenigstens als die allgemeine Meinung anführen, daß ihr psychologisches Wesen, soweit es sich von dem männlichen unterscheidet, in einem Mangel an Differenzierung besteht, in einer größeren Gleichheit untereinander, einer stärkeren Bindung an den sozialen Durchschnitt, wodurch sich denn ihre enge Beziehung zur Sitte, zu der allgemein gültigen Form, die »sich ziemt«, unmittelbar erklärt. Auf dem festgehaltenen Boden der Sitte, des Durchschnittlichen, des allgemeinen Niveaus aber streben sie nun stark zu der relativen Individualisierung und Auszeichnung der Einzelpersönlichkeit, die sich mit jenen sozialen Grenzen noch verträgt. Die Mode bietet ihnen diese Kombination: einerseits ein Gebiet allgemeiner Nachahmung, ein Schwimmen im breitesten sozialen Fahrwasser, andererseits doch eine Auszeichnung, Betonung, individuelle Geschmücktheit der Persönlichkeit.

Und noch wo sie sich mit den letztergreifbaren psychischen Bewegungen kreuzt, wahrt sie ihr typisches Gleichgewichtsverhältnis zwischen den entgegengesetzten Tendenzen: es ist ihr zwar wesentlich, daß sie alle Individualitäten über einen Kamm schert; allein immer doch so, daß sie nicht den ganzen Menschen ergreift; sie bleibt ihm, wegen ihrer Veränderlichkeit, die gerade an der Beständigkeit des Ichgefühles ihren Maßstab hat, immer etwas relativ Äußerliches, gegen das er seine Persönlichkeit als *pièce de résistance* empfindet, wenigstens im Notfall empfinden kann.

Und es ist nur eine Steigerung dieser Nuance, wenn feine und eigenartige Menschen die Mode als eine Maske benützen, eine bewußte und gewollte Reserve ihres persönlichsten Empfindens und Geschmacks, die sie durch blinden Gehorsam gegen die Normen der Allgemeinheit in allem Äußerlichen erreichen; es ist eine feine Scham und Scheu, durch die Besonderheit des äußeren Auftretens vielleicht die Besonderheit ihres innerlichsten Wesens zu verraten, was manche Naturen in das verhüllende Nivellement der Mode flüchten läßt. Und nun überträgt sich jener gleichzeitig befriedigte Dualismus egalisierender Vereinheitlichung und individuellen Sichabhebens in die inneren Verhältnisse der Einzelseele hinein – gemäß jenes eigentümlichen Parallelismus, in dem sich so oft die Beziehungen von Individuen untereinander in denen der Vorstellungen des einzelnen Individuums wiederholen. Mit mehr oder weniger Absicht schafft sich oft das Individuum für sich selbst ein Benehmen, einen Stil, der sich durch den Rhythmus seines Auftauchens, Sichgeltendmachens und Abtretens als Mode charakterisiert. Namentlich junge Menschen zeigen oft eine plötzliche Wunderlichkeit in ihrer Art, sich zu geben, ein unvermutet, sachlich unbegründet auftretendes Interesse, das ihren ganzen Bewußtseinskreis beherrscht und ebenso irrational wieder verschwindet. Man kann dies als Personalmode bezeichnen, die einen Grenzfall der Sozialmode bildet. Sie wird durch das individuelle Unterscheidungsbedürfnis getragen und ersetzt das Nachahmungs- und Sozialbedürfnis durch die Konzentration des eigenen Bewußtseins darauf, die einheitliche Färbung, die das eigene Wesen dadurch erhält und die vielleicht eine noch engere Geschlossenheit, ein noch innigeres Getragenwerden dieses einzelnen durch die Gesamtinhalte des Ich bedeutet, als wenn es zugleich die Mode anderer wäre.

Dadurch, daß in der Mode sozusagen die verschiedenen Dimensionen des Lebens ein eigenartiges Zusammenfallen gewinnen, wird der Gesamtrhythmus, in dem die Individuen und die Gruppen sich bewegen, auch auf ihr Verhältnis zur Mode bestimmend einwirken. Wir bemerken, daß Konservatismus und Variabilität sich in ganz unregelmäßiger Weise über die verschiedenen Schichten einer politischen Gruppe verteilen. Einerseits sind die unteren Massen schwerer beweglich und langsamer entwickelbar. Sie stellen vielfach – wie es z. B. in England gelegentlich der dänischen und normannischen Eroberung recht auffällig ist – die Kontinuität des

Volkslebens her, weil sie an ihren primitiven Lebensformen zäh festhalten, während die oberen Stände, wie der Wipfel eines Baumes von den Bewegungen der Atmosphäre, am lebhaftesten durch neue Einflüsse getroffen und modifiziert werden. Andererseits sind gerade die höchsten Stände bekanntlich die konservativen, ja oft genug archaistisch und nur in den schwerfälligsten Rhythmen fortentwickelt. Der *Mittelstand* ist der der eigentlichen Variabilität, und deshalb ist die Geschichte der sozialen und kulturellen Bewegungen auch in ein ganz neues Tempo gekommen, seit der *tiers état* die Führung übernommen hat. Und daraus verstehen wir, wieso die Mode, die Wechsel- und Gegensatzform des Lebens, für deren Inhalte der Augenblick der erreichten Höhe zugleich der des Herabsinkens ist, seit eben dieser Zeit, seit dem Dominieren des Bürgertums, sich auf soviel mehr Gebiete erstreckt, in soviel rascheren und farbigeren Rhythmen erklingt, soviel breitere Geltung gewonnen hat. Unruhige, nach Abwechslung drängende Klassen und Individuen finden in der Mode das Tempo ihrer eigenen psychischen Bewegungen wieder: sie hat eine sehr spitze Bewußtseinskurve. Gerade darin, daß sie die Aufmerksamkeit sehr stark zu sich hinruft, eine momentane Aufgipfelung des sozialen Bewußtseins auf einen bestimmten Punkt bedeutet, liegt auch schon ihr Todeskeim, ihre Bestimmung zum Abgelöstwerden. Irgend etwas sonst in gleicher Weise Neues und plötzlich Verbreitetes in der Theorie oder in der Praxis ist doch nie für denjenigen eine »Mode«, der an den Weiterbestand und die Wahrheit davon glaubt; sondern nur der wird es so bezeichnen, der von seinem ebenso schnellen Verschwinden, wie sein Kommen war, überzeugt ist.

Nun aber bietet sie im Gegensatz dazu die merkwürdige Erscheinung, daß jede einzelne Mode auftritt, *als ob sie ewig leben wollte.* Wer sich heute ein Mobiliar kauft, das ein Vierteljahrhundert halten soll, kauft es sich nach der neuesten Mode und zieht die, die vor zwei Jahren galt, überhaupt nicht mehr in Betracht. Und doch hat offenbar nach ein paar Jahren der Reiz der Mode jenes ebenso verlassen, wie dieses und überläßt beides anderen Kriterien zur Beurteilung. Es scheint hier ein dialektisch-psychologischer Prozeß stattzufinden: daß es tatsächlich immer eine Mode gibt, daß also die Mode als allgemeiner Begriff unsterblich ist, reflektiert auf jede einzelne ihrer Ausgestaltungen, obgleich das Wesen jeder einzelnen gerade ist, *nicht* unvergänglich zu sein.

Die Tatsache, daß der Wechsel dauert, gibt hier jedem der Gegenstände, an dem der Wechsel sich vollzieht, einen psychologischen Schimmer von Dauer.

Es liegt aber der eigentümlich pikante, anregende Reiz der Mode in dem Kontraste zwischen ihrer ausgedehnten, alles ergreifenden Verbreitung und ihrer schnellen und gründlichen Vergänglichkeit – der andererseits auch noch jener scheinbare Anspruch auf dauernde Geltung gegenübersteht. Er liegt nicht weniger in der Enge, mit der sie einen bestimmten Kreis schließt und dessen Zusammengehörigkeit ebenso als ihre Ursache wie als ihre Wirkung zeigt – wie in der Entschiedenheit, mit der sie ihn gegen andere Kreise abschließt. Er liegt endlich ebenso in dem Getragensein durch einen sozialen Kreis, der seinen Mitgliedern gegenseitige Nachahmung auferlegt und damit den einzelnen von aller Verantwortlichkeit – der ethischen wie der ästhetischen – entlastet, wie in der Möglichkeit, nun doch innerhalb dieser Schranken individuelle Steigerung und originelle Nuancierung der Elemente der Mode zu produzieren. So erweist sich die Mode nur als ein einzelnes, besonders charakterisiertes unter jenen mannigfachen Gebilden, in denen die soziale Zweckmäßigkeit die entgegengesetzten Strömungen des Lebens zu gleichen Rechten objektiviert hat.

Zur Psychologie der Scham
(1901)

Die Erscheinungen, die unsere Redeweise in den Bereich des Schamgefühles einstellt, sind so mannigfaltige und gegen einander fremde, daß man ihr Zusammengehören nur in der Gleichheit der sprachlichen Bezeichnung suchen möchte. Aber wenn wir den Namen der Scham den Gefühlen geben, mit denen so Divergentes uns übergießt wie eine leichte Derangierung des Anzuges und das Eingeständnis schwerster sittlicher Verfehlung, wie Lob und Ruhm, die uns entgegengebracht werden, und eine Taktlosigkeit, von einem ganz Fremden in unserer Gegenwart begangen – so spricht dennoch ein Instinkt dafür, daß diese Mannigfaltigkeit der Veranlassungen auf ihren psychischen Umsetzungen einen gemeinsamen Punkt erreicht, von dem an ein einheitliches Gefühl die Verschiedenheit der Ursprünge auslöscht. Diese Zentralstation muß ersichtlich sehr allgemeiner Natur sein, eine weit umfassende Form unseres Verhaltens, um seelische Bewegungen von so vielen Seiten her aufzunehmen. Darwin erblickt die Quelle des Schamgefühles – freilich nur soweit es Erröten hervorruft – in der Aufmerksamkeit auf sich selbst, wenn sie durch die Aufmerksamkeit dritter Personen auf die körperliche Erscheinung des Subjektes bewirkt wird. Den neuesten Versuch, wenigstens das sexuelle Schamgefühl zu begründen, hat Havelock Ellis gemacht. Er sieht die Quelle desselben in der Ekelempfindung. Die soziale Furcht, Widerwillen zu erregen, bewege zum Verbergen der Organe und Funktionen, an die sich in der Regel Ekelgefühle knüpfen. Danach wäre die Scham ein zweckmäßiges Verhalten des Individuums, um im Verkehr mit anderen Menschen möglichst angenehm zu erscheinen. Daß die Frauen diese Zweckmäßigkeit am stärksten ausbilden mußten, läge daran, daß sie allenthalben, wenn auch nur in bestimmten zeitlichen Grenzen, als »unrein« gelten – Ellis spricht von dem »wunderlichen Schicksal, das den Brennpunkt der physischen Anziehung und der physischen Abstoßung so nahe zusammenlegte« – und alles Interesse daran hatten, durch Verhüllung die Gelegenheit solcher Abstoßung zu vermeiden; wovon denn die Scham gewissermaßen das gefühlsmäßige Sublimat wäre.[1] – Die Unzulänglichkeit dieses Versuches liegt auf der Hand. Er erklärt bestenfalls die besondere Veranlassung und Färbung des Schamgefühles, sobald es auf dem sexuellen Gebiete auftritt – weshalb es aber gerade ein *Schamgefühl* ist, das auf diese Weise entfesselt wird, dasselbe, das uns auch bei einem Verstoß gegen äußere Konventionen oder bei lebhaft gespendetem Lobe ergreift – das ist aus dieser Genesis nicht herauszuerkennen.

Eher scheint mir der Darwinsche Gedanke auf den Kern des Problems, wenn auch noch sehr aus der Ferne, hinzuweisen. So weit ich die einzelnen Äußerungen des Schamgefühles überblicke, ist ihnen allen eine starke Betonung des Ichgefühles gemeinsam, die mit einer Herabdrückung desselben Hand in Hand geht. Indem man sich schämt, fühlt man das eigene Ich in der Aufmerksamkeit anderer hervorgehoben und zugleich, daß diese Hervorhebung mit der Verletzung irgendeiner Norm (sachlichen, sittlichen, konventionellen, personalen) verbunden ist. Die gar nicht zu vereinheitlichende Mannigfaltigkeit der Beschämungsgründe findet nun in diesem an sich sehr leeren Schema zunächst dadurch Raum, daß der gefühlte Gegensatz unserer Subjektivität gegen eine Norm sich auf unübersehbar viele Arten verwirklicht. Eine moralische Verschuldung, die uns vorgehalten wird, macht eine solche Divergenz wohl anders, aber nicht mehr sichtbar als ein Lob, das wir nicht oder wenigstens nicht ganz zu verdienen glau-

1 Die Redaktion der »Zeit« hat mich ersucht, über das fragliche Buch von Ellis, »Geschlechtstrieb und Schamgefühl« (übersetzt von Kötscher, Leipzig, 364 S.) zu berichten. Allein der Inhalt desselben entzieht sich größtenteils der Wiedergabe in einer nicht-medizinischen Zeitschrift. Im ganzen bin ich gegen sozialpsychologische Erklärungen aus ethnologischen Einzeltatsachen etwas mißtrauisch, wenn diese nicht mit der größten kritischen Vorsicht und genauer Kenntnis der Kulturen der betreffenden Völkerschaften ausgewählt sind; denn die gleiche Erscheinung: Sitten, Glaubensartikel, Neigungen und Abneigungen – kann aus so verschiedenartigen Bedingungen sozialer und psychologischer Art hervorgehen, daß sie an zwei Stellen zwei absolut verschiedene Bedeutungen hat und zwei absolut verschiedene Tatsachen beweist. – Die übrigen Teile des Buches behandeln die von Ellis sogenannten autoerotischen Phänomene und die der Sexualperiodizität. Die Untersuchungen der letzteren scheinen mir die wertvollsten Bestandteile des Buches zu sein, insoweit es sich in ihnen um äußerst interessante Hinweisungen auf die jährliche und lunarische Rhythmik handelt, der die Sexualität auch des Mannes unterliegt.

ben. Und wenn der Bescheidene, selbst wo er dies glaubt, über das Lob errötet, so ist es eben das Wesen der Bescheidenheit, bei jeder Hervorhebung des eigenen Ich, die sie erfährt, sich der prinzipiellen Spannung zwischen ihm und seinem Ideal bewußt zu werden. In dem nächstliegenden Falle der Scham, der sich an körperliche Nacktheit knüpft, ist das Entscheidende die zugespitzte Aufmerksamkeit, die man auf sich gerichtet fühlt, und die gleichzeitige Entwürdigung. Jede Persönlichkeit ist von einer gewissen Sphäre von Reserve und Unnahbarkeit umgeben, deren Grenzen freilich nach den kulturellen und individuellen Umständen außerordentlich wechseln, in die jedes Eindringen aber – gleichviel ob damit ein objektives Gebot verletzt wird oder nicht – als ein Riß zwischen der Norm der Persönlichkeit und ihrer momentanen Verfassung empfunden wird. In unserer Kultur gehört ganz generell die unbekleidete körperliche Erscheinung zu dieser Sphäre, die nur unter besonderen Umständen einem anderen zugängig sein darf, ohne gleichsam das Ich von seiner Ganzheit und Unversehrtheit loszulösen. Will man das besonders Peinigende des Schamgefühles in abstrakten Begriffen auseinanderlegen, so scheint es in dem Hin- und Hergerissenwerden zwischen der Exaggeration des Ich, dadurch, daß es ein Aufmerksamkeitszentrum ist, und der Herabsetzung zu bestehen, die es in seinem gleichzeitigen Manko gegenüber der vollständigen und normativen Idee seiner selbst fühlt. Wenn das Schamgefühl der Frauen auf jede Berührung des sexuellen Gebietes in der Gegenwart von Männern sogleich lebhaft reagiert, so liegt auch hier das eigentümliche Zusammenfallen von Betonung und Herunterdrückung des Ichbewußtseins vor. Die Frau empfindet typischerweise, daß, wenn jene Gefühlsprovinz in dem Manne angeregt wird, seine Aufmerksamkeit sich sofort in einer besonders zugespitzten Weise ihr zuwendet, zugleich aber in dem Maße, in dem sie eine höhere, feinere, unsinnlichere Persönlichkeit ist, daß diese Aufmerksamkeit nur eine Teilbedeutung ihrer trifft, daß das Ganze, indem es in diese momentan aufgeht, vermindert und deklassiert ist. Das Beängstigende dieser inneren Situation wird hier noch durch die besondere Verwicklung verschärft, daß die Frau jene Seite ihres Wesens, auf die sie die Bewußtseinsrichtung ablehnen will, doch normalerweise als etwas sehr Zentrales empfindet, als einen Hauptinhalt jener Sphäre, die sozusagen absolutes Privateigentum ist und deren unlegitimes Anrühren das Ich nicht mehr in seiner Integrität bestehen läßt. Es findet hier also nicht nur Heraushebung und Herabminderung des Ich überhaupt statt, sondern auf einem Gebiete, das schon an und für sich zwischen instinktiver Betonung und ethisch-gefühlsmäßiger Zurückdrängung pendelt und dadurch zum psychologischen Hauptort des Schamgefühles der Frau prädestiniert erscheint.[2] Daher erklärt sich auch, daß Prostituierte, sobald sie eine wirkliche Neigung zu einem Manne fassen, ihm gegenüber, wie man sagt, das volle Schamgefühl wiedergewinnen. Denn mit und in der Liebe tritt ihr ganzes Ich in die Beziehung zu dem Manne ein, während bei ihrer gewerbsmäßigen Hingabe nur ein einseitiger Teil desselben ins Spiel kommt, der sich zu dem ganzen überhaupt nicht mehr in eine Beziehung setzt; so daß sich für gewöhnlich der Kontrast zwischen dem ganzen und dem herabgesetzten Ich, in dem das Schamgefühl wurzelt, in ihr überhaupt nicht erhebt. Deshalb scheint auch ganz im allgemeinen Scham nur dann einzutreten, wenn die irgendwie herabsetzende oder peinliche Situation den ganzen Menschen und nicht nur ein lokalisiertes Interesse betrifft: Ein Loch im Ärmel wird ein Knabe etwa aus Furcht vor Strafe und der proletarische Anwärter auf eine Anstellung aus Besorgnis, daraufhin zurückgewiesen zu werden, verbergen; beiden ist das Loch aus jenen Gründen sehr unangenehm, aber sie schämen sich dessen nicht eigentlich. Wohl aber tut dies ein heruntergekommener Mann, der mit einem Loch im Ärmel einem ehemaligen Bekannten begegnet. Denn er empfindet jetzt seine ganze Persönlichkeit mit allem Inhalt, den die Vergangenheit ihr gegeben hat, in die Aufmerksamkeit des Begegnenden gerückt und zugleich, daß sein momentanes Ich, gegen diese Vorstellung gehalten, verringert und herabgesetzt ist. Aus dem gleichen Grunde

2 Darum darf man aber nicht verkennen, wie unermeßlich es der Zartheit der Empfindungen und des Verkehres schadet, daß die Begriffe von Scham, Anstand, Keuschheit sich sprachgebräuchlich vor allem auf das sexuelle Leben beziehen. Dadurch bekommen sie etwas Grobes, Äußerliches, fast Gênantes, das ihre Anwendung auf innerliche, individuellere, geistigere Gebiete erschwert. Sie wären an sich einzig geeignet, gewisse Feinheiten, Reserven und Distanzierungen durch das ganze Bereich menschlicher Beziehungen hindurch auszudrücken. Daran aber und an dem Beitrag, den sie damit auch der realen Entwicklung solcher inneren Werte leisten könnten, behindert sie ihre überwiegend sexuelle Färbung.

erklärt sich, daß ein angeborener Körperfehler so oft ein Gegenstand der Scham ist, ein durch Unglücksfall erworbener aber nicht: denn jenen fühlen wir unserem Ich zugehörig, diesen aber, als ein zufälliges Ereignis, sozusagen der Welt außer uns. Nur jener also läßt uns ein doppeltes Ich empfinden: das wirkliche, durch den Fehler als unvollständig erscheinende, und das normale, komplette, gegen das gehalten das erstere eben herabgesetzt ist. Indem nun die Verkrüppelung die Aufmerksamkeit anderer erregt, entsteht jenes Hin- und Hergerissenwerden zwischen der Betonung des Ich und seiner Herabsetzung gegen seine Idee, das der Scham charakteristisch ist und es erklärt, daß sie immer von einem eigentümlichen Gefühl von *Unruhe* begleitet ist. Die Aufmerksamkeit der anderen empfindet der so Betroffene als eine Indiskretion, sie dringen damit in die Sphäre seiner Persönlichkeit, in dasjenige ein, was nur ihn allein angeht. Diese Aufmerksamkeit betont den Drehpunkt, um den das Gefühl des vollen, normalen Ich und des verstümmelten, herabgesetzten schwingt und ruft damit das Gefühl des Beschämtseins hervor.

Um dieses in seiner Eigenart scharf zu erfassen, muß man sich seine formale Grundlage recht genau und gesondert vorstellen. Die Gelegenheitsursache, mit der wir die eigentümliche Gefühlsintensität der Scham verbunden sehen, ohne daß wir freilich zu sagen wüßten, warum gerade diese und keine andere – diese Ursache haftet nicht an irgendeinem bestimmten Inhalt des Lebens, sondern, wie ich meine, an jener formalen inneren Bewegung des Ichbewußtseins, das sich an die mannigfaltigsten Inhalte anschließen kann. Das typische Beschämungsgefühl, das in unserer Kultur die Nacktheit begleitet, ist inhaltlich mit dem gleichzeitigen Bewußtsein, etwas Unmoralisches zu tun oder zu leiden, keineswegs identisch. Denn einerseits erfahren wir oft genug eine gleiche Pein auf sittlichem Gebiete, ohne gerade Scham zu fühlen, anderseits knüpft sich diese ganz ebenso an Vorgänge ganz außersittlicher Natur. Gewiß ist die Erregung moralischer Zentren oft die Veranlassung von Schamgefühlen; allein die psychologische Konstellation derselben muß von jenen selbst noch unterschieden werden, und sie scheint erst wirklich zu werden, wenn der moralische Prozeß jene eigentümliche Herauf- und Herabsetzung des Ichbewußtseins bewirkt. Das äußere Vehikel bleibt immer die Aufmerksamkeit anderer, die freilich durch eine Spaltung unser selbst in ein beobachtendes und ein beobachtetes Teil-Ich ersetzt werden kann. Indem unsere Seele die mit nichts vergleichbare, ihr ganzes Wesen bestimmende Fähigkeit hat, sich selbst gegenüberzutreten, sich selbst zum Objekt zu werden, kann sie in sich selbst Verhältnisse darstellen, die zwischen den Wesen außer ihr und ihr selbst als einem Ganzen bestehen. In unzähligen Beziehungen sondern wir gleichsam einen Teil unser ab, der das Urteil, das Gefühl, den Willen anderer uns gegenüber vertritt. Wie wir uns überhaupt beobachten, beurteilen, verurteilen, wie Dritte es tun, so verpflanzt sich auch jene zugespitzte Aufmerksamkeit anderer, an die sich das Schamgefühl knüpft, in uns selbst hinein. Wie vermittels einer parlamentarischen Repräsentation der sozialen Gruppe in uns selbst, empfinden wir uns selbst gegenüber so, wie wir von vornherein nur anderen gegenüber empfinden. Daher können wir die innere Lage, die sonst durch die Aufmerksamkeit anderer in uns zustande kommt, rein immanent zum Anklingen bringen und uns so vor uns selbst schämen.[3]

Auf dieser Voraussetzung nun erheben sich die eigentlich soziologischen Modifikationen des Schamgefühles. Die prädestinierte Persönlichkeit, um in uns jene Alterierung des Ichgefühles hervorzubringen, ist diejenige, die uns weder völlig fern noch völlig nah steht. Der ersteren gegenüber sind wir eigentlich kein Ich, weil sie uns, eben wegen des Mangels persönlicher Kenntnis, gar nicht von anderen zu unterscheiden weiß. Deshalb wird der völlig Fremde eine Betonung unseres Ichgefühles nur in den Punkten bewirken, in denen dies von ganz generellen Interessen, also den gröberen und undifferenzierteren, anregbar ist. Daher die sonderbare Offenheit, mit der Reisegefährten, die sich seit einer Stunde kennen und sich nach einer Stunde nicht mehr wiedersehen wer-

3 Eine Rudimentärerscheinung der Scham ist die Schüchternheit, die in der Herabdrückung des Ichbewußtseins vermittels einer Betonung, der es sich nicht gewachsen fühlt, entsteht. Es handelt sich hier aber nicht um ein Werturteil, um das Gegenhalten gegen eine Norm, wie bei der Scham, sondern um ein rein dynamisches Verhältnis: die Seele kann die andringenden Vorstellungen und Gefühle, die durch die Zumutungen oder die Aufmerksamkeit anderer in ihr angeregt werden, nicht bewältigen, d. h. nicht unter dem zentralen Bewußtsein des Ich organisieren; daher die Verwirrung, die hier nur aus einem Mangel an Kraft oder innerer Organisationsfähigkeit entspringt. Die »Verschämtheit« der Kinder ist ersichtlich nichts anderes als solche Schüchternheit, keine eigentliche Scham.

den, einander oft genug intime Dinge anvertrauen. Hier ist man sich eben gegenseitig anonym, das Ich als solches ist aus der Beziehung ausgeschaltet und diese letztere kann deshalb mancherlei Inhalte bekommen, die dem Näherstehenden gegenüber für uns beschämend wären. Es ist im Grunde derselbe Instinkt, aus dem orientalische Frauen, wie berichtet wird, vor allem das Gesicht verhüllen, wenn sie in einer schockanten Situation überrascht werden. Denn das Gesicht ist die Erscheinung und Ausprägung der Individualität, mit seiner Unkenntlichmachung verschwindet das Ich und damit der Quellpunkt des Schamgefühles; diesem wird so viel zweckmäßiger genügt, als durch einen Instinkt, der etwa zu dem Verhüllungsmodus der antiken Venus triebe. – Daß andererseits vor dem ganz nah Vertrauten vielerlei ohne weiteres geschieht oder eingestanden wird, was Ferneren gegenüber die tiefste Scham erzeugen würde, liegt einesteils an der Solidarität mit ihm: jene zugespitzte Betonung des Ich durch die Aufmerksamkeit des andern fordert einen Gegensatz – schon weil diese nur als Ausnahmezustand, als schockierende Unterbrechung einer normalen Gleichgültigkeit solche Wirkung üben kann. Wo aber Liebe die Schranken zwischen den Ichs beseitigt hat, da fehlt die Distanz zwischen den Menschen, mit deren Überspringung erst der oben geschilderte Einbruch in die Sphäre des anderen und seine Beschämung erfolgen kann. Anderseits – und dies ist das Tiefere und Wichtigere – wird die Aufmerksamkeit dessen, der uns liebt und kennt, sich nicht leicht auf einen Punkt in uns richten, an dessen Erregung sich jenes peinliche Spiel zwischen Exaggerierung und Herabdrückung des Ichgefühles knüpfen könnte. Es ist der Segen des Verkehres mit ganz nahen Menschen, daß er uns in das Gleichgewicht mit uns selbst setzt, daß er auch das herabgesetzte, gleichsam rudimentär gewordene Ich in keine Reibung mit der Idee des normalen und normierenden Ich geraten läßt, sondern immer eine Versöhnung beider anbahnt. Wenn wir uns über gewisse Dinge freilich gerade nur den Nächsten gegenüber beschämt fühlen, so sind das solche, in denen das ganze oder das differenzierteste Ichbewußtsein in Frage steht und die uns auch den Intimsten als ein Nicht-Ich empfinden lassen.

Diese Deutung des Schamgefühles trifft nicht minder mit der Tatsache zusammen, daß es völlig zu versagen pflegt, sobald die Handlung, durch die es sonst provoziert wird, in Gemeinschaft mit vielen anderen Personen geschieht. Ich schrieb vor Jahren einmal, in einem anderen sozialpsychologischen Zusammenhang, in diesen Blättern: »Manche Vereine und ›Bünde‹ nehmen Begünstigungen für sich in Anspruch, die zu verlangen der einzelne vielleicht doch erröten würde. In der Verwaltung nordamerikanischer Städte hat man, um administrative Mißbräuche zu beheben, für jedes Amt, statt eines einzelnen Inhabers, ein Board von mehreren Mitgliedern konstituiert: aber sofort zeigte es sich, daß *the moment no one in particular was to blame* (Bryce) die Mißbräuche in noch viel schamloserer Weise überhand nahmen. Die antike Geschichte schon gibt Beispiele, daß man ganzen Körperschaften, Senaten, offiziell Douceurs anbot, die man so keinem einzelnen daraus zu offerieren gewagt hätte. Für die Gruppe, in der der Einzelne verschwindet, ist der Mangel an Schamgefühl bezeichnend.« Dies war die bloße äußere Tatsache, um deren tieferen Grund in den Konstellationen der Einzelseele es sich jetzt handelt. Wenn die Betonung des Ich die eigentliche Voraussetzung alles Beschämtseins ist, so bedarf es dazu eines Fürsichseins, einer Selbständigkeit dieses Ich. Die tiefe Alternative, die das Leben nach allen Richtungen hin erfüllt: ob das Individuum der Teil eines Ganzen oder selbst ein Ganzes ist – muß entschieden sein, wenn es zum Schamgefühl kommen soll. Nur das ganz selbständige, für sich verantwortliche Ich gibt den Rahmen ab, innerhalb dessen nun die Betonung und die Herabsetzung seiner selbst in jene charakteristische Reibung miteinander treten können. Hiermit aber ist die Rolle, die der einzelne als Glied einer Gesamtheit spielt, nicht verträglich. Die Tatsache, daß unsere Ideale und Normen so oft aus den realen Beziehungen und Verhaltungsweisen der sozialen Gruppe gezogen sind, streicht vielfach, sobald wir uns mit einer Gruppe solidarisch fühlen, den Gegensatz zwischen unserem Sein und unserem Seinsollen aus. Dies ist ein so rein formal-soziologisches Geschehnis, daß es von der bloßen Tatsache eines Gruppenwillens oder einer Gruppenkraft, die uns einschließen, ausgeht, oft ganz gleichgültig dagegen, ob diese Gruppe eigentlich berechtigt ist, für unsere Ideale zu vikarieren. So verneint das Befaßtsein in einer Gruppenaktion von beiden Seiten her die Voraussetzungen des Schamgefühles: sowohl die Selbständigkeit, das Befaßtsein in eigener, individuell begrenzter Sphäre, wie die Bildung der normierenden Vorstellungen; ohne die eine kann es nicht zu der Betonung, ohne die andere nicht zu der Herabdrückung des Ich kommen. Und zwar tut es das ersichtlich um so weniger, eine je geringfügigere, je mehr bloß empfangende Rolle der einzelne dem überindividuellen Ganzen gegenüber spielt. Daher die typische »Unverschämtheit« der Dienerschaft eines reichen oder vornehmen Hauses; zur Zeit Ludwigs XIV. sagte man: »Unverschämt wie ein Page«. Ein junger Mensch, der noch kein entschiedenes und gefestigtes Ich besitzt, wird als Angehöriger eines objektiven Sozialgebildes vielerlei tun und sagen, dessen er sich als Individuum schämen würde. Denn jedes Bewußtsein seiner individuellen Unangemessenheit oder Unzulänglichkeit wird sofort durch die Bedeutsamkeit jenes großen Zusammenhanges ausgelöscht, dem er angehört und mit dem er sich um so naiver solidarisch fühlt, je weniger er als Individuum für ihn leistet; denn unsere Grenzen gegen ein Sozialgebilde pflegen wir erst einzusehen, wenn wir unsere Kräfte wirksam dafür einsetzen müssen. Die genau entgegengesetzte Erscheinung ergibt sich manchmal, wenn sich in einer Vorlesung, Versammlung usw., die auf viele Teilnehmer berechnet ist, nur ganz wenige einfinden. Dann pflegen diese eine gewisse Geniertheit und Beschämung dem Vortragenden gegenüber zu empfinden, als hätten *sie* sich eine Vernachlässigung oder Kränkung dieses zuschulden kommen lassen. In dieser Situation fühlt sich der einzelne gewissermaßen als Repräsentant der ganzen Versammlung, die durch ihre Lükken eine Betonung des einzelnen Anwesenden bewirkt; so daß dieser den Mangel an Interesse oder Achtung, den der Vortragende seitens jenes ideellen Ganzen erfährt, als ihm persönlich zurechenbar empfindet. Es ist hier also durch die soziologische Lage die Konstellation des Schamgefühles gegeben: die Hervorhebung des Ich und die gleichzeitige Herabdrückung desselben durch den Abstand zwischen einer unvollkommenen Wirklichkeit und einer ideell vorhandenen, normierenden Ganzheit. Während in dem früheren Falle das soziale Gebilde für das Individuum eingetreten war, und ihm damit die Zuspitzung und den Dualismus, die Elemente der Scham, abgenommen hatte, tritt hier umgekehrt der einzelne innerlich für das Ganze ein, durch dessen Unzulänglichkeit ihm jene Elemente und damit eine sachlich gerade ganz unangebrachte Schamempfindung oktroyiert wird. –

An wenigen psychologischen Deutungen tritt der Symbolcharakter, den sie notwendig tragen, deutlicher hervor als hier. Wir müssen offen gestehen, daß ein anschauliches und wissenschaftlich zuverlässiges Bild von den Vorgängen, die wir die seelischen nennen, uns ganz und gar fehlt. Das Gleiten des seelischen Prozesses, in dem, je höher er über der bloßen Empfindung liegt, alle einzelnen Inhalte völlig kontinuierlich ineinander übergehen, zerhacken wir in einzelne »Vorstellungen«, aus deren Verbindungen und Trennungen, Aufsteigen und Niedersinken wir die innere Wirklichkeit zu konstruieren meinen – der tiefen Inkommensurabilität der Formen, deren eine wir durch die andere erklären wollen, die zweite hinzufügend, daß wir die »Vorstellung«, den bloßen Inhalt eines Gedankenprozesses, wie ein selbständiges Wesen behandeln, das mit anderen seiner Art in aktive und passive Verhältnisse trete; und diese Abbiegung von dem, was wir als das wirkliche Verhalten wohl fühlen, aber nicht ergreifen können, setzen wir fort, indem wir dieses Verhalten, das in der Zeitreihe, in einem unstaubaren Nacheinanderabrollen der Inhalte vor sich geht, immer als eine Wechselwirkung von Elementen charakterisieren. Materien, die gegeneinander schwer sind, stehen wohl in eigentlicher Wechselwirkung; aber anzunehmen, daß die Elemente des seelischen Geschehens, denen die Form des Nebeneinander versagt ist, eben dasselbe tun, ist ebenso unmöglich, wie dennoch bei dem jetzigen Stande unserer psychologischen Vorstellungen fortwährend geübt. Es scheint, daß wir unserer Seele zu nahe stehen, daß erst die Distanz, die wir zu allem Äußeren haben, uns ein Wirkliches auch greifbar mache; und die Seele des Du ist uns entweder ein völliges Mysterium oder nur deutbar nach der Analogie des eigenen Ich. Wo die Unmittelbarkeit der Bewußtseinserscheinungen aus tieferen Vorgängen, die wir nur konstruieren, aber nie anschauen können, begriffen werden soll, sind wir auf bloße Bilder angewiesen, die dem Mechanismus äußerer Natur mit der Einheit und Vielheit, dem Aufsteigen und Herabsinken, dem Mehr und dem Minder seiner Elemente entnommen sind – während wir zugleich wissen, daß die Verhältnisse dieses mechanischen Geschehens in einem nur ganz ungefähren, niemals stetigen Verhältnis zu dem stehen, was sie so symbolisieren sollen. Und doch, wenn auch die Wahrheit hiermit nicht getroffen wird, so kann es doch nicht ganz Irrtum sein. Denn schließlich bestätigt die psychologische Erfahrung oft genug das, was aus einer für sie eigentlich nicht gültigen Ordnung heraus konstruiert wird. Bis uns erst einmal ein Philosoph, der das Genie von Leibniz mit dem von Kant vereinigt, einen ganz neuen Begriff vom Wesen des Seelischen gegeben hat, sind alle psychologischen Deutungen mehr oder weniger auf den glücklichen Zufall angewiesen, von den Erfahrungen und den Instinkten der Urteilenden die Bestätigung für das, was an ihnen unbeweisbar ist und was immer ihr Wesentliches ist, zu erhalten.

Psychologie der Diskretion
(1906)

Daß alle Beziehungen zwischen Menschen auf dem Wissen ruhen, das der eine von dem anderen hat – dies ist eine Tatsache von so banaler Selbstverständlichkeit, daß man nicht leicht an die gar nicht selbstverständlichen Nuancen und Maßbestimmungen dieses Wissens denkt und wie sehr sie als Ursache und als Wirkung, die Sonderart jedes Verhältnisses charakterisieren. Denn nicht nur, was der eine von dem andern weiß, sondern dessen Verwebung mit dem, was er von ihm nicht weiß, gibt der Beziehung ihren Ton, ihren Umfang, ihr Tiefenmaß. Bei vollkommener gegenseitiger Durchsichtigkeit wären alle Verhältnisse der Menschen in einer gar nicht abzusehenden Weise abgeändert, wie sie bei vollkommenem Nichtwissen umeinander unmöglich wären. Es ist bedeutsam, daß man gerade die oberflächlichste Beziehung, für die die moderne Kultur einen besonderen Begriff geprägt hat, als »Bekanntschaft« bezeichnet. Daß man sich gegenseitig »kennt« bedeutet in diesem Sinne durchaus nicht, daß man sich gegenseitig kennt, d. h. einen Einblick in das eigentlich Persönliche der Individualität habe; sondern nur, daß jeder sozusagen von der Existenz des anderen Notiz genommen habe. Indem man aussagt, mit einer bestimmten Person bekannt, ja selbst gut bekannt zu sein, bezeichnet man doch sehr deutlich den Mangel eigentlich intimer Beziehungen. Der Grad des Kennens, den das »gut miteinander bekannt sein« einschließt, bezieht sich nicht auf das, was ein jeder an und in sich, sondern nur, was er in der dem anderen und der Welt zugewandten Schicht ist. Deshalb ist die Bekanntschaft in diesem gesellschaftlichen Sinne der eigentliche Sitz der »Diskretion«. Denn diese besteht keineswegs nur in dem Respekt vor dem Geheimnis des anderen, vor seinem direkten Willen, uns dies oder jenes zu verbergen, sondern schon darin, daß man sich von der Kenntnis alles dessen am anderen fernhält, was er nicht positiv offenbart.

Hier kommt die auch sonst wirkungsvolle Empfindung zu Worte, daß um jeden Menschen eine Reihe ideeller Sphären von mannigfaltigstem Umfang und Richtung liegen, in die einzudringen den Persönlichkeitswert des Individuums zerstört. Die

»Ehre« legt einen solchen Bezirk um uns: die Sprache bezeichnet eine Ehrenkränkung treffend als ein »Zunahetreten« – der Radius jener Sphäre gleichsam markiert die Distanz, deren Überschreitung durch eine fremde Persönlichkeit die Ehre kränkt. Eine andere Sphäre läßt das, was man die »Bedeutung« eines Menschen nennt, um ihn wachsen. Dem »bedeutenden« Menschen gegenüber besteht ein innerer Zwang zum Distanzhalten, der selbst im intimen Verhältnis mit ihm nicht ohne weiteres verschwindet und der nur für denjenigen nicht vorhanden ist, der kein Organ zur Wahrnehmung der Bedeutung hat. Darum existiert jene Distanzsphäre nicht für den »Kammerdiener«, weil es für ihn keinen »Helden« gibt, was aber nicht an dem Helden, sondern an dem Kammerdiener liegt. Darum ist alle Zudringlichkeit mit einem auffallenden Mangel an Gefühl für die Bedeutungsunterschiede der Menschen verbunden. Und ein solcher, von wie anderen Werten auch akzentuierter Umkreis umgibt den Menschen, besetzt mit seinen Angelegenheiten und Beschaffenheiten, deren bloße Kenntnisnahme ein Zunahetreten ist.

Wie das materielle Eigentum gleichsam eine Ausdehnung des Ichs ist und wie deshalb jeder Eingriff in den Besitzstand als eine Vergewaltigung der Persönlichkeit empfunden wird, so gibt es ein seelisches Privateigentum, in das einzudringen eine Lädierung des Ich in seinem Zentrum bedeutet. Diskretion ist nichts anderes als das Rechtsgefühl in bezug auf die hiermit bezeichnete Sphäre, deren Grenze freilich nicht ohne weiteres festzulegen ist; denn das Recht jenes seelischen Privateigentums kann so wenig ganz unumschränkt bejaht werden wie das des materiellen. Wie allenthalben Einschränkungen des individuellen Besitzes, sei es durch gesetzliche Gebote und Verbote über Erwerb und Verkehr, sei es durch Besteuerung, im Interesse des sozialen Ganzen zu Recht bestehen, so gilt dies auch für die innere Sphäre. Im Interesse des Verkehrs und des sozialen Zusammenhaltes muß der eine vom andern gewisse Dinge wissen, und dieser andere hat nicht das Recht, sich vom moralischen Standpunkt dagegen zu wehren und die Diskretion des anderen, d. h. den ungestört eigenen Besitz seines Seins und Bewußtseins auch da zu verlangen, wo die Diskretion die gesellschaftlichen Interessen schädigen würde. Der Geschäftsmann, der mit einem anderen langsichtige Verpflichtungen kontrahiert; die Herrschaft, die einen Dienstboten engagiert; der Vorgesetzte, der einen Untergebenen avancieren läßt; die

Hausfrau, die eine neue Persönlichkeit in ihren Geselligkeitskreis aufnimmt – alle diese müssen berechtigt sein, von der Vergangenheit und Gegenwart des fraglichen anderen, von seinem Temperament und seiner moralischen Beschaffenheit alles das zu erfahren oder zu kombinieren, worauf sich die Beziehung ihm gegenüber oder ihre Ablehnung vernünftigerweise gründen läßt. Aber auch jenseits dieser groben Formen ruht in feineren und weniger eindeutigen, in fragmentarischen Ansätzen und Unausgesprochenheiten der ganze Verkehr der Menschen auf einem gewissen Recht auf Indiskretion, ruht darauf, daß jeder vom andern etwas mehr weiß, als dieser ihm willentlich offenbart, und vielfach solches, dessen Erkanntwerden ihm, wenn er es wüßte, höchst unerwünscht wäre. Der Umfang dieses Rechtes ist, wie gesagt, sehr schwer zu bestimmen. Im allgemeinen spricht der Mensch sich das Recht zu, alles das zu wissen, was er ohne Anwendung äußerer illegaler Mittel, rein durch psychologische Beobachtung und Nachdenken ergründen kann. Tatsächlich aber kann die auf diese Weise geübte Indiskretion ebenso gewalttätig und moralisch unzulässig sein wie das Horchen an verschlossenen Türen und das Hinschielen auf fremde Briefe. Für den psychologisch Feinhörigen verraten die Menschen unzählige Male ihre geheimsten Gedanken und Beschaffenheiten, nicht nur obgleich, sondern oft gerade weil sie ängstlich bemüht sind, sie zu hüten. Das gierige, spionierende Auffangen jedes unbedachten Wortes; die bohrende Reflexion: was dieser Tonfall wohl zu bedeuten habe, wozu jene Äußerungen sich kombinieren ließen, was das Erröten bei der Nennung eines bestimmten Namens wohl verrate – alles dies überschreitet die Grenze der äußerlichen Diskretion nicht. So sehr der anständige Mensch aber sich solches Nachgrübeln über die Verborgenheiten eines anderen, solche Ausnutzung seiner Unvorsichtigkeiten und Hilflosigkeiten verbieten wird, so besteht hier doch eine besondere Schwierigkeit: Erkenntnisse dieses Gebietes stellen sich oft so automatisch und ohne absichtliches Nachdenken ein, sie stehen oft so unübersehbar vor uns, daß es selbst dem besten Willen zur Diskretion nicht gelingt, sich des geistigen Antastens »alles dessen, was sein ist«, zu enthalten.

Jedenfalls aber ist innerhalb der hier berührten Verhältnisse kein Zweifel, daß prinzipiell eine Diskretionspflicht besteht, wie unsicher auch ihre Grenzen sich zeigen. Viel weniger aber wird die Anschauung des »gesunden Menschenverstandes« – in der freilich die Gesundheit den Verstand zu dominieren pflegt – solche Beziehungen unter den Aspekt von Recht und Pflicht stellen, die, mindestens ihrer Idee nach, die ganze Breite der Persönlichkeit vorbehaltlos umfassen. Die hauptsächlichen Typen sind hier Freundschaft und Ehe. Das Freundschaftsideal, wie es von der Antike aufgenommen und eigentümlicherweise gerade im romantischen Sinne fortgebildet worden ist, geht auf eine absolute seelische Vertrautheit, die hier auch oft erreichbarer scheint als in der Liebe, weil der Freundschaft die einseitige Zuspitzung auf ein Element fehlt, die die Liebe durch ihre Sinnlichkeit erfährt. Andererseits wird diese Einseitigkeit oft die Bahn brechen, auf der die andern Beziehungskräfte, die ohne die Liebe latent geblieben wären, ihr folgen. Unleugbar öffnet bei den meisten Menschen die geschlechtliche Liebe die Tore der Gesamtpersönlichkeit am weitesten, ja bei nicht wenigen ist sie die einzige Form, in der sie ihr ganzes Ich geben können. Es sind keineswegs nur die weiblichen Naturen, bei denen das ganze Sein und besonders dessen sonst unzugängliche, unschmelzbare Teile in der Liebe gleichsam chemisch gelöst werden und nur und ganz in deren Färbung, Gestalt, Temperatur auf den andern überfließen. Wo aber das Liebesgefühl nicht expansiv genug, die übrigen Seeleninhalte nicht fügsam genug sind, kann, wie ich andeutete, das Überwiegen der erotischen Verbindungslinie die übrigen sowohl praktisch-sittlichen wie geistigen Berührungen, das Sichöffnen der jenseits des Erotischen liegenden Reservoire der Persönlichkeit hintanhalten. Deshalb mag die Freundschaft, der diese Heftigkeit, aber auch diese Ungleichmäßigkeit der Hingabe fehlt, eher den ganzen Menschen mit dem ganzen Menschen verbinden, mag eher die Verschlossenheiten der Seele, zwar nicht so stürmisch, aber in breiterem Umfang und längerem Nacheinander, lösen. Diese völlige Vertrautheit dürfte indes mit der wachsenden Differenzierung der Menschen immer schwieriger werden. Vielleicht hat der moderne Mensch zuviel zu verbergen, um eine Freundschaft im antiken Sinne zu haben, vielleicht sind die Persönlichkeiten auch, außer in sehr jungen Jahren, zu eigenartig individualisiert, um die volle Gegenseitigkeit des Verständnisses, des bloßen Aufnehmens, zu dem ja immer so viel auf den andern eingestellte Divination und produktive Phantasie gehört, zu ermöglichen. Es scheint, daß deshalb die moderne Gefühlsweise sich mehr zu differenzierten Freundschaften neigte, d. h. zu solchen, die ihr Gebiet nur an je einer Seite der Persönlichkeiten haben und in die die übrigen nicht hineinspielen. Damit kommt ein ganz besonderer Typus der Freundschaft auf, der für unser Problem: das Maß des Eindringens oder der Reserve innerhalb des Freundschaftsverhältnisses, von größter Bedeutung ist. Jene Freundschaften, die uns mit einem Menschen von der Seite des Gemütes, mit einem anderen von der der geistigen Gemeinsamkeit her, mit einem dritten um religiöser Impulse willen, mit einem vierten durch gemeinsame Erlebnisse verbinden, können zwar trotz der Umgrenztheit ihres Gebietes echte und wirkliche Freundschaft sein, die tiefsten Wurzelsäfte der Persönlichkeit können sie tränken. Aber gerade dann stellen sie in Hinsicht der Diskretionsfrage, des Sichoffenbarens und Sichverschweigens die strenge Forderung: daß die Freunde gegenseitig nicht in die Interessen- und Gefühlsbezirke hineinsehen, die nun einmal nicht in die Beziehung eingeschlossen sind und deren Berührung die Grenze des gegenseitigen Sichverstehens schmerzlich fühlbar machen würde. Aber diese Rücksicht, statt das Verhältnis zu irritieren, bringt vielmehr, in den guten Fällen, eine neue Zartheit hinein, ja eine neue Gemeinsamkeit. Denn allenthalben wirkt ein beiderseitiges Vermeiden empfindlicher oder steriler Gebiete als eine unterirdische Nähe, als ein wortloses Sichverstehen, das an verbindender Kraft manchem positiven Momente gleichkommt.

Viel diffiziler liegt die Abmessung des Sichoffenbarens und Sichzurückhaltens, des Eindringens und der Diskretion in der Ehe. Die Schwierigkeit erwächst aus der Eigentümlichkeit der modernen Eheform gegenüber denen anderer Kulturen: daß in diesen die Ehe prinzipiell kein erotisches Institut war und ist, sondern eines, das von vornherein nur auf gewisse Sonderzwecke, besonders ökonomisch-sozialer Natur, angelegt ist, nicht auf das Sichgeben des ganzen Menschen, das der erotischen Verbindung eigen ist; und indem dem Prinzip nach die letztere die moderne Ehe fundamentiert, erhebt sich erst für sie das Problem jener freiwilligen Reserve, in der die Diskretion besteht. In der ethnologischen und vielfach in der antiken Welt ist mit der Ehe die Befriedigung der Liebeswünsche nur akzidentell verbunden, sie wird, natürlich mit Ausnahmen, nicht aus der individuellen Attraktion, sondern aus Gründen der Familienverbindung, der Arbeitsverhältnisse, der Nachkommenschaft geschlossen. Zu äußerst klarer Differenzierung haben es in dieser Hinsicht die Griechen gebracht, laut

Demosthenes: »Wir haben Hetären für das Vergnügen, Konkubinen für die täglichen Bedürfnisse, Gattinnen aber, um uns rechtmäßige Kinder zu geben und für das Innere des Hauses zu sorgen.« Nun wird niemand verkennen, daß auch innerhalb des modernen Lebens die Ehe wahrscheinlich überwiegend aus konventionellen oder materiellen Motiven eingegangen wird. Allein, gleichviel wie oft verwirklicht, die Idee der modernen Ehe ist die Gemeinsamkeit aller Lebensinhalte, die den Wert und das Schicksal der Persönlichkeiten bestimmen. Und daß dies, wenn auch nur als ideale Forderung, besteht, ist durchaus nicht wirkungslos; es hat oft genug Raum und Anregung gegeben, eine ursprünglich sehr unvollkommene Gemeinsamkeit zu einer immer umfassenderen zu entwickeln. Aber während gerade die Unbeendbarkeit dieses Prozesses der Vergemeinsamung das Glück und die innere Lebendigkeit des Verhältnisses trägt, pflegt seine Umkehrung schwere Enttäuschungen zu bringen: wenn nämlich die absolute Einheit vorweggenommen wird, Verlangen wie Darbieten keinerlei Zurückhaltung kennt, selbst diejenige nicht, die für alle tieferen und feineren Naturen noch immer in den dunklen Gründen der Seele bleibt, wenn sie sie ganz vor dem andern auszuschütten meinen. In der Ehe wie in eheartigen freien Verhältnissen liegt die Versuchung sehr nahe, in der ersten Zeit völlig ineinander aufzugehen, die letzten Reserven der Seele denen der Körperlichkeit nachzuschicken, sich vorbehaltlos aneinander zu verlieren. Dies aber wird meistens die Zukunft des Verhältnisses erheblich bedrohen. Ohne Gefahr können nur diejenigen Menschen sich ganz geben, die sich überhaupt gar nicht ganz geben *können,* weil der Reichtum ihrer Seele in fortwährenden Weiterentwicklungen besteht, so daß jeder Hingabe sogleich neuer Erwerb nachwächst, in denen eine Unerschöpflichkeit latenter seelischer Besitztümer ruht und die diese deshalb so wenig mit einem Male offenbaren und wegschenken können, wie mit den verschenkten Jahresfrüchten eines Baumes die des nächsten Jahres vergeben sind. Anders aber bei denen, die mit den Aufschwüngen des Gefühles, der Unbedingtheit einer Hingabe, der Offenbarung ihres Seelenlebens sozusagen vom Kapital nehmen und damit dem typisch-menschlichen Triebe nachgeben: die Henne zu schlachten, die die goldenen Eier legt; bei denen es an jener gar nicht zu offenbarenden und von dem Ich gar nicht ablösbaren Quellkraft immer neuen seelischen Gewinnes fehlt. Da liegt denn die Chance nahe, daß man sich eines Tages mit leeren Händen gegenübersteht, daß die dionysische Schenkseligkeit eine Verarmung zurückläßt, die noch rückwirkend – ungerecht, aber darum nicht weniger bitter – sogar die genossenen Hingaben und ihr Glück Lügen straft. Wir sind nun einmal so eingerichtet, daß wir nicht nur einer bestimmten Proportion von Wahrheit und Irrtum als Basis unseres Lebens bedürfen, sondern auch einer solchen von Deutlichkeit und Undeutlichkeit im Bilde unserer Lebenselemente. Was wir bis auf den letzten Grund deutlich durchschauen, zeigt uns eben damit die Grenze seines Reizes und verbietet der Phantasie, ihre Möglichkeiten darein zu weben, für deren Verlust keine Wirklichkeit uns entschädigen kann. Der andere soll uns nicht nur eine hinzunehmende Gabe schenken, sondern auch die Möglichkeit, ihn zu beschenken, mit unseren Idealisierungen und Hoffnungen, mit seinen verborgenen Schönheiten und ihm selbst unbewußten Reizen. Der Ort aber, an dem wir all dies von uns, aber für ihn Hervorgebrachte deponieren, ist der undeutliche Horizont seiner Persönlichkeit, das Zwischenreich, in dem der Glaube das Wissen ablöst. Es handelt sich dabei keineswegs nur um Illusionen und verliebten Selbstbetrug, sondern einfach darum, daß uns ein Teil auch an den nächsten Menschen, damit ihr Reiz für uns auf der Höhe bleibe, in der Form der Undeutlichkeit oder Unanschaulichkeit geboten sein muß; indem sie diese idealisierende Tätigkeit ermöglichen, ersetzt die Mehrzahl der Menschen den Attraktionswert, den jene Minderzahl durch die Unerschöpflichkeit ihres inneren Lebens und Wachsens besitzt. Die bloße Tatsache des absoluten Kennens, des psychologischen Ausgeschöpfthabens ernüchtert uns sogar ohne vorhergegangenen Rausch, lähmt die Lebendigkeit der Beziehungen und läßt ihre Fortsetzung als etwas eigentlich Zweckloses erscheinen. Dies ist die Gefahr der restlosen und in einem mehr als äußeren Sinne schamlosen Hingabe, zu der die unbeschränkten Möglichkeiten intimer Beziehungen verführen, ja, die leicht als eine Art Pflicht empfunden werden – namentlich da, wo keine absolute Sicherheit des eigenen Gefühles besteht und die Besorgnis, dem anderen nicht genug zu geben, dazu verleitet, ihm zuviel zu geben. An diesem Mangel gegenseitiger Diskretion, im Sinne des Nehmens wie des Gebens, gehen sicher viele Ehen zugrunde, das heißt, verfallen in eine reizlos banale Gewöhnung, in eine Selbstverständlichkeit, die keinen Raum für Überraschungen mehr hat. Die fruchtbare Tiefe der

Beziehungen, die hinter jedem geoffenbarten Letzten noch ein Allerletztes ahnt und ehrt, die auch das sicher Besessene täglich von neuem zu erobern reizt, ist nur der Lohn jener Zartheit und Selbstbeherrschung, die auch in dem engsten, den ganzen Menschen umfassenden Verhältnis noch das innere Privateigentum respektiert, die das Recht auf Frage durch das Recht auf Geheimnis begrenzen läßt.

Psychologie des Schmuckes
(1908)

In dem Wunsche des Menschen, seiner Umgebung zu gefallen, verschlingen sich die Gegentendenzen, in deren Wechselspiel sich überhaupt das Verhältnis zwischen den Individuen vollzieht: eine Güte ist darin, ein Wunsch, den anderen eine Freude zu sein; aber auch der andere: daß diese Freude und »Gefälligkeit« als Anerkennung und Schätzung auf uns zurückströme, unserer eigenen Persönlichkeit als ein Wert zugerechnet werde. Und so weit steigert sich das Bedürfnis, daß es jener ersten Selbstlosigkeit des Gefallen-Wollens ganz widerspricht: durch eben dieses Gefallen will man sich vor anderen *auszeichnen*, will der Gegenstand einer Aufmerksamkeit sein, die anderen nicht zuteil wird – bis zum Beneidetwerden hin. Hier wird das Gefallen zum Mittel des Willens zur Macht; es zeigt sich dabei an manchen Seelen der wunderliche Widerspruch, daß sie diejenigen Menschen, über die sie sich mit ihrem Sein und Tun erheben, doch gerade nötig haben, um auf deren Bewußtsein, ihnen untergeordnet zu sein, ihr Selbstgefühl aufzubauen. Eigentümliche Gestaltungen dieser Motive, die Äußerlichkeit und die Innerlichkeit ihrer Formen ineinander webend, tragen den Sinn des Schmuckes. Denn dieser Sinn ist, die Persönlichkeit hervorzuheben, sie als eine irgendwie ausgezeichnete zu betonen, aber nicht durch eine unmittelbare Machtäußerung, durch etwas, was den anderen von außen zwingt, sondern nur durch das Gefallen, das in ihm erregt wird und damit doch irgendein Element von Freiwilligkeit enthält. Man schmückt sich für sich und kann das nur, indem man sich für andere schmückt. Es ist eine der merkwürdigsten soziologischen Kombinationen, daß ein Tun, das ausschließlich der Pointierung und Bedeutungssteigerung seines Trägers dient, doch ausschließlich durch die Augenweide, die er anderen bietet, ausschließlich als eine Art Dankbarkeit dieser anderen sein Ziel erreicht. Denn auch der Neid auf den Schmuck bedeutet nur den Wunsch des Neidischen, die gleiche Anerkennung und Bewunderung für *sich* zu gewinnen, und sein Neid beweist gerade, wie sehr diese Werte für ihn an den Schmuck gebunden sind. Daß Gelb die symbolische Farbe des Neides ist, hängt mit dem Gelb des Goldes zusammen: das Gold ist das Glanzvolle und Schöne, dessen Anblick Genuß bereitet – aber einen sozusagen objektiven Genuß, der sich subjektiv sogleich in Habenwollen und Scheelsucht umsetzt. Der Schmuck ist das schlechthin Egoistische, insofern er seinen Träger *heraushebt*, sein Selbstgefühl auf Kosten anderer trägt und mehrt (denn der gleiche Schmuck aller würde den einzelnen nicht mehr schmükken), und zugleich das Altruistische, das seine Erfreulichkeit eben diesen anderen gibt – während der Besitzer selbst sie nur im Augenblicke des Sich-Spiegelns genießen kann – und erst mit dem Reflex dieses Gebens dem Schmucke seinen Wert gewinnt. Wie allenthalben in der ästhetischen Gestaltung die Lebensrichtungen, die die Wirklichkeit fremd nebeneinander oder feindlich gegeneinander stellt, sich als innig verwandt enthüllen – so zeigt in den soziologischen Wechselwirkungen, diesem Kampfplatz des Fürsich-seins und des Für-andere-seins der Menschen, das ästhetische Gebilde des Schmuckes einen Punkt an, in dem diese beiden Gegenrichtungen wechselseitig als Zweck und Mittel aufeinander angewiesen sind.

Der Schmuck steigert oder erweitert den Eindruck der Persönlichkeit, indem er gleichsam als eine Ausstrahlung ihrer wirkt. Darum sind die glänzenden Metalle und die edlen Steine von jeher seine Substanz gewesen, sind in engerem Sinne »Schmuck« als die Kleidung und die Haartracht, die doch auch »schmücken«. Man kann von einer Radioaktivität des Menschen sprechen, um jeden liegt gleichsam eine größere oder kleinere Sphäre von ihm ausstrahlender Bedeutung, in die jeder andere, der mit ihm zu tun hat, eintaucht – eine Sphäre, zu der körperliche und seelische Elemente sich unentwirrbar verweben. Die sinnlich merkbaren Einflüsse, die von einem Menschen auf seine Umgebung ausgehen, sind in irgendeiner Weise die Träger einer geistigen Fulguration; und sie wirken als die Symbole einer solchen auch da, wo sie tatsächlich nur äußerlich sind, wo keinerlei wirkliche Suggestionskraft oder Bedeutung der Persönlichkeit durch sie hindurchströmt. Die Strahlen des Schmuckes, die sinnliche Aufmerksamkeit, die er erregt, schaffen der Persönlichkeit eine solche Erweiterung oder auch Intensiverwerden ihrer Sphäre, sie *ist* sozusagen mehr, wenn sie geschmückt ist. Indem der Schmuck zugleich ein irgendwie erheblicher Wertgegenstand zu sein pflegt, ist er so eine Synthese des Habens und des Seins von Subjekten, mit ihm wird der bloße Besitz zu einer sinnlichen und nachdrücklichen Fühlbarkeit des Menschen selbst – so sehr solche Bedeutungen des Schmuckes dank seiner modernen Banalisierung zu Unmerklichkeiten herabsinken und nur noch bei dem Schmuck der Fürsten und Millionäre hervortreten. Mit der gewöhnlichen Kleidung ist dies nicht der Fall, weil sie weder nach der Seite des Habens noch des Seins als individuelle Besonderung ins Bewußtsein tritt; erst die geschmückte Kleidung und zuhöchst die Pretiosen, die deren Wert und Ausstrahlungsbedeutung wie in einem kleinsten Punkte sammeln, lassen das Haben der Persönlichkeit zu einer sichtbaren Qualität ihres Seins werden. Und alles dies nicht, trotzdem der Schmuck etwas »Überflüssiges« ist, sondern gerade, weil er es ist. Das unmittelbar Notwendige ist dem Menschen enger verbunden, es umgibt sein Sein mit einer schmaleren Peripherie. Das Überflüssige »fließt über«, d. h. es fließt weiter von seinem Ausgangspunkte fort, und indem es nun dennoch an diesem festgehalten wird, legt es um den Bezirk der bloßen Notdurft noch einen umfassenderen, der prinzipiell grenzenlos ist. Das Überflüssige hat, seinem Begriffe nach, kein Maß in sich; mit dem Grade der Überflüssigkeit dessen, was unser Haben uns angliedert, steigt die Freiheit und Fürstlichkeit unseres Seins, weil keine gegebene Struktur, wie sie das Notwendige als solches designiert, ihm irgendein begrenzendes Gesetz auferlegt.

Diese Bedeutung des Schmuckes als der Ausstrahlung des *Menschen*, als Dokumentierung der Tatsache, daß der Mensch nicht mit der geometrischen Grenze seines Körpers zu Ende ist – läßt den Diamanten als den entschiedensten, zweckmäßigsten Schmuck erscheinen. Denn er ist sozusagen selbst körperlos, seine Wirkung besteht nur in den Strahlen, die er aussendet, ohne daß sie an einer an sich schon auffälligen und reizvollen farbigen Substanz hafte, wie es beim Saphir und dem Smaragd der Fall ist. Darum hat man die Werthöhe des Diamanten an seine Durchsichtigkeit, seine Wasserhelle geknüpft. Weil das, was den Schmuck ausmacht, das Strahlen, bei ihm von keinem für sich eindrucksvollen Stoffe getragen wird, schmiegt er sich am vollkommensten dem Menschen an, leiht ihm am »selbstlosesten« seine Strahlungsfähigkeit. Indem der Strahl des Edelsteines zu dem anderen hinzugehen scheint wie das Aufblitzen des Blickes, den das Auge auf den anderen richtet, trägt er die soziale Bedeutung des Schmuckes – das Für-den-anderen-sein, das als Erweiterung der Bedeutungssphäre des Subjekts zu diesem zurückkehrt.

Diese Akzentuierung der Persönlichkeit aber verwirklicht sich gerade vermittels eines Zuges von Unpersönlichkeit. Alles, was den Menschen überhaupt »schmückt«, ordnet sich in eine Skala, je nach der Enge, mit der es der physischen Persönlichkeit verbunden ist. Der unbedingt enge Schmuck ist für die Naturvölker typisch: die Tätowierung. Das entgegengesetzte Extrem ist der Metall- und Steinschmuck, der absolut unindividuell ist und den jeder anlegen kann. Zwischen beiden steht die Kleidung – immerhin nicht so unvertauschbar und personal wie die Tätowierung, aber auch nicht so unindividuell und trennbar wie jener eigentliche »Schmuck«. Aber gerade in dessen Unpersönlichkeit liegt seine Eleganz. Daß dieses fest in sich Geschlossene, durchaus auf keine Individualität Hinweisende, hart Unmodifizierbare des Steins und des Metalls nun dennoch gezwungen wird, der Persönlichkeit zu dienen – gerade dies ist der feinste Reiz des Schmuckes. Das eigentlich Elegante vermeidet die Zuspitzung auf die besondere Individualität, es legt immer eine Sphäre von Allgemeinem, Stilisiertem, sozusagen Abstraktem um den Menschen – was selbstverständlich nicht die Raffinements verhindert, mit der dies Allgemeine der Persönlichkeit verbunden wird. Daß neue Kleider besonders elegant wirken, liegt daran, daß sie noch »steifer« sind, d. h. sich noch nicht allen Modifikationen des individuellen Körpers so unbedingt anschmiegen, wie längere Zeit getragene, die schon von den besonderen Bewegungen des Trägers gezogen und gekniffт sind und damit dessen Sonderart vollkommener verraten. Diese »Neuheit«, diese Unmodifiziertheit nach der Individualität ist dem Metallschmuck im höchsten Maße eigen: er ist immer neu, er steht in kühler Unberührtheit über der Singularität und über dem Schicksal seines Trägers, was von der Kleidung keineswegs gilt. Ein lange getragenes Kleidungsstück ist wie mit dem Körper verwachsen, es hat eine Intimität, die dem Wesen der Eleganz durchaus widerstreitet. Denn die Eleganz ist etwas »für die anderen«, ist ein sozialer Begriff, der seinen Wert aus dem allgemeinen Anerkanntsein zieht.

Soll der Schmuck das Individuum durch ein Überindividuelles erweitern, das zu allen hinstrahlt und von allen aufgenommen und geschätzt wird, so muß er, jenseits seiner bloßen Materialwirkung, *Stil* haben. Stil ist immer ein Allgemeines, das die Inhalte des persönlichen Lebens und Schaffens in eine mit vielen geteilte und für viele zugängige Form bringt. An dem eigentlichen Kunstwerk interessiert uns sein Stil um so weniger, je größer die personale Einzigkeit und das subjektive Leben ist, das sich in ihm ausdrückt; denn mit diesem appelliert es auch an den Persönlichkeitspunkt im Beschauer, er ist sozusagen mit dem Kunstwerk auf der Welt allein. Für alles dagegen, was wir Kunstgewerbe nennen, was sich wegen seines Gebrauchzweckes an eine Vielheit von Menschen wendet, fordern wir eine generelle, typische Gestaltung, in ihm soll sich nicht nur eine auf ihre Einzigkeit gestellte Seele, sondern eine breite, historische oder gesellschaftliche Gesinnung und Stimmung aussprechen, die seine Einordnung in die Lebenssysteme sehr vieler einzelner ermöglicht. Das Kunstwerk ist etwas für sich, das Werk des Kunstgewerbes ist etwas für uns, der Sinn jenes ist Zuspitzung zu einem singulären Zentrum, der Sinn dieses die Verbreiterung zu allgemeiner Zugängigkeit und praktischer Anerkennbarkeit. Es ist der allergrößte Irrtum, zu meinen, daß der Schmuck ein individuelles Kunstwerk sein müsse, da er doch immer ein Individuum schmücken solle. Ganz im Gegenteil: weil er dem Individuum dienen soll, darf er nicht selbst individuellen Wesens sein, so wenig wie das Möbel, auf dem wir sitzen, oder das Eßgerät, mit dem wir hantieren, individuelle Kunstwerke sein dürfen. Alles dies vielmehr, was den weiteren Lebenskreis um den Menschen herum besetzt – im Gegensatz zum Kunstwerk, das überhaupt nicht in ein anderes Leben einbezogen, sondern eine selbstgenügsame Welt ist – muß wie in immer sich verbreiternden konzentrischen Sphären das Individuum umgeben, zu diesem hinführend oder von ihm ausgehend. Dieses Auflösen der individuellen Zuspitzung, diese Verallgemeinerung jenseits des persönlichen Einzigseins, die nun aber doch als Basis oder als Strahlungskreis das Individuelle trägt oder es wie in einen breit hinfließenden Strom aufnimmt – das ist das Wesen der Stilisierung; aus dem Instinkt dafür ist der Schmuck stets in verhältnismäßig strenger Stilisierung gebildet worden. Wenn man den wundervollen Stücken von Lalique jetzt den Vorwurf macht, daß sie nicht zum wirklichen Gebrauch geeignet wären, so ist der tiefere Grund davon eben der, daß sie individuell künstlerische Produkte sind, die sich einem Individuum nicht mehr zuordnen können, sozusagen kein System, keine Einheit mit ihm bilden; denn nur aus dem organischen Zusammen von Persönlichem und Allgemeinem, von Zentrum und Peripherie kann eine solche erwachsen, während ein Laliquescher Schmuck durch seinen Einzigkeitscharakter eben das direkte Gegenteil der Stilisiertheit ist. Dadurch, daß die Seele des Künstlers in all ihren Impulsivitäten und Bizarrerien, ihren Begeisterungen und Uneingeständlichkeiten in diesen Schmuckstücken investiert ist, eignen sie sich nicht dazu, einen *anderen* zu schmücken, treten sie mit *dessen* Individualität in unziemliche Konkurrenz, verschieben sie die feine Proportion zwischen Dazugehörigkeit und Nichtdazugehörigkeit, in der das psychologische Wesen des Schmuckes liegt.

Jenseits der formalen Stilisierung des Schmucks ist das *materielle* Mittel seines sozialen Zweckes jenes *Glänzen* des Schmuckes, durch das sein Träger als Mittelpunkt einer Strahlensphäre erscheint, in die jeder Nahebefindliche, jedes anblickende Auge einbezogen ist. Die Radien dieses Kreises markieren einerseits die Distanz, die der Schmuck zwischen den Menschen stiftet: ich habe etwas, was du nicht hast – andererseits aber lassen sie den anderen nicht nur teilnehmen, sondern sie glänzen gerade zu ihm hin, sie bestehen überhaupt nur um seinetwillen. Durch seine Materie ist der Schmuck Distanzierung und Konnivenz in einem Akt. Darum ist er so besonders der Eitelkeit dienstbar, die die anderen braucht, um sie verachten zu können. Hier liegt der tiefe Unterschied zwischen Eitelkeit und hochmütigem Stolz: denn dieser, dessen Selbstbewußtsein wirklich nur in sich selbst ruht, pflegt den »Schmuck« in jedem Sinne zu verschmähen. Hierzu kommt im gleichen Sinne die Bedeutung des »echten« Materials. Der Reiz des »Echten«, in jedem Sinne, besteht darin, daß es mehr ist als seine unmittelbare Erscheinung, die es mit dem Falsifikat teilt. So ist es nicht, wie dieses, etwas Isoliertes, sondern es hat Wurzeln und einen Boden jenseits seiner bloßen Erscheinung, während das Unechte nur das ist, was man ihm momentan ansieht. So ist der »echte« Mensch der, auf den man sich, auch wenn man ihn nicht unter Augen hat, verlassen kann. Dieses Mehr-als-Erscheinung ist für den Schmuck sein *Wert;* denn dieser ist ihm nicht anzusehen, ist etwas, was, der geschickten Fälschung gegenüber, zu seiner Erscheinung *hinzukommt.* Dadurch nun, daß dieser Wert immer realisierbar ist, von allen anerkannt wird, eine relative Zeitlosigkeit besitzt – wird der Schmuck in einen überzufälligen, überpersonalen Wertungszusammenhang eingestellt. Der Talmischmuck, die Quincaillerie ist, was sie momentan ihrem Träger leistet; der echte Schmuck ist ein über diesen hinausgehender Wert, er wurzelt in den Wertgedanken des ganzen Gesellschaftskreises und verzweigt sich darein. Der Reiz und die Betonung, die er seinem individuellen Träger mitteilt, zieht deshalb eine Nahrung aus diesem überindividuellen Boden; sein ästhetischer Wert, der hier ja auch ein Wert »für die anderen« ist, wird durch die Echtheit zum Symbol allgemeiner Schätzung und Zugehörigkeit zu einem sozialen Wertsystem überhaupt.

Im mittelalterlichen Frankreich gab es einmal eine Verordnung, nach der das Tragen von Goldschmuck allen Personen unterhalb eines gewissen Ranges verboten war. Aufs Unverkennbarste lebt hierin die Kombination, die das ganze Wesen des Schmuckes trägt: daß mit ihm die soziologische und die ästhetische Betonung der Persönlichkeit wie in einen Brennpunkt zusammengehen, das Für-sich-sein und Für-andere-sein wechselseitig Ursache und Wirkung wird. Denn die ästhetische Hervorhebung, das Recht des Reizes und Gefallens darf hier nur so weit gehen, wie es durch die soziale Bedeutungssphäre des einzelnen umschrieben ist; und eben damit fügt er dem Reiz, den die Geschmücktheit für seine ganz individuelle Erscheinung gewinnt, den soziologischen hinzu, eben durch jene ein Repräsentant seiner Gruppe und mit deren ganzer Bedeutung »geschmückt« zu sein. Auf denselben Strahlen gleichsam, die, vom Individuum ausgehend, jene Erweiterung seiner Eindruckssphäre bewirken, wird die durch diesen Schmuck symbolisierte Bedeutung seines Standes zu ihm hingetragen; der Schmuck erscheint hier als das Mittel, die soziale Kraft oder Würde in die anschaulich-persönliche Hervorgehobenheit zu transformieren.

Endlich ziehen sich die zentripetale und die zentrifugale Tendenz im Schmuck noch zu einer besonderen Gestaltung zusammen, wenn berichtet wird, daß das Privateigentum der Frauen bei den Naturvölkern, im allgemeinen später als das der Männer entstehend, sich zuerst und oft ausschließlich auf den Schmuck bezieht. Wenn der persönliche Besitz der Männer mit dem der Waffen zu beginnen pflegt, so offenbart dies die aktivere, aggressivere Natur des Mannes, der seine Persönlichkeitssphäre erweitert, ohne auf den Willen anderer zu warten. Für die passivere weibliche Natur ist dieser – bei allem äußeren Unterschied formal gleiche – Effekt mehr von dem guten Willen anderer abhängig. Jedes Eigentum ist Ausdehnung der Persönlichkeit, mein Eigentum ist das, was meinem Willen gehorcht, d. h. worin mein Ich sich ausdrückt und äußerlich realisiert. Am ehesten und vollständigsten geschieht dies an unserem Körper, und darum ist er unser erstes und unbedingtestes Eigentum. An dem geschmückten Körper besitzen wir mehr, wir sind sozusagen Herr über Weiteres und Vornehmeres, wenn wir über den geschmückten Körper verfügen. So hat es einen tiefen Sinn, wenn vor allem der Schmuck zum Sondereigentum wird, weil er jenes erweiterte Ich bewirkt, jene ausgedehntere Sphäre um uns herum, die wir mit unserer Persönlichkeit erfüllen und die aus dem Gefallen und der Aufmerksamkeit unserer Umgebung besteht – der Umgebung, die an der ungeschmückteren und darum gleichsam unausgedehnteren Erscheinung achtloser, in ihrem Umfang nicht einbezogen, vorübergeht. Daß in jenen primitiven Zuständen für die Frauen gerade das zum vorzüglichsten Eigentum wird, was seinem Sinne nach für die anderen da ist und nur mit der auf den Träger zurückströmenden Anerkennung dieser anderen ihm zu einer Wert- und Bedeutungssteigerung seines Ich verhelfen kann – das offenbart noch einmal das Fundamentalprinzip des Schmuckes. Für die großen mit- und gegeneinander spielenden Strebungen der Seele und der Gesellschaft: die Erhöhung des Ich dadurch, daß man für die anderen da ist, und des Daseins für die anderen dadurch, daß man sich selbst akzentuiert und erweitert – hat der Schmuck eine ihm allein eigene Synthese in der Form des Ästhetischen geschaffen; indem diese Form an und für sich über dem Gegensatz der einzelnen menschlichen Bestrebungen steht, finden sie in ihr nicht nur ein ungestörtes Nebeneinander, sondern jenen wechselseitigen Aufbau, der als die Ahnung und das Pfand ihrer tieferen metaphysischen Einheit über den Widerstreit ihrer Erscheinungen hinauswächst.

IV. Grundformen sozialer Wechselwirkung

Rosen
Eine soziale Hypothese
(1897)

Dies Märchen spielt in Utopien oder in Seldwyla oder vielleicht überall.

Dort also bestand unter den Bürgern eine fürchterliche Ungleichheit. Es hatte zwar jeder sein Stück Acker, das ihm soviel trug, wie er brauchte, wenn er eben nicht mehr brauchte, als es trug. Aber einige konnten es sich noch dazu leisten, auf ihrem Gütchen Rosen zu ziehen. Sei es, daß sie mehr Geld besaßen, als die anderen, oder mehr Zeit darauf verwendeten, oder Boden und Sonne gerade so hatten, wie die Rosen es lieben, – kurz, bei ihnen gab es Rosen und bei den andern nicht. Lange wurde das ohne Groll, weil ohne Nachdenken hingenommen, als eine natürliche Notwendigkeit, die diesen Besitz so ungleich verteilte wie den von Schönheit und Häßlichkeit oder von Verstand und Dummheit. Wie nun aber die Besitzer der Rosen sie durch Ableger immer vermehrten und veredelten, entstand schließlich ein dumpfer Groll unter den anderen Bürgern. Ein Agitator überzeugte mit flammenden Worten davon, daß das Recht, Rosen zu besitzen, mit uns geboren sei, und daß man dem blinden Zufall, der sie grade nur einigen wenigen verleihe, endlich in den Arm fallen müsse; ein anderer schrie in die Massen, die Zeit der dumpfen Bedürfnislosigkeit sei vorüber und der Schlachtruf im Kampf um die höhere Kultur sei: Begehren sollst Du, sollst begehren; ein dritter wies logisch und botanisch nach, daß die Rosen durch ihre Tendenz zur Vervielfältigung sich schließlich von selbst so akkumulieren müßten, daß ihre wenigen Besitzer, wie die Gäste Heliogabals, in Rosen ersticken und der ganze Besitz ohne weiteres der Masse zufallen würde; aber diesen unvermeidlichen Prozeß der Expropriation könne man erleichtern und beschleunigen. Es waren aber keineswegs nur niedere Triebe von Neid, Habgier, Genußsucht, die die Menge aufregten. Sondern wie der Duft der Rose selbst nicht nur dem Sinne schmeichelt (wie armselig der, der sie nur mit der Nase riecht!), sondern uns bis in das Feinste und Fernste unseres Wesens mit süßen Erregungen durchdringt –

so wuchsen in diesem Ruf des Volkes mit seinen allzu menschlichen Trieben doch auch die letzten Sehnsüchte einer Seele und die tiefsten Kulturgedanken zusammen. Eine Revolutionspartei entstand, ihr gegenüber die konservative der Rosenbesitzer, die nicht nur ihren Besitz, sondern auch den jetzt erst bewußt gewordenen Reiz schützen wollten: etwas zu haben, was die andern beneideten und ersehnten. Während diese noch ein Gesetz vorbereiteten, das ihnen ihren angestammten, ererbten, historischen Besitz der Rosen durch ein Monopol sicherstellen sollte, brach der Aufstand los, der mit einem vollständigen Siege der Egalisierungspartei endete. Und zwar hauptsächlich deshalb so endete, weil die sittliche Idee, die diese Partei beseelte, sich schließlich in das gegnerische Lager eingeschlichen hatte; über allen Gegensatz der Interessen hatte sich das Ideal der sozialen Gerechtigkeit erhoben und ihr äußerer Sieg besiegelte nur den inneren, den sie schon gewonnen hatte.

So war denn endlich Friede, Gleichheit, Glück errungen. Auf jedem kleinsten Fleckchen, das ein Bürger besaß, blühten Rosen, und die neue Aufteilung des Landes, die man zugleich vorgenommen hatte, schaffte jedem die gleichen Bedingungen ihres Gedeihens. Alles, was die äußere Verfassung der Dinge den Menschen gewähren kann, gab sie ihnen nun mit gerechtester Verteilung ihrer Gunst. So gleichmäßig freilich, wie die Seiten einer mathematischen Gleichung, konnten die Anteile dennoch nicht ausfallen. Immerhin hatte der eine die glücklichere Hand im Aufziehen der Rosen, der andere ein wenig mehr Sonne, der dritte ein kräftigeres Pfropfreis; denn die Natur läßt sich immer nur ganz ungefähr, und ohne sich irgendwie zu binden, auf die Symmetrie der menschlichen Pläne ein. Aber diese minimalen Ungleichheiten sah man als etwas an, worein man sich unvermeidlich zu schicken hätte, wie man noch vor kurzer Zeit jene großen, jetzt beseitigten Unterschiede hingenommen hatte –; ja, vor dem Gewaltigen, das man errungen hatte, nahm man diese *quantité négligeable* eigentlich gar nicht wahr.

Daß es nun aber doch ganz anders kam, dafür sorgte eine merkwürdige Eigenschaft der menschlichen Seele, die so tief in ihr wurzelt und sich so in ihre Erlebnisse jedes Tages verästelt, daß sie überhaupt erst nach Jahrtausenden des Nachdenkens über unsern Geist festgestellt worden ist. Nichts anderes nämlich kann die Seele empfinden, als den Unterschied ihrer augenblicklichen Bewegung und Reizung gegen die vorangegangene; in rätselhafter Form klingt diese in ihr nach und bildet den Hintergrund, an dem der jetzige Augenblick seinen Inhalt und seine Bedeutung gewinnt und mißt. Darum erscheint uns das Leben, auf welchen Höhen oder in welchen Tiefen es auch verfließe, so leer und gleichgültig, wenn ihm die inneren Unterschiede mangeln, so daß man die ununterbrochene Seligkeit des Paradieses als eine ebenso ununterbrochene Langeweile fürchtet. Der Verlust von Hunderttausenden macht den Reichen nicht unglücklicher, als den Armen ein paar verlorene Taler und auf den ersten Staffeln der Liebe beseligt ein verstohlener Händedruck nicht minder, als auf ihren höchsten der endliche Gewinn restloser Beglückung. Nicht also die absolute Größe der Lebensreize empfinden wir, nicht wie hoch oder tief das Gesamtniveau unserer Befriedigungen und Entbehrungen liegt; sondern nur, mit welchen Unterschieden seine einzelnen Erfüllungen sich voneinander abheben. Darum wird, wer aus einem Lebensniveau auf ein ganz anderes erhöht oder herabgedrückt wird, nach kurzer Anpassungsfrist die Schwankungen und Unterschiede innerhalb des neuen mit genau denselben Freude- und Leidgefühlen beantworten, wie die soviel größeren oder geringeren des vorangegangenen Zustandes. Unsere Seele gleicht jenen feinen Mechanismen, die auf jede Änderung äußerer Bedingungen mit einer selbsttätig geänderten Einstellung reagieren, so daß ihre Leistung immer die gleiche bleibt. Und wenn unser Verhältnis zu andern Menschen, die Unterschiede von Höhe und Tiefe ihnen gegenüber sich zu Gefühlen verinnerlichen – so wird auch an diesen sich offenbaren, daß wir solche unterschiedsempfindliche und zugleich so anpassungsfähige Wesen sind, um an die veränderte Größe der Reize schließlich die gleiche Größe des Gefühls zu knüpfen. –

Es ging also nun, so lange es ging; aber eines Tages war die Anpassung vollbracht und jene kleinsten Unterschiede in Farbe und Form, in Duft und Reiz der Rosen, mit denen sich die Natur doch als die letzte Instanz über allen Ausgleichungsversuchen erweist, erregten den gleichen Haß und Neid, denselben Hochmut auf der einen Seite, dasselbe Gefühl der Enterbtheit auf der andern. Und von neuem begannen spitze Theorien sich in die Geister zu bohren: wozu denn aller Besitz diene, als um die Menschen auf eine höhere Stufe des Glücks zu heben? ob denn nicht alles äußere Haben nur dadurch Sinn bekomme, daß es Befriedigungsgefühle erweckt, ohne die es eine Schale ohne Kern, ein Appell an taube Ohren sei? ob denn die ganze Empörung gegen jenen früheren Zustand aus anderem hervorgegangen sei, als aus dem empfundenen Leiden der Ungleichheit, der Entbehrung, der Ungerechtigkeit und ob dem durch ein äußeres Hin- und Herschieben der Güter abgeholfen sei, das innerlich alles beim alten lasse? Ein bloßer Maskenwechsel! Die fürchterliche Erkenntnis stieg auf, daß es nichts Gleichgültigeres gibt als Rosen, wenn die Natur an ihren Besitz doch dieselben Ungleichheitsgefühle knüpft, wie an ihre Entbehrung. Das eben war der welthistorische Irrtum, daß man in das Haben oder Nichthaben von Gegenständen den Grund der Freuden oder Leiden verlegte. Nein, nicht ob ich es habe oder nicht habe, entscheidet meine Gefühle – sondern ob andere es nicht haben oder haben. Nur die ganz feinen und reinen Seelen, die reich genug sind, von ihrem eigensten Innerlichsten zu leben, mögen das Objekt genießend in sich einziehen, ohne über seine Grenzen hinauszuempfinden; die Masse aber wird sich nie am Reiz der Dinge befriedigen, sondern ihre Erregungen an den Besitz knüpfen, weil der Nachbar ihn entbehrt, an die Entbehrung, weil der Nachbar im Besitz ist. Nur der erste unmittelbare Eindruck geänderten Besitzes mag die Vergleichung übertönen; unsre schnell angepaßte Empfindlichkeit aber reizen die feineren Unterschiede des neuen Niveaus bald ebenso heftig, wie jene früheren und groben. Und immer wieder treibt uns die Illusion in die Sisyphusmühe äußerer Ausgleichung, bis dahin, wo die Natur ihr die Grenze steckt und wo wir erkennen, daß das Leiden, dem wir nach außen entfliehen wollten, uns von innen her nachjagt.

Ob und wann die Bürger unseres Märchenlandes das einsahen, wie oft die Revolution – immer um den noch gebliebenen Rest der Ungleichheit – sich wiederholte, weiß ich nicht. In hundert Jahren wird man es vielleicht wissen. Aber in tröstlicher Gleichgültigkeit gegen all' diese Wandlungen lebten die Rosen ihre selbstgenügsame Schönheit weiter.

Soziologie der Konkurrenz
(1903)

Aus Entzweiung und Kampf ist unserer Art so viel Leiden und Elend erwachsen, daß das Ideal des *pax hominibus* aufwachsen konnte, als die Vollendung des menschlichen Seins. Denn fast unvermeidlich gilt unsere Wertung eines Lebenselementes seinem Gesamtbegriff, und nur schwer erkennt sie die völlige Entgegengesetztheit der Bedeutungen an, die einem und demselben je nach seinem Maß, seiner Ausnutzung, seinen Mitwirksamkeiten zuteil wird. Denn das Friedensideal verleugnen nicht nur die des Kampfes frohen Naturen, die in diesem einen definitiven, durch sich selbst gerechtfertigten Wert fühlen; nicht nur der Psychologe, der im Kampf die Äußerung ununterdrückbarer Triebe, ein nicht auszuscheidendes Element des seelischen Lebens, mit all seinen Höhen und Schönheiten erkennt; sondern auch der Soziologe, für den eine Gruppe, die schlechthin zentripetal und harmonisch, bloß »Vereinigung« wäre, nicht nur empirisch unwirklich ist, sondern auch keinen eigentlichen Lebensprozeß aufweist: die Gesellschaft der Heiligen, die Dante in der Rose des Paradieses erblickt, mag sich so verhalten, aber sie ist auch jeder Veränderung und Entwicklung enthoben, während schon die heilige Versammlung der Kirchenväter in Raffaels *Disputa* sich, wenn nicht als wirklicher Streit, so doch als eine erhebliche Verschiedenheit von Stimmungen und Denkrichtungen darstellt, aus der die ganze Lebendigkeit und der wirkliche, organische Zusammenhang jenes Zusammenseins quillt. Wie der Kosmos »Liebe und Haß«, attraktive und repulsive Kräfte braucht, um eine Form zu haben, so braucht auch die Gesellschaft irgendein quantitatives Verhältnis von Harmonie und Disharmonie, Assoziation und Konkurrenz, Gunst und Mißgunst, um zu einer bestimmten Gestaltung zu gelangen. Diese Entzweiungen sind keineswegs bloße soziologische Passiva, negative Instanzen, sodaß die definitive, wirkliche Gesellschaft nur durch die andern und positiven sozialen Kräfte zustande käme, und zwar immer nur so weit, wie jene es nicht verhindern. Diese gewöhnliche Auffassung ist ganz oberflächlich. Die Gesellschaft, wie sie gegeben ist, ist das Resultat beider Kategorien von Wechselwirkungen, die insofern beide völlig positiv auftreten. In

Wirklichkeit braucht, was zwischen Individuen, in bestimmter Richtung laufend und isoliert betrachtet, etwas Negatives und Abträgliches ist, innerhalb der Totalität der Beziehung keineswegs ebenso zu wirken; denn hier gibt es mit anderen, von ihm nicht berührten Wechselwirkungen zusammen ein ganz neues Bild, in dem das Negative und Dualistische nach Abzug dessen, was es etwa an singulären Beziehungen zerstört hat, seine durchaus positive Rolle spielt. Es würde keineswegs immer ein reicheres und volleres Gemeinschaftsleben ergeben, wenn die repulsiven und, im einzelnen betrachtet, auch destruktiven Energien in ihm verschwänden – wie es ein qualitativ ungeändertes und reicheres Vermögen ergibt, wenn seine Passiva wegfielen – sondern ein ebenso verändertes und oft ebenso unrealisierbares Bild wie nach Wegfall der Kräfte der Kooperation und Zuneigung der Hilfeleistung und Interessenharmonie. Wie sich der Kampf in das gesellschaftliche Leben verwebt, wie er als eine besondere Art der Wechselwirkung die Einheitlichkeit der Gesellschaft beeinflußt, die nichts als eine Summe von Wechselwirkungen ist – das wollen diese Betrachtungen für eine eigentümliche Form des Kampfes, für die Konkurrenz, deutlich machen.

Für das soziologische Wesen der Konkurrenz ist es zunächst bestimmend, daß der Kampf ein indirekter ist. Wer den Gegner unmittelbar beschädigt oder aus dem Wege räumt, konkurriert insofern nicht mehr mit ihm. Der Sprachgebrauch verwendet vielmehr im allgemeinen das Wort nur für solche Kämpfe, die in den parallelen Bemühungen beider Parteien um einen und denselben Kampfpreis bestehen. Die Unterschiede derselben gegen andere Kampfarten lassen sich näher etwa so bezeichnen. Die Form des Konkurrenzkampfes ist vor allem nicht Offensive und Defensive – deshalb nicht, weil der Kampfpreis sich nicht in der Hand eines der Gegner befindet. Wer mit einem andern kämpft, um ihm sein Geld oder sein Weib oder seinen Ruhm abzugewinnen, verfährt in ganz anderen Formen, mit einer ganz anderen Technik, als wer mit einem anderen darum *konkurriert*, wer das Geld des Publikums in seine Tasche leiten, wer die Gunst einer Frau gewinnen, wer durch Taten oder Worte sich den größeren Namen machen solle. Während in vielen anderen Kampfarten deshalb die Besiegung des Gegners nicht nur den Siegespreis unmittelbar einträgt, sondern der Siegespreis selbst ist, treten bei der Konkurrenz zwei andere Kombinationen auf: wo die Besiegung des Konkurrenten die zeitlich erste Notwendigkeit ist, da bedeutet diese Besiegung an sich eben noch gar nichts, sondern das Ziel der ganzen Aktion wird erst durch das Sich-darbieten eines von jenem Kampf an sich ganz unabhängigen Wertes erreicht. Der Kaufmann, der seinen Konkurrenten erfolgreich beim Publikum der Unsolidität verdächtigt hat, hat damit noch nichts gewonnen, wenn die Bedürfnisse des Publikums etwa plötzlich von der Warensorte, die er anbietet, abgelenkt werden; der Liebhaber, der seinen Nebenbuhler verscheucht oder unmöglich gemacht hat, ist damit noch keinen Schritt weiter, wenn die Dame nun auch ihm ihre Neigung vorenthält; einer Konfession, die um den Gewinn eines Proselyten streitet, braucht dieser noch lange nicht darum anzuhängen, daß sie die konkurrierende durch den Nachweis ihrer Unzulänglichkeit aus dem Felde geschlagen hat – wenn ihr nicht aus dem Gemüte jene Bedürfnisse, die sie positiv befriedigen kann, entgegenkommen. Der Konkurrenzkampf erhält bei diesem Typus seine Färbung dadurch, daß die Entscheidung des Kampfes für sich noch nicht den Zweck des Kampfes realisiert, wie überall da, wo Zorn oder Rache, Strafe oder der ideale Wert des Sieges als solchen den Kampf motiviert. Noch mehr vielleicht unterscheidet sich der zweite Typus der Konkurrenz von anderen Kämpfen. Bei diesem besteht der Kampf überhaupt nur darin, daß jeder der Bewerber für sich auf das Ziel zustrebt, ohne eine Kraft auf den Gegner zu verwenden. Der Wettläufer, der nur durch seine Schnelligkeit, der Kaufmann, der nur durch den Preis seiner Ware, der Proselytenmacher, der nur durch die innere Überzeugungskraft seiner Lehre wirken will, exemplifizieren diese merkwürdige Art des Kampfes, die an Heftigkeit und leidenschaftlichem Aufgebot aller Kräfte jeder anderen gleichkommt, zu dieser äußersten Leistung auch nur durch das wechselwirkende Bewußtsein von der Leistung des Gegners gesteigert wird, und doch, äußerlich angesehen, so verfährt, als ob kein Gegner, sondern nur das Ziel auf der Welt wäre. So verschlingt sich in dieser Form aufs wunderbarste die Subjektivität des Endzieles mit der Objektivität des Endergebnisses, eine überindividuelle Einheit sachlicher oder sozialer Natur schließt die Parteien und ihren Kampf ein, man kämpft mit dem Gegner, ohne sich gegen ihn zu wenden, sozusagen ohne ihn zu berühren; so führt uns die subjektive antagonistische Triebfeder zur Verwirklichung objektiver Werte, und der Sieg des Kampfes ist nicht eigentlich der Erfolg eines Kampfes, sondern eben der Wertverwirklichungen, die jenseits des Kampfes stehen.

Darin liegt nun der ungeheure Wert der Konkurrenz für den sozialen Kreis, falls die Konkurrenten von einem solchen umfaßt sind. Während die anderen Kampftypen: bei denen entweder der Kampfpreis ursprünglich sich in den Händen der einen Partei befindet, oder wo die subjektive Feindseligkeit und nicht der Gewinn eines Preises das Kampfmotiv bildet – während diese Typen die Werte und Kräfte der Kämpfer sich gegenseitig verzehren lassen, und als Resultat für die Gesamtheit oft nur verbleibt, was die einfache Subtraktion der schwächeren Kraft von der stärkeren übrig läßt, wirkt umgekehrt die Konkurrenz, wo sie sich von der Beimischung der anderen Kampfformen frei hält, durch ihre unvergleichliche Kombination meistens wertsteigernd: da sie, vom Standpunkt der Gruppe aus gesehen, subjektive Motive als Mittel darbietet, um objektive soziale Werte zu erzeugen und, vom Standpunkt der Partei, die Produktion des objektiv Wertvollen als Mittel benutzt, um subjektive Befriedigungen zu gewinnen. [...]

Allein die inhaltliche Förderung, die der Konkurrenz durch ihre eigentümlich vermittelte Wechselwirkungsform gelingt, ist hier nicht so wichtig wie die soziologische. Indem der Zielpunkt, um den innerhalb einer Gesellschaft die Konkurrenz von Parteien stattfindet, doch wohl durchgängig die Gunst eines oder vieler dritter Personen ist – drängt sie jede der beiden Parteien, zwischen denen sie stattfindet, mit außerordentlicher Enge an jene Dritten heran. Man pflegt von der Konkurrenz ihre vergiftenden, zersprengenden, zerstörenden Wirkungen hervorzuheben und im übrigen nur jene inhaltlichen Werte als ihre Produkte zuzugeben. Daneben aber steht doch diese ungeheure vergesellschaftende Wirkung: sie zwingt den Bewerber, der einen Mitbewerber neben sich hat und häufig erst hierdurch ein eigentlicher Bewerber wird, dem Umworbenen entgegen- und nahezukommen, sich ihm zu verbinden, seine Schwächen und Stärken zu erkunden und sich ihnen anzupassen, alle Brücken aufzusuchen oder zu schlagen, die sein Sein und seine Leistungen mit jenem verbinden könnten. Freilich geschieht dies oft um den Preis der persönlichen Würde und des sachlichen Wertes der Leistung; vor allem bewirkt die Konkurrenz zwischen den Produzenten der höchsten geistigen Leistungen, daß diejenigen, die zur Leitung der Masse bestimmt sind, sich ihr unterordnen: um überhaupt nur zur wirksamen Ausübung ihrer Funktion als Lehrer oder Parteiführer, als Künstler oder Journalist zu gelangen, bedarf es des Gehorsams gegen die Instinkte oder Launen der Masse, sobald diese auf Grund der Konkurrenz die Auswahl unter den Bewerbern hat. Dadurch wird freilich *inhaltlich* eine Umkehrung der Rangordnung und der sozialen Lebenswerte geschaffen, aber das vermindert nicht die formale Bedeutung der Konkurrenz für die Synthesis der Gesellschaft. Ihr gelingt unzählige Male, was sonst nur der Liebe gelingt: das Ausspähen der innersten Wünsche eines anderen, bevor sie ihm noch selbst bewußt geworden sind. Die antagonistische Spannung gegen den Konkurrenten schärft bei dem Kaufmann die Feinfühligkeit für die Neigungen des Publikums bis zu einem fast hellseherischen Instinkt für die bevorstehenden Wandlungen seines Geschmacks, seiner Moden, seiner Interessen; und doch nicht nur bei dem Kaufmann, sondern auch bei dem Zeitungsschreiber, dem Künstler, dem Buchhändler, dem Parlamentarier. Die moderne Konkurrenz, die man als den Kampf aller gegen alle kennzeichnet, ist doch zugleich der Kampf aller um alle. Niemand wird die Tragik davon in Abrede stellen, daß die Elemente der Gesellschaft gegeneinander, statt miteinander arbeiten, daß unzählige Kräfte in dem Kampf gegen den Konkurrenten verschwendet werden, die zu positiver Arbeit verwendbar wären, daß endlich auch die positive und wertvolle Leistung ungenutzt und unbelohnt ins Nichts fällt, sobald eine wertvollere oder wenigstens anziehendere mit ihr konkurriert. Aber alle diese Passiva der Konkurrenz in der sozialen Bilanz stehen doch nur *neben* der ungeheuren synthetischen Kraft der Tatsache, daß die Konkurrenz in der Gesellschaft doch Konkurrenz um den Menschen ist, ein Ringen um Beifall und Aufwendung, um Einräumungen und Hingebungen jeder Art, ein Ringen der wenigen um die vielen wie der vielen um die wenigen; kurz, ein Verweben von tausend soziologischen Fäden durch die Konzentrierung des Bewußtseins auf das Wollen und Fühlen und Denken der Mitmenschen, durch die Adaptierung der Anbietenden an die Nachfragenden, durch die raffiniert vervielfältigten Möglichkeiten, Verbindung und Gunst zu gewinnen. Seit die enge und naive Solidarität primitiver sozialer Verfassungen der Dezentralisation gewichen ist, die der unmittelbare Erfolg der quantitativen Erweiterung der Kreise sein mußte, scheint das Sich-bemühen des Menschen um den Menschen, das Sich-anpassen des einen an den andern eben nur um den Preis der Konkurrenz möglich, also des gleichzeitigen Kampfes gegen einen Nebenmann um den dritten – gegen welch' letzteren man übrigens vielleicht in irgendeiner anderen Beziehung um jenen konkurriert. Jene Interessen, die den Kreis schließlich von Glied zu Glied zusammenhalten, scheinen bei der Weite und Individualisierung der Gesellschaft nur lebendig zu sein, wenn die Not und die Hitze des Konkurrenzkampfes sich dem Subjekte aufdrängt. Auch zeigt sich die sozialisierende Kraft der Konkurrenz keineswegs nur in diesen gröberen, sozusagen öffentlichen Fällen. In unzähligen Kombinationen des Familienlebens wie der Erotik, der gesellschaftlichen Plauderei wie der auf Überzeugung gerichteten Disputation, der Freundschaft wie der Eitelkeitsbefriedigungen begegnet uns die Konkurrenz zweier um den dritten, oft freilich nur in Andeutungen, gleich fallengelassenen Ansätzen, als Seiten oder Teilerscheinungen eines Totalvorganges. Überall aber, wo sie auftritt, entspricht dem Antagonismus der Konkurrenten ein Darbieten oder Verlocken, ein Versprechen oder Sichanschließen, das jeden von beiden mit dem dritten in eine Beziehung bringt; diese ist zwar zunächst eine einseitige, gewinnt aber bei dem Sieger oft eine Intensität, zu der es ohne die eigentümliche, nur durch die Konkurrenz ermöglichte, fortwährende Vergleichung der eigenen Leistung mit einer andern und ohne die Erregung durch die Chancen der Konkurrenz nicht gekommen wäre. Je mehr der Liberalismus außer in die wirtschaftlichen und die politischen auch in die familiären und geselligen, die kirchlichen und freundschaftlichen, die Rangordnungs- und allgemeinen Verkehrsverhältnisse eingedrungen ist, das heißt also: je weniger diese vorbestimmt und durch allgemeine historische Normen geregelt, je mehr sie dem labilen, von Fall zu Fall sich herstellenden Gleichgewicht oder Verschiebungen der Kräfte überlassen sind – desto mehr wird ihre Gestaltung von fortwährenden Konkurrenzen abhängen; und der Ausgang dieser wiederum in den meisten Fällen von dem Interesse, der Liebe, den Hoffnungen, die die Konkurrenten in verschiedenem Maße in dem oder den dritten, den Mittelpunkten der konkurrierenden Bewegungen, zu erregen wissen. Das wertvollste Objekt für den Menschen ist der Mensch, unmittelbar wie mittelbar. Letzteres, weil in ihm die Energien der untermenschlichen Natur aufgespeichert sind, wie in dem Tiere, das wir verzehren oder für uns arbeiten lassen, die des Pflanzenreiches, und wie in diesem die von Sonne und Erdboden, Luft und Wasser. Der Mensch ist das kondensierteste und in der Ausnutzung ergiebigste Gebilde und in dem Maße, in dem die Sklaverei, d. h. das mechanische Sich-seiner-bemächtigen aufhört, wächst die Notwendigkeit, ihn seelisch zu gewinnen. Der Kampf *mit* dem Menschen, der ein Kampf um ihn und seine Versklavung war, wandelt sich deshalb in die kompliziertere Erscheinung der Konkurrenz, in der freilich auch ein Mensch mit dem andern, aber um einen dritten kämpft. Und der Gewinn dieses dritten, tausendfach nur durch die soziologischen Mittel der Überredung oder Überzeugung, der Über- oder Unterbietung, der Suggestion oder Drohung, kurz, durch den seelischen Konnex zu erreichen, bedeutet auch in seinem Erfolge ebenso oft nur einen solchen, nur die Stiftung einer Verbindung, von der momentanen des Kaufes im Ladengeschäft bis zur Ehe. Mit der kulturellen Steigerung der Intensität und Kondensierung der Lebensinhalte muß der Kampf um dieses kondensierteste aller Güter, die menschliche Seele, immer größeren Raum einnehmen und damit die zusammenführenden Wechselwirkungen, die seine Mittel wie seine Ziele sind, ebenso vermehren wie vertiefen.

Hierin liegt schon angedeutet, wie sehr die soziologische Struktur der Kreise sich nach dem Maße und den Arten der Konkurrenz, die sie zulassen, unterscheidet. Zunächst tritt die Differenz auf: ob der Interesseninhalt des Kreises von sich aus ihm eine neue Form aufnötigt, die die Konkurrenz verbietet oder einschränkt – oder ob er, an sich der Konkurrenz wohl zugänglich, nur durch die besondere historische Formung seines Inhaltes, durch allgemeine oder jenseits der fraglichen Interessen stehende Prinzipien an ihr behindert wird. Das erstere ist unter zwei Voraussetzungen möglich. Tritt Konkurrenz dann ein, wenn ein nicht für alle Bewerber ausreichendes oder überhaupt zugängliches Gut nur dem Sieger eines Wettbewerbes unter ihnen zufällt – so ist sie ersichtlich ausgeschlossen, wo entweder die Elemente eines Kreises überhaupt nicht auf ein Gut zustreben, das ihnen gleichmäßig erwünscht wäre – oder wo dieses zwar der Fall ist, das Gut aber für alle gleichmäßig ausreicht. Für jenes spricht die Vermutung überall da, wo die Vergesellschaftung nicht von einem gemeinsamen *terminus ad quem,* sondern einem gemeinsamen *terminus a quo,* einer einheitlichen Wurzel, ausgeht. So vor allem die Familie. In ihr mögen freilich gelegentliche Konkurrenzen vorkommen:

die Kinder können um die Liebe oder um die Erbschaft der Eltern, oder auch die Eltern unter sich um die Liebe der Kinder konkurrieren. Diese sind aber durch personale Zufälligkeiten bestimmt – nicht anders als wenn etwa zwei Brüder kaufmännische Konkurrenten sind – und ohne Beziehung zu dem *Prinzip* der Familie. Dieses Prinzip ist vielmehr das eines organischen Lebens; der Organismus aber ist Selbstzweck, er weist als solcher nicht über sich hinaus auf ein ihm äußeres Ziel, um dessen Gewinn seine Elemente zu konkurrieren hätten. Die rein personale, aus der Antipathie der Naturen entspringende Feindseligkeit ist freilich dem Friedensprinzip, ohne das die Familie auf die Dauer nicht bestehen kann, entgegengesetzt genug, allein gerade die Enge des Miteinanderlebens, die soziale und ökonomische Zusammengefaßtheit, die einigermaßen gewalttätige Präsumtion der Einheit – alles dies bewirkt gerade besonders leicht Reibungen, Gespanntheiten, Oppositionen; ja der Familienkonflikt ist eine Streitform *sui generis.* Seine Ursache, seine Zuspitzung, seine Ausbreitung auf die Unbeteiligten, die Form des Kampfes wie die der Versöhnung ist durch seinen Verlauf auf der Basis einer organischen, durch tausend innere und äußere Bindungen erwachsenen Einheit völlig eigenartig, mit keinem sonstigen Konflikt vergleichbar. Aber die Konkurrenz fehlt in diesem Komplex von Symptomen, weil der Familienkonflikt sich unmittelbar von Person zu Person spinnt und die Indirektheit der Richtung auf ein objektives Ziel, die der Konkurrenz eigen ist, wohl zufällig hinzutritt, aber nicht aus seinen spezifischen Energien entspringt. Den anderen soziologischen Typus des Konkurrenzausschlusses exemplifiziert die religiöse Gemeinde. Hier richten sich allerdings parallele Bestrebungen aller auf ein für alle gleiches Ziel, allein zu einer Konkurrenz kommt es nicht, weil die Erreichung dieses Zieles durch den einen nicht den andern von ihm ausschließt. [...]

Als eine zweite scheinbare Konkurrenz in der religiösen Gruppe tritt die eifersüchtige Leidenschaft hervor, es andern in der Gewinnung der höchsten Güter zuvorzutun, die die Leistungen vielfach steigern mag, die Gebotserfüllungen und verdienstlichen Werke, die Devotionen und die Askese, die Gebete und Spenden. Allein hierbei fehlt das weitere Charakteristikum der Konkurrenz: daß der Gewinn, weil er dem einen zufällt, dem andern versagt bleiben muß. Hier liegt ein soziologisch beachtenswerter Unterschied vor, den man als den zwischen Wettbewerb und

Wetteifer bezeichnen mag. Bei jedem Wettbewerb, selbst um die idealen Güter der Ehre und Liebe, wird die Bedeutung der Leistung durch das Verhältnis bestimmt, das sie zu der Leistung des Nebenmannes hat; die Leistung des Siegers würde, genau dieselbe bleibend, doch einen völlig anderen sachlichen Ertrag für ihn ergeben, wenn die des Konkurrenten größer statt kleiner als sie wäre. Diese Abhängigkeit des absoluten Erfolges von dem relativen (anders ausgedrückt: des sachlichen von dem personalen) motiviert die ganze Konkurrenzbewegung, fehlt aber gänzlich innerhalb jenes religiösen Wetteifers. Denn hier trägt das Tun des Einzelnen seine Frucht ganz unmittelbar, der absoluten Gerechtigkeit der höchsten Instanz würde es unwürdig sein, den Lohn des individuellen Tuns irgendwie davon abhängen zu lassen, ob das Verdienst irgendwelcher anderen Individuen ein höheres oder ein niedereres ist; es wird vielmehr jedem nur nach *seinen* Werken, wie sie sich an den transzendenten Normen messen, vergolten, während der Wettbewerb jedem eigentlich nach den Werken des Nebenmannes – nach der Relation zwischen jenem und diesen – vergilt. Es fällt also bei dem Typus des religiösen Wetteifers der Sachverhalt, der die Konkurrenz sachlich motiviert, hinweg, und der Wunsch, es dem anderen auch hier zuvorzutun, wo das Übertreffen als solches keinen andern Ertrag bringt, als er der Leistung sowieso zufällt – ist nur der Schatten der Konkurrenz, der den gleichen äußeren Umriß wie sie selbst, aber ohne ihren Inhalt, darbietet. Insofern das Ziel, dem die Mitglieder eines Kreises als solche zustreben, die religiöse, d. h. unbeschränkte und von ihrer Relation untereinander unabhängige Möglichkeit des Gewährens besitzt, wird der Kreis keine Konkurrenz ausbilden. Dies ist demnach auch der Fall bei allen Vereinigungen, die schlechthin auf Rezeptivität gestellt sind und individuell unterschiedenen Aktivitäten überhaupt keinen Raum geben; also wissenschaftliche oder literarische Vereine, die nur Vorträge veranstalten, Reisegesellschaften, Vereinigungen zu bloß epikureischen Zwecken.

Entsprangen in all diesen Fällen also aus den besonderen Zweckinhalten der Gruppe soziologische Formungen, die die Konkurrenz ausschlossen, so können nun weiterhin Gründe, die jenseits der inhaltlichen Interessen und ihres Charakters stehen, dem Gruppenleben den Verzicht, sei es auf die Konkurrenz überhaupt, sei es auf bestimmte ihrer Mittel, auferlegen. Das erstere findet in dem Maße statt, in dem das sozialistische Prinzip der einheitlichen Organisation aller Arbeit und das mehr oder weniger kommunistische der Gleichheit der Arbeitserträge zur Herrschaft gelangen. Die Konkurrenz ruht, formal betrachtet, auf dem Prinzip des Individualismus; allein sobald sie innerhalb einer Gruppe stattfindet, ist ihr Verhältnis zu dem Sozialprinzip: der Unterordnung alles Individuellen unter das einheitliche Interesse der Gesamtheit – nicht ohne weiteres klar. Der einzelne Konkurrent ist sich freilich Selbstzweck, er setzt seine Kräfte für den Sieg *seiner* Interessen ein. Allein da der Kampf der Konkurrenz vermittelst objektiver Leistungen geführt wird und ein für dritte irgendwie wertvolles Resultat zu ergeben pflegt, so kann das rein soziale Interesse, dieses Resultat als Endziel konstituierend, das für die Konkurrenten selbst nur Nebenprodukt ist – die Konkurrenz nicht nur zulassen, sondern direkt hervorrufen. Sie ist also keineswegs, wie man leicht meint, solidarisch mit dem individualistischen Prinzip verbunden, für das der einzelne: sein Glück, seine Leistung, seine Vollkommenheit, den absoluten Sinn und Zweck alles geschichtlichen Lebens bildet. In bezug auf die Frage nach dem Endzweck hat sie vielmehr die Indifferenz jeder bloßen Technik. Sie findet also ihren Gegensatz und ihre Negierung nicht an dem Prinzip des allein herrschenden Sozialinteresses, sondern nur an einer andern *Technik*, die dieses sich bildet, und die man als Sozialismus im engeren Sinn bezeichnet. Im allgemeinen nämlich ist die Wertung des Ganzen gegenüber den Einzelschicksalen, die Tendenz der Einrichtungen oder wenigstens der Gedanken auf das allen Gemeinsame und alle Einschließende, dem jedes Individuelle zu dienen hätte – diese ist mit der Richtung auf *Organisierung* aller Einzelarbeiten verbunden; d. h. man sucht diese Arbeiten von einem einheitlichen, vernunftmäßigen Plane aus zu leiten, die jede Reibung zwischen den Elementen, jeden Kraftverbrauch durch Wettkampf, jeden Zufall bloß persönlicher Initiative ausschließt; der Erfolg für das Ganze wird also nicht durch das antagonistische Sich-messen spontan eingesetzter Kräfte erreicht, sondern durch die Direktive von einem Zentrum aus, die von vornherein alle zu einem Ineinandergreifen und Sich-ergänzen organisiert, wie es am vollkommensten an der Beamtenschaft eines Staates oder dem Personal einer Fabrik erreicht ist. Diese sozialistische Form der Produktion ist nichts als eine Technik, um die materialen Zwecke des Glücks und der Kultur, der Gerechtigkeit und der

Vervollkommnung zu erreichen – und muß deshalb der freien Konkurrenz überall da weichen, wo diese als das praktisch geeignetere Mittel erscheint. Es handelt sich dabei keineswegs nur um politische Parteizugehörigkeit; sondern die Frage, ob die Befriedigung eines Bedürfnisses, die Schaffung eines Wertes, der Konkurrenz individueller Kräfte oder ihrer rationellen Organisierung, ihrem Gegeneinander oder ihrem Miteinander überlassen werden soll – diese Frage will in tausend partiellen oder rudimentären Formen beantwortet werden, bei Verstaatlichungen und Kartellierungen, bei Preiskonkurrenzen und Kinderspielen; sie meldet sich bei dem Problem, ob Wissenschaft und Religion den tieferen Lebenswert erzeugen, wenn sie in ein harmonisches System geordnet sind, oder gerade wenn jede von beiden die Lösungen, die die andre gewährt, zu überbieten sucht und diese Konkurrenz beide zu höchster Steigerung zwingt; sie wird für die Entscheidungen der Schauspielregie wichtig: ob es für den Gesamteffekt richtiger ist, jeden Schauspieler seine volle Individualität entfalten und durch den Wettstreit der selbständigen Beeiferungen das Ganze steigern und beleben zu lassen, oder ob von vornherein das künstlerische Gesamtbild die Individualitäten zu gefügigem Sichanpassen herabsetzen solle; sie spiegelt sich innerhalb des Individuums, wenn wir einmal den Konflikt ethischer und ästhetischer Impulse, intellektueller und instinktiver Beschlüsse als die Bedingung derjenigen Entscheidungen fühlen, die unser eigentliches Sein am wahrsten und lebendigsten ausdrücken, und ein andres Mal diesen entgegengesetzten Einzelkräften nur so weit das Wort verstatten, wie sie sich in ein einheitliches, von *einer* Tendenz geführtes Lebenssystem einordnen. Man wird den Sozialismus in seinem gewöhnlichen Sinne als ökonomisch-politische Tendenz nicht völlig verstehen, wenn man ihn nicht als die vervollständigte und rein herausgelöste Gestaltung einer Lebenstechnik erkennt, die und deren Gegensatz sich in Ansätzen und unkenntlicheren Verwirklichungen über das ganze Problemgebiet des Schaltens mit einer Vielfältigkeit erstreckt. Obgleich nun mit der Einsicht in den bloß technischen Charakter dieser Ordnungen die sozialistische Ordnung ihren Anspruch als sich selbst rechtfertigendes Ziel und letzte Wertinstanz aufgeben muß und mit der individualistischen Konkurrenz, soweit auch sie ein Mittel für überindividuelle Zwecke ist, in rechnerische Abwägung treten müßte, so ist doch nicht zu leugnen, daß solche Abrechnung sich unsern intellektuellen Mitteln häufig versagt und die Entscheidung von den Grundinstinkten der einzelnen Naturen abhängt. Aus diesen entspringt freilich, rein abstrakt betrachtet, nur das Setzen der Endziele, während die Mittel durch objektiv-theoretische Einsicht bestimmt werden; in der Praxis aber ist die Einsicht nicht nur so unvollkommen, daß die subjektiven Impulse an ihrer Stelle die Wahl vollziehen müssen, sondern auch oft so unkräftig, daß sie der Überredungskraft dieser nicht widersteht. So wird sehr oft jenseits aller verstandesmäßigen Rechtfertigung die unmittelbare Anziehungskraft der einheitlich organisierten, innerlich ausgeglichenen, alle Reibung ausschließenden Gruppenform, wie sie sich jetzt zum Sozialismus sublimiert hat, den Sieg über die Rhapsodik, die Kraftverschwendung, die Vielspältigkeit und Zufälligkeit der *Konkurrenzform* der Produktion davontragen; insoweit die Individuen sich dieser Stimmung nähern, werden sie die Konkurrenz selbst auch auf den Gebieten ausschließen, deren Inhalt sich ihr nicht widersetzen würde.

Ähnlich verhält es sich, wo nicht die organische Einheit des Ganzen, sondern die mechanische Gleichheit der Teile in Frage steht. Den reinsten Fall des Typus bildet die Zunftverfassung, soweit sie auf dem Prinzip ruht, daß jeder Meister »die gleiche Nahrung« haben sollte. Das Wesen der Konkurrenz ist es, daß die Gleichheit jedes Elementes mit dem andern fortwährend nach oben oder nach unten verschoben wird. Von zwei konkurrierenden Produzenten zieht eben jeder der Halbierung des Gewinnes, die ihm bei genauer Gleichheit des Angebotes sicher ist, die unsichere Chance der Differenzierung vor: indem er anderes oder anders anbietet, kann er allerdings vielleicht viel weniger haben als die Hälfte der Konsumenten, vielleicht aber auch viel mehr. Das Prinzip der Chance, das durch die Konkurrenz realisiert wird, widerspricht derart dem Prinzip der Gleichheit, daß die Zunft die Konkurrenz durch alle Mittel niederhielt: durch die Verbote, mehr als eine Verkaufsstelle und mehr als eine sehr beschränkte Zahl von Gehilfen zu halten, anderes als das eigene Fabrikat zu verkaufen, andere Quantität, Qualitäten und Preise zu bieten, als die Zunft festgesetzt hatte. Wie wenig die Bedingungen der Sache diese Einschränkungen forderten, haben ihre sehr bald dennoch eintretenden Sprengungen gezeigt; es war eben das einerseits abstrakte, andrerseits personale Prinzip der Gleichheit des Gewinnes, was der Produktion die Konkurrenzform verbot. Es bedarf hierfür keiner weiteren Beispiele. Die Alternative, die unzählige Provinzen und Einzelfälle des menschlichen Verhaltens bestimmt: ob man um einen Wert kämpfen oder ihn gütlich teilen will – tritt hier an der besonderen Kampfform der Konkurrenz hervor; da hier die Parteien nicht unmittelbar miteinander ringen, sondern um den Erfolg ihrer Leistungen bei einer dritten Instanz, so besteht das Teilen des Wertes in der freiwilligen Gleichheit dieser Leistungen. Der Entschluß auch zu dieser hängt keineswegs nur von dem Wahrscheinlichkeitskalkül ab, der bald die zwischen dem Alles und dem Nichts pendelnde Chance der Konkurrenz, bald die sichere, aber beschränktere der Leistungsgleichheit als die größere zeigen wird: vielmehr wird die Stimmung der sozialen Epochen oder das Temperament der Individuen oft genug ganz jenseits aller Rechnung des Verstandes sich für das eine oder für das andre entscheiden, und schon aus diesem gefühlsmäßigen und also generellen Charakter der Entscheidung heraus den Verzicht auf die Konkurrenz auch dorthin erstrecken können, wo die Sache selbst ihn keineswegs bedingt.

Andre Modifikationen sozialer Wechselwirkung zeigen sich, sobald der Verzicht nicht die Konkurrenz als solche, sondern, unter Weiterbestand ihrer, nur gewisse ihrer Mittel betrifft. Es handelt sich hier um Stadien der Entwicklung, in der die absolute Konkurrenz des animalischen Kampfes ums Dasein in die relative übergeht; d. h. in der allmählich alle diejenigen Reibungen und Kraftparalysierungen ausgeschaltet werden, deren es für die Zwecke der Konkurrenz nicht bedarf. Nicht nur der Ertrag, sondern auch die Intensität der Konkurrenz bleibt dabei unberührt; die letztere soll nur wirklich auf den *Ertrag* hin geformt und ihrer Verirrung in Kanäle vorgebaut werden, in denen sie die Kräfte *beider* Parteien und damit sowohl den subjektiven wie den objektiven Nutzeffekt herabsetzt. Dies ergibt zwei Formen, die man als die interindividuelle und die überindividuelle Beschränkung der Konkurrenzmittel bezeichnen kann. Die eine findet statt, wo eine Anzahl von Konkurrenten freiwillig dahin übereinkommen, auf bestimmte Praktiken, mit denen der eine den andern übertrumpfen könnte, zu verzichten: der Verzicht des einen ist hier nur so lange gültig, wie der andere sich an den gleichen bindet; so die Ausmachung der Sortimentsbuchhändler eines Ortes, auf die Ladenpreise nicht mehr als 10 oder 5 Prozent oder gar keinen Rabatt zu gewähren; oder eine Vereinbarung der Ladenbesitzer, die Geschäfte um 9 oder um 8 Uhr zu schließen, u. ä. Hier entscheidet ersichtlich nur egoistische Utilität; der eine verzichtet auf die angedeuteten Mittel des Kundengewinnes, weil er weiß, daß der andre sie ihm sogleich nachmachen würde, und das Plus an Gewinn, das sie so zu teilen hätten, dem Plus an Spesen, das sie gleichfalls zu teilen hätten, nicht gleichkäme. Worauf hier verzichtet wird, ist also nicht eigentlich die Konkurrenz – die immer irgendwelche Ungleichheit fordert – sondern gerade solche Punkte, in denen keine Konkurrenz möglich ist, weil in ihnen sofort und unvermeidlich Gleichheit aller Konkurrenten entsteht. Dieser Formtypus, obgleich bisher nicht allzu häufig realisiert, ist dennoch von größter Bedeutung, weil er eine Vereinigung der Konkurrenten auf dem Gebiet der Konkurrenz selbst, aber ohne diese irgendwie zu verringern, als möglich zeigt; durch die Aufzeigung eines Koinzidenzpunktes der Interessen wird deren Antagonismus um so intensiver auf die Punkte geführt, an denen er sich rein ausleben kann, und diese interindividuelle Beschränkung der Mittel kann ins Unbestimmbare weitergehen, um die Konkurrenz von allem zu entlasten, was nicht wirklich Konkurrenz ist, weil es sich gegenseitig ohne Effekt aufrechnet. Da nun die Mittel der Konkurrenz größtenteils in Vorteilen, die einem dritten geboten werden, bestehen, so wird in eben dem Maße dieser dritte die Kosten der Verständigung über den Verzicht auf jene zu tragen haben, innerhalb der Wirtschaft also der Konsument: ja es ist damit direkt der Weg zur Kartellierung eingeschlagen. Hat man erst einmal eingesehen, daß man sich von den Praktiken der Konkurrenz soundso viele ohne Schaden sparen kann, wenn nur der Konkurrent das gleiche tut, so kann dies neben der schon hervorgehobenen Folge einer immer zugespitzteren und reineren Konkurrenz gerade die entgegengesetzte haben: daß man die Vereinbarung bis zur Aufhebung der Konkurrenz überhaupt treibt, bis zu einer Organisierung der Betriebe, die nicht mehr um den Markt kämpfen, sondern ihn nach einem gemeinsamen Plan versorgen. Dieser Konkurrenzverzicht hat einen ganz anderen soziologischen Sinn als der an der Zunft hervorgehobene: da diese die Individuen in Selbständigkeit beließ, forderte ihre Gleichheit die Herabsetzung auch des Leistungsfähigsten auf dasjenige Niveau, auf dem auch der Schwächste mit ihm konkurrieren konnte; dies wird die unvermeidliche Form sein, in der selbständige Elemente eine mechanische Gleichheit erreichen können. Bei der Kartellierung aber ist von vornherein gar nicht die Lage der Subjekte, sondern die objektive Zweckmäßigkeit des Betriebes der Ausgangspunkt. In ihr gipfelt sich nun diejenige Einschränkung der Konkurrenzmittel auf, die die den Zwecken der Konkurrenz nicht dienenden entfernt und nun auch den noch bleibenden Konkurrenzcharakter nimmt, weil die vollständige Beherrschung des Marktes und dadurch gewonnene Abhängigkeit des Konsumenten die Konkurrenz als solche überflüssig macht.

Endlich geschieht die Einschränkung der Konkurrenzmittel, die den Weiterbestand der Konkurrenz selbst unberührt läßt, durch Instanzen, welche ganz jenseits der Konkurrenten und ihrer Interessensphäre stehen: durch Recht und Moral. Das Recht versagt der Konkurrenz im allgemeinen nur diejenigen Mittel, die auch in den sonstigen Beziehungen von Menschen untereinander verpönt sind: Gewalttat und Sachbeschädigung, Betrug und Verleumdung, Drohung und Fälschung. Im übrigen ist die Konkurrenz derjenige Kampf, dessen Formen und Folgen viel weniger Gegenstände rechtlicher Verbote sind als die anderer. Wenn man die ökonomische, soziale, familiäre, ja physische Existenz jemandes durch unmittelbaren Angriff derart zerstören würde, wie es durch Konkurrenz geschehen kann – indem nur eine Fabrik neben der seinigen errichtet, eine Amtsbewerbung neben der seinigen angebracht, eine Preisschrift neben der seinigen eingereicht wird – so würde sogleich das Strafgesetz eingreifen. Weshalb die durch die Konkurrenz dem Ruin ausgesetzten Güter nicht vor ihr geschützt werden, scheint freilich ganz klar. Zunächst, weil den Konkurrenten jeder Dolus fehlt. Keiner von ihnen will etwas anderes als mit seiner Leistung den Preis davontragen, und daß der andere darüber zu Grunde geht, ist ein Nebenerfolg, der dem Sieger völlig irrelevant, ja vielleicht bedauerlich ist. Und ferner, weil der Konkurrenz das Moment der eigentlichen Vergewaltigung fehlt, Niederlage wie Sieg vielmehr nur der zutreffende und gerechte Ausdruck für die beiderseitigen Kraftmaße ist: der Sieger hat sich den genau gleichen Chancen ausgesetzt wie der Besiegte, und dieser hat seinen Ruin ausschließlich seiner eigenen Unzulänglichkeit zuzuschreiben. Allein, was das erstere betrifft, so fehlt der gegen die Person des Geschädigten gerichtete Dolus ebenso bei einer großen Zahl der strafrechtlichen Delikte, eigentlich bei allen, die nicht aus Rache, Bosheit oder Grausamkeit hervorgegangen sind: der Bankrotteur, der Vermögensstücke beiseite schafft, will auch nur für sich ein gewisses Gut retten, und daß dadurch die Ansprüche seiner Gläubiger geschädigt werden, mag eine ihm selbst bedauerliche *conditio sine qua non* sein; wer bei Nacht mit Gejohle durch die Straßen zieht, wird wegen Störung der öffentlichen Ruhe bestraft, auch wenn er nur seiner übermütigen Stimmung Ausdruck geben wollte und der Gedanke, daß er andern damit die Nachtruhe raubt, ihm gar nicht gekommen ist. Zum mindesten also würde demjenigen, der durch seine eigene Bewerbung einen andern Menschen ruiniert, die fahrlässige Veranlassung hiervon zur Last fallen. Und die Exkulpierung durch die Gleichartigkeit der Bedingungen, die Freiwilligkeit der ganzen Aktion und die Gerechtigkeit, mit der der Erfolg der Konkurrenz den eingesetzten Kräften folgt – diese wäre gegen die Bestrafung fast aller Arten von Zweikämpfen ebenso gut anzuführen. Wenn in einer von beiden Seiten freiwillig und unter gleichen Bedingungen begonnenen Rauferei der eine Teil schwer verletzt wird, so ist die Bestrafung des andern insoweit durchaus nicht logisch konsequenter, als die eines Kaufmannes wäre, der mit loyalen Mitteln seinen Konkurrenten zu Grunde gerichtet hat. Daß diese nicht erfolgt, hat teils rechtstechnische Gründe, hauptsächlich aber wohl den sozial-utilitarischen: daß die Gesellschaft nicht auf die Vorteile verzichten mag, die die Konkurrenz der Individuen ihr bringt, und die weit den Abzug überwiegen, den sie durch die gelegentliche Vernichtung von Individuen im Konkurrenzkampfe erleidet. Dies ist der selbstverständliche Vorbehalt bei dem Rechtsgrundsatz des *code civil*, auf dem sich die ganze juristische Behandlung der *concurrence déloyale* aufbaut: *tout fait quelconque de l'homme qui cause à autrui un dommage oblige celui par la faute duquel il est arrivé à le réparer*. Die Gesellschaft würde nicht zugeben, daß ein einzelner einen andern einzelnen unmittelbar und nur zu seinem eigenen Vorteil in der eben charakterisierten Weise beschädigte; aber sie duldet es, weil diese Schädigung auf dem Umwege über eine objektive Leistung geschieht, die für eine unbestimmbare Zahl von Individuen wertvoll ist – gerade wie unser Staat auch das Offiziersduell nicht zugeben würde, wenn hier wirklich nur das persönliche Interesse eines einzelnen die Vernichtung eines andern forderte, und nicht die innere Kohärenz des Offizierkorps aus diesem Ehrbegriff eine Kraft zöge, deren Vorteil für den Staat das Opfer des einzelnen aufwiegt.

Die Gesetzgebung Frankreichs und Deutschlands ist nun allerdings seit einiger Zeit dazu übergegangen, die Konkurrenzmittel im Interesse der Konkurrenten selbst einzuschränken. Die Grundabsicht ist dabei, den einzelnen Handeltreibenden vor solchen Vorsprüngen seiner Konkurrenten zu schützen, welche derselbe durch moralisch unzulässige Mittel gewinnen könnte. Es werden also z. B. alle Reklamen untersagt, die durch unwahre Angaben den Käufer zu dem irrigen Glauben verführen sollen, daß dieser Kaufmann ihm vorteilhaftere Bedingungen als irgendein anderer böte – und zwar selbst dann, wenn eine tatsächliche Überteuerung des Publikums dabei nicht stattfindet. Es wird ferner verboten, dem Käufer durch die Aufmachung der Ware die Illusion einer Quantität zu erregen, die sonst für den gleichen Preis nicht erhältlich ist – auch wenn die tatsächlich verkaufte Quantität durchaus die übliche und dem Preise angemessene ist. Ein dritter Typus: eine bekannte Firma mit großem Kundenkreis kann es nun verhindern, daß irgend jemand gleichen Namens ein gleichartiges Fabrikat wie das ihre unter seinem Namen auf den Markt bringt, wenn bei den Kunden dadurch der Glaube, es seien die Fabrikate jener Firma, erweckt werden kann – gleichviel ob die gebotene Ware schlechter oder besser als die ursprünglich so benannte ist.

Was uns an diesen Bestimmungen hier interessiert, ist der scheinbar ganz neue Gesichtspunkt, den Konkurrenten, der unsaubere Mittel der Kundengewinnung verschmäht, gegen denjenigen, der sie benutzen möchte, zu schützen; während sonst alle Einschränkungen geschäftlicher Praktiken die Übervorteilung des *Publikums* verhindern sollen, ist diese kein Motiv der fraglichen Gesetze, und ihr Ausbleiben verhindert deren Anwendung in keiner Weise. Sieht man indessen genau zu, so sind diese Verbote nichts anderes als Explikationen des längst bestehenden Betrugsparagraphen; die Art dieser Explikation ist nicht nur von juristischem, sondern auch von formal-soziologischem Interesse. Das deutsche Strafgesetz bestraft es als Betrug, wenn jemand, um sich einen Vermögensvorteil zu verschaffen, »das Vermögen eines andern dadurch beschädigt, daß er durch Vorspiegelung falscher Tatsachen einen Irrtum erregt.« Dies wird nun unbefangen so verstanden, als ob der Irrtum *in derselben Person* erregt werden müßte, deren Vermögen beschädigt werden soll. Der Wortlaut des Gesetzes enthält aber von dieser Identität nichts; und indem er es deshalb auch als Betrug zu erfolgen gestattet, wenn man das

Vermögen eines A dadurch beschädigt, daß man einen Irrtum in einem B erregt – schließt er jene Fälle des unlauteren Wettbewerbes vollkommen ein. Denn diese besagen, daß in dem Publikum ein Irrtum erregt wird – ohne daß es einen Vermögensnachteil erleidet – und dadurch der ehrliche Konkurrent in seinem Vermögen beschädigt wird – ohne daß *ihm* falsche Tatsachen vorgespiegelt würden. Wer dem Käufer vorlügt, daß er Todesfalls wegen ausverkaufe, schädigt diesen vielleicht damit gar nicht, wenn er dabei etwa die gleichen soliden Preise berechnet wie sein Konkurrent; aber er schädigt diesen, indem er ihm so vielleicht Kunden entzieht, die ihm ohne jene lügenhafte Verlockung treu geblieben wären. Das Gesetz ist also durchaus keine Einschränkung der Konkurrenzmittel als solcher, kein spezifischer Schutz der Konkurrenten gegen einander. Das Verhalten der Gesellschaft der Konkurrenz gegenüber wird nicht dadurch bezeichnet, daß sie jetzt diese Einschränkung ihrer Mittel verfügt, sondern umgekehrt dadurch, daß sie sie so lange unterließ, obgleich sie nichts ist als eine logisch von je erforderte Anwendung des geltenden Strafgesetzes. – Dazu kommt noch folgendes. Wenn die Motive zu diesen Gesetzen allenthalben betonen, daß sie dem redlichen Wettbewerb keinerlei Beschränkungen auferlegen, sondern nur den gegen Treu und Glauben verstoßenden hindern sollen, so kann man dies für unsere jetzigen Zusammenhänge schärfer so ausdrücken, daß sie aus der Konkurrenz dasjenige, was eben nicht Konkurrenz im sozialen Sinne ist, eliminieren. Denn diese letztere ist doch ein durch objektive Leistungen, die dritten Personen zugute kommen, ausgefochtener Kampf. Jene objektiven sozialen Entscheidungsgründe aber werden durchkreuzt und verschoben, sobald Mittel der Reklame, Anlockung, Erschleichung angewendet werden, die keinerlei sachlichen Ertrag haben, sondern eine Art *unmittelbareren,* rein egoistisch und nicht über den gesellschaftlich nützlichen Umweg geführten Kampfes darstellen. Was die Rechtsprechung als »ehrlichen« Wettbewerb bezeichnet, ist, genau angesehen, immer ein solcher, der jenem reinen Begriffe der Konkurrenz entspricht. Ausdrücklich schließt ein Kommentar des deutschen Gesetzes folgenden Fall von ihm aus: es setze jemand neben einen Kleiderhändler ein großartiges Konkurrenzgeschäft und verkaufe so lange zu Schleuderpreisen, die er in marktschreierischen Reklamen bekannt macht, bis er den kleinen Geschäftsmann vernichtet hat. Hier liegt die brutalste Vergewaltigung vor, und das Verhältnis der beiden Konkurrenten ist, individualistisch betrachtet, sicher kein andres als zwischen einem starken Räuber und seinem schwachen Opfer. Allein vom sozialen Standpunkt aus ist es lautere, d. h. ausschließlich durch das Objekt und den dritten hindurchgeleitete Konkurrenz – denn auch die Reklame, sobald sie nur Wahres mitteilt, dient dem Publikum. Was sie aber etwa an irreleitenden Angaben enthielte, würde diesem, wenn auch vielleicht nicht schaden, so doch nicht nützen, und von *diesem* Punkt an kann deshalb der Schutz des Konkurrenten gegen Vergewaltigung eintreten, ja er muß es sogar, um die konkurrierenden Kräfte ganz unabgelenkt an der reinen, d. h. der sozial-utilitarischen Form der Konkurrenz festzuhalten. Also selbst die spezifischen Einschränkungen, die das Recht an den Konkurrenzmitteln vornimmt, enthüllen sich gerade als Einschränkung der Einschränkungen, die die Konkurrenz durch bloß subjektiv-individualistische Praktiken erfährt.

Um so eher sollte man glauben, daß das Recht hier, wie auch sonst häufig, durch die Moral ergänzt würde, die doch nicht an die sozialen Nützlichkeiten gebunden ist, sondern das Verhalten des Menschen unzählige Mal nach Normen reguliert, die diesseits oder jenseits der Gesellschaftsinteressen liegen: nach den Impulsen eines unmittelbaren Gefühls, das nur nach dem Frieden mit sich selbst fragt und diesen oft grade in der Opposition gegen die Forderungen der Gesellschaft findet – wie nach metaphysischen und religiösen Ideen, die eben diese Forderungen manchmal einschließen, manchmal aber auch als beschränkt historische Zufälligkeiten gänzlich ablehnen. Aus beiden Quellen fließen Imperative des Verhaltens von Mensch zu Mensch, die nicht im hergebrachten Sinne sozial – wenn auch soziologisch – sind, und vermöge deren nun erst die gesamte menschliche Natur sich in der Idealform des Sollens wiederfindet. Daß asketische, altruistische, fatalistische Moralen die Konkurrenz samt ihren Mitteln möglichst reduzieren, bedarf keiner Ausführung. Die typische europäische Moral indes verhält sich gegen die Konkurrenz duldsamer als gegen viele andere Arten des Antagonismus. Dies hängt mit einer besonderen Kombination der Charakterzüge zusammen, die die Konkurrenz ausmachen. Wir scheuen uns einerseits als moralische Wesen um so weniger, unsre Kraft gegen einen Gegner anzuwenden, einer je weiteren Distanz wir uns zwischen unserer subjektiven Persönlichkeit und unserer in den Kampf eingesetzten entscheidenden Leistung bewußt sind. Wo unmittelbare persönliche Kräfte gegeneinander ringen, fühlen wir uns eher zu Rücksichten und Reserven veranlaßt, dem Appell an das Mitleid können wir uns weniger entziehen; ja eine Art von Schamhaftigkeit hindert uns im unmittelbaren Antagonismus manchmal, unsre Energien ganz vorhaltlos zu entfalten, alle unsre Karten aufzudecken, in einem Kampf, in dem Persönlichkeit gegen Persönlichkeit steht, das Ganze der unseren einzusetzen. Bei Kämpfen, die durch objektive Leistungen geführt werden, fallen diese ethisch-ästhetischen Retardierungen fort. Darum kann man mit Persönlichkeiten konkurrieren, mit denen man eine persönliche Kontroverse durchaus vermeiden würde. Durch die Wendung auf das Objekt bekommt die Konkurrenz jene Grausamkeit aller Objektivität, die nicht aus einer Lust am fremden Leide, sondern gerade darin besteht, daß die subjektiven Faktoren aus der Rechnung ausscheiden. Diese Gleichgültigkeit gegen das Subjektive, wie sie die Logik, das Recht, die Geldwirtschaft charakterisiert, läßt Persönlichkeiten, die absolut nicht grausam sind, doch alle Härten der Konkurrenz begehen – und zwar mit dem sicheren Gewissen, nichts Böses zu wollen. Während hier also das Zurücktreten der Persönlichkeit hinter die Objektivität des Verfahrens das sittliche Bewußtsein entlastet, wird eben dieselbe Wirkung auch durch den gerade entgegengesetzten Bestandteil der Konkurrenz erreicht, durch die genaue Proportionalität, mit der der Erfolg der Konkurrenz den eingesetzten eigenen Kräften der Subjekte entspricht. Von Ablenkungen abgesehen, die mit dem Wesen der Konkurrenz nichts zu tun haben, sondern aus ihrer Verwebung mit anderweitigen Schicksalen und Beziehungen stammen, ist das Ergebnis der Konkurrenz der unbestechliche Anzeiger des persönlichen Könnens, das sich in der Leistung objektiviert hat. Was uns durch die Gunst von Menschen oder Konjunkturen, des Zufalls oder eines als vorbestimmt empfundenen Schicksals auf Kosten anderer Menschen zugute kommt, das nutzen wir nicht mit so gutem Gewissen aus wie den Ertrag, der nur auf das eigenste Tun zurückgeht. Denn neben der verzichtenden Sittlichkeit steht die selbstbehauptende, deren beider gemeinsamer Gegner nur das ist, daß unser Verhältnis zu anderen an äußere Mächte, unabhängig vom Ich, ausgeliefert ist. Wo schließlich, wie in der reinen Konkurrenz, dies Ich den Ausschlag gibt, entschädigt ein befriedigtes Gerechtigkeitsgefühl unsern Moralinstinkt für die Unbarmherzigkeiten des Wettbewerbes – und zwar nicht nur den Sieger, sondern unter Umständen auch den Besiegten. [. . .]

Zur Philosophie der Herrschaft
Bruchstück aus einer Soziologie
(1907)

Wo in einer Gruppe vielfache und energische Über- und Unterordnungen bestehen – sei es als einheitlicher hierarchischer Aufbau, sei es als eine Mannigfaltigkeit nebeneinander bestehender Herrschaftsverhältnisse –, wird die Gruppe als ganze ihren Charakter wesentlich der Unterordnung entlehnen, wie es besonders klar in bürokratisch regierten Staaten hervortritt. Denn die Schichten dehnen sich nach unten zu in rascher Proportion aus. Wo also Über- und Unterordnung überhaupt im Vordergrunde des formal soziologischen Bewußtseins steht, wird die quantitativ überwiegende Seite dieser Korrelation, die der Unterordnung, die Gesamtheit des Bildes färben. Auf ganz besondere Kombinationen hin kann allerdings auch der Eindruck und das Gefühl einer allgemeinen Überordnung einer Gruppe entstehen. [...]

Hier tritt der eigentümliche soziologische Formtypus auf: daß Bestimmungen eines Elementes, die nur in dessen Beziehung zu einem andern entstehen konnten und an dieser ihren Inhalt und Sinn besitzen, dennoch zu selbständigen, von aller Wechselwirkung unabhängigen Qualitäten jenes Elementes werden. Daß man der Herrschende ist, setzt ein Objekt der Beherrschung voraus; allein die seelische Wirklichkeit kann diese begriffliche Notwendigkeit bis zu einem gewissen Grade umgehen. Das eine, innere, Motiv dazu deutet schon Plato an. Zwischen den nach Umfang und Inhalt unendlich verschiedenen Gebieten von Herrschaft sei in Hinsicht der Herrschaft als solcher, als Funktion, kein Unterschied: es ist ein und dieselbe Fähigkeit, zu befehlen, die der πολιτικός wie der βασιλεύς, der δεσπότης wie der οἰκονόμος besitzen müssen. Darum ist für ihn der eigentliche πολιτικός nicht notwendig der Ausüber der höchsten Staatsgewalt, sondern derjenige, der die »Befehlswissenschaft« besitzt – gleichviel ob er etwas zu befehlen hat oder nicht. Hier wird also auf den subjektiven Grund des Herrschaftsverhältnisses zurückgegangen, der sich nicht erst in der realen Korrelation eines Herrschaftsverhältnisses erzeugt, sondern unabhängig von dessen Existenz besteht.

Der »geborene König« bedarf sozusagen keines Landes, er ist König, er braucht es nicht zu *werden*. Wenn die Spartaner unter sich keinen Adel ausbildeten, aber sich dennoch adlig fühlten, die Spanier das Bewußtsein der Herren hatten, auch als sie keine Diener mehr hatten – so hat dies jenen tiefern Sinn: daß die Wechselwirkung des Herrschaftsverhältnisses der soziologische Ausdruck oder die Aktualisierung innerer, im Subjekt beschlossener Qualitäten ist; wer diese besitzt, ist δυνάμει Herrscher, aus dem zweiseitigen Verhältnis ist sozusagen die eine Seite ausgefallen, und es besteht nur in ideeller Form, ohne daß die andere darum die ihr von innen her in dem Verhältnis zukommende Bedeutung verlöre. Indem dies nun bei sämtlichen Mitgliedern einer größern Gruppe stattfindet, drückt es sich darin aus, daß sie sich überhaupt nur als untereinander »Gleiche« bezeichnen, ohne in ihrer Benennung besonders hervorzuheben, in bezug worauf sie gleich sind. [...]

[...] Die holländischen Rederykers, eine Art Meistersinger im 15. Jahrhundert, hatten in jeder ihrer vielen Gruppen Könige, Prinzen, Archidiakone usw. Ich erinnere an die »Offiziere« der Heilsarmee, an die »Hochgrade« der Freimaurerei: ein Freimaurerkapitel in Frankreich erklärte, 1756, seine Mitglieder für »souveräne und geborne Fürsten des gesamten Ordens«, ein andrer, wenig spätrer, nannte sich *Conseil des Empereurs d'Orient et d'Occident*. [...]

Im mittelalterlichen Dänemark darf ein Gildebruder sein Recht gegen den andern nur vor dem Gildegericht suchen. Er ist äußerlich nicht gehindert, dies auch vor dem öffentlichen, dem Königs- oder Bischofsgericht zu tun; allein dies gilt – wo nicht etwa die Gilde es ausdrücklich gestattet hat – als ein Unrecht sowohl gegen sie wie gegen den betreffenden Gildebruder und wird deshalb mit Bußen an beide heimgesucht. Die Stadt Frankfurt hatte von den Kaisern das Privileg erhalten, daß gegen ihre Bürger niemals ein auswärtiges Gericht angerufen werden sollte; daraufhin wurde 1396 ein Frankfurter Bürger verhaftet, weil er andre Frankfurter, die ihm Geld schuldeten, vor einem auswärtigen Gerichte verklagt hatte. Da Freiheit immer die beiden Seiten haben kann: einerseits ein Geachtetsein, ein Recht, eine Macht vorzustellen, anderseits eine Ausschließung, eine verächtliche Gleichgültigkeit seitens der höhern Macht – so ist es keine Gegeninstanz, daß die eigne Jurisdiktion, die die mittelalterlichen Juden bei Rechtsstreitigkeiten untereinander genossen, eher eine Deklassierung und Vernachlässigung bedeutet zu haben scheint. Ganz anders lag es bei den oströmischen Juden der Kaiserzeit; von den alexandrinischen z. B. erzählte Strabo, daß sie einen eignen Oberrichter hätten, der ihre Prozesse entschiede. Und zwar geschah dies, weil die Juden behaupteten, ihre Religion fordere eine besondre, nur ihnen eigne Rechtsprechung. Und tatsächlich war diese rechtliche Sonderstellung der Juden im Orient mindestens eine Quelle des Judenhasses. Der einzelne war dabei gewiß nicht freier als auch unter der Herrschaft des gemeinen Rechts; allein ihre Gesamtheit genoß damit eine Freiheit, die die übrigen Staatsbürger als eine ostentative Exemtion empfanden.

Ja, das eminente Interesse des relativen Ganzen an der Herrschaft über seine Individuen, die exponierte Stellung solcher besonders abgegrenzter und bevorrechteter Kreise führt oft dazu, daß Sondergerichtsbarkeiten rigoroser sind als der große umgebende Kreis, der ihnen diese Exemtion gestattet, es in seinem Rechte ist. [...] Die Selbstverwaltung, deren Segen im Prinzip erwiesen ist, birgt eben doch die Gefahr lokaler Parlamente, in denen egoistische Klasseninteressen dominieren. In diese gleichsam pathologische Übertreibung schlägt die Korrelation um, die den Gewinn der Freiheit von dem Gewinn der Herrschaft wie von ihrer Ergänzung und ihrem Inhalt begleiten läßt.

[...] Während das dynamische Gleichgewicht der Individuen, das man als soziale Freiheit bezeichnen kann, hier nur als ein Durchgangspunkt – realen oder sogar nur ideellen Wesens – erscheint, über den hinaus die Waage sogleich wieder nach einer Seite ausschlägt, werden sie seine Stabilität für möglich erklären, sobald nur die soziale Organisation überhaupt nicht mehr als Über- und Unterordnung, sondern als Koordination aller Elemente gestaltet wäre. Die Gründe, die man gegen diese Möglichkeit anzuführen pflegt, die aber hier nicht zur Diskussion stehen, sind als die des *terminus a quo* und die des *terminus ad quem* zusammenzufassen: die natürliche und durch keinerlei Maßregeln zu beseitigende Verschiedenheit der Menschen werde sich ihren Ausdruck in einer Rangierung nach oben und unten, nach Befehlenden und Gehorchenden nicht nehmen lassen; und die Technik kultivierter Arbeit fordere zu ihrer großen Vollkommenheit einen hierarchischen Bau der Gesellschaft, den »einen Geist für tausend Hände«, die Struktur aus Anführenden und Ausführenden. Daß so die Konstitution der Subjekte und die Ansprüche der objektiven Leistung, die Träger der Arbeit und die Vollendung ihrer Ziele sich in der Notwendigkeit von Herrschaft und Unterordnung begegnen, Kausalität und Teleologie gleichmäßig auf diese Form dringen, das gerade sei ihre entschiedenste und entscheidendste Rechtfertigung und Unentbehrlichkeit. Es treten indes in der geschichtlichen Entwicklung sporadische Ansätze zu einer Sozialform auf, deren prinzipielle Vollendung das Weiterbestehen von Über- und Unterordnung mit den Freiheitswerten vereinigen könnte, um derentwillen Sozialismus und Anarchismus für die Abschaffung jener eintreten. Das Motiv zu solcher Bestrebung liegt doch ausschließlich in den Gefühlszuständen der Subjekte, in dem Bewußtsein von Entwürdigung und Unterdrücktheit, in dem Herabziehen des ganzen Ich in die Niedrigkeit der sozialen Stufe, in dem persönlichen Hochmut, zu dem die äußerlich führende Stellung das Selbstgefühl steigert. Könnte irgendeine Organisation der Gesellschaft diese psychologischen Folgeerscheinungen der sozialen Ungleichheit vermeiden, so könnte eine solche ohne weiteres fortbestehen. Man übersieht vielfach den rein technischen Charakter des Sozialismus: daß er ein *Mittel* zur Herbeiführung gewisser subjektiver Reaktionen ist, daß seine letzte Instanz in den Menschen und ihrem, von ihm auszulösenden Lebensgefühl liegt. Freilich ist, wie es nun einmal unsere seelische Art ist, das Mittel vielfach zum Zweck ausgewachsen, die rationelle Organisation der Gesellschaft und die Aufhebung von Befehl und Unterworfenheit erscheint als nicht über sich hinausfragender Wert, der ganz ohne Rücksicht auf jene personalen dämonistischen Erfolge Realisierung fordert. In diesen aber liegt dennoch die eigentliche psychologische Kraft, die der Sozialismus in die historische Bewegung einzusetzen hat. Als bloßes Mittel aber unterliegt er dem Verhängnis jedes Mittels: prinzipiell nie das einzige zu sein; da mannigfaltige Ursachen die gleiche Wirkung haben können, so ist es niemals ausgeschlossen, daß der gleiche Zweck durch verschiedene Mittel erreicht werden kann. Der Sozialismus, insoweit er eine vom Willen der Menschen abhängende Einrichtung ist, ist nur der erste Vorschlag zur Beseitigung jener aus der historischen Ungleichheit entspringenden eudämonistischen Unvollkommenheiten und darum mit der Sehnsucht nach deren Aufhebung so eng assoziiert, daß er mit ihr solidarisch erscheint. Es gibt aber keinen logischen Grund, das definitiv entscheidende Gefühl von Würde und sich selbst gehörendem Leben ausschließlich an ihn zu knüpfen, sobald es nur möglich wäre, die entsprechende Assoziation aufzulösen: zwischen der Über- und Unterordnung einerseits und dem Gefühl von persönlicher Entwertung und Unterdrücktheit anderseits. Vielleicht gelingt dies einem Wachstum der psychologischen Unabhängigkeit des individuellen Lebensgefühls von der äußern Tätigkeit überhaupt und der Stellung, die der einzelne innerhalb dieser einnimmt. Es ließe sich denken, daß im Laufe der Kultur die Produktionstätigkeit immer mehr bloße Technik wird, immer vollständiger ihre Folgen für die Innerlichkeit und Persönlichkeit des Menschen verliert. Tatsächlich finden wir die Annäherung an diese Scheidung als den soziologischen Typus von vielerlei Entwicklungen. Wenn Persönlichkeit und Leistung ursprünglich eng verschmolzen sind, so bewirkt dann die Arbeitsteilung und die Herstellung der *Produkte für den Markt,* d. h. für gänzlich unbekannte und gleichgültige Konsumenten, daß die Persönlichkeit sich immer mehr aus der Leistung heraus und auf sich selbst zurückzieht. Nun mag der geforderte Gehorsam noch so unbedingt sein – er dringt mindestens nicht mehr in die für das Lebensgefühl und den Persönlichkeitswert entscheidende Schicht, weil er nur eine technische Notwendigkeit ist, eine Organisationsform, die ebenso auf dem abgegrenzten Gebiet der Äußerlichkeiten verbleibt, wie die manuelle Arbeit selbst. Diese Differenzierung der objektiven und der subjektiven Lebenselemente, bei der die Unterordnung in ihrem technisch-organisatorischen Werte erhalten bleibt, aber ihre personal und innerlich deprimierenden und deklassierenden Folgen abwirft – ist selbstverständlich keine Panazee gegen sämtliche Schwierigkeiten und Leiden, die das Herrschen und Gehorchen auf allen Gebieten mit sich bringt; sie ist an dieser Stelle nur der prinzipielle Ausdruck einer sehr partiell wirksamen Tendenz, die in der Wirklichkeit niemals zu einer unabgelenkten und abschließenden Leistung kommt. Eines der reinsten Beispiele bietet der Freiwilligendienst des heutigen Militärs. Der geistig und sozial höchststehende Mann mag sich hier dem Unteroffizier unterordnen, ja eine Behandlung ertragen, die ihn, wenn sie wirklich sein Ich und sein Ehrgefühl träfe, zu den verzweifeltsten Reaktionen bewegen würde. Aber das Bewußtsein, daß er gar nicht als individuelle Persönlichkeit, sondern nur als unpersönliches Glied sich einer objektiven, solche Disziplin fordernden Technik zu beugen hat, läßt es zu dem Gefühl der Entwürdigung und Unterdrückung – mindestens in vielen Fällen – nicht kommen. Innerhalb der Wirtschaft ist es insbesondere der Übergang der Lohnarbeit zur Maschinenarbeit und der Naturalentlohnung zum Geldlohn, der dies Objektivwerden der Über- und Unterordnung begünstigt, gegenüber dem Gesellenverhältnis, in dem sich die Aufsicht und Herrschaft des Meisters auf alle Lebensbeziehungen des Gesellen, ganz über die rein im Arbeitsverhältnis gelegene Prärogative hinaus, erstreckte.

Dem gleichen Entwicklungsziel könnte ein weiterer wichtiger Typus soziologischer Formung dienen. Proudhon will bekanntlich alle Über- und Unterordnung aufheben, indem er diejenigen regierenden Gebilde, welche sich unter Wechselwirkung der Individuen als Träger der sozialen Kräfte herausdifferenziert haben, auflösen und alle Ordnung und allen Zusammenhalt wieder auf die unmittelbare Wechselwirkung zwischen freien, koordinierten Individuen gründen will. Nun ist aber diese Koordination vielleicht auch bei Weiterbestehen von Über- und Unterordnung zu erreichen, *wenn diese nämlich eine wechselseitige ist;* eine ideale Verfassung, in der A dem B in einer Beziehung oder zu einer Zeit übergeordnet ist, in einer andern Beziehung oder zu einer andern Zeit aber B dem A. Damit wäre der organisatorische Wert der Über- und Unterordnung gewahrt, während ihre Bedrückung, Einseitigkeit und Ungerechtigkeit fortfiele. Es gibt nun tatsächlich außerordentlich viele Erscheinungen des Gesellschaftslebens, in denen dieser Formtypus sich verwirklicht, wenn auch nur in embryonaler, verstümmelter und verdeckter Art. Ein Beispiel in engem Rahmen ist etwa eine Produktivassoziation von Arbeitern zu einem Betrieb, für den sie einen Meister und Werkführer wählen. Während sie diesem in der Technik des Betriebes untergeordnet sind, sind sie ihm doch in bezug auf dessen allgemeine Leitung und Ergebnisse übergeordnet. Indem alle Gruppen, in denen der Führer entweder durch häufigere Wahl oder nach regelmäßigem Turnus wechselt – bis herab zu dem Vorsitz in geselligen Vereinen –, diese Vereinigung von Über- und Unterordnung aus der homochronen Form in die zeitliche Alternierung übertragen, gewinnen sie die technischen Vorteile der Über- und Unterordnung unter Vermeidung ihrer personalen Nachteile. Alle entschiedenen Demokratien suchen dies durch die kurze Funktionsdauer ihrer Beamten zu erreichen. Hierdurch wird das Ideal, daß jeder einmal an die Reihe kommt, möglichst erreicht; daher auch das häufige Verbot der Wiederwahl. Die gleichzeitige Über- und Unterordnung ist eine der kraftvollsten Formen der Wechselwirkung und kann, in richtiger Verteilung auf die verschiedensten Gebiete, schon durch die enge Wechselwirkung, die sie bedeutet, ein sehr starkes Band zwischen Individuen bilden.

Stirner sieht hierin das Wesentliche des Konstitutionalismus: »Die Minister dominieren über ihren Herrn, den Fürsten, die Deputierten über ihren Herrn, das Volk.« Und noch in einem tiefern Sinne enthält der Parlamentarismus diese Korrelationsform. Wenn die moderne Jurisprudenz alle Rechtsverhältnisse in solche der Gleichordnung und solche der Über- und Unterordnung teilt, so dürften auch die erstern vielfach solche von Über- und Unterordnung, aber in wechselseitiger Ausübung, sein. Die Gleichordnung zweier Bürger mag darin bestehen, daß keiner eine Prärogative vor dem andern besitzt. Aber indem jeder einen Abgeordneten wählt, und dieser über Gesetze, die auch für den andern gelten, mitzubestimmen hat, entsteht ein Verhältnis wechselseitiger Über- und Unterordnung, und zwar als Ausdruck der Koordination. [...]

Man hat dieses Verhältnis zugleich verfeinerter und allgemeiner ausgedrückt, indem man das Volk als Objekt des Imperiums dem Individuum als allen andern koordiniertes Glied des Staates gegenüberstellte: der einzelne sei in jeder Hinsicht Pflichtobjekt, in dieser Rechtsobjekt. Und zwar steigert sich diese Differenzierung und zugleich die durch die Wechselseitigkeit der Über- und Unterordnung bewirkte Einheitlichkeit des Gruppenlebens noch, wenn man auf gewisse Inhalte achtet, auf die sich diese Form bezieht. Man hat als die Stärke der Demokratie hervorgehoben – mit vollem Bewußtsein der darin gelegenen Paradoxie – daß ein jeder in den Dingen Diener ist, in denen er die genaueste Sachkenntnis besitzt, nämlich in den beruflichen, wo er den Wünschen der Konsumenten, den Anweisungen des Unternehmers oder sonstigen Auftragerteilenden gehorchen muß – während er in den allgemeinen bzw. politischen Interessen der Gesamtheit mit Herr ist, von denen er kein spezielles, sondern nur das allen andern auch eigene Verständnis hat. Wo der in letzter Instanz Herrschende zugleich der Sachverständige ist, da sei die absolute Unterdrückung der Tieferstehenden ganz unvermeidlich; und wenn in der Demokratie die jeweilige Zahlenmajorität diese Konzentration von Wissen und Macht besäße, würde sie keine weniger schädliche Tyrannei als die Autokratie üben. Um es zu dieser Spaltung zwischen oben und unten nicht kommen zu lassen, sondern eine Einheit des Ganzen zu bewahren, bedürfe es dieser eigentümlichen Verschränkung, mit der die höchste Macht denen anvertraut sei, die in Hinsicht des Sachverständnisses subaltern wären! Auf der Verflechtung von alternierenden Über- und Unterordnungen zwischen denselben Potenzen ruhte nicht weniger die Einheit des Staatsgedankens, zu der nach der glorreichen Revolution in England die parlamentarische und die Kirchenverfassung zusammenwuchsen. Die Geistlichkeit hatte eine tiefe Abneigung gegen das parlamentarische Regime und vor allem gegen die Prärogative, die dieses auch ihr gegenüber verlangte. Der Friedensschluß kam – den Hauptsachen nach – so zustande, daß die Kirche eine besondre Gerichtsgewalt über Ehe und Testamente behielt und ihre Strafbestimmungen über Katholiken und Nicht-Kirchenbesucher. Dafür vergaß sie ihre Lehre vom unabänderlichen »Gehorsam« und erkannte an, daß die göttliche Weltordnung Platz für eine parlamentarische hatte, deren besondern Bestimmungen auch die Geistlichkeit unterworfen sei. Wiederum aber dominierte die Kirche das Parlament, indem zum Eintritt in dieses Eide erforderlich waren, die nur die Staatskirchler ohne weiteres, Dissenters auf Umwegen, Andersgläubige überhaupt nicht ablegen durften. Die regierende geistliche und weltliche Klasse verkettete sich in der Weise, daß die Erzbischöfe ihren Platz im Oberhause über den Herzögen, die Bischöfe über den Lords behielten, während sich alle Pfarren dem Patronat der weltlichen regierenden Klasse unterordneten. Dafür überließ man den Ortsgeistlichen wieder die Leitung der Ortsgemeindeversammlung. Dies war die Wechselwirkungsform, die die sonst einander widerstrebenden Machtfaktoren gewinnen konnten, damit die Staatskirche des 18. Jahrhunderts und eine einheitliche Organisation des englischen Lebens überhaupt zustande kam. So verdankt das eheliche Verhältnis seine innere und äußere Festigkeit und Einheit wenigstens zum Teil der Tatsache, daß es eine große Anzahl von Interessengebieten umfaßt und auf manchen derselben der eine Teil, auf andern der andre übergeordnet ist. Dadurch entsteht ein Ineinanderwachsen, eine Einheitlichkeit und zugleich doch innere Lebendigkeit des Verhältnisses, wie sie bei andern soziologischen Formen kaum zu erreichen ist. Was man die

»Gleichberechtigung« von Mann und Frau in der Ehe nennt – als Tatsache oder als frommer Wunsch –, wird sich wohl zum großen Teil als solche alternierende Über- und Unterordnung herausstellen. Wenigstens ergäbe sich hierbei, insbesondere wenn man auf die tausend feinen, nicht in Prinzipien zu fassenden Beziehungen des täglichen Lebens achtet, ein mehr organisches Verhältnis, als bei einer mechanischen Gleichheit im unmittelbaren Sinn; jene Alternierung brächte es schon mit sich, daß die jeweilige Überordnung nicht als brutaler Befehl auftritt. [...]

Nun ist dieser günstige Erfolg der in Frage stehenden Vergesellschaftungsform aber davon abhängig, daß die Sphäre, innerhalb deren das eine Sozialelement übergeordnet ist, sehr genau und unzweideutig von denjenigen abgegrenzt ist, in denen das andere übergeordnet ist. Sobald dies nicht der Fall ist, werden fortwährende Kompetenzkonflikte entstehen, und der Erfolg wird nicht Stärkung, sondern Schwächung der Verbindung sein. Insbesondere wo ein im allgemeinen Untergeordneter gelegentlich eine Überordnung erringt, die auf dem Gebiet seiner sonstigen Unterordnung bleibt, da wird teils durch den Charakter des Rebellentums, den dieser Zustand meistenteils tragen wird, teils durch die mangelnde Fähigkeit des immer Untergeordneten zur Überordnung auf dem gleichen Gebiete – die Festigkeit der Gruppe leiden. So brachen zur Zeit der Weltmacht Spaniens im spanischen Heer, z. B. in den Niederlanden, periodische Rebellionen aus. Mit so furchtbarer Disziplin es im ganzen zusammengehalten wurde, so zeigte es doch gelegentlich eine ununterdrückbare demokratische Energie. In gewissen, fast berechenbaren Zwischenräumen rebellierten sie gegen die Offiziere, setzten sie ab und wählten eigne Offiziere, die aber unter Aufsicht der Soldaten standen und nichts tun durften, was nicht alle Untergebenen billigten. Die Schädlichkeit solchen Durcheinandergehens von Über- und Unterordnung auf einem und demselben Gebiete bedarf keiner Erörterung. Sie liegt in indirekter Form ebenso in der kurzen Amtsdauer wählbarer Beamten vieler Demokratien; es wird dadurch allerdings erreicht, daß eine möglichst große Anzahl von Bürgern einmal in eine führende Stellung gelangt – aber anderseits werden langsichtige Pläne, kontinuierliche Aktionen, konsequent durchgeführte Maßregeln, technische Vollkommenheit oft genug dadurch verhindert. [...]

Mit einer kleinen Verschiebung, in der Hauptsache aber doch

formal gleich, tritt dies soziologische Vorkommnis in Beamtenhierarchien ein, wo der Vorgesetzte technisch vom Untergebenen abhängig ist. Dem höhern Beamten fehlt oft die Kenntnis der technischen Details oder der aktuellen Sachlage. Der untere Beamte bewegt sich meistens sein Leben lang in demselben Kreise von Aufgaben und gewinnt dadurch eine spezialistische Kenntnis seines engen Gebietes, die demjenigen entgeht, der rasch durch verschiedene Stufen vorwärts eilt – während seine Beschlüsse doch nicht ohne jene Detailkenntnisse ausgeführt werden können. [...]

Diese Reziprozität von Über- und Unterordnung läßt also oft den tatsächlich Leitenden als den Untergeordneten, den tatsächlich nur Ausführenden als den Übergeordneten erscheinen und schädigt damit die Gediegenheit der Organisation ebenso, wie eine zweckmäßig verteilte Alternierung von Über- und Unterordnung sie stützen kann.

Jenseits dieser speziellern Formungen stellt die Tatsache der Herrschaft folgendes ganz allgemeine soziologische Problem. Über- und Unterordnung bilden einerseits eine Form der objektiven Organisation der Gesellschaft; sie sind anderseits der Ausdruck der persönlichen Qualitätsunterschiede zwischen den Menschen. Wie verhalten sich nun diese beiden Bestimmungen zueinander, und wie wird die Form der Vergesellschaftung durch die Verschiedenheiten dieses Verhältnisses beeinflußt?

Am Anfang der gesellschaftlichen Entwicklung muß die Überordnung einer Persönlichkeit über andre der adäquate Ausdruck und Folge persönlicher Überlegenheit gewesen sein. Es liegt gar kein Grund vor, weshalb in einem sozialen Zustande ohne feste Organisation, die dem einzelnen *a priori* seine Stelle anweist, irgend jemand sich dem andern unterordnen sollte, wenn ihn nicht Gewalt, Pietät, körperliche, geistige oder willensmäßige Überlegenheit, Suggestion, kurz das Verhältnis seines persönlichen Seins zu dem des andren dazu bestimmte. Wenigstens müssen wir, da uns das Anfangsstadium gesellschaftlicher Bildung historisch unzugängig ist, aus methodischem Prinzip die möglichst einfache Annahme: einer annähernden Gleichgewichtslage, machen. Dies verhält sich wie mit den kosmologischen Herleitungen. Weil wir den Ausgangszustand des Weltprozesses nicht kennen, mußte man sich bemühen, von dem möglichst Einfachen, der Homogenität und Gleichgewichtslage der Weltelemente aus, Beginn und

Fortschritt der Mannigfaltigkeiten und Differenzierungen zu deduzieren. Nun ist freilich kein Zweifel, daß, wenn jene Voraussetzungen im absoluten Sinne gemacht werden, kein Weltprozeß beginnen konnte, weil sie keine Ursache für Bewegung und Besonderung bieten; vielmehr muß irgendein differentielles Verhalten von Elementen, wie minimal auch immer, an den Anfangszustand gesetzt werden, um von ihm aus die weitern Differenzierungen begreiflich zu machen. So sind wir auch genötigt, in der Entwicklung der sozialen Mannigfaltigkeiten von einem fiktiven einfachsten Zustande auszugehen; das Minimum von Mannigfaltigkeit, dessen es als des Keimes aller spätern Differenzierungen bedarf, wird wohl in die rein personalen Unterschiedenheiten innerhalb der Anlagen der Individuen gesetzt werden müssen. Die nach außen gerichteten Unterschiedlichkeiten der Menschen in den aufeinander bezüglichen Positionen werden also zuallererst von solchen qualitativen Individualisierungen abzuleiten sein. So werden von dem Fürsten in primitiven Zeiten Vollkommenheiten gefordert oder vorausgesetzt, die in ihrem Grade oder in ihrer Vereinigung ungewöhnlich sind. Der griechische König der heroischen Zeit muß nicht nur tapfer, weise und beredt sein, sondern auch hervorragend in den athletischen Übungen und möglichst auch ein vortrefflicher Zimmermann, Schiffsbauer und Ackersmann. Die Stellung des Königs David beruhte, wie man hervorgehoben hat, zum großen Teil darauf, daß er zugleich Sänger und Kriegsmann, Laie und Prophet war und die Fähigkeiten dazu besaß, die weltliche Staatsmacht mit der geistlichen Theokratie zu verschmelzen. Aus diesem Ursprung von Über- und Unterordnung, der natürlich noch in jedem Augenblick innerhalb der Gesellschaft wirksam ist und fortwährend neue Verhältnisse stiftet, entwickeln sich nun aber feststehende Organisationen von Über- und Unterordnung, in welche die Individuen entweder hineingeboren werden, oder in denen sie die einzelnen Positionen auf Grund ganz andrer Qualitäten erringen, als die sind, welche die fragliche Über- und Unterordnung ursprünglich begründet haben. Dieser Übergang vom Subjektivismus der Herrschaftsverhältnisse zu einer objektiven Formation und Fixierung wird durch die rein quantitative Erweiterung der Herrschaftsgebiete bewirkt. Für diese allenthalben bemerkbare Beziehung zwischen der steigenden Quantität von Elementen und der Objektivität der für sie gültigen Normierungen sind zwei eigentlich entgegengesetzte

Motive von Bedeutung. Die Vermehrung von Elementen enthält zugleich eine Vermehrung der in ihnen vorkommenden qualitativen Besonderheiten. Damit steigt die Unwahrscheinlichkeit, daß irgendein Element von subjektiver Individualität ein gleiches oder ein gleichmäßig genügendes Verhältnis zu jedem von ihnen habe. In dem Maß, in dem die Differenzen innerhalb des Herrschafts- oder Normierungsgebietes zunehmen, muß der Herrscher oder die Norm ihren Individualcharakter abzutun und einen allgemeinen, über die Fluktuierungen des Subjektiven erhabnen anzunehmen suchen. Anderseits führt ebendieselbe Erweiterung des Kreises auf Arbeitsteilung und Differenzierung unter ihren führenden Elementen. Der Herrscher einer großen Gruppe kann nicht mehr wie der griechische König für alle ihre wesentlichen Interessen Maß und Führer sein; es bedarf vielmehr einer vielfältigen Spezialisierung und fachmäßigen Einteilung des Regimes. Arbeitsteilung aber steht überall in Wechselbeziehung mit der Objektivierung des Handelns und der Verhältnisse, sie rückt die Leistung des einzelnen in einen außerhalb seiner Sphäre gelegnen Zusammenhang, die Persönlichkeit als ganze und innere stellt sich jenseits ihres einseitigen Tuns, dessen rein sachlich umschriebne Resultate sich erst mit denen andrer Persönlichkeiten wieder zu einer Ganzheit zusammentun. Der Umkreis solcher Ursachen wird die von Fall zu Fall, von Person zu Person entstehenden Herrschaftsverhältnisse in die objektive Form übergeführt haben, in der sozusagen nicht der Mensch, sondern die Stellung das Übergeordnete ist. Das Apriori der Beziehung sind jetzt nicht mehr die Menschen mit ihren Eigenschaften, aus denen die soziale Relation entsteht, sondern diese Relationen als objektive Formen, »Stellungen«, gleichsam leere Räume und Umrisse, die erst von Individuen »ausgefüllt« werden sollen. Je fester und technisch ausgearbeiteter die Organisation der Gruppe ist, desto objektiver und formaler bieten sich die Schemata der Über- und Unterordnung dar, zu denen dann erst nachträglich die geeigneten Personen gesucht werden, oder die durch die bloßen Zufälle der Geburt und sonstiger Chancen ihre Ausfüllungen finden. Hierbei ist keineswegs nur an die Hierarchie staatlicher Stellungen zu denken. Die Geldwirtschaft schafft auf den von ihr beherrschten Gebieten eine ganz ähnliche Formung der Gesellschaft. Der Besitz oder der Mangel einer bestimmten Geldsumme bedeutet eine bestimmte soziale Stellung, fast ganz unabhängig von den personalen Qualitäten dessen, der sie ausfüllt. Das Geld hat die vorhin betonte Scheidung zwischen dem Menschen als Persönlichkeit und als Träger einer bestimmten Einzelleistung oder -bedeutung auf den Gipfel gehoben; sein Besitz gewährt jedem, der ihn erobern oder irgendwie erwerben kann, eine Macht und eine Stellung, die mit dem Innehaben dieses Besitzes, nicht aber mit der Persönlichkeit und ihren Eigenschaften auftritt und verschwindet. Die Menschen traversieren durch die Positionen, die bestimmten Geldbesitzen entsprechen, wie rein zufällige Ausfüllungen durch feste, gegebene Formen hindurchgehen. Daß übrigens die moderne Gesellschaft diese Diskrepanz zwischen Stellung und Persönlichkeit nicht etwa durchgehend aufweist, bedarf keiner Betonung. Vielmehr wird sich vielfach sogar durch die Lösung des objektiven Inhaltes der Position von der Persönlichkeit als solcher eine gewisse Gelenkigkeit ihrer Zuordnung herstellen, die die angemessene Proportion auf neuer, oft rationellerer Basis realisiert – ganz abgesehen von den ungeheuer gesteigerten Möglichkeiten, die die liberalen Ordnungen überhaupt für den Gewinn der den Kräften entsprechenden Stellung geben: wenngleich die hier in Frage kommenden Kräfte oft so spezialistische sind, daß die durch sie gewonnene Überordnung dennoch der Persönlichkeit nach ihrem Gesamtwert nicht zukommt. Grade an gewissen mittleren Gestaltungen, wie der ständischen und der zünftischen, wird jene Diskrepanz gelegentlich ihr Maximum erreichen. Man hat mit Recht hervorgehoben, daß das System der Großindustrie dem ausnehmend begabten Manne mehr Gelegenheit gebe, sich auszuzeichnen, als er vordem besaß. Das Zahlenverhältnis von Werkführern und Aufsehern zu Arbeitern sei zwar heutzutage kleiner, als das Zahlenverhältnis von Kleinmeistern zu Lohnarbeitern vor zweihundert Jahren. Aber das besondre Talent könne viel sichrer zu höhrer Stellung aufsteigen. Worauf es an dieser Stelle ankommt, ist nur die eigentümliche *Chance* des Auseinanderfallens der personalen Qualität und ihrer Stellung nach Herrschen oder Beherrschtwerden, die durch die Objektivierung der Stellungen, durch ihre Differenzierung von dem rein Personalen der Individualität gegeben ist. [...]

Ja, daß persönliche Qualifikation und soziale Stellung in der Reihe der Über- und Unterordnungen sich durchgehend und restlos entsprächen, ist prinzipiell unmöglich, welche Organisation man auch zu diesem Zwecke vorschlagen möge. Und zwar auf

Grund der Tatsache, daß es immer mehr Menschen gibt, die zu übergeordneten Stellungen qualifiziert sind, als es übergeordnete Stellungen gibt. Von den gewöhnlichen Arbeitern einer Fabrik gibt es sicher sehr viele, die ebenso gut Werkführer oder Unternehmer sein könnten; von den gemeinen Soldaten sehr viele, die die volle Befähigung zum Offizier besäßen; von den Millionen Untertanen eines Fürsten zweifellos eine große Anzahl, die ebensogute oder beßre Fürsten sein würden. Das Gottesgnadentum ist grade der Ausdruck dafür, daß die subjektive Qualität nicht entscheiden soll, sondern eine andre, über die menschlichen Maßstäbe erhabene Instanz. Der Bruch zwischen den zu einer leitenden Stellung Gelangten und den zu ihr Befähigten darf auch nicht etwa daraufhin größer angesetzt werden, daß es umgekehrt vielerlei Personen in übergeordneten Stellen gibt, die für sie nicht qualifiziert sind. Denn diese Richtung des Mißverhältnisses zwischen Person und Stellung erscheint aus mancherlei Gründen erheblicher, als sie in Wirklichkeit ist. Zunächst tritt die Unfähigkeit innerhalb einer Stellung, von der aus andre geleitet werden, besonders grell hervor, läßt sich aus naheliegenden Ursachen schwerer verheimlichen, als sehr viele andre menschliche Unzulänglichkeiten – und zwar insbesondre, *weil* ebenso viele andre, wahrhaft zu der Stellung qualifizierte, untergeordnet daneben stehn. Ferner entsteht diese Unangemessenheit vielfach gar nicht aus individuellen Mängeln, sondern aus den widerspruchsvollen Anforderungen des Amtes, deren unvermeidlicher Erfolg dennoch leicht dem Inhaber des Amtes als subjektive Schuld zugerechnet wird. Die moderne »Staatsregierung« z. B. hat ihrem Begriffe nach eine Unfehlbarkeit, die der Ausdruck ihrer – prinzipiell – absoluten Objektivität ist. An dieser ideellen Unfehlbarkeit gemessen, erscheinen ihre realen Träger natürlich oft unzureichend. In Wirklichkeit sind die rein individuellen Unzulänglichkeiten leitender Persönlichkeiten relativ selten. Bedenkt man die unsinnigen und unkontrollierbaren Zufälle, durch die die Menschen auf allen Gebieten in ihre Positionen gelangen, so wäre es ein unbegreifliches Wunder, daß nicht eine sehr viel größre Summe von Unfähigkeit in deren Ausfüllung hervortritt, wenn man nicht annehmen müßte, daß die latenten Qualifikationen für die Stellungen in sehr großer Verbreitung vorhanden sind. Es ruht auf dieser Voraussetzung, daß republikanische Verfassungen manchmal bei der Kreierung ihrer Beamten nur nach negativen Instanzen fragen, d. h. danach, ob der Anwärter sich durch irgend etwas des Amtes unwürdig gemacht hätte – wenn also etwa in Athen die Ernennung durch das Los geschah und nur untersucht wurde, ob der betreffende seine Eltern gut behandelt, seine Steuern bezahlt habe usw. –, also nur, ob etwas *gegen* ihn vorlag, so daß vorausgesetzt wurde, daß *a priori* jeder würdig wäre. Dies ist das tiefe Recht des Sprichworts: wem Gott gibt ein Amt, dem gibt er auch den Verstand. Denn der zur Ausfüllung höhrer Stellungen erforderte »Verstand« ist eben bei vielen Menschen vorhanden, aber er bewährt, entwickelt, offenbart sich erst, wenn sie die Stellung einnehmen. Diese Inkommensurabilität zwischen dem Quantum der Befähigungen zur Überordnung und dem ihrer möglichen Betätigungen erklärt sich vielleicht aus dem Unterschiede zwischen dem Charakter des Menschen als Gruppenwesen und als Individuum. Die Gruppe als solche ist niedrig und führungsbedürftig, die Eigenschaften, die sie als die schlechthin gemeinsamen entfaltet, sind nur die sicher vererbten, also die primitivern und undifferenzierten, oder die leicht suggerierbaren, also die »untergeordneten«. Sobald also überhaupt eine Gruppenbildung größern Maßes stattfindet, ist es zweckmäßig, daß die ganze Masse sich in der Form der Unterordnung unter wenige organisiere. Das verhindert aber ersichtlich nicht, daß jeder einzelne aus dieser Masse höhere und feinere Eigenschaften besitze. Nur sind diese individueller Art, gehen nach *verschiednen* Seiten über den Gemeinbesitz hinaus und helfen deshalb der Niedrigkeit derjenigen Qualitäten nicht auf, in denen sich alle mit Sicherheit begegnen. Aus diesem Verhältnis folgt, daß einerseits die Gruppe als ganze des Führers bedarf, und es also viele Untergeordnete und nur wenige Übergeordnete geben kann, anderseits aber jeder einzelne aus der Gruppe höher qualifiziert ist denn als Gruppenelement und also als Untergeordneter.

Mit diesem, allen sozialen Bildungen eignen Widerspruch zwischen dem gerechten Anspruch auf übergeordnete Stellung und der technischen Unmöglichkeit, ihm zu genügen, findet sich das ständische Prinzip und die jetzige Ordnung ab, indem sie Klassen pyramidenförmig mit einer immer geringern Mitgliederzahl übereinander bauen und dadurch die Zahl der zu leitenden Stellungen »Qualifizierten« a priori einschränken. Diese Auswahl richtet sich nicht nach den gegebenen Individuen, sondern, umgekehrt, sie präjudiziert diese. Aus einer Menge von Gleichen kann man nicht jeden in die verdiente Stellung bringen. Darum könnten jene Ordnungen als der Versuch gelten, umgekehrt vom Gesichtspunkt der vorherbestimmten Stellung aus die Individuen für diese zu züchten. Statt der Langsamkeit, mit der dies der Vererbung und der standesmäßigen Erziehung gelingen kann, werden auch sozusagen akute Verfahren angewendet, die die Persönlichkeiten, gleichgültig gegen deren bisherige Qualität, durch autoritative oder mystische Satzung zu der Fähigkeit des Führens und Herrschens emporheben. Für den Bevormundungsstaat des 17. und 18. Jahrhunderts war der Untertan zu keinerlei Mitwirkung an den öffentlichen Angelegenheiten fähig; in politischer Hinsicht blieb er dauernd führungsbedürftig. In dem Augenblick aber, in dem er in ein Staatsamt eintrat, erhielt er mit einem Schlage die höhern Einsichten und den Gemeinsinn, die ihn zur Lenkung der Allgemeinheit befähigten – als ob durch die Beamtung aus dem Unmündigen wie durch *generatio aequivoca* nicht nur der Mündige, sondern der Führer, mit allen erforderlichen Eigenschaften des Intellekts und Charakters, entsprungen wäre. Die Spannung zwischen der apriorischen Unqualifiziertheit eines jeden zu einer bestimmten Superiorität und der absoluten Qualifikation, die er *a posteriori* durch die Einwirkung einer höhern Instanz erwirbt, erreicht ihr Maximum innerhalb des katholischen Priesterstandes. Hier spielt keine Familientradition, keine von Kindheit an wirkende Erziehung mit, ja die persönliche Qualität des Kandidaten ist prinzipiell unwichtig gegenüber dem in mystischer Objektivität bestehenden Geiste, mit dem die Priesterweihe ihn begabt. Die superiore Leistung wird ihm nicht übertragen, weil grade nur er von Natur zu ihr bestimmt ist (obgleich dies natürlich mitwirken kann und eine gewisse Unterschiedlichkeit der Zugelassenen begründet), auch nicht auf die Chance hin, ob er nun von vornherein ein Berufner oder Nichtberufner ist – sondern die Weihe *schafft*, weil sie den *Geist* überträgt, die besondere Qualifikation für die Leistung, zu der sie beruft. Daß Gott dem, dem er ein Amt gibt, auch den Verstand dazu gibt – dies Prinzip ist nach seinen beiden Seiten: der vorherigen Ungeeignetheit und der nachherigen, durch das »Amt« geschaffnen Geeignetheit hier aufs radikalste realisiert.

Dankbarkeit
Ein soziologischer Versuch
(1907)

Die Tönung persönlichen Empfindens und privaten Handelns, die über den Tatsachen der Dankbarkeit liegt, überdeckt für den soziologisch nicht geschulten Blick die kaum zu überschätzende Bedeutung, mit der diese Tatsachen auf das Leben und den Zusammenhalt der Gesellschaft wirken und deren Umriß diese Überlegungen zu zeichnen unternehmen.

Es ist zunächst eine Ergänzung der rechtlichen Ordnung, die die Dankbarkeit vollbringt. Aller Verkehr der Menschen beruht auf dem Schema von Hingabe und Äquivalent. Nun kann für unzählige Hingaben und Leistungen das Äquivalent erzwungen werden. Bei allen wirtschaftlichen Tauschen, die in Rechtsform geschehen, bei allen fixierten Zusagen für eine Leistung, bei allen Verpflichtungen aus einer rechtlich regulierten Beziehung – erzwingt die Rechtsverfassung das Hin- und Hergehen von Leistung und Gegenleistung und sorgt für diese Wechselwirkung, ohne die es keine soziale Balance und Zusammenhalt gibt. Nun bestehen aber unzählige Beziehungen, für die die Rechtsform nicht eintritt, wo das Äquivalent für die Hingabe nicht erzwungen werden kann. Hier wird die Dankbarkeit zur Stellvertreterin des Rechts und spinnt, wenn andre Mächte versagen, ein Band der Wechselwirkung, der Balancierung von Nehmen und Geben zwischen den Menschen.

Um diese Verknüpfung in ihrer Sonderart richtig einzuordnen, muß man sich zunächst klar machen, daß die persönliche, aber an Sachen ausgeübte Aktion von Mensch auf Mensch, wie sie etwa im Raub oder im Geschenk, den primitiven Formen des Besitzwechsels, liegt, sich zum *Tausch* im objektiven Sinne des Wortes entwickelt. Der Tausch ist die Sachwerdung der Wechselwirksamkeit zwischen Menschen. Indem der eine eine Sache gibt und der andre eine Sache zurückgibt, welche denselben Wert hat, hat sich die Seelenhaftigkeit der Beziehungen zwischen den Menschen in Gegenstände hinausverlegt, und diese Versachlichung der Beziehung, das Hineinwachsen ihrer in die Dinge, welche hin und her wandern, wird so vollkommen, daß in der ausgebildeten Wirtschaft überhaupt jene persönliche Wechselwirkung ganz und gar zurücktritt und die Waren ein Eigenleben gewonnen haben, daß die Beziehungen und die Wertausgleichungen zwischen ihnen gleichsam automatisch, bloß rechnerisch stattfinden, und die Menschen nur noch als die Exekutoren der in den Waren selbst gelegenen Tendenzen zur Verschiebung und Ausgleichung auftreten. Es wird objektiv Gleiches gegen objektiv Gleiches gegeben, und der Mensch selbst, obgleich er selbstverständlich um seines Interesses willen den Prozeß vollzieht, ist eigentlich gleichgültig. Die Beziehung der Menschen ist Beziehung der Gegenstände geworden. Die Dankbarkeit nun entsteht gleichfalls aus und in der Wechselwirkung zwischen Menschen, und zwar nach innen hin ebenso, wie nach außen hin jene Beziehung der *Dinge* daraus erwachsen ist. Sie ist das subjektive Residuum des Aktes des Empfangens oder auch des Hingebens. Wie mit dem Tausch der Dinge die Wechselwirkung in die objektive Ausgleichung, in die Bewegungen der »Ware« hinaustritt, so sinkt mit der Dankbarkeit das Geschehen zwischen Mensch und Mensch in seinen Folgen, in seiner subjektiven Bedeutung, in seinem seelischen Echo herunter in die Seele. Sie ist gleichsam das moralische Gedächtnis der Menschheit, eine Brücke, welche die Seele immer wieder vorfindet, um bei der leisesten Anregung, welche sonst vielleicht nicht genügen würde, eine neue Brücke zu schlagen, über sie hin sich dem andern zu nähern. Alle Vergesellschaftung, jenseits ihres ersten Ursprunges, beruht auf der Weiterwirkung der Beziehungen über den Moment ihres Entstehens hinaus. Mag Liebe oder Gewinnsucht, Gehorsam oder Haß, Geselligkeitstrieb oder Herrschsucht, eine Handlung von Mensch zu Mensch aus sich hervorgehen lassen: die schöpferische Stimmung pflegt sich in der Handlung nicht zu erschöpfen, sondern irgendwie in der durch sie geschaffenen soziologischen Situation weiterzuleben. Die Dankbarkeit ist ein solches Weiterbestehen im entschiedensten Sinne, ein ideelles Fortleben einer Beziehung, auch nachdem sie etwa längst abgebrochen und der Aktus des Gebens und Empfangens längst abgeschlossen ist.

Obgleich die Dankbarkeit ein rein personaler oder, wenn man will, lyrischer Affekt ist, so wird sie, durch ihr tausendfaches Hin- und Herweben innerhalb der Gesellschaft, zu einem ihrer stärksten Bindemittel; sie ist der fruchtbare Gefühlsboden, aus dem nicht nur eigne Aktionen von einem zum andern hin erwachsen, sondern durch dessen fundamentales, wenn auch oft unbewußtes und in unzählige andre Motivierungen versponnenes Dasein unserm Handeln eine Modifikation oder Intensität zuwächst, ein Verbundensein mit dem Früheren, ein Hineingeben der Persönlichkeit, eine Kontinuität des Wechsellebens. Würde mit einem Schlage jede auf frühere Aktionen hin den Seelen verbliebene Dankreaktion ausgetilgt, so würde die Gesellschaft, mindestens wie wir sie kennen, auseinanderfallen.

Kann man fast alle äußerlich-innerlichen verbindenden Motive zwischen Individuen daraufhin ansehen, inwieweit sie den Tausch tragen, der die Gesellschaft zum großen Teil bildet, nicht nur die schon gebildete zusammenhält – so ist also die Dankbarkeit jenes Motiv, das die Erwiderung der Wohltat von innen heraus bewirkt, wo von äußerer Notwendigkeit nicht die Rede ist. Und die Wohltat ist nicht nur ein dingliches Geben von Person zu Person, sondern wir danken dem Künstler und dem Dichter, der uns nicht kennt, und diese Tatsache schafft unzählige, ideelle und konkrete, lockere und feste Verbindungen zwischen denen, die solche Dankbarkeit gegen den gleichen Geber erfüllt; ja nicht nur für das, was jemand überhaupt tut, danken wir ihm, sondern nur mit dem gleichen Begriff kann man das Gefühl bezeichnen, mit dem wir oft auf die bloße Existenz von Persönlichkeiten reagieren: wir sind ihnen dankbar, bloß weil sie da sind, weil wir sie erleben. Die feinsten und festesten Beziehungen knüpfen sich oft an dieses, von allem einzelnen Empfangen unabhängige Gefühl, das gerade unsre ganze Persönlichkeit dem andern wie aus einer Dankespflicht darbringt, wie sie auch dem Ganzen *seiner* Persönlichkeit gilt.

Der konkrete Inhalt der Dankbarkeit nun, d. h. der Erwiderungen, zu denen sie uns veranlaßt, gibt Modifikationen der Wechselwirkung Raum, deren Zartheit nicht ihre Bedeutung für die Struktur unsrer Beziehungen hindert. Einen außerordentlichen Nuancenreichtum erfährt die Innerlichkeit dieser letzteren, wenn eine erhaltene Gabe der seelischen Sachlage nach nur mit einer der Art nach andern Gegengabe erwidert werden kann. So gibt der eine vielleicht das dem andern, was man Geist nennt, intellektuelle Werte – und der andre zeigt seine Dankbarkeit darin, daß er Gemütswerte zurückgibt; oder er bietet einen ästhetischen oder sonstigen Reiz seiner Persönlichkeit dem andern dar, der die stärkere

Natur ist und jenem daher gleichsam Willen infundiert, ihn mit Festigkeit und Entschließungskraft ausstattet. Nun gibt es wahrscheinlich keine Wechselwirkung, in der das Hin und Her, das Geben und Nehmen sich auf dem genau gleichen Gebiet hielte. Allein die Fälle, die ich hier erwähnt habe, sind die extremen Steigerungen dieser unvermeidlichen Verschiedenheit von Gabe und Gegengabe im Verhältnis der Menschen, und wo sie sehr entschieden und mit betontem Bewußtsein der Verschiedenheit auftreten, bilden sie ein ethisch wie theoretisch gleichmäßig schwieriges Problem dessen, was man die innere Soziologie nennen könnte. Vielfach nämlich hat es einen Ton von leiser innerer Unangemessenheit, daß der eine dem andern seine intellektuellen Schätze darbietet, ohne etwa sein Gemüt besonders in das Verhältnis hineinzuengagieren, während der andre dafür nichts zu geben weiß als Liebe: all solche Fälle haben etwas Fatales für das Gefühl, weil sie irgendwie an Kauf erinnern. Es ist der Unterschied zwischen Tausch im allgemeinen und Kauf, daß bei dem Begriff des Kaufes betont wird, daß der tatsächlich vor sich gehende Tausch zwei ganz heterogene Dinge betrifft, welche eben nur durch den gemeinsamen Geldwert zusammengehalten und vergleichbar werden. Also wenn eine Handarbeit etwa in früheren Zeiten, wo noch kein Metallgeld verbreitet war, mit einer Kuh oder Ziege erkauft wurde, so waren das völlig heterogene Dinge, die aber durch den gemeinsam in beiden steckenden ökonomischen, abstrakt-allgemeinen Wert zusammengehalten und tauschbar wurden. In der modernen Geldwirtschaft ist diese Heterogeneität auf den Gipfel getrieben. Denn das Geld ist, weil es das Allgemeine an allen vertauschbaren Gegenständen darstellt, nicht imstande, das Individuelle an ihnen auszudrücken; und daher kommt über die Gegenstände, insoweit sie als verkäuflich figurieren, ein Ton von Deklassierung, von Herabsetzung des Individuellen an ihnen auf das Allgemeine, das diesem Dinge mit allen andern, gleichfalls verkäuflichen, und vor allen Dingen mit dem Gelde selbst gemeinsam ist. Etwas von solcher prinzipiellen Heterogeneität findet in den Fällen statt, die ich erwähnte, wo zwei Menschen sich gegenseitig gewisse Güter ihrer Innerlichkeit darbieten, wo die Dankbarkeit für die eine Gabe sich gleichsam in einer ganz andern Münze realisiert und damit in den Tausch etwas von dem Charakter des Kaufes bekommt, der hier von vornherein unangemessen ist. Man kauft die Liebe mit dem, was man an Geist gibt. Man kauft den Reiz eines Menschen, den man genießen will, durch die überlegene Suggestionskraft und Willensenergie, welche er entweder über sich fühlen will oder welche er sich einflößen lassen will. Das Gefühl einer gewissen Inadäquatheit oder Unwürdigkeit kommt hier indes nur auf, wenn die gegenseitigen Darbietungen als losgelöste *Objekte*, die man vertauscht, wirken, wenn die gegenseitige Dankbarkeit nur die Wohltat, sozusagen nur den ausgetauschten Inhalt, selbst betrifft. Allein der Mensch ist doch, insbesondere in den Verhältnissen, die hier in Frage kommen, nicht der Kaufmann seiner selbst. Seine Qualitäten, die von ihm ausströmenden Kräfte und Funktionen liegen doch nicht nur vor ihm, wie die Waren auf dem Ladentisch, sondern es kommt darauf an, sich dahin durchzufühlen, daß der Mensch, auch wenn er nur ein Einzelnes gibt, nur eine Seite seiner Persönlichkeit darbietet, in dieser einen Seite doch vollkommen enthalten sein kann, seine Persönlichkeit in der Form dieser einzelnen Energie dennoch *ganz* geben kann. Jene Unverhältnismäßigkeit tritt nur ein, wo die Differenzierung innerhalb des Verhältnisses so vorgeschritten ist, daß, was der eine dem andern gibt, sich von der Gesamtheit seiner Persönlichkeit gelöst hat. Wo dies indes nicht geschehen ist, entsteht gerade hier ein wundervoll reiner Fall der sonst nicht sehr häufigen Kombination, daß die Dankbarkeit die Reaktion auf die Wohltat und auf den Wohltäter gleichmäßig in sich schließt. In der scheinbar objektiven Erwiderung, die nur der Gabe gilt und die in einer andern Gabe besteht, ist es nun durch jene merkwürdige Plastizität der Seele möglich, die Ganzheit der Subjektivität des einen wie des anderen sowohl hinzugeben wie hinzunehmen.

Der tiefste Fall dieser Art liegt vor, wenn die innere Gesamtstimmung, die auf den andern in der besonderen, Dankbarkeit genannten Weise eingestellt ist, nicht gleichsam nur eine Verbreiterung der eigentlich bestimmt umschriebenen Dankesreaktion auf das Ganze der Seele ist; sondern wenn, was wir von einem andern an Gutem und Dankenswertem erfahren, nur wie eine Gelegenheitsursache ist, in der ein in der inneren Beschaffenheit der Seele vorbestimmtes Verhältnis zu jenem nur verwirklicht wird. Hier greift das, was wir Dankbarkeit nennen und was diese Stimmung gleichsam nur von einer einzelnen Erweisung her den Namen gegeben hat, sehr tief herunter unter die gewöhnliche, dem Objekt geltende Form des Dankes. Man kann sagen, daß er hier im tiefsten überhaupt nicht darin besteht, daß die Gabe erwidert wird, sondern in dem Bewußtsein, daß man sie nicht erwidern könne, daß hier etwas vorliegt, was die Seele des Empfangenden wie in einen gewissen Dauerzustand der anderen gegenüber versetzt, eine Ahnung der inneren Unendlichkeit eines Verhältnisses zum Bewußtsein bringt, das durch keine endliche Betätigung vollkommen erschöpft oder verwirklicht werden kann.

Dies berührt sich mit einer andern tiefgelegenen Inkommensurabilität, die den unter der Kategorie der Dankbarkeit verlaufenden Beziehungen durchaus wesentlich ist. Wo wir von einem andern Dankenswertes erfahren haben, wo dieser »vorgeleistet« hat, können wir mit keiner Gegengabe oder Gegenleistung – obgleich eine solche rechtlich und objektiv die erste überwiegen mag – dies vollkommen erwidern, weil in der ersten Leistung eine *Freiwilligkeit* liegt, die bei der Gegenleistung nicht mehr vorhanden ist. Denn zu ihr sind wir schon moralisch verpflichtet, zu ihr wirkt der Zwang, der zwar nicht sozial, juristisch, sondern moralisch, aber immerhin ein Zwang ist. Die erste, aus der vollen Spontanität der Seele quellende Erweisung hat eine Freiheit, die der Pflicht – auch der Pflicht der Dankbarkeit – mangelt. Diesen Charakter der Pflicht hat Kant mit dem Gewaltstreich hinwegdekretiert, daß Pflichterfüllung und Freiheit identisch seien. Er hat dabei die negative Seite der Freiheit mit der positiven verwechselt. Die Pflicht, die wir ideell über uns fühlen, sind wir scheinbar frei zu erfüllen oder nicht zu erfüllen. In Wirklichkeit geschieht nur das letztere aus völliger Freiheit – die Erfüllung aber erfolgt aus einem seelischen Imperativ heraus, aus jenem Zwang, der das innere Äquivalent des rechtlichen Zwanges der Gesellschaft ist. Die volle Freiheit liegt nur auf der Seite des Lassens, nicht auf der des Tuns, zu dem ich dadurch, daß es Pflicht ist, veranlaßt bin – wie ich zur Erwiderung einer Gabe eben dadurch veranlaßt bin, daß ich sie empfangen habe. Nur wenn wir sie vorleisten, sind wir frei, und das ist der Grund, weshalb in der ersten, durch keinen Dank veranlaßten Darbietung eine Schönheit, eine spontane Hingebung, ein Aufquellen und Hinblühen zum andern gewissermaßen aus dem *virgin soil* der Seele liegt, das durch keine inhaltlich noch so überwiegende Gabe ausgeglichen werden kann. Hier bleibt ein Rest, der sich in dem – in bezug auf den konkreten Inhalt des Erweisens oft ungerechtfertigt scheinenden – Gefühl ausdrückt, daß wir eine Gabe überhaupt nicht erwidern *können;* denn in ihr lebt eine Freiheit, die die Gegengabe, eben weil sie Gegengabe ist, nicht besitzen kann. Vielleicht ist dies der Grund, weshalb manche Menschen ungern etwas annehmen, und es möglichst vermeiden, beschenkt zu werden. Drehte sich die Wohltat und die Dankbarkeit einfach um das Objekt, so wäre dies unverständlich, weil man dann mit der Revanche alles ausgleichen, die innere Bindung völlig lösen könnte. In Wirklichkeit aber wirkt bei jenen vielleicht eben der Instinkt, daß die Gegengabe das entscheidende, das Freiheitsmoment der ersten Gabe nicht enthalten kann und man sich deshalb mit der Annahme dieser in eine nicht zu solvierende Verpflichtung begibt. Daß dies in der Regel Menschen von starkem Unabhängigkeits- und Individualitätstrieb sind, weist darauf hin, daß die Situation der Dankbarkeit leicht einen Ton von nicht lösbarer Bindung mit sich bringt, daß sie ein moralischer *character indelebilis* ist. Haben wir erst einmal eine Leistung, ein Opfer, eine Wohltat angenommen, so kann daraus jene nie völlig auslöschbare Beziehung entstehen, weil die Dankbarkeit vielleicht der einzige Gefühlszustand ist, der unter allen Umständen sittlich gefordert und geleistet werden kann. Wenn unsre innere Wirklichkeit von sich aus oder als Antwort auf eine äußere, es uns unmöglich gemacht hat, weiter zu lieben, weiter zu verehren, weiter zu schätzen – ästhetisch, ethisch, intellektuell –: *dankbar* können wir immer noch dem sein, der einmal unsern Dank verdient hat. Dieser Forderung ist die Seele unbedingt bildsam oder könnte es sein; so daß vielleicht keiner anderen Verfehlung des Gefühls gegenüber ein Urteil ohne mildernde Umstände so angebracht ist, wie der Undankbarkeit gegenüber. Selbst die innerliche Treue hat nicht die gleiche Unnachlaßlichkeit. Es gibt Verhältnisse, die sozusagen von vornherein nur mit einem bestimmten Kapital an Gefühlen wirtschaften und deren Anlage es unvermeidlich mit sich bringt, dieses allmählich aufzubrauchen, so daß ihr Aufhören keine eigentliche Treulosigkeit involviert. Nur freilich, daß sie in ihren Anfangsstadien oft von den andern nicht zu unterscheiden sind, die – um im Gleichnis zu bleiben – von den Zinsen leben und in der alle Leidenschaftlichkeit und Reservelosigkeit des Gebens nicht an dem Grundstock zehrt. Es gehört leider zu den häufigsten Irrungen der Menschen, für Zinsen zu halten, was Kapital ist, und darum eine Beziehung so anzulegen, daß ihr Bruch zu einer Treulosigkeit wird. Aber diese ist dann nicht eine Verfehlung aus der Freiheit der Seele heraus, sondern die logische Entwicklung eines von vornherein mit irrigen Faktoren rechnenden Schicksals. Und nicht vermeidlicher erscheint die Untreue, wo nicht die sich offenbarende Täuschung des Bewußtseins, sondern ein tatsächliches Anderswerden der Individuen die Voraussetzungen ihrer Beziehung umgestaltet. Vielleicht entspringt mit die größte Tragik menschlicher Verhältnisse aus der gar nicht zu rationalisierenden und fortwährend sich verschiebenden Mischung der stabilen und der variablen Elemente unsrer Natur. Wenn wir uns mit der Ganzheit unsres Wesens in eine bindende Beziehung hineinbegeben haben, so bleiben wir vielleicht mit gewissen Seiten, mit den mehr nach außen gewandten, aber auch mit manchen rein innerlichen, in der gleichen Stimmung und Neigung; andere aber entwickeln sich zu ganz neuen Interessen, Zielen, Vermögen, die schließlich unser Wesen als Ganzes in neue Richtungen werfen. Damit wenden sie uns von jenen Verhältnissen ab – womit natürlich nur die reine Innerlichkeit, nicht äußere Pflichterfüllung, gemeint ist –, mit einer Treulosigkeit, die weder ganz schuldlos ist, weil doch noch manches Band nach jenen hin besteht, das nun zerrissen sein muß, noch ganz schuldig, weil wir nicht mehr dieselben sind, die in das Verhältnis eintraten; das Subjekt ist verschwunden, dem man die Treulosigkeit imputieren könnte. Eine solche Entlastung von der inneren Wesenheit her, wie diese, tritt für unser Gefühl nicht ein, wenn unser Dankbarkeitsgefühl erlischt. Dieses scheint in einem Punkte in uns zu wohnen, der sich nicht wandeln darf, für den wir Beständigkeit mit größerem Rechte fordern, als für leidenschaftlichere und selbst tiefere Gefühle. Dies eigentümlich Unlösbare der Dankbarkeit, das selbst bei der Erwiderung mit gleicher oder größerer Gegengabe einen Rest läßt, ihn auch auf beiden Seiten eines Verhältnisses lassen kann – vielleicht eben zurückgehend auf jene Freiheit der Gabe, die der nun sittlich notwendigen Gegengabe fehlt –, dies läßt die Dankbarkeit als ein ebenso feines wie festes Band zwischen den Menschen erscheinen. In jedem irgendwie dauernden Verhältnis erwachsen tausend Dankgelegenheiten, von denen auch die flüchtigsten ihren Beitrag zu der gegenseitigen Bindung nicht verloren gehen lassen. Es entsteht aus ihrer Summierung, in den guten Fällen, aber manchmal auch in solchen, die mit Gegeninstanzen reichlich ausgestattet sind – die Stimmung eines allgemeinen Verpflichtetseins (mit Recht behauptet man, dem andern für etwas Dankenswertes »verbunden« zu sein), die keiner Lösung durch irgendwelche einzelnen Leistungen fähig ist; sie gehört zu jenen gleichsam mikroskopischen, aber unendlich zähen Fäden, die ein Element der Gesellschaft an das andere und dadurch schließlich alle zu einem formfesten Gesamtleben aneinanderhalten.

V. Formale Bedingungen der Vergesellschaftung

Soziologie des Raumes
(1903)

Es gehört zu den häufigsten Ausartungen des menschlichen Kausaltriebes, formale Bedingungen, ohne die bestimmte Ereignisse nicht stattfinden können, für positive, produktive Ursachen derselben zu halten. Das typische Beispiel ist die Macht der Zeit – eine Redensart, die uns unzähligemal darum betrügt, den *wirklichen* Gründen von Milderungen oder Erkaltungen der Gesinnung, von seelischen Heilprozessen oder fest gewordenen Gewohnheiten nachzuforschen. Mit der Bedeutung des Raumes wird es sich vielfach nicht anders verhalten. Wenn eine ästhetische Theorie es für die wesentliche Aufgabe der bildenden Kunst erklärt, uns den Raum fühlbar zu machen, so verkennt sie, daß unser Interesse nur den besonderen Gestaltungen der Dinge gilt, nicht aber dem allgemeinen Raum oder Räumlichkeit, die nur die *conditio sine qua non* jener, aber weder ihr spezielles Wesen noch ihren erzeugenden Faktor ausmachen. Wenn eine Deutung der Geschichte das Raummoment derart in den Vordergrund stellt, daß sie die Größe oder Kleinheit der Reiche, die Zusammendrängung oder Zerstreutheit der Bevölkerungen, die Beweglichkeit oder Stabilität der Massen usw. als die gleichsam vom Raum ausstrahlenden Kräfte des ganzen geschichtlichen Lebens versteht, so gerät auch hier die notwendige räumliche Befaßtheit aller dieser Konstellationen in Gefahr, mit ihren positiv wirksamen Ursachen verwechselt zu werden. Freilich können Reiche nicht irgendwelche Umfänge haben, freilich können Menschen nicht einander nahe oder fern sein, ohne daß der Raum seine Form dazu hergebe, so wenig jene Vorgänge, die man der Macht der Zeit zuschreibt, außerhalb der Zeit verlaufen können. Aber die Inhalte dieser Formen erfahren doch nur durch andere *Inhalte* die Besonderheit ihrer Schicksale, der Raum bleibt immer die an sich wirkungslose Form, in deren Modifikationen die realen Energien sich zwar offenbaren, aber nur, wie die Sprache Gedankenprozesse ausdrückt, die allerdings in Worten, aber nicht *durch* Worte verlaufen. Ein geographischer Umfang von so und so vielen Quadratmeilen bildet nicht ein großes Reich, sondern das tun die psychologischen Kräfte, die die Bewohner eines solchen Gebietes von einem herrschenden Mittelpunkt her politisch zusammenhalten. Nicht die Form räumlicher Nähe oder Distanz schafft die besonderen Erscheinungen der Nachbarschaft oder Fremdheit, so unabweislich dies scheinen mag. Vielmehr sind auch dies rein durch seelische *Inhalte* erzeugte Tatsachen, deren Ablauf zu ihrer Raumform in keinem prinzipiell anderen Verhältnis steht als eine Schlacht oder ein Telefongespräch zu den ihrigen – so zweifellos auch diese Vorgänge sich eben nur unter ganz bestimmten Raumbedingungen verwirklichen können. In dem Erfordernis spezifisch seelischer Funktionen für die einzelnen geschichtlichen Raumgestaltungen spiegelt es sich, daß der Raum überhaupt nur eine Tätigkeit der Seele ist, nur die menschliche Art, an sich unverbundene Sinnesaffektionen zu einheitlichen Anschauungen zu verbinden.

Trotz dieser Sachlage ist die Betonung der Raumbedeutungen der Dinge und Vorgänge nicht ungerechtfertigt. Denn diese verlaufen tatsächlich oft so, daß die formale oder negative Bedingung ihrer Räumlichkeit *für die Betrachtung* besonders hervortritt, und daß wir an ihr die klarste Dokumentierung der realen Kräfte besitzen. Wenn auch ein chemischer Prozeß oder eine Schachpartie schließlich ebenso an Raumbedingtheiten gebunden ist wie ein Kriegszug oder wie der Absatz landwirtschaftlicher Produkte, so ist doch die Blickrichtung, die das Erkenntnisinteresse dem einen und dem andern Falle gegenüber einschlägt, methodisch so verschieden, daß die Frage nach den Bedingungen und Bestimmtheiten von Raum und Ort dort ganz außerhalb derselben fällt, hier ganz entschieden eingeschlossen wird. Kant definiert den Raum einmal als die Möglichkeit des Beisammenseins; die Vergesellschaftung hat, in den verschiedenen Arten der Wechselwirkung der Individuen, andere Möglichkeiten des Beisammenseins – im geistigen Sinne – zustande gebracht; manche derselben aber verwirklichen sich so, daß die Raumform, in der dies wie bei allen überhaupt geschieht, für unsere Erkenntniszwecke besondere Betonung rechtfertigt. So fragen wir im Interesse der Ergründung der Vergesellschaftungsformen nach der Bedeutung, die die Raumbedingungen einer Vergesellschaftung für ihre sonstige Bestimmtheit und Entwicklungen in soziologischer Hinsicht besitzen.

I. Zunächst sind es einige Grundqualitäten der Raumform, mit denen Gestaltungen des Gemeinschaftslebens rechnen.

A. Dazu gehört das, was man die Ausschließlichkeit des Raumes nennen kann. Wie es nur einen einzigen allgemeinen Raum gibt, von dem alle einzelnen Räume Stücke sind, so hat jeder Raumteil eine Art von Einzigkeit, für die es kaum eine Analogie gibt. Einen bestimmt lokalisierten Raumteil in der Mehrzahl zu denken, ist ein völliger Widersinn, und eben dies ermöglicht es, daß von *anderen* Objekten gleichzeitig eine Mehrzahl völlig identischer Exemplare bestehen kann; denn nur dadurch, daß jedes einen anderen Raumteil einnimmt, von denen keiner jemals mit einem anderen zusammenfallen kann, sind es eben *mehrere*, obgleich ihre Beschaffenheit eine absolut einheitliche ist. Diese Einzigkeit des Raumes teilt sich also den Gegenständen, insoweit sie bloß als raumfüllend vorgestellt werden, mit, und dies wird für die Praxis an denjenigen besonders wichtig, von denen wir gerade die Raumbedeutung besonders zu betonen und zu benützen pflegen. So vor allem am Grund und Boden, der die Bedingung ist, die Dreidimensionalität des Raumes für unsere Zwecke zu erfüllen und zu fruktifizieren. In dem Maß, in dem ein gesellschaftliches Gebilde mit einer bestimmten Bodenausdehnung verschmolzen oder sozusagen solidarisch ist, hat es einen Charakter von Einzigkeit oder Ausschließlichkeit, der auf andere Weise nicht ebenso erreichbar ist. Gewisse Verbindungstypen können ihrer ganzen soziologischen Form nach sich nur so verwirklichen, daß innerhalb des Raumgebietes, das eine ihrer Ausgestaltungen erfüllt, für keine zweite Platz ist. Von anderen dagegen kann eine beliebige Zahl – soziologisch gleich gearteter – denselben Umfang erfüllen, indem sie gegenseitig gleichsam permeabel sind; weil sie keine innerliche Beziehung zum Raum haben, können sie auch nicht in räumliche Kollisionen geraten. Für das erstere ist das einzige völlig deckende Beispiel der Staat. Von ihm hat man gesagt, er wäre nicht ein Verband unter vielen, sondern der alles beherrschende Verband, also einzig in seiner Art. Diese Vorstellung, deren Richtigkeit für das Gesamtwesen des Staates hier nicht in Frage steht, gilt in jedem Fall in Rücksicht auf den Raumcharakter des Staates. Die Verbindungsart zwischen den Individuen, die der Staat schafft, oder die ihn schafft, ist mit dem Territorium derartig verbunden, daß ein zweiter gleichzeitiger Staat auf eben demselben kein vollziehbarer Gedanke ist. Einigermaßen hat die Kommune den gleichen Charakter: innerhalb des Weichbildes einer Stadt kann es nur diese Stadt geben, und wenn etwa doch eine zweite in eben diesen Grenzen erwächst, so sind das nicht zwei Städte auf demselben Grund und Boden, sondern auf zwei zwar ehemals vereinten, jetzt aber gesonderten Territorien. Dennoch ist diese Ausschließlichkeit nicht ebenso absolut wie die des Staates. Das Bedeutungs- und Wirksamkeitsgebiet einer Stadt – innerhalb eines Staates – endet doch nicht an ihrer geographischen Grenze, sondern mehr oder weniger bemerkbar erstreckt es sich mit geistigen, ökonomischen, politischen Wellenzügen über das ganze Land, indem die allgemeine Staatsverwaltung die Kräfte und Interessen jedes Teiles mit denen des Ganzen verwachsen läßt. Von diesem Gesichtspunkt aus verliert die Gemeinde ihren ausschließenden Charakter und expandiert sich funktionell über den Gesamtstaat, derart, daß dieser das gemeinsame Wirkungsgebiet für die sozusagen ideellen Erstreckungen aller einzelnen Gemeinden ist. Indem jede über ihre unmittelbaren Grenzen hinausgreift, begegnet sie sich mit allen anderen, auf dem gleichen Totalgebiet wirksamen, sodaß auf diesem keine die einzige ist, und eine jede um die Ausschließlichkeit ihres engeren Gebietes ein weiteres gelagert hat, auf dem sie nicht einzig ist. Auch innerhalb der einzelnen Stadt kann sich diese Lokalform des Gruppenlebens wiederholen. Wenn sich aus deutschen Markgemeinden bischöfliche Städte entwickelten, so war die freie Gemeinde nie Eigentümerin der ganzen Stadtmark, vielmehr bestand neben ihr ein Bischof, der einen umfangreichen, nach eigenem Rechte regierten Herrschaftsverband abhängiger Leute hinter sich hatte. Ferner bestand in den meisten Städten noch ein Fronhof des Königs mit einer besonders verwalteten Hofgemeinde, endlich noch unabhängige Klöster und Judengemeinden, welche nach eigenem Rechte lebten. Es gab also in älterer Zeit wohl Gemeinden in den Städten, aber keine eigentlichen Stadtgemeinden. Unvermeidlich aber entwickelten sich aus der räumlichen Berührung hin- und hergreifende Wirkungen, die sich, bevor alle diese Getrenntheiten zu einem Stadtwesen zusammenschmolzen, zunächst in dem gemeinsamen Stadtfrieden einen Ausdruck schafften. Mit ihm war allen Einwohnern ein gemeinsam schützendes Recht über ihren besonderen Personenrechten gegeben; d. h. die Rechtssphäre jedes Bezirkes griff über seine Abgrenzung, innerhalb deren jede Gemeinschaft die einzige war, hinaus, erstreckte sich in für alle gleichmäßiger Weise auf ein alle einschließendes Gesamtgebiet und verlor mit dieser Erweiterung ihres wirksamen Wesens die lokale Ausschließlichkeit. Dieser Typus bildet den Übergang zu der weiteren Stufe des Raumverhältnisses von Gruppen, auf der sie, weil sie nicht auf eine bestimmte Ausdehnung begrenzt sind, auch nicht den Anspruch auf Einzigkeit innerhalb einer solchen besitzen. So konnten auf dem Territorium einer Stadt beliebig viele soziologisch ganz gleich beschaffene Zünfte nebeneinander bestehen. Jede war eben die Zunft der ganzen Stadt, sie teilten die gegebene Ausdehnung nicht quantitativ, sondern funktionell, sie stießen sich nicht im Raume, weil sie als soziologische Gebilde nicht räumlich, wenn auch *örtlich* bestimmt waren. Ihrem Inhalte nach hatten sie die Ausschließlichkeit der Erfüllungen räumlicher Ausdehnung, insoweit es für jedes bestimmte Handwerk eben nur eine Zunft in der Stadt gab, und für eine zweite kein Raum war. Ihrer Form nach konnten unzählige Gebilde dieser Art widerspruchslos denselben Raum erfüllen. Den äußersten Pol dieser Reihe exemplifiziert die Kirche, wenigstens wenn sie wie die katholische den Anspruch auf All-Erstreckung und Freiheit von jeglicher örtlichen Schranke erhebt. Dennoch könnten mehrere Religionen dieser Art sich z. B. in derselben Stadt zusammenfinden. Die katholische Gemeinde wäre nicht weniger »die katholische Gemeinde der Stadt« – d. h. in einer bestimmten organisatorisch-lokalen Beziehung zu der Stadt als Einheit stehend – wie ganz entsprechend die einer beliebigen anderen Religion. Das Prinzip der Kirche ist unräumlich und deshalb, obgleich über jeden Raum sich erstreckend, von keinem ein gleich geformtes Gebilde ausschließend. Es gibt innerhalb des Räumlichen ein Seitenstück zu dem zeitlichen Gegensatz des Ewigen und des Zeitlosen: das letztere seinem Wesen nach überhaupt nicht von der Frage des Jetzt oder Früher oder Später berührt und deshalb freilich jedem Zeitmoment zugängig oder gegenwärtig. Das erstere gerade ein Begriff von Zeit, nämlich von endloser und ununterbrochener. Den entsprechenden Unterschied im Räumlichen, für den wir keine einfachen Ausdrücke haben, bilden auf der einen Seite die überräumlichen Gebilde, die ihrem inneren Sinne nach keine Beziehung zum Raume, eben deshalb aber eine gleichmäßige zu allen einzelnen Punkten desselben haben; auf der anderen Seite diejenigen, die ihre gleichmäßige Beziehung zu allen Raumpunkten nicht als gleichmäßige Indifferenz, also eigentlich als bloße Möglichkeit, sondern als überall wirkliche und prinzipielle Solidarität mit dem Raume genießen. Der reinste Typus der ersteren ist ersichtlich die Kirche, der des letzteren der Staat: zwischen beide schieben sich mittlere Erscheinungen, von denen ich einige andeutete; auf das formale Wesen von vielerlei sozialen Gebilden mag so ein besonderes Licht von ihrer Stufe auf der Skala her fallen, die von der völligen territorialen Festgelegtheit und daraus folgenden Möglichkeit eines Kondominiums vieler gleichartiger über denselben Raumabschnitt führt. Die Nähe oder die Entfernung, die Ausschließlichkeit oder die Vielfachheit, die das Verhältnis der Gruppe zu ihrem Grund und Boden aufweist, ist deshalb vielfach die Wurzel und das Symbol ihrer Struktur.

B. Eine weitere Qualität des Raumes, die auf die gesellschaftlichen Wechselwirkungen wesentlich einwirkt, liegt darin, daß sich der Raum für unsere praktische Ausnutzung in Stücke zerlegt, die als Einheiten gelten und – als Ursache wie als Wirkung hiervon – von Grenzen eingerahmt sind. Mögen nun die Konfigurationen der Erdoberfläche uns den Rahmen vorzuzeichnen scheinen, den wir in die Grenzenlosigkeit des Raumes einschreiben, oder mögen rein ideelle Linien gleichgeartete Stücke des Bodens trennen wie eine Wasserscheide, diesseits und jenseits deren jedes Teilchen einem anderen Zentrum zu gravitiert: immer fassen wir den Raum, den eine gesellschaftliche Gruppe in irgendeinem Sinne erfüllt, als eine Einheit auf, die die Einheit jener Gruppe ebenso ausdrückt und trägt, wie sie von ihr getragen wird. Der Rahmen, die in sich zurücklaufende Grenze eines Gebildes, hat für die soziale Gruppe sehr ähnliche Bedeutung wie für ein Kunstwerk. An diesem übt er die beiden Funktionen, die eigentlich nur die zwei Seiten einer einzigen sind: das Kunstwerk gegen die umgebende Welt ab- und in sich zusammenzuschließen; der Rahmen verkündet, daß sich innerhalb seiner eine nur eigenen Normen untertänige Welt befindet, die in die Bestimmtheiten und Bewegungen der umgebenden nicht hineingezogen ist; indem er die selbstgenügsame Einheit des Kunstwerks symbolisiert, verstärkt er zugleich von sich aus deren Wirklichkeit und Eindruck. So ist eine Gesellschaft dadurch, daß ihr Existenzraum von scharf bewußten Grenzen eingefaßt ist, als eine auch innerlich zusammengehörige charakterisiert, und umgekehrt: die wechselwirkende Einheit, die funktionelle Beziehung jedes Elementes zu jedem gewinnt ihren räumlichen Ausdruck in der einrahmenden Grenze. Es gibt vielleicht nichts, was die Kraft insbesondere des staatlichen Zusammenhaltes so stark erweist, als daß diese soziologische Zentripetalität, diese schließlich doch nur seelische Kohärenz von

Persönlichkeiten zu einem wie sinnlich empfundenen Bilde einer fest umschließenden Grenzlinie aufwächst. Man macht sich selten klar, wie wunderbar hier die Extensität des Raumes der Intensität der soziologischen Beziehungen entgegenkommt, wie die Kontinuität des Raumes, gerade weil sie objektiv nirgends eine absolute Grenze enthält, eben deshalb überall gestattet, eine solche subjektiv zu legen. Der Natur gegenüber ist jede Grenzsetzung Willkür, selbst im Falle einer insularen Lage, da doch prinzipiell auch das Meer »in Besitz genommen« werden kann. Gerade an dieser Unpräjudiziertheit durch den natürlichen Raum macht die trotzdem bestehende unbedingte Schärfe der einmal gesetzten physischen Grenze die formende Macht des gesellschaftlichen Zusammenhanges und ihre von innen kommende Notwendigkeit ganz besonders anschaulich. Darum ist das Bewußtsein der Eingegrenztheit auch vielleicht nicht gegenüber den sogenannten natürlichen Grenzen (Gebirge, Flüsse, Meere, Einöden) das stärkste, sondern gerade an bloß politischen Grenzen, die nur eine geometrische Linie zwischen zwei Nachbarn legen. Und zwar gerade, weil hier Verschiebungen, Erweiterungen, Einziehungen, Verschmelzungen viel näher liegen, weil das Gebilde an seinem Ende an lebendige, seelisch wirksame Grenzen stößt, von denen nicht nur passive Widerstände, sondern sehr aktive Repulsionen ausgehen. Jede derartige Grenze bedeutet Defensive und Offensive; oder vielleicht richtiger: sie ist der räumliche Ausdruck jenes einheitlichen Verhältnisses zwischen zwei Nachbarn, für das wir keinen ganz einheitlichen Ausdruck haben, und das wir etwa als den Indifferenzzustand von Defensive und Offensive bezeichnen können, als einen Spannungszustand, in dem beides latent ruht, mag es sich nun entwickeln oder nicht.

Damit ist selbstverständlich nicht geleugnet, daß die in jedem Fall psychologische Grenzsetzung an jenen natürlichen Gebietsabschlüssen eine Erleichterung und Betonung fände; ja der Raum erhält durch die Gliederung seiner Grundfläche oft Einteilungen, die die Beziehungen der Bewohner untereinander und zu den draußen Stehenden in einzigartiger Weise färben. Das bekannteste Beispiel bilden die Gebirgsbewohner mit ihrer eigentümlichen Einheit von Freiheitssinn und Konservativismus, von Sprödigkeit des Verhaltens gegeneinander und leidenschaftlicher Anhänglichkeit an den Boden, die dennoch ein außerordentlich starkes Band zwischen ihnen schafft. Der Konservativismus ist in Gebirgstälern sehr einfach aus der Erschwerung des Verkehrs mit der Außenwelt und dem daraus hervorgehenden Mangel an Anregungen zur Veränderung erklärt; wo die Gebirgslage diese prohibitive Wirkung nicht übt, wie in einigen griechischen Landschaften, überwiegt die konservative Tendenz keineswegs. Sie hat also nur negative Veranlassungen im Gegensatz etwa zu anderen geographischen Bestimmtheiten von gleichem Ergebnis: der Nil bietet seinen Anwohnern einerseits eine außerordentliche Gleichmäßigkeit dessen, was er ihnen gewährt, und der Tätigkeit, die zu der Nutzbarmachung davon erfordert wird. Andererseits ist die Fruchtbarkeit seines Tales so groß, daß die Bevölkerung, die einmal dort eingedrungen ist, keine Veranlassung zu unruhigen Bewegungen hat. Diese sehr positiven Gründe prägen der Gegend eine Einförmigkeit immer wiederholter Lebensinhalte ein, fesseln sie wie an die Regelmäßigkeit einer Maschine und haben dem Niltal oft eine konservative Erstarrung für Jahrhunderte aufgezwungen, wie sie an der Küste des ägäischen Meeres schon aus geographischen Gründen gar nicht erzielbar war. –

Der Begriff der Grenze ist in allen Verhältnissen von Menschen untereinander äußerst wichtig, wenngleich sein Sinn nicht immer ein soziologischer ist; denn er bezeichnet oft genug nur, daß die Sphäre einer Persönlichkeit nach Macht oder Intelligenz, nach Fähigkeit des Ertragens oder des Genießens eine Grenze gefunden hat – aber ohne daß an diesem Ende sich nun die Sphäre eines anderen ansetzte und mit ihrer eigenen Grenze die des ersten merkbarer festlegte. Dieses letztere, die soziologische Grenze, bedeutet eine ganz eigenartige Wechselwirkung. Jedes der beiden Elemente wirkt auf das andere, indem es ihm die Grenze setzt, aber der Inhalt dieses Wirkens ist eben die Bestimmung, über diese Grenze hin, also doch auf den anderen, überhaupt *nicht* wirken zu wollen oder zu können. Wenn dieser Allgemeinbegriff des gegenseitigen Begrenzens von der räumlichen Grenze hergenommen ist, so ist doch, tiefer greifend, dieses letztere nur die Kristallisierung oder Verräumlichung der allein wirklichen *seelischen* Begrenzungsprozesse. Nicht die Länder, nicht die Grundstücke, nicht der Stadtbezirk und der Landbezirk begrenzen einander; sondern die Einwohner oder Eigentümer üben die gegenseitige Wirkung aus, die ich eben andeutete. Von der Sphäre zweier Persönlichkeiten oder Persönlichkeitskomplexe gewinnt jede eine innere Geschlossenheit für sich, ein Aufeinanderhinweisen ihrer Elemente, eine dynamische Beziehung zu ihrem Zentrum; und eben dadurch stellt sich zwischen beiden das her, was sich in der Raumgrenze symbolisiert, die Ergänzung des positiven Macht- und Rechtmaßes der eigenen Sphäre durch das Bewußtsein, daß sich Macht und Recht eben in die andere Sphäre nicht hinein erstrecken. Die Grenze ist nicht eine räumliche Tatsache mit soziologischen Wirkungen, sondern eine soziologische Tatsache, die sich räumlich formt. [...]

C. Die dritte Bedeutsamkeit des Raumes für die sozialen Gestaltungen liegt in der *Fixierung*, die er seinen Inhalten ermöglicht. Ob eine Gruppe oder bestimmte einzelne Elemente ihrer oder wesentliche Gegenstände ihres Interesses völlig fixiert oder dem Raume nach unbestimmbar sind, das muß ersichtlich ihre Struktur beeinflussen, und wie sehr die Verfassungen nomadischer und fest angesiedelter Gruppen in ihren Unterschieden hierdurch bestimmt sind, ist hinreichend oft ausgeführt, um hier nur der Hinweisung darauf zu bedürfen. Es handelt sich keineswegs nur um eine schematische Fortsetzung des Fixierungsprinzips: daß es im Räumlichen geltend sich nun in den sachlichen Lebensinhalten als Stabilisierung und feste Ordnung offenbare. Denn dieser ohne weiteres verständliche Zusammenhang gilt nicht einmal durchgehends; gerade in sehr konsolidierten, der Möglichkeit äußerer Entwurzelung enthobenen Zuständen wird man mancher Regulierungen und gesetzlichen Kontrollen entraten können, deren es bei allgemeiner Unsicherheit und unruhigen, der Zersplitterung leichter ausgesetzten Verhältnissen dringend bedarf.

Eine speziellere soziologische Bedeutsamkeit der Fixierung im Raum kann man durch den symbolischen Ausdruck des »Drehpunkts« bezeichnen: die räumliche Festgelegtheit eines Interessengegenstandes bewirkt bestimmte Beziehungsformen, die sich um ihn gruppieren. Nun ist eigentlich jedes unbewegliche Gut, um das Verhandlungen, wirtschaftliche Transaktionen irgendwelcher Art stattfinden, ein solcher stabiler Drehpunkt labiler Verhältnisse und Wechselwirkungen. Allein die räumliche Immobilität des Gegenstandes bestimmt wenigstens heute jene Verhältnisse nicht in einer soziologisch besonders charakteristischen Weise. Dies ist in nicht uninteressanter Abwandlung an derjenigen Beziehung wirtschaftender Individuen zu beobachten, die sich an der Hypothek verwirklicht. Zu dem Grunde, der diese sich gerade fast ausschließlich an das unbewegliche Eigentum knüpfen läßt, vereinigt sich die Fixiertheit desselben mit seiner Unzerstörbarkeit, die als das Korrelat der vorhin behandelten Ausschließlichkeit gelten kann: für die Einzigkeit, auf die jeder Teil unseres Raumes sozusagen beschränkt ist, gewinnt er die Unvergänglichkeit, kraft deren sich das Grundstück so besonders zu der hypothekarischen Verpfändung eignet. Denn nur so ist es möglich, daß das Pfandobjekt in der Hand des Schuldners verbleibt und doch dem Gläubiger völlig gesichert ist; es kann weder weggetragen noch mit einem anderen verwechselt werden. [...]

Die Bedeutung als Drehpunkt soziologischer Beziehung kommt der fixierten Örtlichkeit überall da zu, wo die Berührung oder Vereinigung sonst voneinander unabhängiger Elemente nur an einem bestimmten Platze geschehen kann. Ich behandle einige Beispiele dieser Erscheinung, die eigentlich eine Wechselwirkung der innerlichen und der räumlichen soziologischen Bestimmtheit darstellt. Für Kirchen ist es in ihrer Diaspora eine äußerst kluge Politik, überall da, wo auch nur die kleinste Zahl von Anhängern innerhalb eines Bezirkes lebt, sogleich eine Kapelle und feste Seelsorgstation einzurichten. Diese räumliche Fixierung wird zu einem Drehpunkte für die Beziehungen und den Zusammenhalt der Gläubigen, so daß sich nicht nur religiöse Gemeinschaftskräfte an Stelle bloß isolierter entwickeln; sondern die Kräfte, die von solchem, anschaulichem Zentrum ausstrahlen, erwecken auch in solchen, dem Bekenntnis Zugehörigen, deren religiöse Bedürfnisse in ihrer Vereinzelung seit langem geschlafen haben, wieder das Bewußtsein der Dazugehörigkeit. Die katholische Kirche ist darin der evangelischen weit überlegen. Sie wartet nicht erst in der Diaspora auf eine förmliche Gemeinde von Personen, um die räumliche Konstituierung vorzunehmen, sondern um den kleinsten Kern herum beginnt sie mit der letzteren, und diese Lokalisierung ist unzähligemal der Kristallisationspunkt eines innerlich und numerisch wachsenden Gemeindelebens geworden. Allenthalben wirken die Städte als Drehpunkte des Verkehrs für ihre engere und weitere Umgebung, d. h. jede läßt in sich unzählige dauernde und wechselnde Drehpunkte von Verkehrsaktionen entstehen. Der Verkehr fordert Städte um so entschiedener, je lebhafter er ist, damit den ganzen Unterschied *seiner* Lebhaftigkeit gegen die unruhige nomadische Bewegtheit primitiver Gruppen offenbarend. Es ist der typische Gegensatz gesellschaftlicher Lebendigkeiten, ob sie einfach ein Hinausstreben aus dem räumlich und sachlich Gegebenen, bzw. den Kreislauf abwechselnder Weideplätze von Hirtenvölkern bedeuten – oder ob sie sich um feste Punkte herumbewegen. Im letzteren Falle erst werden sie eigentlich geformt, gewinnen sie einen Kristallisationspunkt für den Ansatz bleibender Werte, selbst wenn diese nur in der beharrenden Form von Relationen und Bewegungen bestehen. Dieser Gegensatz ihrer Bewegtheitsformen beherrscht das äußere und das innere Leben überhaupt so vielfach, daß seine räumliche Verwirklichung als bloßer Spezialfall erscheint. Ob geistige und gesellige Beziehungen ein festes Zentrum besitzen, um das herum Interessen und Gespräche zirkulieren, oder ob sie einfach der Linienform der Zeit nachfließen; ob zwei politische Parteien einen festen Punkt zwischen sich haben, sei es die stetige Gleichheit einer Tendenz oder eine stetige Gegnerschaft, oder ob ihr Verhältnis sich von Fall zu Fall ohne Präjudiz entwickelt; ob in dem einzelnen Menschen ein starkes einseitig gefärbtes Lebensgefühl herrscht – etwa ästhetischer Art – das alle seine verschiedenartigen Interessen, religiöse wie theoretische, gesellige wie erotische, verbindet, gegeneinander abtönt, in *einer* Sphäre festhält – oder ob seine Interessen sich ohne solche dauernde Rückbeziehung und richtendes Maß nur nach ihren eigenen Stärkeverhältnissen entfalten – das bedingt ersichtlich die größten Unterschiede der Lebensschemata und bestimmt durch fortwährende Kämpfe und Mischungen beider den wirklichen Verlauf unseres Daseins. Dies alles aber sind einzelne Ausgestaltungen eben desselben allgemeinen Gegensatzes, dem im Räumlichen der soziologische Drehpunkt angehört. Indem der Verkehr die Stadt als einen solchen ausbildet, erwächst erst der eigentliche Sinn des Verkehrs; denn dieser ist doch im Gegensatz zu dem einfachen Streben ins Unbegrenzte hinein, daß die Bewegung einer zweiten äquivalenten Macht begegnet, ohne daß diese Begegnung eine feindselige zu sein braucht – was sie vor ausgebildetem Verkehr immer ist. Sie bedeutet nun kein gegenseitiges Sich-Aufreiben mehr, sondern ein Sich-Ergänzen und dadurch Sich-Vermehren der Kräfte, welches den räumlichen Stützpunkt braucht und deshalb erzeugt. – [...]

D. Einen vierten Typus äußerlicher Verhältnisse, die sich in die Lebendigkeit soziologischer Wechselwirkungen umsetzen, bietet der Raum durch die sinnliche Nähe von Distanz zwischen den Personen, die in irgendwelchen Beziehungen zueinander stehen. Der erste Blick überzeugt, daß zwei Vereinigungen, durch die genau gleichen Interessen, Kräfte, Gesinnungen zusammengehalten, ihren Charakter danach ändern werden, ob ihre Teilnehmer sich räumlich berühren oder voneinander getrennt sind. Und zwar nicht nur in dem selbstverständlichen Sinne eines Unterschiedes der Gesamtbeziehungen – indem sich zu jenem Verhältnis noch, innerlich von ihm unabhängige, durch die körperliche Nähe sich entspinnende hinzufügen, sondern so, daß die räumlich begründeten Wechselwirkungen das erstere, auch in der Distanz mögliche, dennoch wesentlich modifizieren. Eine wirtschaftliche Kartellierung wie eine Freundschaft, eine Vereinigung von Briefmarkensammlern wie eine Religionsgemeinschaft, kann dauernd oder zeitweise der persönlichen Berührung entraten; aber sofort zeigt sich die Möglichkeit unzähliger quantitativer und qualitativer Abänderungen des zusammenhaltenden Bandes, wenn es keine Distanz zu überwinden hat. Vor dem Eingehen auf diese sei das Prinzipielle bemerkt, daß der Unterschied beider Verbindungsarten mehr relativ ist, als die logische Schroffheit des Gegensatzes vom Beisammensein und Getrenntsein vermuten läßt. Die psychologische Wirkung des ersteren kann tatsächlich sehr annähernd durch die Mittel des indirekten Verkehrs und noch mehr durch die der Phantasie ersetzt werden. Gerade den in seelischer Hinsicht entgegengesetzten Polen menschlicher Verknüpfungen: den rein sachlich-unpersönlichen und den ganz auf die Intensität des Gemütes gestellten – gelingt dieser Erfolg am leichtesten; den einen, etwa gewissen wirtschaftlichen oder wissenschaftlichen Transaktionen, weil ihre Inhalte in logischen Formen und eben deshalb schriftlich restlos ausdrückbar sind, den anderen, wie religiösen und manchen Herzensvereinigungen, weil die Gewalt der Phantasie und die Hingegebenheit des Gefühls die Bedingungen von Zeit und Raum in einer oft genug mystisch erscheinenden Weise überwindet. In dem Maße, in dem diese Extreme ihre Reinheit verlieren, wird die örtliche Nähe erforderlicher: wenn jene objektiv begründeten Beziehungen Lücken zeigen, die nur durch logisch nicht faßbare Imponderabilien auszufüllen sind, oder wenn die rein innerlichen sich einem Beisatz äußerlich sinnlicher Bedürfnisse nicht entziehen können. Vielleicht läßt sich die Gesamtheit sozialer Wechselwirkungen von diesem Gesichtspunkt aus in eine Skala einordnen: welches Maß räumlicher Nähe oder räumlicher Entfernung eine Vergesellschaftung von gegebenen Formen und Inhalten entweder fordert oder verträgt. Die Art, wie man die Kriterien einer solchen Skala zusammenbringen könnte, soll im folgenden weiter exemplifiziert werden.

Die räumliche Spannungskapazität einer Vergesellschaftung ist unter gleichen Gefühls- und Interessenbedingungen von dem vorhandenen Maße von Abstraktionsfähigkeit abhängig. Je primitiver das Bewußtsein ist, desto unfähiger, die Zusammengehörigkeit des räumlich Getrennten oder die Nichtzusammengehörigkeit des räumlich Nahen vorzustellen. An diesem Punkt geht die Art der vergesellschaftenden Kräfte unmittelbar auf die letzten Fundamente des Geisteslebens überhaupt zurück; nämlich darauf, daß die naive Einheitlichkeit des unausgebildeten Vorstellens überhaupt noch nicht zwischen dem Ich und seiner Umgebung recht unterscheidet. Einerseits verschwimmt das Ich noch ohne individualistische Betonung in den Bildern der anderen Menschen und der Dinge, wie der Mangel des Ichs beim Kinde und die halb kommunistische Undifferenziertheit früher Sozialzustände zeigen; andererseits wird auf dieser Stufe den Objekten kein Für-sich-sein zuerkannt, der naive Egoismus des Kindes und des Naturmenschen will alles Begehrte – und er begehrt fast alles, was ihm sinnlich nahekommt – ohne weiteres sich aneignen und erstreckt so die Sphäre des Ich praktisch ebenso über die Dinge, wie es theoretisch durch den Subjektivismus des Denkens und die Unkenntnis objektiver Gesetzlichkeiten geschieht. Damit wird ersichtlich, wie entscheidend bei dieser seelischen Verfassung die sinnliche Nähe für das Bewußtsein des Zu-einander-gehörens sein muß. Da diese Nähe freilich nicht als objektive räumliche Tatsache, sondern als der seelische Überbau über derselben in Frage kommt, so kann sie, wie schon erwähnt, gelegentlich selbst auf dieser Stufe durch andere psychologische Konstellationen ersetzt werden, z. B. durch die Zugehörigkeit zu dem gleichen Totemverband, die unter den Australnegern Individuen aus ganz getrennt lebenden Gruppen in enge Beziehung bringt, sodaß sie in einem Kampf der Gruppen einander aus dem Wege gehen. Im ganzen aber sind bei primitivem Bewußtsein nur die äußerlichen Berührungen die Träger der innerlichen – so verschieden diese in ihrem Charakter seien – das undifferenzierte Vorstellen weiß beides nicht recht auseinanderzuhalten; wie denn auch heute noch in der Rückständigkeit kleinstädtischer Verhältnisse die Beziehung zum Hausnachbar und das Interesse für ihn eine ganz andere

Rolle spielt als in der Großstadt, in der man durch die Komplikation und Wirrnis des äußeren Lebensbildes an fortwährende Abstraktionen, an Gleichgültigkeit gegen das räumlich Nächste und enge Beziehung zu räumlich sehr Entferntem gewöhnt wird. In Epochen, in denen die den Raum überspringende Abstraktion durch sachliche Umstände gefordert, aber durch die psychologische Unentwickeltheit gehindert ist, entstehen deshalb soziologische Spannungen von erheblichen Folgen für die Verhältnisform. Zum Beispiel ist die Schutzherrlichkeit des angelsächsischen Königs über die Kirche mit Recht auf die weite Entfernung des römischen Stuhles geschoben worden. Die persönliche Gegenwart wurde damals noch zu sehr als Bedingung auszuübender Autorität empfunden, als daß man diese einer so fernen Instanz gutwillig überlassen hätte. Übrigens möchte ich auch eine historische Rückwirkung innerhalb dieses Zusammenhanges annehmen. Wo die geistige Überlegenheit des einen Teiles oder der Zwang der Umstände Beziehungen auf eine Distanz hin, zu deren Überwindung das Bewußtsein eigentlich nicht reif ist, unausweichlich machen, da muß dies zur Ausbildung der Abstraktion, gleichsam zur Streckfähigkeit des Geistes viel beigetragen haben, die soziologische Notwendigkeit mußte sich ihr individualpsychologisches Organ züchten. So ist wohl das Verhältnis des mittelalterlichen Europas zu Rom allerdings, wo es nicht der räumlichen Distanz wegen versagte, gerade ihretwegen zur Schule des Abstraktionsvermögens geworden, der Fähigkeit, über das sinnlich Nächste hinauszuempfinden, des Triumphes der nur durch ihren Inhalt wirksamen Mächte über die, die auf räumliche Gegenwart gestellt waren.

Wenn demnach Beziehungen auf weite Distanz hin in erster Linie eine gewisse intellektuelle Entwickeltheit voraussetzen, zeigt sich umgekehrt der sinnlichere Charakter der lokalen Nähe daran, daß man mit eng Benachbarten auf freundlichem oder feindlichem, kurz auf einem entschieden positiven Fuße zu stehen und gegenseitige Indifferenz in dem Maße der räumlichen Enge ausgeschlossen zu sein pflegt. Die dominierende Intellektualität bedeutet immer ein Herabsetzen der gefühlsmäßigen Extreme. Nach ihrem objektiven Inhalt wie als seelische Funktion stellt sie sich jenseits der Gegensätze, zwischen denen das Gemüt und der Wille schwingt, sie ist das Prinzip der Unparteilichkeit, so daß weder Individuen noch geschichtliche Epochen von wesentlich intellektualistischer Färbung sich durch die Einseitigkeit oder die Stärke von Liebe und Haß auszuzeichnen pflegen. Diese Korrelation gilt auch für die einzelnen Beziehungen der Menschen. Die Intellektualität, so sehr sie einen Boden allgemeiner Verständigung darbietet, setzt doch gerade dadurch eine Distanz zwischen die Menschen: weil sie Annäherung und Zusammenstimmen zwischen den Entferntesten ermöglicht, stiftet sie eine kühle und oft entfremdende Sachlichkeit zwischen den Nächsten. Wenn Verhältnisse zu räumlich weit Entfernten eine gewisse Ruhe, Gemessenheit, Affektlosigkeit zu zeigen pflegen, so erscheint dies dem naiven Denken ebenso als unmittelbare Folge der Distanz, wie eben dasselbe die Abschwächung einer Wurfbewegung nach dem *Maße* des durchlaufenen Raumes als *Erfolg* der bloßen Raumweite ansieht. In Wirklichkeit ist die Bedeutung des Raumintervalls nur, daß es die Erregungen, Reibungen, Attraktionen und Repulsionen ausschaltet, die die sinnliche Nähe hervorruft, und so in dem Komplex der vergesellschaftenden Seelenvorgänge den intellektuellen die Majorität verschafft. Dem räumlich Nahen gegenüber, mit dem man sich in den beiderseitig verschiedensten Lagen und Stimmungen ohne die Möglichkeit von Vorsicht und Auswahl berührt, pflegt es nur dezidierte Empfindungen zu geben, so daß diese Nähe die Grundlage sowohl des überschwänglichsten Glükkes wie des unerträglichsten Zwanges sein kann. Es ist eine sehr alte Erfahrung, daß Bewohner des gleichen Hauses nur auf freundlichem oder auf feindlichem Fuße stehen können. Die Ausnahmen von dieser Regel bestätigen ihre Grundlage: einerseits bei sehr hohem Bildungsstande, andrerseits in der modernen Großstadt kann bei nächster Flurnachbarschaft vollkommene Indifferenz und Ausschluß jeder gegenseitigen Gefühlsreaktion stattfinden. Im ersteren Falle, weil die überwiegende Intellektualität die impulsiven Reaktionen auf die – sozusagen – Berührungsreize herabsetzt, im zweiten, weil die unaufhörlichen Berührungen mit unzähligen Menschen eben denselben Effekt durch Abstumpfung hervorbringen; hier ist die Gleichgültigkeit gegen den räumlich Nahen einfach eine Schutzvorrichtung, ohne die man in der Großstadt sich seelisch zerreiben und sprengen müßte. Wo diesem abschwächenden Erfolg des Großstadtlebens zu lebhafte Temperamente entgegenwirkten, hat man gelegentlich andere Schutzvorrichtungen gesucht: in dem Alexandria der Kaiserzeit waren von den fünf Stadtquartieren zwei hauptsächlich von Juden bewohnt, womit man durch beiderseitig festgehaltenes Herkommen nachbarlichen Konflikten möglichst vorbeugen wollte. Wenn deshalb der Friedensstifter zwischen leidenschaftlich kollidierenden Parteien sie vor allen Dingen räumlich auseinanderzubringen sucht, so widerspricht dem durchaus nicht, daß er sich bemüht, wenn sie einander fern waren, sie gerade zusammenzubringen. Denn bei manchen Naturen entfesselt die in der Distanz wirksame Phantasie eine hemmungslose Übertriebenheit der Gefühle, der gegenüber die Erregungsfolgen der sinnlichen Nähe, so groß sie sein mögen, doch zugleich als irgendwie begrenzt und endlich erscheinen. [...]

E. Alle bisher betrachteten soziologischen Formungen zeichneten gewissermaßen das ruhende Nebeneinander des Raumes nach: die Begrenzung und die Distanz, die Fixiertheit und die Nachbarschaft sind wie Fortsetzungen der räumlichen Konfigurationen in das Gefüge der Menschheit hinein, die sich in den Raum teilt. Diese letztere Tatsache knüpft ganz neue Folgen an die Möglichkeit, daß die Menschen sich von *Ort zu Ort bewegen.* Die räumlichen Bedingtheiten ihrer Existenz geraten dadurch in Fluß, und wie die Menschheit überhaupt nur durch ihre Beweglichkeit die Existenz, die wir kennen, gewinnt, so ergeben sich aus dem Ortswechsel im engeren Sinne, aus dem Wandern, unzählige besondere Folgen für ihre Wechselwirkungen, aus denen einige hier skizziert werden mögen. Die grundlegende Einteilung dieser Erscheinungen vom soziologischen Gesichtspunkt aus ist: welche Formen der Vergesellschaftung stellen sich bei einer wandernden Gruppe im Unterschied gegen eine räumlich fixierte ein? und: welche Formen ergeben sich, wenn zwar nicht eine Gruppe als ganze, aber gewisse Elemente ihrer wandern, für die Gruppe selbst und für die wandernden Personen?

1. Die Hauptgestaltungen des ersten Typus sind der Nomadismus und diejenigen Bewegungen, die man als Völkerwanderungen bezeichnet; indem für jenen das Wandern zur Substanz des Lebens gehört, was sich am besten an der Endlosigkeit, der Kreisförmigkeit der Rückkehr auf immer dieselben Stätten markiert, bei den Völkerwanderungen aber das Wandern mehr als ein Zwischenzustand zwischen zwei andersartigen Lebensformen – seien es die der Fixiertheit, sei es, daß die frühere von beiden die nomadische ist – empfunden wird. Soweit die soziologische Betrachtung nur nach der Wirkung des Wanderns als solchem fragt,

braucht sie beide Arten nicht zu trennen. Denn jene Wirkung auf die Gesellschaftsform ist typischerweise in beiden Fällen die gleiche: Niederhalten oder Aufhebung der inneren Differenzierung der Gruppe, daher Mangel eigentlicher politischer Organisation, der sich aber oft mit despotischer Einherrschaft durchaus verträgt. Für die letztere Konstellation ist vor allem an die Beziehung patriarchalischer Verhältnisse zum Nomadentum zu erinnern. Wo für Jagdvölker die Notwendigkeit steigt, sich zu zerstreuen und zu wandern, entfernt der Mann sein Weib aus der Nachbarschaft ihrer Familie, beraubt sie damit des Rückhaltes an dieser und bekommt sie entschiedener in seine Gewalt, so daß man bei den nordamerikanischen Indianern die Wanderung der Familien direkt für den Übergang der weiblichen zur männlichen Verwandtschaftsorganisation verantwortlich gemacht hat. Dazu kommt, daß bei den eigentlichen Nomaden an die Stelle der Jagd die Viehzucht getreten ist, und daß diese wie jene allenthalben das Geschäft der Männer ist. Durch diese männliche Leitung des wichtigsten oder ausschließlichen Nahrungserwerbes bildet sich bei den Nomaden der Despotismus des Mannes heraus. Familiärer und staatlicher Despotismus aber stehen nicht nur allgemein im Verhältnis gegenseitiger Erzeugung, sondern das Nomadentum muß den letzteren noch um so entschiedener begünstigen, als hier der einzelne keinen Rückhalt am Boden hat. Derselbe Umstand, der die Nomaden überall zu Subjekten wie Objekten des Räubertums macht: die Mobilität des Besitzes – macht das Leben überhaupt zu etwas so Labilem und Wurzellosem, daß der Widerstand gegen mächtige, zusammenfassende Persönlichkeiten sicher nicht so stark ist, als wo die Existenz jedes einzelnen auf seiner Scholle konsolidiert ist; insbesondere, da hier die Chance des Ausweichenkönnens nicht in Frage kommt, die, wie gleich nachher hervorzuheben ist, für die wandernden Handwerksgesellen eine so eigenartige Waffe gegen staatliche Zentralisierungstendenzen war. Wozu noch kommt, daß jene despotischen Zusammenfassungen meistens zu kriegerischen Zwecken geschehen werden, zu denen der abenteuernde und wilde Nomade immer mehr disponiert sein wird, als der Ackerbauer. Zwar fehlt, wie gesagt, nomadischen Gruppen in der Regel die strenge und feste Organisation, die sonst die Technik kriegerischer Despotien bildet. Und zu dieser ist wegen der weiten Zerstreuung und gegenseitigen Unabhängigkeit der einzelnen nomadischen Familien gar keine Disposition vorhanden, weil jede feinere und umfassendere Organisation Arbeitsteilungen voraussetzt, diese aber eine enge räumliche oder dynamische Berührung der Elemente. Allein die despotische Zusammenfassung bei jenen Massenwanderungen nomadischer Völker, die die europäische Geschichte nicht weniger als die Chinas, Persiens und Indiens durchfurcht haben, war ersichtlich keine organisierte Synthese, sondern ihre Wucht beruhte gerade auf der mechanischen Aggregation ganz ununterschiedener Elemente, die sich mit dem gleichmäßigen und zwischenraumlosen Druck eines Schlammstromes ergoß. Die Tiefebenen und Steppen, die einerseits zum nomadischen Leben anreizen, andererseits die Quellgebiete großer Stammeswanderungen sind, Osteuropa, Nord- und Innerasien, die amerikanischen Tiefländer, zeigen deshalb am wenigsten ausgebildete Rassentypen, und dies ethnographische Nivellement dürfte nicht weniger die Folge als die Ursache eines soziologischen sein. Zwischen der Bewegung im Raum und der Differenziertheit sozialer und persönlicher Daseinsinhalte besteht ein tief gegründetes Verhältnis. Beide bilden nur verschiedene Befriedigungen der *einen* Seite seelischer Gegensatztendenzen, deren andere auf Ruhe, Gleichmäßigkeit, substanzielle Einheit des Lebensgefühles und -bildes geht: die Kämpfe und Kompromisse, die Mischungen und wechselnden Vorherrschaften beider lassen sich als Schema benutzen, um alle Inhalte der Menschengeschichte darin einzutragen. Das Maß, in dem wir der Anregung durch unterschiedene, wechselnde Eindrücke bedürfen, kann auf beide Weisen erfüllt werden; entweder durch den Wechsel der Eindrücke, Ansprüche und Abenteuer des Wanderlebens oder durch die Differenziertheit stabiler Verhältnisse, die nicht nur der Seele, wenn sie umherblickt, alle jene Wechsel gleichsam in der Form der Immanenz, des Nebeneinanders gesellschaftlicher Faktoren zeigt, sondern auch an dem Bewußtsein ihrer Unterschiedenheit gegen jede andere – und einer anderen Unterschiedenheit gegen jede einzelne – ihr Unterschiedsbedürfnis sättigt. Daraus wird einerseits verständlich, wie die außerordentliche Steigerung dieses letzteren bei den modernen Menschen gleichzeitig nach beiden Formen greift, wie sie aber in anderen Fällen gerade für einander vikarieren können, so daß im Raum stabile Gesellschaften sich innerlich stark differenzieren, wandernde dagegen die für ihre Nervenverfassung nötigen Differenzgefühle von vornherein gedeckt haben und für die gleichzeitige Lebenstendenz des entgegengesetzten Vorzeichens eine soziale Nivellierung brauchen. [...]

Livingstone erzählt von den Abteilungen afrikanischer Clane, die sich sonst ersichtlich nicht sehr verbunden fühlen, daß sie bei Wanderungen des ganzen Stammes sehr zu einander halten und sich gegenseitig unterstützen. Aus dem Mittelalter wird vielfach berichtet, daß zusammen wandernde Kaufleute völlig kommunistische Ordnungen unter sich eingeführt hätten, wovon es nur eine Fortsetzung ist, daß die im Ausland sich bildenden Kaufmannsgilden oder Hansen oft, und zwar bezeichnenderweise gerade am Anfang ihrer Entwicklung, völlige Lebensgemeinschaften eingehen. Neben dem nivellierenden Moment der Wanderschaft wird wohl auch in solchen Fällen das despotische nicht gefehlt haben. Wenigstens wird von den Zügen wandernder Kaufleute, die in der römischen Kaiserzeit von Palmyra aus das Euphratgebiet durchwanderten, hervorgehoben, daß ihre Obmänner die vornehmsten Männer von ganz altem Adel gewesen seien, denen dann die Karawanenteilnehmer oft Ehrensäulen setzten. Es ist also anzunehmen, daß deren Gewalt auf der Reise eine diskretionäre war, gerade wie es unter sehr analogen Verhältnissen die des Schiffskapitäns während der Fahrt ist. Gerade weil das Wandern an und für sich individualisiert und isoliert, weil es den Menschen auf sich selbst stellt, treibt es ihn zu engem, jenseits der sonstigen Unterschiede stehendem Zusammenschluß. Indem es den Individuen die Stützen der Heimat, zugleich aber deren feste Abstufungen nimmt, legt es ihnen gerade nahe, die Schicksale der Wandernden, Vereinsamung und Haltlosigkeit, durch möglichsten Zusammenschluß zu einer mehr als individuellen Einheit zu ergänzen. [...]

2. Ganz gesondert davon ist zu betrachten, wie das Wandern eines Teiles auf die Form der ganzen, sonst sedentären Gruppe wirkt. Aus der Vielheit einschlägiger Erscheinungen erwähne ich hier nur zwei, von denen die eine jene Wirkung nach der Seite der Vereinheitlichung der Gruppe, die andere sie gerade nach der Seite ihres Dualismus hin verfolgen soll. Um in einer räumlich weit ausgedehnten Gruppe die voneinander entfernten Elemente dynamisch zusammenzuhalten, bilden hoch entwickelte Epochen ein System mannigfaltiger Mittel aus, vor allem alles Gleichmäßige der objektiven Kultur, das von dem Bewußtsein, es sei eben hier dasselbe, was es an jedem Punkt des gleichen Kreises ist,

begleitet wird: die Gleichheit der Sprache, des Rechtes, der allgemeinen Lebensweise, des Stiles von Gebäuden und Geräten; ferner die funktionellen Einungen: die zentralisierte und zugleich überall sich hinerstreckende Verwaltung des Staates und der Kirche, die mehr auswählenden, aber doch über alle lokalen Trennungen hinübergreifenden Verbände der Unternehmer wie der Industriearbeiter, die geschäftlichen Verbindungen von Grossisten und Detaillisten, die mehr ideellen, aber doch sehr wirksamen der Studiengenossen, der Kriegervereine, der Schullehrer, der Universitätsprofessoren, der Sammler jeder Art. Kurz, ein Gewirr von Fäden mit absoluten oder partiellen Zentren, das alle Teile eines hoch kultivierten Staates zusammenhält – freilich mit sehr verschieden verteilter Energie, da weder die substanzielle Kultur nach Maß und Art hinreichend gleichmäßig ist, noch die funktionellen Verbindungen alle Elemente mit demselben Interesse und derselben Kraft ihrem Zentrum zuwenden. Immerhin, soweit diese Vereinheitlichungen wirken, bedürfen sie nur zu geringen Teilen und gleichsam accidentell der Bewegung von Personen durch große Raumstrecken; es gelingt dem modernen Leben, das Bewußtsein der gesellschaftlichen Einheit einerseits durch jene sachlichen Gleichmäßigkeiten und das Wissen um die gemeinsamen Berührungspunkte, andererseits durch die ein für allemal fixierten Institutionen, drittens endlich durch schriftliche Verständigung herbeizuführen. Solange es aber an dieser objektiven Organisation und Technik fehlt, hat ein anderes, später zurücktretendes Mittel der Vereinheitlichung überragende Bedeutung: das Wandern, das freilich wegen seines rein personalen Charakters niemals die Breite des Raumgebietes wie jene Mittel decken und niemals einen gleichen Umfang inhaltlich zentralisieren kann. [...]

Immerhin waren die Wanderungen vielfach überhaupt der einzige, oft wenigstens einer der vergleichsweise stärksten Träger jener Zentralisierung, besonders im politischen Sinne. Einesteils in der Form einer einmaligen Rundreise nahm der König die einzelnen Teile des Reiches persönlich in seinen Besitz, wie es von den alten Franken berichtet wird, und wie es die früheren Könige von Schweden taten; andernteils so, daß der König entweder periodisch oder dauernd im Reiche umherreiste – jenes bei den ältesten russischen Herrschern, die jährlich alle Städte bereisten, dieses bei den deutschen Kaisern des alten Reiches. Die russische

Gewohnheit soll dem Zusammenhalten des Reiches gedient haben, die deutsche, die aus dem Mangel einer Reichshauptstadt hervorging, war eben dadurch zwar das Zeichen einer bedenklichen Dezentralisation, aber unter diesen Umständen noch das Beste, was sich für den Zusammenschluß der verschiedenen Reichsteile in der Person des Königs tun ließ. Gerade eine der Veranlassungen dieses Umherreisens der deutschen Fürsten: daß die Naturalabgaben an sie mangels von Transportmitteln an Ort und Stelle verzehrt werden mußten – gerade dies knüpfte eine Art ganz persönlicher Beziehung zwischen jedem Bezirk und dem König. Dem analogen Zweck diente in England die Einrichtung der *Itinerant Justices* durch Heinrich II. Bei den Unvollkommenheiten der Zentralisation und Kommunikation war die Verwaltung der Grafschaften durch Landvögte von vornherein erheblichen Mißbräuchen ausgesetzt gewesen. Die umherreisenden Richter erst brachten die höchste Staatsinstanz überallhin, sie erst bezogen alle Teile des Reiches – durch die Distanz, die sie als Fremde gegen jeden derselben hatten, und durch die inhaltliche Gleichmäßigkeit ihrer Rechtsprechungen – in die jenseits der einzelnen gelegene und im König zentralisierte Einheit von Recht und Verwaltung ein. Solange noch die fernwirkenden, überlokalen Mittel fehlen, auch die lokal-seßhaften Behörden mit dieser Einheit zu durchdringen, so lange gibt das Umherreisen der Beamten die wirksamste Möglichkeit, das Außereinander der Räumlichkeiten in die ideelle politische Einheit hinein zu zentralisieren. In dieser Richtung liegt eben auch der sinnliche Eindruck von Personen, von denen man weiß, daß sie von jenem Mittelpunkt des Ganzen kommen und wieder zu ihm zurückkehren. Solche Unmittelbarkeit und Anschaulichkeit enthält einen Vorteil der von beweglichen Elementen getragenen Organisation vor den durch abstraktere Mittel zusammengehaltenen, der die größere Zufälligkeit und Vereinzelung jener gelegentlich ausgleicht. [...]

Neben dieser vereinheitlichenden Wirkung des Wanderns auf die fixierte Gruppe, die durch das Hin- und Herziehen einzelner Elemente ihr räumliches Außereinander funktionell zu überwinden strebt, steht eine andere, die gerade den antagonistischen Kräften der Gruppe dient. Diese ergibt sich, wenn ein Teil einer Gruppe prinzipiell seßhaft, ein anderer durch seine Mobilität bezeichnet ist, und dieser Unterschied des formalen räumlichen Verhaltens nun zum Träger, Werkzeug, Steigerungsmoment einer sonst schon bestehenden latenten oder offenen Gegnerschaft wird. Der entschiedenste Typus ist hier der Vagabund und der Abenteurer, deren fortwährendes Umherschweifen die Unruhe, den Rubato-Charakter ihrer inneren Lebensrhythmik auf den Raum projiziert. Der Unterschied der von ursprünglicher Anlage her seßhaften und vagierenden Naturen gibt schon für sich allein dem Bau und der Entwicklung der Gesellschaften unendliche Variationsmöglichkeiten. Jedes von diesen beiden Naturellen fühlt in dem anderen seinen natürlichen und unversöhnlichen Feind. Denn wo es nicht etwa durch eine feine Differenzierung der Berufe glückt, dem geborenen Vagabunden eine seiner Anlage adäquate Tätigkeit zu verschaffen – was höchst selten gelingt, da schon die doch unerläßliche Regelmäßigkeit der Zeit nach innerlich der Fixiertheit im Raume allzu verwandt ist – da wird er als Parasit der seßhaften Elemente der Gesellschaft existieren. Jene aber verfolgen nicht nur den Vagabunden, weil sie ihn hassen, sondern sie hassen ihn auch, weil sie ihn um ihrer Selbsterhaltung willen verfolgen müssen. Und eben dasselbe, was den Vagabunden in diese exponierte und angegriffene Stellung bringt, sein Trieb zu fortwährendem Ortswechsel, die Fähigkeit und Lust des »Sich-unsichtbar-machens«, ist doch zugleich sein Schutz gegen jene Verfolgungen und Ächtungen, es ist zugleich seine Angriffs- wie seine Verteidigungswaffe. Wie sein Verhältnis zum Raume der adäquate Ausdruck seiner subjektiven Innerlichkeit und ihrer Oszillationen ist, so ist es der gleiche für die Beziehungen zu seiner sozialen Gruppe. [...]

Die quantitative Bestimmtheit der Gruppe (1908)

Eine Reihe von Formen des Zusammenlebens, von Vereinheitlichungen und gegenseitigen Einwirkungen der Individuen sollen zunächst auf die Bedeutung hin geprüft werden, die die bloße *Zahl* der so vergesellschafteten Individuen für diese Formen hat. Man wird von vornherein und aus den alltäglichen Erfahrungen heraus zugeben, daß eine Gruppe von einem gewissen Umfang an zu ihrer Erhaltung und Förderung Maßregeln, Formen und Organe ausbilden muß, deren sie vorher nicht bedarf; und daß andrerseits engere Kreise Qualitäten und Wechselwirkungen aufweisen, die bei ihrer numerischen Erweiterung unvermeidlich verloren gehen. Eine doppelte Bedeutsamkeit kommt der quantitativen Bestimmtheit zu: die negative, daß gewisse Formungen, die aus den inhaltlichen oder sonstigen Lebensbedingungen heraus erforderlich oder möglich sind, sich eben nur diesseits oder jenseits einer numerischen Grenze der Elemente verwirklichen können; die positive, daß andere direkt durch bestimmte rein quantitative Modifikationen der Gruppe gefordert werden. Selbstverständlich treten auch sie nicht in jedem Falle auf, sondern hängen ihrerseits von den sonstigen Bestimmtheiten der Gruppe ab; aber das Entscheidende ist, daß aus den letzteren die fraglichen Formungen nur unter der Bedingung einer bestimmten numerischen Ausdehnung hervorgehen. So läßt sich z. B. feststellen, daß ganz oder annähernd sozialistische Ordnungen bisher nur in ganz kleinen Kreisen durchführbar waren, in großen aber stets gescheitert sind. Die innere Tendenz solcher nämlich: die Gerechtigkeit in der Verteilung des Leistens und des Genießens – kann wohl in einer kleinen Gruppe realisiert und, was sicher ebenso wichtig ist, von den einzelnen überblickt und kontrolliert werden. Was jeder für die Gesamtheit leistet, und womit die Gesamtheit es ihm vergilt, das liegt hier ganz nahe beieinander, so daß sich Vergleichung und Ausgleichung leicht ergibt. In einem großen Kreise hindert dies insbesondere die in ihm unvermeidliche Differenzierung der Personen, ihrer Funktionen und ihrer Ansprüche. Eine sehr große Zahl von Menschen kann eine Einheit nur bei entschiedener Arbeitsteilung bilden; nicht nur aus den auf der Hand liegenden

Gründen der wirtschaftlichen Technik, sondern weil erst sie das Ineinandergreifen und Auf-einander-angewiesen-sein erzeugt, das jeden durch unzählige Mittelglieder hindurch mit jedem in Verbindung setzt, und ohne das eine weit ausgedehnte Gruppe bei jeder Gelegenheit auseinanderbrechen würde. Deshalb muß, eine je engere Einheit derselben gefordert wird, die Spezialisierung der Individuen eine um so genauere, um so unbedingter also den einzelnen an das Ganze und das Ganze an den einzelnen verweisende sein. Der Sozialismus eines großen Kreises würde so die schärfste Differenzierung der Persönlichkeiten fordern, die sich natürlich über ihre Arbeit hinaus auf ihr Fühlen und Begehren erstrecken müßte. Dies aber erschwert aufs äußerste den Vergleich der Leistungen untereinander, der Entlohnungen untereinander, die Ausgleichungen zwischen beiden, auf denen für kleine, und deshalb undifferenzierte Kreise die Möglichkeit eines annähernden Sozialismus beruht. Was derartige Gruppen bei vorgeschrittener Kultur schon sozusagen logisch auf numerische Geringfügigkeit beschränkt, das ist ihre Angewiesenheit auf Güter, die unter ihren eigenen Produktionsbedingungen überhaupt nicht geboten werden können. Es gibt meines Wissens im jetzigen Europa nur eine einzige annähernd sozialistische Organisation[1]: das Familistère de

1 Das historische Material, dessen diese Untersuchungen sich bedienen, ist in seiner inhaltlichen Zuverlässigkeit durch die beiden Umstände bedingt: nach dem Dienste, den es hier zu leisten hat, mußte es einerseits aus so vielen und heterogenen Gebieten des geschichtlich-gesellschaftlichen Lebens gewählt werden, daß die beschränkte Arbeitskraft eines einzelnen sich für seine Sammlung im wesentlichen nur an sekundäre Quellen halten und diese nur selten durch eigne Tatsachenforschung verifizieren konnte; andrerseits wird die Erstreckung dieser Sammlung durch eine lange Reihe von Jahren es begreiflich machen, daß nicht jede Tatsache noch unmittelbar vor der Veröffentlichung des Buches mit dem momentanen Stande der Forschung konfrontiert werden konnte. Wäre die Mitteilung irgendwelchen sozialen Tatsachenstoffes ein, wenn auch nur nebensächlicher Zweck dieses Buches, so wäre die hiermit angedeutete Latitüde für Unbewiesenheiten und Irrtümer nicht zulässig. Allein bei diesem Versuche, dem gesellschaftlichen Dasein die Möglichkeit einer neuen wissenschaftlichen Abstraktion abzugewinnen, kann das wesentliche Bemühen nur sein, diese Abstraktion an irgendwelchen Beispielen zu vollziehen und als sinnvoll zu erweisen. Darf ich es, um der methodischen Klarheit willen, etwas übertrieben ausdrücken, so kommt es nur darauf an, daß diese Beispiele *möglich*,

Guise, eine große Fabrik gußeiserner Waren, die von einem Schüler Fouriers 1880 gegründet ist, nach dem Prinzip vollkommener Fürsorge für jeden Arbeiter und seine Familie, Sicherung des Existenzminimums, der unentgeltlichen Pflege und Erziehung der Kinder, der Kollektivbeschaffung des Lebensunterhaltes. Die Genossenschaft beschäftigte in den neunziger Jahren ungefähr 2000 Menschen und schien sich als lebensfähig zu erweisen. Dies aber offenbar nur, weil sie von einer unter ganz anderen Lebensbedingungen stehenden Gesamtheit umgeben ist, aus der sie die unvermeidlich in ihrer eigenen Produktion bleibenden Lücken der Bedürfnisbefriedigung decken kann. Denn die menschlichen Bedürfnisse sind nicht ebenso zu rationalisieren, wie die Produktion es wäre; sie scheinen vielmehr eine Zufälligkeit oder Unberechenbarkeit zu haben, die ihre Deckung nur um den Preis gestattet, daß nebenbei unzähliges Irrationelles und Unverwendbares hergestellt wird. Ein Kreis also, der dies vermeidet und auf völlige Systematisierung und lückenlose Zweckmäßigkeit seiner Tätigkeiten gestellt ist, wird immer nur ein kleiner sein können, weil er nur von einem großen umgebenden beziehen kann, was er, bei irgend höherer Kultur, zu einer befriedigenden Lebensmöglichkeit bedarf. – Es gibt ferner Gruppenbildungen kirchlicher Art, die ihrer soziologischen Struktur nach keine Anwendung auf große Mitgliederzahl vertragen: so die Sekten der Waldenser, der Mennoniten, der Herrnhuter. Wo das Dogma etwa den Eid, den Kriegsdienst, die Bekleidung von Ämtern verbietet; wo ganz persönliche Angelegenheiten, die Erwerbstätigkeit, die Tageseinteilung, ja die Eheschließung der Regulierung durch die Gemeinde unterliegen; wo eine besondere Kleidung die Gläubigen von allen anderen abheben und als zusammengehörig anzeigen soll; wo die subjektive Erfahrung von einem unmittelbaren Verhältnis zu Je-

aber weniger darauf, daß sie *wirklich* sind. Denn ihre Wahrheit soll nicht – oder nur in wenigen Fällen – die Wahrheit einer generellen Behauptung erweisen, sondern selbst wo der Ausdruck es so erscheinen lassen könnte, sind sie doch nur der an sich irrelevante Gegenstand einer Analyse, und die richtige und fruchtbare Art, wie diese vollzogen wird, nicht die Wahrheit über die Realität ihres Objektes ist dasjenige, was hier entweder erreicht oder verfehlt ist. Prinzipiell wäre die Untersuchung auch an fingierten Schulbeispielen zu führen und für ihre Wirklichkeitsbedeutung auf das jeweilige Tatsachenwissen des Lesers zu verweisen gewesen.

sus den eigentlichen Kitt der Gemeinde ausmacht – da würde ersichtlich die Ausdehnung auf große Kreise das zusammenhaltende Band sprengen, das zu erheblichem Teile eben in ihrer Ausnahme- und Gegensatzstellung gegenüber größeren beruht. Mindestens in dieser soziologischen Hinsicht ist der Anspruch dieser Sekten, das ursprüngliche Christentum zu repräsentieren, nicht unberechtigt. Denn eben dieses, eine noch undifferenzierte Einheit von Dogma und Lebensform darstellend, war nur in jenen kleinen Gemeinden innerhalb großer umgebender möglich, die ihnen ebenso zur Ergänzung der äußeren Lebenserfordernisse wie zum Gegensatz, an dem sie sich ihres eigentümlichen Wesens bewußt wurden, dienten. Deshalb hat die Ausbreitung des Christentums auf den Gesamtstaat seinen soziologischen Charakter nicht weniger als seinen seelisch-inhaltlichen völlig ändern müssen. – [...]

Noch anschaulicher wird der strukturelle Unterschied, den die bloßen Größenunterschiede der Gruppen erzeugen, an der Rolle gewisser prominenter und wirkungsvoller Elemente. Es gilt nämlich nicht nur das Selbstverständliche, daß eine gegebene Anzahl solcher Elemente in einem großen Kreise eine andere Bedeutung hat als in einem kleinen; sondern mit der quantitativen Änderung des Kreises ändert sich die Wirksamkeit jener auch dann, wenn ihre eigene Quantität in genauer Proportion mit der des Kreises steigt oder fällt. Wenn in einer Stadt von 10 000 Einwohnern in ökonomischer Mittellage ein Millionär lebt, so ist dessen Rolle im Stadtleben und die Gesamtphysiognomie, die die Stadt durch diesen Bürger erhält, völlig von der Bedeutung unterschieden, die fünfzig Millionäre, bzw. ein jeder von ihnen, für eine Stadt von 500 000 Einwohnern besitzen – obgleich die numerische Relation zwischen dem Millionär und seinen Mitbürgern, die doch scheinbar jene Bedeutung allein zu bestimmen hat, ungeändert geblieben ist. Wenn in einer parlamentarischen Partei von 20 Köpfen sich vier, gegen das Parteiprogramm kritische oder sezessionistische Mitglieder befinden, so wird deren Rolle für die Tendenz und das Verfahren der Partei ein anderes sein, als wenn die Partei 50 Köpfe stark ist und zehn Rebellen in ihrer Mitte hat: im Allgemeinen wird, trotz der gleichgebliebenen Zahlrelation, die Bedeutung der letzteren in der größeren Partei eine größere sein. Endlich: man hat hervorgehoben, daß eine Militärtyrannis ceteris paribus um so haltbarer sei, je größer ihr Gebiet sei; denn umfasse das Heer etwa

1 Prozent der Bevölkerung, so ließe sich eher eine Bevölkerung von zehn Millionen mit einem Heer von 100 000 Mann im Zaume halten, als eine Stadt von 100 000 Einwohnern mit 100 Soldaten oder ein Dorf von 100 Einwohnern mit einem einzigen. Das Eigentümliche ist hier, daß die absoluten Zahlen der Gesamtgruppe und der in ihr einflußreichen Elemente, obgleich ihre Relation als Zahlen die identische bleibt, doch gerade die *Relationen* innerhalb der Gruppe so merkbar verschieden bestimmen. Jene beliebig zu vermehrenden Beispiele zeigen, daß die Relation soziologischer Elemente nicht nur von den relativen, sondern zugleich von den absoluten numerischen Quanten dieser Elemente abhängt. Bezeichnet man einmal Elemente solcher Art als Partei innerhalb der Gruppe, so verschiebt sich das Verhältnis dieser Partei zur Gesamtheit nicht nur dann, wenn bei gleichbleibendem Maße der letzteren jene numerisch steigt oder fällt, sondern auch, wenn diese Änderung das Ganze und den Teil in völlig gleichem Maße trifft; damit ist die soziologische Bedeutung der Größe oder Kleinheit des *Gesamtkreises* selbst gegenüber den numerischen *Relationen* der Elemente aufgezeigt, an die sich auf den ersten Blick die Bedeutung der Zahlen für die inneren Verhältnisse der Gruppe allein zu binden scheint. [...]

Es liegt nun auf der Hand, daß die Begriffe: großer und kleiner Kreis – von außerordentlicher wissenschaftlicher Roheit sind, durchaus unbestimmt und verschwimmend und eigentlich nur anwendbar, um überhaupt die Abhängigkeit des soziologischen Formcharakters einer Gruppe von ihren Quantitätsbestimmungen nahe zu legen – nicht aber, um irgendwie genauer die wirkliche Proportion zu zeigen, die zwischen dem ersteren und den letzteren besteht. Dennoch ist es vielleicht nicht für alle Fälle ausgeschlossen, diese Proportion exakter zu erkennen. In die bisher betrachteten Formungen und Beziehungen freilich genaue Zahlenwerte einzusetzen, wäre ersichtlich für jede absehbare Entwicklung unseres Wissens ein völlig phantastisches Unternehmen; aber in bescheideneren Grenzen lassen sich doch schon jetzt Züge derjenigen Vergesellschaftungen anführen, die zwischen einer begrenzten Zahl von Personen stattfinden und durch diese Begrenzung charakterisiert werden. Als Übergänge aus der völligen numerischen Unbestimmtheit zu der völligen numerischen Bestimmtheit erwähne ich einige Fälle, in denen die letztere zwar prinzipiell schon von einiger soziologischer Bedeutung ist, aber ohne daß eine Fixierung derselben im einzelnen erfolgte. 1. Die Zahl wirkt als Einteilungsprinzip der Gruppe, d. h. es werden Teile derselben, die durch Abzählung hergestellt sind, als relative Einheiten behandelt. Die besonderen Bedeutungen einzelner Zahlen hierfür erörtere ich später und hebe hier nur das Prinzip hervor. Daß eine Gesamtgruppe, die sich irgendwie als *eine* fühlt, sich überhaupt einteilt, und zwar nicht nur von oben nach unten, nach dem Maße von Herrschen und Beherrschtwerden, sondern auch innerhalb ihrer koordinierten Glieder – das ist einer der ungeheuersten Fortschritte der Menschheit; es ist die anatomische Struktur, mit der die höheren, organisch-sozialen Prozesse fundamentiert werden. Die Einteilung kann nun von der Abstammung ausgehen oder von gewillkürten Schwurgenossenschaften oder von der Gleichartigkeit der Beschäftigungen oder von der Zusammenfassung nach lokalen Bezirken; diesen Prinzipien schließt sich das numerische an, das die Masse der vorhandenen Männer oder Familien durch eine bestimmte Zahl dividiert und so lauter quantitativ gleiche Unterabteilungen gewinnt, zu jeder von denen sich das Ganze ungefähr so verhält, wie sie selbst zu ihren Individuen. Nun ist dies Prinzip freilich so schematisch, daß es sich zu seiner Verwirklichung noch ein konkreteres heranziehen muß: die zahlgleichen Abteilungen waren aus einander irgendwie Nahestehenden: Verwandten, Freunden, Nachbarn zusammengesetzte, aus entweder Gleichen oder durch Ungleichheit sich Ergänzenden. Das Entscheidende aber ist, daß die numerische Gleichheit das Formprinzip der Einteilung ausmacht – wenngleich es niemals *allein* entscheidet, sondern nur eine von der größten bis zur kleinsten wechselnde Rolle spielt. Nomadische Stämme z. B. haben überhaupt oft mangels sonstiger stabiler Lebensinhalte kaum eine andere Möglichkeit, sich zu organisieren, als nach dem Zahlprinzip; seine Bedeutung für eine auf dem Marsch befindliche Menge bestimmt noch heute den Aufbau des Militärs. Sie setzt sich naturgemäß darin fort, daß oft bei der Aufteilung eines eroberten oder der Kolonisation eines neu entdeckten Landes – wo es also vorerst noch an sachlichen Maßstäben der Organisierung fehlt – das Prinzip der Zusammenschließung nach zahlgleichen Abteilungen obenan steht; z. B. die älteste Verfassung von Island ist davon beherrscht. In sehr reiner Art hat die Reform des Kleisthenes mit diesem Prinzip eine der größten sozialgeschichtlichen Neuerungen vollbracht. Als er den Rat von 500 Mitgliedern einsetzte, je 50 aus jeder der 10 Phylen, erhielt jeder Demos eine seiner Kopfzahl entsprechende Zahl von Ratsherrnstellen. Der rationale Gedanke, eine Vertretungskörperschaft aus der Gesamtgruppe rein nach dem Zahlprinzip herzustellen, tritt hier als die höhere Entwicklungsstufe über die typische »Hundertschaft« – von der nachher zu sprechen ist – und benutzt zum ersten Male das Mittel der rein numerischen Einteilung, um die Regierungseinheit als das Symbol der Bevölkerung funktionieren zu lassen.

2. Während es sich bisher um Zahlgleichheit verschiedener Abteilungen handelt, kann die Zahl weiterhin benutzt werden, um aus einer Gesamtgruppe einen einzelnen und zwar führenden Kreis von Personen zu charakterisieren. So benannte man vielfach die Zunftvorsteher nach ihrer Zahl: in Frankfurt hießen sie bei den Wollwebern die Sechse, bei den Bäckern die Achte; im mittelalterlichen Barcelona hieß der Senat die Einhundert usw. Es ist äußerst merkwürdig, wie mit dem an sich Unbezeichnendsten, der gegen jede Qualifikation völlig gleichgültigen Zahl, gerade die *hervorragendsten* Persönlichkeiten bezeichnet werden. Die Voraussetzung dafür scheint mir, daß mit einer Zahl, etwa mit sechs, ja nicht 6 einzelne, isoliert nebeneinander stehende Elemente gemeint sind, sondern eine Synthese dieser; sechs ist nicht 1 und 1 und 1 usw., sondern ein neuer Begriff, der sich aus dem *Zusammenkommen* dieser Elemente ergibt und nicht pro rata in jedem derselben für sich realisiert ist. Ich bezeichne in diesem Buch die lebendige, funktionelle Wechselwirkung von Elementen oft als ihre Einheit, die sich über ihrer bloßen Summe und im soziologischen Gegensatz zu dieser erhübe. Hier aber ist bei der Benennung einer Vorsteherschaft, eines Ausschusses u. a. mit der bloßen Summe in Wirklichkeit jenes funktionelle Zusammen gemeint, und sie ist als Benennung eben dadurch möglich, daß die Zahl auch schon eine Einheit aus Einheiten bedeutet. Die Sechse sind in dem angeführten Falle doch nicht durch einen homogenen Kreis hin verstreut, sondern sie bedeuten eine bestimmte und feste *Gliederung des Kreises*, durch welche sechs Personen aus ihm hervorgehoben werden und zu einer führenden Einheit zusammenwachsen. Das charakterlos Impersonale der Benennung durch die Zahl ist hier gerade äußerst charakteristisch; denn sie bezeichnet entschiedener, als irgendein weniger formaler Begriff es könnte, daß hiermit keine Individuen als Personen gemeint sind, sondern

daß es ein rein soziales Gebilde ist: die Struktur des Kreises fordert eine bestimmte Quote desselben als Führerschaft, in dem rein numerischen Begriff liegt die reine Objektivität der Formung, die gegen alles Persönliche des einzelnen Mitgliedes gleichgültig ist und nur verlangt, daß es eben eines von den Sechsen ist. Es gibt vielleicht gar keinen wirkungsvolleren Ausdruck, um mit der sozialen Hochstellung von Individuen zugleich die völlige Irrelevanz dessen, was sie als Personen außerhalb dieser Funktion sind, auszudrücken. [...]

3. Die Zahlbestimmtheit als Organisationsform nimmt innerhalb der gesellschaftlichen Entwicklung eine typische Stelle ein. Es tritt nämlich die numerische Einteilung historisch als Ersatz des Sippschaftsprinzips auf. Es scheint, daß an vielen Stellen die Gruppen zuerst aus verwandtschaftlich zusammengehaltenen Untergruppen bestanden hätten, deren jede in wirtschaftlicher, strafrechtlicher, politischer und andrer Hinsicht eine Einheit bildete; daß diese innerlich sehr wohl begründete Organisation durch die Zusammenschweißung von je zehn oder hundert Männern zu eben jenen solidarischen Leistungen ersetzt wurde – kann zuerst als eine wunderliche Veräußerlichung, eine des inneren Lebens ganz entbehrende Schematisierung erscheinen. Man würde auch in den immanenten zusammenhaltenden Prinzipien dieser Gruppe vergebens nach einer Rechtfertigung dafür suchen, daß jenes wurzelhaft-organische durch dieses mechanisch-formalistische abgelöst wurde. Der Grund dafür kann vielmehr nur in dem *Ganzen* liegen, das sich aus solchen Abteilungen zusammensetzt und Forderungen stellt, die den Lebensprinzipien seiner Teile gegenüber selbständig sind. In dem Maß, in dem das Ganze als Einheit inhaltreicher und kräftiger wird, verlieren die Teile – wenigstens zunächst und unterhalb der höchsten Entwicklungsstufe – ihre eigene Bedeutung; sie geben den Sinn, den sie in und für sich selbst besaßen, an das Ganze ab und sind jetzt um so zweckmäßiger, je weniger eine sich selbst genügende Idee in jedem von ihnen lebt, und je mehr sie als charakterlose Teile nur durch ihren Beitrag zum Ganzen eine Position und Bedeutsamkeit zurückempfangen. Bei gewissen vervollkommnetsten Typen der Entwicklung trifft dies nicht zu: es gibt soziale Gebilde, die gerade bei erheblichster Größe und vollkommenster Organisation dem individuellen Element die größte Freiheit gewähren können, sich nach besonderen Normen und in eigensten Formen auszuleben; and-

rerseits solche, die gerade erst unter der Bedingung des gesteigertsten und differenziertesten Eigenlebens ihrer Elemente die höchste Gesamtkraft erreichen. Der Übergang von der Sippschaft zur Hundertschaft aber scheint jenes mittlere Stadium zu bezeichnen, in dem die innere Sinn- und Charakterlosigkeit der Glieder einen Fortschritt für das Ganze bedeutet, denn nur so waren sie unter den gegebenen Umständen leicht überschaubar, nach einfachen Normen lenkbar und ohne jenen Widerstand gegen die Zentralgewalt, der sich bei stärkerer innerer Zusammengehörigkeit jeder Untergruppe gar zu leicht einstellt.

Wo die Verfassung oder Aktion der Gruppe zahlenmäßig bestimmt ist – von der alten Hundertschaft bis zu der modernen Herrschaft der Majoritäten – liegt eine Vergewaltigung der Individualität vor; es ist ein Punkt, an dem die tiefe innere Diskrepanz zwischen dem eigentlich demokratischen und dem liberal-individualistischen Gesellschaftsgedanken sehr rein in die Erscheinung tritt. Daß man aus Persönlichkeiten eine »runde Summe« herstellt und mit dieser ohne jede Rücksicht auf die Besonderheiten der darin befaßten Individuen operiert, daß man die Stimmen zählt und nicht wägt, daß Einrichtungen, Gebote und Verbote, Leistungen und Gewährungen, von vornherein auf eine bestimmte Anzahl von Personen festgelegt sind – das ist entweder despotisch oder demokratisch, in jedem Fall aber eine Herabsetzung des eigentlichen und ganzen Inhaltes der Einzelpersönlichkeit auf die formale Tatsache, daß sie eben *eine* ist; indem sie eine Stelle in einer nur durch die Zahl bestimmten Organisation einnimmt, ist ihr Charakter als Glied der Gruppe völlig Herr über ihren individuell differenzierten Charakter geworden. Mag die Einteilung in numerisch gleiche Untergruppen nun so roh und in der Praxis fortwährend modifiziert sein wie in den Hundertschaften der Germanen, der Peruaner, der Chinesen, oder so verfeinert, zweckmäßig und exakt wie in einer modernen Armee – immer zeigt sie aufs klarste und unbarmherzigste die für sich seiende Formgesetzlichkeit der Gruppe, dort als neu auftauchende Tendenz, die noch mit anders gerichteten in stetem Kampf und Kompromiß stand, hier in absoluter Durchgesetztheit. Das Überindividuelle der Gruppierung, die völlige Verselbständigung ihrer Form gegenüber jedem Inhalt der Einzelexistenz, lebt nirgends absoluter und nachdrücklicher, als in der Reduktion der Organisationsprinzipien auf rein arithmetische Verhältnisse; und das

Maß der Annäherung an diese, wie es sehr mannigfaltig in den verschiedensten Gruppen auftritt, ist zugleich das Maß, in dem der Gruppierungsgedanke in seiner abstraktesten Form die Individualität seiner Faktoren aufgesogen hat.

4. Endlich knüpfen sich wichtige soziologische Folgen an numerische Bestimmtheit – wenngleich die wirksamen Quantitäten der Elemente je nach den Umständen ganz verschiedene sein können, – gelegentlich eines Typus, den die »Gesellschaft« im Sinne der modernen Geselligkeit exemplifiziert. Wie viel Personen muß man einladen, damit es eine »Gesellschaft« sei? Die qualitativen Beziehungen zwischen Wirt und Gästen entscheiden darüber ersichtlich nicht, und die Einladung von zwei oder drei Personen, die uns völlig formell und innerlich beziehungslos gegenüberstehen, bringt noch keine »Gesellschaft« zustande – während dies doch geschieht, wenn wir etwa die fünfzehn uns nächstbefreundeten Menschen zusammenladen. Die Zahl bleibt immer das Entscheidende, obgleich ihre *Größe* im einzelnen Falle natürlich von der Art und der Enge der Relationen zwischen den Elementen abhängig ist. Die drei Umstände: die Beziehungen des Wirtes zu jedem der Gäste für sich, die der Gäste untereinander, die Art, wie jeder Teilnehmer alle diese Beziehungen subjektiv empfindet – bilden die Basis, auf der nun die Teilnehmerzahl entscheidet, ob eine Gesellschaft oder ein bloßes Beisammensein – freundschaftlicher oder sachlich-zweckbestimmter Art – vorliegt. Es bringt hier also jedesmal eine numerische Modifikation einen sehr sicher empfundenen Umschlag in eine ganz besondere soziologische Kategorie hervor – so wenig das Maß dieser Modifikation mit unseren psychologischen Mitteln festzulegen ist. Aber wenigstens die qualitativ-soziologischen Folgen der quantitativen Veranlassung sind einigermaßen beschreibbar. [...]

Die numerisch einfachsten Gestaltungen, die überhaupt noch als soziale Wechselwirkungen bezeichnet werden können, scheinen sich zwischen je zwei Elementen zu ergeben. Dennoch gibt es ein äußerlich angesehen noch einfacheres Gebilde, das unter soziologische Kategorien gehört; nämlich – so paradox und eigentlich widerspruchsvoll es scheint – den isolierten Einzelmenschen. Tatsächlich sind indes die Prozesse, die die Zweizahl der Elemente gestalten, oft einfacher, als die für die soziologische Charakterisierung der Einzahl erforderlichen. Es handelt sich für diese letztere hauptsächlich um zwei hierher gehörige Erscheinungen: die

Einsamkeit und die Freiheit. Die bloße Tatsache, daß ein Individuum in keinerlei Wechselwirkung mit andren Individuen steht, ist freilich keine soziologische, aber sie erfüllt auch noch nicht den ganzen Begriff der Einsamkeit. Dieser vielmehr, soweit er betont und innerlich bedeutsam ist, meint keineswegs nur die Abwesenheit jeder Gesellschaft, sondern gerade ihr irgendwie vorgestelltes und dann erst verneintes Dasein. Ihren unzweideutig positiven Sinn erhält die Einsamkeit als Fernwirkung der Gesellschaft – sei es als Nachhallen vergangener oder Antizipation künftiger Beziehungen, sei es als Sehnsucht oder als gewollte Abwendung. Der einsame Mensch ist nicht so charakterisiert, wie wenn er von jeher der einzige Erdbewohner wäre; sondern auch *seinen* Zustand bestimmt die Vergesellschaftung, wenn auch die mit negativem Vorzeichen versehene. Das ganze Glück wie die ganze Bitternis der Einsamkeit sind doch nur verschiedenartige Reaktionen auf sozial erfahrene Einflüsse, sie ist eine Wechselwirkung, aus der das eine Glied nach Ausübung bestimmter Einflüsse real ausgeschieden ist und nur noch ideell im Geiste des andren Subjektes weiter lebt und weiter wirkt. Sehr bezeichnend ist hierfür die bekannte psychologische Tatsache, daß das Einsamkeitsgefühl selten bei wirklichem physischem Alleinsein so entschieden und eindringlich auftritt, wie wenn man sich unter vielen physisch ganz nahen Menschen – in einer Gesellschaft, in der Eisenbahn, im großstädtischen Straßengewühl – fremd und beziehungslos weiß. Es ist für die Konfiguration einer Gruppe durchaus wesentlich, ob sie so beschaffene Einsamkeiten in ihrer Mitte begünstigt oder überhaupt ermöglicht. Enge und intime Gemeinschaften gestatten oft keine derartigen, gleichsam luftleeren Interzellularräume in ihrer Struktur. Wie man aber von einem sozialen Defizit spricht, das sich in bestimmten Proportionen zu den gesellschaftlichen Bedingungen erzeugt: die antisozialen Erscheinungen der Verkümmerten, der Verbrecher, der Prostituierten, der Selbstmörder – so erzeugt eine gegebene Quantität und Qualität des gesellschaftlichen Lebens eine gewisse Zahl von zeitweise oder chronisch einsamen Existenzen, die nur freilich die Statistik nicht so wie jene zahlenmäßig feststellen kann. In anderer Weise wird die Einsamkeit soziologisch bedeutsam, sobald sie nicht mehr aus einer in einem Individuum sich abspielenden Beziehung zwischen ihm und einer bestimmten Gruppe oder dem Gruppenleben im allgemeinen besteht, sondern als Pause oder periodische Differenzierung innerhalb eines und desselben Verhältnisses auftritt. Dies wird an solchen wichtig, die ihrem Grundgedanken nach gerade auf dauernde Verneinung der Einsamkeit gerichtet sind, wie also vor allem die monogamische Ehe. Soweit sich in dem Bau derselben die feinsten innerlichen Nuancen ausdrücken, ist es ein wesentlicher Unterschied, ob Mann und Frau bei dem vollkommenen Glück des Zusammenlebens sich doch noch die Freude an der Einsamkeit bewahrt haben, oder ob ihr Verhältnis niemals durch die Hingabe an diese unterbrochen wird – sei es, weil die Gewöhnung des Zusammenseins ihr den Reiz genommen hat, sei es, weil ein Mangel an innerer Sicherheit der Liebe derartige Unterbrechungen als Treulosigkeiten oder, schlimmer, als *Gefahren* für die Treue fürchten läßt. So ist also die Einsamkeit, scheinbar eine auf das Einzelsubjekt beschränkte, in der Verneinung der Sozialität bestehende Erscheinung, doch von sehr positiv-soziologischer Bedeutung: nicht nur von der Seite des Subjektes her, in dem sie als bewußte Empfindung ein ganz bestimmtes Verhältnis zur Gesellschaft darstellt, sondern auch durch die entschiedene Charakteristik, die ihr Vorkommen als Ursache wie als Wirkung sowohl umfänglichen Gruppen wie intimsten Verhältnissen verleiht.

Auch die Freiheit hat unter der Vielheit ihrer soziologischen Bedeutungen eine hierher gehörige Seite. Auch sie erscheint zunächst als die bloße Verneinung gesellschaftlicher Verbindung; denn jede Verbindung ist eine Bindung. Der Freie bildet eben nicht mit andren zusammen eine Einheit, sondern ist eine solche für sich selbst. Nun mag es eine Freiheit geben, die in dieser bloßen Beziehungslosigkeit, in der bloßen Abwesenheit jeder Beschränkung durch andre Wesen besteht: ein christlicher oder indischer Eremit, ein einsamer Siedler im germanischen oder amerikanischen Walde mag eine Freiheit in dem Sinne genießen, daß seine Existenz durchgehends von andren als sozialen Inhalten ausgefüllt ist, ebenso etwa ein Kollektivgebilde, eine Hausgemeinschaft oder ein Staatswesen, das völlig inselhaft existiert, ohne Nachbarn und ohne Beziehung zu andren Gebilden. Für ein Wesen indes, das mit andren in Verbindung steht, hat Freiheit eine viel positivere Bedeutung. Sie ist eine bestimmte Art der Beziehung zu der Umgebung, eine Korrelationserscheinung, die ihren Sinn verliert, wenn kein Gegenpart da ist. [...]

Da es nun so oft vielgliedrige und indirekte Konnexe sind, durch die Bestimmungen wie Einsamkeit und Freiheit dennoch als soziologische Beziehungsformen bestehen – so bleibt eben die *methodisch* einfachste soziologische Formation die zwischen *zwei* Elementen wirksame. Sie gibt das Schema, den Keim und das Material für unzählige mehrgliedrige ab, obgleich ihre soziologische Bedeutung keineswegs nur auf ihren Ausdehnungen und Vermannigfaltigungen beruht. Vielmehr ist sie selbst schon eine Vergesellschaftung, an der nicht nur viele Formen einer solchen überhaupt sich sehr rein und charakteristisch verwirklichen, sondern die Beschränkung auf die Zweizahl der Elemente ist sogar die Bedingung, unter der allein eine Reihe von Beziehungsformen hervortreten. Das typisch soziologische Wesen derselben offenbart sich dann daran, daß nicht nur die größte Vielfältigkeit der Individualitäten und der vereinigenden Motive die Gleichheit dieser Formungen nicht alteriert, sondern daß eben diese sich gelegentlich ebenso zwischen je zwei Gruppen – Familien, Staaten, Verbindungen verschiedener Art – wie zwischen je zwei Einzelpersonen ergeben.

Die besondre Charakterisierung eines Verhältnisses durch die Zweizahl der Teilnehmer zeigen ganz alltägliche Erfahrungen: wie ganz anders ein gemeinsames Los, ein Unternehmen, ein Einverständnis, ein geteiltes Geheimnis zweier jeden der Teilnehmer bindet, als wenn auch nur drei daran teilhaben. Vielleicht ist dies für das Geheimnis am charakteristischsten, indem die allgemeine Erfahrung zu zeigen scheint, daß dieses Minimum, mit dem das Geheimnis die Grenze des Fürsichseins überschreitet, zugleich das Maximum ist, mit dem seine Bewahrung einigermaßen gesichert ist. [...]

Diese Abhängigkeit der Zweiergruppen von der reinen Individualität des einzelnen Gliedes läßt die Vorstellung ihrer Existenz in näherer und fühlbarerer Weise von der ihres Endes begleitet sein, als es bei andern Vereinigungen der Fall ist, von denen jegliches Mitglied weiß, daß sie nach seinem Ausscheiden oder seinem Tode weiterexistieren können. Wie nun das Leben des Individuums durch seine Vorstellung von seinem Tode in bestimmter Weise gefärbt wird, so auch das Leben der Vereinigungen. Unter »Vorstellung« ist hier nicht nur der theoretische, bewußte Gedanke verstanden, sondern ein Teil oder eine Modifikation unsres Seins. Der Tod steht nicht wie ein Schicksal vor uns, das in irgendeinem Augenblick eintreten wird, vorher aber nur als Idee oder Prophezeiung, als Furcht oder Hoffnung da ist, ohne in die

Realität dieses Lebens bis zu ihm hin einzugreifen. Sondern, daß wir sterben werden, ist eine von vornherein dem Leben einwohnende Qualität, in all unsrer lebendigen Wirklichkeit *ist* etwas, was nachher als unser Tod nur seine letzte Phase oder Offenbarung findet: wir *sind*, von unsrer Geburt an, solche, die sterben werden. Freilich sind wir es auf verschiedene Weise; nicht nur in der Art, wie wir subjektiv diese Beschaffenheit und ihren Schlußeffekt vorstellen und auf ihn reagieren, ist verschieden, sondern die Art, wie sich dieses Element unsres Seins mit dessen andren Elementen verwebt, ist von äußerster Mannigfaltigkeit. Und so ist es mit den Gruppen. Jede vielgliedrige Gruppe kann ihrer Idee nach unsterblich sein und dies gibt jedem ihrer Mitglieder als solchem, mag es im Persönlichen zum Tode stehen wie es will, ein ganz bestimmtes soziologisches Gefühl. Daß aber eine Vereinigung von zweien zwar nicht ihrem Leben nach, aber ihrem Tode nach von jedem ihrer Elemente für sich allein abhängt – denn zu ihrem Leben bedarf sie des zweiten, aber nicht zu ihrem Tode –, das muß die innere Gesamtattitude des einzelnen zu ihr, wenn auch nicht immer bewußt und nicht immer gleichmäßig, mitbestimmen. Es muß diesen Verbindungen für das Gefühl einen Ton von Gefährdung und von Unersetzlichkeit geben, der sie zu dem eigentlichen Ort einerseits einer echten soziologischen Tragik, andrerseits einer Sentimentalität und elegischen Problematik macht. [...]

Daß das soziologische Geschehen so innerhalb des personalen Aufeinander-Angewiesenseins verbleibt, ohne zur Bildung eines, die Elemente überwachsenden Ganzen aus ihnen vorzuschreiten – wie es eben prinzipiell bei den Zweiergruppen vorliegt –, ist weiterhin die Basis der »Intimität«. Diese Charakteristik eines Verhältnisses scheint mir auf die zunächst individuelle Neigung zurückzugehen: daß der Mensch gern dasjenige, was ihn von andern unterscheidet, das qualitativ Individuelle, als den Kern, Wert und Hauptsache seiner Existenz ansieht – eine keineswegs immer gerechtfertigte Voraussetzung, da an vielen umgekehrt gerade das Typische, das mit vielen Geteilte ihr Wesentliches und die Wertsubstanz ihrer Persönlichkeit ist. Dies nun wiederholt sich an Vereinigungen. Auch ihnen liegt es nahe, das ganz Spezifische ihrer Inhalte, das ihre Teilnehmer nur miteinander, aber mit niemandem außerhalb dieser Gemeinschaft teilen, zum Zentrum und zur eigentlichen Erfüllung dieser Gemeinschaft werden zu lassen.

Dies ist die Form der Intimität. Wohl in jedem Verhältnis mischen sich irgendwelche Bestandteile, die seine Träger eben nur in dieses und in kein andres hineingeben, mit solchen, die nicht gerade diesem Verhältnis eigen sind, sondern die das Individuum in gleicher oder ähnlicher Weise auch noch mit anderen Personen teilt. Sobald nun jenes erste, die Binnenseite des Verhältnisses, als dessen Wesentliches empfunden wird, sobald seine gefühlsmäßige Struktur es auf dasjenige stellt, was jeder nur diesem einzigen andern und niemandem sonst gibt oder zeigt – so ist die eigentümliche Färbung gegeben, die man Intimität nennt. Es ist nicht der Inhalt des Verhältnisses, auf dem diese ruht. Zwei Verhältnisse mögen in bezug auf die Mischung der individuell-exklusiven und der auch nach andern Seiten hin ausstrahlenden Inhalte ganz gleich stehen: *intim* ist nur dasjenige von ihnen, in dem die ersteren als die Träger oder als die Achse des Verhältnisses erscheinen. Wenn umgekehrt gewisse äußere oder Stimmungslagen uns relativ fremden Menschen gegenüber zu sehr persönlichen Äußerungen und Konfessionen, wie sie sonst nur dem Nächsten vorbehalten sind, veranlassen, so fühlen wir hier dennoch, daß dieser »intime« *Inhalt* der Beziehung sie noch nicht zu einer intimen macht, denn unser Gesamtverhältnis zu eben diesen Menschen ruht in seiner Substanz und seinem Sinn doch nur auf seinen allgemeinen, unindividuellen Bestandteilen und jener, zwar sonst vielleicht niemals offenbarte, ihm ausschließlich eigene Inhalt läßt dennoch das Verhältnis, weil er nicht zur Basis seiner Form wird, außerhalb der Intimität. Daß dies das Wesen der Intimität ist, macht sie so häufig zu einer Gefahr für enge Zweierverbindungen, vielleicht am meisten für die Ehe. Daß die Gatten die gleichgültigen »Intimitäten« des Tages, die Liebenswürdigkeiten oder Unliebenswürdigkeiten der Stunde, die allen andern sorgfältig verborgenen Schwächen teilen – das legt es nahe, den Akzent und die Substanz des Verhältnisses gerade in dieses zwar völlig Individuelle, sachlich aber doch ganz Irrelevante zu verlegen, und dasjenige, was man auch mit andern teilt, und was vielleicht das Wichtigste der Persönlichkeiten ist, das Geistige, Großzügige, den allgemeinen Interessen Zugewandte, Objektive – als eigentlich außerhalb der Ehe liegend zu betrachten, es allmählich aus ihr herauszuschieben.

Nun liegt es auf der Hand, wie sehr der Intimitätszug der Zweierverbindungen mit ihrem soziologischen Spezifikum zusammenhängt, keine höhere Einheit über ihre individuellen Elemente hinaus zu bilden. Denn diese Einheit, so sehr ihre konkreten Träger eben nur jene beiden sind, wäre doch gewissermaßen ein drittes, das sich irgendwie zwischen sie drängen kann. Je umfänglicher eine Gemeinschaft ist, desto leichter bildet sich einerseits eine objektive Einheit über den Einzelnen, und desto unintimer wird sie andrerseits; diese beiden Züge sind innerlich verbunden. Daß man in einem Verhältnis eben nur den andern sich gegenübersieht, und nicht zugleich ein objektives, überindividuelles Gebilde als bestehend und wirksam fühlt, – das ist schon in Verhältnissen zu dreien selten in voller Reinheit wirklich, und ist doch die Bedingung der Intimität. Daß so ein Drittes, das aus den beiden Subjekten einer Vereinigung selbst herausgewachsen ist, deren intimsten Sinn unterbricht, ist für die feinere Struktur der Gruppierungen zu zweien bezeichnend; und es gilt so prinzipiell, daß selbst die Ehe, sobald sie zu einem Kinde geführt hat, ihm manchmal unterliegt. [...]

Wo drei Elemente A, B, C eine Gemeinschaft bilden, kommt zu der unmittelbaren Beziehung, die z. B. zwischen A und B besteht, die mittelbare hinzu, die sie durch ihr gemeinsames Verhältnis zu C gewinnen. Dies ist eine formal soziologische Bereicherung, außer durch die gerade und kürzeste Linie werden hier je zwei Elemente auch noch durch eine gebrochene verbunden; Punkte, an denen jene keine unmittelbare Berührung finden können, werden durch das dritte Element, das jedem eine andre Seite zukehrt und diese doch in der Einheit seiner Persönlichkeit zusammenschließt, in Wechselwirkung gesetzt; Entzweiungen, die die Beteiligten nicht von sich allein aus wieder einrenken können, werden durch den dritten oder durch ihr Befaßtsein in einem umschließenden Ganzen zurechtgebracht. Allein die direkte Verbindung wird durch die indirekte nicht nur gestärkt, sondern auch gestört. Es gibt kein noch so inniges Verhältnis zwischen dreien, in dem nicht jeder einzelne gelegentlich von den beiden andren als Eindringling empfunden würde, und sei es auch nur durch sein Teilhaben an gewissen Stimmungen, die ihre Konzentriertheit und schamhafte Zartheit nur bei dem unabgelenkten Blick von Auge in Auge entfalten können; jedes sensitive Verbundensein von zweien wird dadurch irritiert, daß es einen Zuschauer hat. Auch kann man bemerken, wie außerordentlich schwer und selten drei Menschen etwa bei einem Museumsbesuch oder vor einer Landschaft in eine wirklich einheitliche Stimmung kommen, die sich unter zweien relativ leicht herstellt. A und B können das ihnen gemeinsame μ betonen und störungslos empfinden, weil das ν, das A nicht mit B teilt, und das ξ, das B nicht mit A teilt, ohne weiteres als individuelle Reserve und wie in einem andern Stockwerk liegend gefühlt wird. Tritt nun aber ein C hinzu, dem mit A das ν und mit B das ξ gemeinsam ist, so ist selbst bei diesem, für die Einheit des Ganzen noch günstigsten Schema doch die Einheitlichkeit der Stimmung prinzipiell unterbunden. Während zwei wirklich *eine* Partei sein können bzw. ganz jenseits der Parteifrage stehen, pflegen in feinsten stimmungsmäßigen Zusammenhängen drei sogleich drei Parteien – zu je zweien – zu bilden und damit das einheitliche Verhältnis des je einen zu dem je andern aufzuheben. Die soziologische Struktur der Verbindung zu zweien wird dadurch bezeichnet, daß beides fehlt: sowohl die verstärkte Verknüpfung durch den dritten bzw. durch einen über beide hinausgreifenden sozialen Rahmen, als auch die Störung und Ablenkung der reinen und unmittelbaren Gegenseitigkeit. Aber in manchen Fällen wird gerade jener Mangel das Verhältnis intensiver und stärker machen, denn in dem Gefühl, ausschließlich aufeinander angewiesen zu sein und zusammenhaltende Kräfte, die nicht die unmittelbare Wechselwirkung entfaltete, von nirgends woher erhoffen zu können, werden manche sonst unentwickelte und aus abgelegeneren psychischen Reservoiren stammende Kräfte der Gemeinschaft lebendig werden, und manche Störungen und Gefährdungen, zu denen man sich im Zutrauen zu dem dritten und einer Gesamtheit verleiten ließe, ängstlicher vermieden werden. Diese Enge, zu der die Verhältnisse zwischen zwei Menschen neigen, ist der Grund, aus dem gerade sie den hauptsächlichen Sitz der Eifersucht bilden. [...]

Daß Verhältnisse zu zweien überhaupt als solche spezifische Züge haben, zeigt nicht nur die Tatsache, daß der Zutritt eines dritten sie ganz abändert, sondern mehr noch die vielfach beobachtete: daß die weitere Ausdehnung auf vier oder mehrere das Wesen der Vereinigung keineswegs noch entsprechend weiter modifiziert. So hat z. B. eine Ehe mit einem Kind einen völlig anderen Charakter als eine kinderlose, während sie sich gegen eine Ehe mit zwei oder mehr Kindern lange nicht mehr so bedeutsam unterscheidet. Freilich ist die Differenz ihres inneren Wesens, die das zweite Kind zuwege bringt, wieder viel erheblicher als die aus dem dritten sich ergebende. Aber dies folgt doch auch der genannten Norm, denn eine Ehe mit einem Kind ist in vielfacher Beziehung ein Verhältnis mit zwei Gliedern: die Eltern als Einheit auf der einen, das Kind auf der andern Seite. Das zweite Kind ist hier tatsächlich nicht nur ein viertes, sondern, soziologisch betrachtet, gleichzeitig auch ein drittes Glied einer Beziehung, das die eigentümlichen Wirkungen eines solchen übt, denn innerhalb der Familie bilden, sobald das eigentliche Kindesalter vorüber ist, viel häufiger die Eltern eine Wirkungseinheit, als die Gesamtheit der Kinder es tut. – Auch auf dem Gebiet der Eheformen ist der entscheidende Unterschied der, ob überhaupt Monogamie herrscht, oder der Mann noch eine zweite Frau hat. Ist das letztere der Fall, so ist die dritte oder zwanzigste Frau für die Struktur der Ehe relativ ohne Bedeutung. Innerhalb der damit gezogenen Grenze ist freilich auch hier der Schritt zur zweiten Frau mindestens nach *einer* Richtung hin folgenreicher als der zu einer noch größeren Zahl. Denn gerade die Zweizahl der Frauen kann im Leben des Mannes zu den schärfsten Konflikten und tiefsten Störungen Veranlassung geben, die sich bei jeder höheren überhaupt nicht erheben. Denn mit dieser setzt eine so gründliche Deklassierung und Entindividualisierung der Frauen ein, eine so entschiedene Reduktion der Beziehung auf ihre sinnliche Seite (da jede geistigere auch immer individuellerer Natur ist) – daß es im allgemeinen zu jenen tieferen Erschütterungen für den Mann nicht kommen wird, die gerade und nur aus einem Doppelverhältnis fließen können. [...]

Im Übergange zu den besonderen Formungen der Dreizahl von Elementen ist die Verschiedenheit der Gruppencharaktere hervorzuheben, die ihre Teilung in zwei oder in drei hauptsächliche Parteien erzeugt. Erregte Zeiten pflegen das ganze öffentliche Leben unter das Motto: wer nicht für mich ist, der ist gegen mich – zu stellen. Die Folge muß eine Aufteilung der Elemente in zwei Parteien sein. Alle Interessen, Überzeugungen, Impulse, die uns überhaupt in ein positives oder negatives Verhältnis zu anderen setzen, unterscheiden sich danach, inwieweit jener Grundsatz für sie gilt, und lassen sich in eine Reihe gliedern, anhebend von dem radikalen Ausschluß aller Vermittlungen und Unparteilichkeiten bis zu der Toleranz für den entgegengesetzten Standpunkt als einen ebenfalls berechtigten und bis zu einer ganzen Skala von *mehr oder weniger* mit dem eigenen übereinstimmenden Standpunkten. Jeder Entschluß, der zu dem engeren und weiteren uns umgebenden Kreise eine Beziehung hat, der uns eine Stellung in diesen bestimmt, der eine innere oder äußere Kooperation, ein Wohlwollen oder ein bloßes Gewährenlassen, ein Sich-Herausheben oder eine Gefährdung einschließt – jeder solche Entschluß hat eine bestimmte Stufe auf jener Skala inne; jeder legt eine ideelle Linie um uns, die jeden anderen entweder mit Entschiedenheit ein- oder ausschließt, oder Lücken hat, an denen die Frage des Ein- oder Ausschlusses nicht gestellt wird, oder die so geführt ist, daß sie eine bloße Berührung oder ein bloß teilweises Einbeziehen und teilweises Draußenlassen ermöglicht. Ob und mit welcher Entschiedenheit die Frage des: für mich oder wider mich? – erhoben wird, darüber entscheidet keineswegs nur die logische Strenge ihres Inhaltes, ja nicht einmal die Leidenschaft, mit der die Seele auf diesem Inhalte besteht, sondern ebenso auch das Verhältnis des Fragenden zu seinem sozialen Kreise. Je enger und solidarischer dieses ist, je weniger das Subjekt mit anderen als ganz gleich gestimmten Genossen koexistieren kann, und je mehr ein ideeller Anspruch die Gesamtheit aller letzteren als eine Einheit zusammenfaßt – um so kompromißloser wird ein jeder vor die Frage des Für oder Wider gestellt werden. Der Radikalismus, mit dem Jesus diese Entscheidung formuliert, ruht auf einem unendlich starken Gefühl der einheitlichen Zusammengehörigkeit aller derer, an die seine Botschaft gekommen ist. Daß es dieser gegenüber nicht nur ein bloßes Annehmen oder Ablehnen, sondern sogar nur ein Annehmen oder Bekämpfen gibt – das ist der stärkste Ausdruck für die unbedingte Einheit der Dazugehörigen und das unbedingte Draußenbleiben der nicht Dazugehörigen: der Kampf, das Wider-mich-sein, ist immer noch eine entschiedene *Beziehung*, verkündet noch eine stärkere innerliche, wenngleich pervers gewordene Einheit, als das indifferente Danebenstehen und das vermittelnde Halb-und-halb-tum. Dieses soziologische Grundgefühl also wird zu einer Zerlegung des ganzen Komplexes von Elementen in *zwei* Parteien treiben. Wo dagegen jenes leidenschaftliche Umfassungsgefühl dem Ganzen gegenüber fehlt, das jeden in ein positives Verhältnis – der Annahme oder der Bekämpfung – zu der auftretenden Idee oder Forderung zwingt; wo jede Teilgruppe sich im wesentlichen mit ihrer Existenz als Teilgruppe begnügt, ohne im Ernst die Forderung auf Einschluß der Gesamtheit zu stellen – da ist der Boden für eine Mehrheit von Parteibildungen gegeben, für Toleranz, für Mittelparteien, für eine Skala allmählich abgestufter Änderungen. Daß Epochen, wo die großen Massen in Bewegung gesetzt sind, den Dualismus der Parteien nahelegen, den Indifferentismus ausschließen und den Einfluß der Mittelparteien herabsetzen – wird aus dem Radikalismus verständlich, der uns vorhin als der Charakter der Massenbewegungen erschien. Die *Einfachheit* der Ideen, von denen diese gelenkt werden, drängt auf ein entschiedenes Ja oder Nein[2].

Diese radikale Entschiedenheit in den Bewegungen der Masse verhindert durchaus nicht ihr totales Umschlagen von einem ihrer Extreme in das andre; ja, es ist nicht schwer zu begreifen, daß dies sogar auf ganz unverhältnismäßige Geringfügigkeiten hin geschieht. Irgendeine Veranlassung X, die der Stimmung a entspricht, treffe eine zusammenbefindliche Masse. In dieser befinden sich eine Anzahl Individuen oder auch nur ein einziges, dessen Temperament und natürliche Leidenschaftlichkeit nach a zu neigen. Dieses wird von X in lebhafte Erregung versetzt, es ist Wasser auf seine Mühle und es übernimmt begreiflich die Führung in der durch X schon in irgendeinem Maße nach a hin disponierten Masse, die ihm in seiner durch das Temperament die Veranlassung exaggerierenden Stimmung folgt, während die Individuen, die von Natur zur Stimmung b, dem Gegenteil von a, disponiert sind, angesichts von X den Mund halten. Tritt nun irgendein Y ein, das b rechtfertigt, so müssen jene ersteren schweigen, und das Spiel wiederholt sich nach der Richtung von b hin mit derselben Übertreibung; sie stammt eben daher, daß in jeder Masse Individuen vorhanden sind, deren Naturell zu extremer Ausbildung der je angeregten Stimmung neigt, und daß diese, als die momentan stärksten und eindrucksvollsten, die Masse in der Richtung ihrer Stimmung mit sich reißen, während die entgegengesetzt disponierten sich während dieser Bewegung, die ihnen und dem Ganzen keine Anregung nach ihrer Richtung gibt, passiv

2 Durch die ganze Geschichte hindurch gehen die demokratischen Tendenzen, insoweit sie die großen Massenbewegungen leiten, auf *einfache* Maßregeln, Gesetze, Prinzipien; der Demokratie sind alle komplizierten, mit vielseitigen Erwägungen durchsetzten, die verschiedenartigen Standpunkte berücksichtigenden Praktiken antipathisch, während die Aristokratie umgekehrt allgemeine und zwingende Grundgesetze zu perhorreszieren und die Besonderheiten der individuellen Elemente – personaler, lokaler, sachlicher Art – zu ihrem Recht zu bringen pflegt.

verhalten. Ganz prinzipiell ausgedrückt, ist es die Veranlassung des formalen und seinen Inhalt leicht wechselnden Radikalismus der Masse, daß sich aus ihren nach verschiedenen Richtungen hin disponierten Elementen nicht eine Resultante, eine mittlere Linie ergibt, sondern daß ein momentanes Übergewicht der einen Richtung die Vertreter der andren auch gleich *gänzlich* zum Schweigen zu bringen pflegt, statt daß sie die Massenaktion proportional mitbestimmen, so daß für jede jeweilig zu Worte gekommene Richtung gar keine Hemmung, ihr Extrem zu erreichen, besteht. Den fundamentalen, praktischen Problemen gegenüber gibt es in der Regel nur zwei *einfache* Standpunkte, während es der gemischten und also vermittelnden unzählige geben mag. Ebenso wird überhaupt jede *lebhafte* Bewegung innerhalb einer Gruppe – von der familiären durch alle Interessengemeinschaften hindurch bis zur politischen – zu deren Sonderung in einen reinlichen Dualismus disponieren. Das erhöhte Tempo in der Abwicklung von Interessen, in dem Durchlaufen von Entwicklungsstadien drängt immer auf entschiedenere Entscheidungen und Scheidungen. Alle Vermittlungen brauchen Zeit und Muße; ruhige und stagnierende Epochen, in denen die Lebensfragen nicht aufgerüht werden, sondern unter der Regelmäßigkeit der Tagesinteressen überdeckt bleiben, lassen leicht unmerkliche Übergänge entstehen und geben einem Indifferentismus der Persönlichkeiten Raum, die eine lebhaftere Strömung in den Gegensatz der Hauptparteien hineinreißen müßte. Der typische Unterschied der soziologischen Konstellation bleibt dabei immer der der zwei oder der drei Hauptparteien. In die Funktion des Dritten, zwischen zwei Extremen zu vermitteln, können sich mehrere in abgestuften Graden teilen; hier liegt sozusagen nur eine Verbreiterung oder auch Verfeinerung in der technischen Ausgestaltung des Prinzips vor. Dieses selbst, der die Konfiguration innerlich entscheidende Umschlag, realisiert sich immer schon durch den Hinzutritt der *dritten* Partei.

Die Rolle, die der Dritte spielt, und die Konfigurationen, die sich zwischen *drei* sozialen Elementen ergeben, sind hiermit schon großenteils angedeutet. Die Zwei stellte, wie die erste Synthese und Vereinheitlichung, so auch die erste Scheidung und Antithese dar; das Auftreten des Dritten bedeutet Übergang, Versöhnung, Verlassen des absoluten Gegensatzes – freilich gelegentlich auch die Stiftung eines solchen. [...]

VI. Individualität und Gesellschaft

Individualismus
(1917)

Ein italienischer Chronist der Frührenaissance erzählt, es habe damals einige Jahre lang in Florenz keine eigentliche Mode der männlichen Kleidung gegeben, da ein jeder sich auf eine besondere, nur ihm eigene Weise zu tragen wünschte. Höchst bezeichnend ist dies für eine Zeit, die sich eben aus den bindenden Gemeinschaftsformen des Mittelalters zu lösen begann und in der der einzelne sich gar nicht selbständig, charakteristisch, ausgezeichnet genug glaubte darstellen zu können. Dennoch, wenn man die damaligen Porträts betrachtet, die die Menschen doch im ganzen so zeigten, wie sie gesehen sein wollten, und die Art, in der sie in der Literatur auftreten, so ist eine gewisse Gleichheit ihres Stiles unverkennlich. Wie die Formen gesehen sind, wie die Einzelheiten zum Eindruck des Ganzen zusammenwirken, die ganze Haltung und die Gebärden – alles dies verkündet eine Gemeinsamkeit von Lebensgefühl und Gesinnung, die wie eine allgemeine Atmosphäre jene leidenschaftlich betonten Individualisierungen umgibt, durchdringt, formt. Ja, sie bewirkt, dieser Individualisierung zum Trotz, daß der einzelne doch schließlich sich als Träger eines Typus darstellt, eines mehr oder weniger allgemeinen Charakters oder Temperamentes. In dem romanischen Wesen liegt – hierin dem klassisch griechischen verwandt – ein fundamentales Streben nach dem Allgemeinen, nach dem Typus. Mit dem »Allgemeinen« ist hier nicht eine Kollektivität gemeint, ein praktischer Zusammenschluß zu einem umfassenden Gebilde, ein Sich-Aneinander-Fügen, um ein höheres Ganzes real entstehen zu lassen. Sondern es ist das dem Begriffe verwandte Allgemeine, eine Form oder ein Gesetz, das eine unbegrenzbare Zahl von Einzelexistenzen bestimmt und von dem eine jede solche durch Natur wie durch Willen gewissermaßen der Repräsentant ist. Innerhalb der Schranken dieser Voraussetzung wird alle Freiheit, Unterscheidung, Ausgezeichnetheit gesucht, ja die letztere ist eigentlich nichts anderes als die besonders reine und starke Ausprägung von typischen, benennbaren Zügen.

Alles, was wir Individualität nennen, mag es als Sein, als Empfindung, als Sehnsucht auftreten, geht auf ein nicht weiter ableitbares Verhalten oder auf einen Urtrieb zurück, für den in der untermenschlichen Natur kein Ansatzpunkt auffindbar erscheint. Immer bedeutet sie auf der einen Seite ein Verhältnis zur – größeren oder kleineren – Welt, ein praktisches oder ideelles, ein ablehnendes oder aneignendes, ein herrschendes oder dienendes, ein gleichgültiges oder leidenschaftliches; andererseits aber besagt sie, daß dieses Wesen eine Welt für sich ist, in sich selbst zentriert, irgendwie in sich selbst geschlossen und selbstgenügsam. In diese Doppelheit versetzt die irdische Existenz jedes geistige Wesen, das man überhaupt als »eines« bezeichnen kann: es ist nach seinem Inhalt oder seiner Form etwas für sich, eine Einheit, es hat ein irgendwie in sich ruhendes Sein oder Sinn oder Zweck, und es ist zugleich ein Teil von einem oder von mehreren Ganzen, es steht in einem Verhältnis zu etwas außerhalb seiner, einem Umfassenden, einer über es hinausragenden Totalität. Es ist immer Glied und Körper, Partei und Ganzes, Vollkommenes und Ergänzungsbedürftiges. Individualität nennen wir die Form, in der diese Doppelbedeutung der menschlichen Existenz sich zur Einheit zu bringen vermag oder versucht. Mit einer großen Mannigfaltigkeit von Graden und von Akzentuierungen mag dies geschehen. Das Bewußtsein kann sich vollkommen auf das eigene, sich in sich rundende Sein legen und sich gegen die »Welt« sozusagen überhaupt nicht irgendwie »verhalten«. Oder der Mensch kann den Sinn seines Individuell-Seins in der Vergleichung mit anderen, in der Überordnung oder Gleichstellung, in der Einfügung oder dem Dienst an einem übergreifenden Ganzen sehen. So unsäglich verschiebbar, durch Übergewicht oder Gleichgewicht bezeichnet, in Harmonie oder tragisch zerstörerisch, beide Elemente des Begriffs sich treffen mögen – immer bedeutet die undefinierbare Lebensbestimmtheit, die wir Individualität nennen, daß ein Wesen beide in Eins zusammenlebt: die innere Zentriertheit, Eigenweltlichkeit, das sich genügende Selbst-Sein – und das positive oder negative, sich angleichende oder sich abhebende Verhältnis zu einem Ganzen, dem das Wesen zugehört.

Zu der angedeuteten Art nun, wie der romanische Geist in der Renaissance seinen Begriff der Individualität ausgebildet hat, stellt sich deren Wirklichkeit und Ideal, wie beides sich im germanischen Geiste formt, in völligen Gegensatz. Nicht als ob die klassisch-romanische Form nicht auch für nordische Menschen Glaube und Leidenschaft geworden wäre. Alles aber, was hier als unser Eigenes ausgebildet ist, was auf unserem Boden – gleichviel in welcher Reinheit und in wie vielen Exemplaren – gewachsen ist, trägt eben den anderen Charakter. Wie Rembrandt seine Menschen hinstellt – Seele zu Leib und Leib zu Seele geworden –, die Gestaltung und Sehnsucht in den Tiefen Beethovenscher Musik, die Idee des menschlichen Wesens bei Herder und Schleiermacher, die Bilder der Existenz, die uns aus Walther von der Vogelweide wie aus den deutschen Romantikern, aber auch aus Kierkegaard und aus vielem bei Ibsen und Selma Lagerlöf ansehn – von all diesem weiß keines etwas von jener Bindung an ein Formgesetz, an einen Stil, der, als ein allgemeiner, es durchdränge und von dem es nur Beispiel wäre. An den Jünglingen des Parthenonfrieses wie an der Sophoklesstatue, an den Gestalten von Leonardos Abendmahl wie an denen des klassischen französischen Dramas, an den Menschen Tizians oder Balzacs spüren wir die Zugehörigkeit zu einer jeweils bestimmten allgemeinen Art Mensch – obgleich die Sprache diese Art vielleicht überhaupt nicht oder nur mit den gröbsten Begriffen beschreiben kann. Jeder dieser Menschen ist gewissermaßen von einer allgemeineren ideellen Sphäre umgeben, als deren augenblickliche Substanzwerdung, Kristallisation, er erscheint. Der Individualismus, der Trieb zur Absonderung, Sich-Selbst-Genügen, Sich-Heraus-Heben gilt hier im letzten Grunde nicht dem isolierten Wesen, sondern dem Typus Mensch, für den dieses Wesen Spitze, Vertretung, Verdeutlichung ist. Daher konnte diese Weise, den Menschen zu sehen und zu bilden, viel weitere Menschheitskreise ergreifen, viel mehr europäisches Kulturideal werden, als der germanische Individualismus, der am Menschen den Punkt seiner Einzigkeit sucht – im tiefsten Grunde gleichgültig, ob damit ein möglicher Typus dargestellt wird oder ob ein solches Wesen auch im numerischen Sinne »nur einmal« in der Welt sein kann.

Diese Gleichgültigkeit ist es, die den germanischen Individualismus von jenem Florentinischen scheidet, von dem der Anfang dieser Zeilen eine charakteristische Erscheinung erzählte. Jene Renaissancemenschen wollten eben etwas ganz Singuläres sein, gerade wie Jahrhunderte später noch Bernini in seinen Porträtbüsten ausdrücklich grade das am Menschen herausstellen wollte, »was die Natur keinem andern als grade ihm gegeben hat« – obgleich, ebenso für den Italiener bezeichnend, wie ihm selbst unbewußt, jede einzelne auf eine durchaus typische Formgebung und Repräsentation eines Allgemeineren hin orientiert ist. Niemals hätte Rembrandt dem Individualismus, für dessen germanische Form er der Stimmführer ist, jenes Ziel gesteckt; ihm hätte dieser Begriff nur bedeutet, daß das Leben des Menschen aus seinem für sich bestehenden, für sich verantwortlichen Wurzelpunkt entwickelt wird, unbekümmert darum, wie viele solcher Wurzeln etwa noch daneben die gleiche Erscheinung hervorgetrieben haben. Der im romanischen Sinne individualisierte Mensch mag seine Selbstgenugsamkeit, Eigenheit, Weltfremdheit, noch so betonen – immer empfindet man noch ein Generelles, das gleichsam durch ihn hindurchleuchtet und über das hin man sich ihm nähern kann: das Klare, Geformte, gewissermaßen Rationalistische des romanischen Menschen, dessen Unheimlichkeiten und Verschlossenheiten selbst, auch wo man ihren Inhalt nicht durchdringt, als Unheimlichkeiten und Verschlossenheiten offenbar sind. Zu dem germanischen Menschen aber fehlt diese Brücke, man muß den Weg zu ihm unmittelbar von ihm selbst her nehmen, sonst verfehlt man ihn. Jenes Doppelverhältnis, mit dem sich das Individuum als solches konstituiert, stellt sich für ihn so, daß er zwar einem Gesetz, einem Ganzen völlig gehorchen mag, d. h. sein Wesen einem Höheren unterstellt und einfügt, dieses Wesen selbst aber ausschließlich durch sich selbst werden läßt. Er verdankt sich vielleicht dem Kosmos, vielleicht der Gesellschaft, vielleicht der göttlichen Ordnung, aber jedenfalls nicht einer Idee, deren Wesen es sei, auch noch andere in unbegrenzbarer Zahl zu umfassen. Jener Individualismus des Renaissancemenschen war ein soziologischer, in dem Anders-Sein, dem Sich-Abheben bestehender; er bedarf der Vergleichung und setzt grade darum ein Allgemeines, Normgebendes, außerhalb der Individuen Stehendes voraus, an dem ihre Besonderheit sich messe.

Nun ist diese Scheidung selbstverständlich kein Schema, in das man jede einzelne Erscheinung mit scharfem Entweder-Oder einstellen könnte. Sie bezeichnet nur die reinen, begrifflich isolierten Formen der Individualität, die Extreme, die die Wirklichkeit nie in dieser Unbedingtheit zeigt, zwischen denen sie sich vielmehr in unzähligen Abstufungen und Mischungen bewegt. Grade der deutsche Geist hat seinen Berührungen mit der klassischen und der italienischen Welt eine Sehnsucht und eine Hinbildung nach der anderen Form des Individualismus entlehnt, die ihm oft genug ebenso zur Bereicherung wie zum verhängnisvollen Dualismus geworden sind. Man kann keine tiefer deutsche Natur denken wie Kant. Den absoluten und einzigen Wert des Menschen stellte er, wie in ungeheurer Einsamkeit, auf das schlechthin eigene sittliche Gewissen der Persönlichkeit, in das weder ein göttliches Gebot noch das eigne Glück, weder die Meinung eines anderen noch eine geschichtliche Lage das geringste hineinzureden hätten. Auf die Frage aber, was denn die Gestalt und Entscheidung dieser Pflichtbewußtheit, dieser ethischen Selbstgesetzgebung des Individuums wäre, antwortet er: ihr entspräche nur die Handlungsweise, die sich zugleich als ein allgemeines Gesetz denken ließe, von der man vernünftigerweise wollen könne, daß ein jeder, ohne Unterschied der Person, sie in gleicher Lage gleichartig vollzöge. Hierin aber lebt doch jenes andere Ideal der Individualität, das seine Aussprache in der Unterordnung unter eine für alle gültige Norm, in der Einstellung in einen überpersönlichen Typus findet. Gewiß, dies Gesetz kommt nicht von einer äußeren Gewalt, es biegt die Persönlichkeit nicht um, es ist vielmehr völlig autonom und fließt aus der letzten, unvermischten Wertquelle des Ich. Aber den Lauf dieses Flusses bestimmt dennoch nicht die individuelle Qualität des Menschen, »Gesetz« und »allgemeines Gesetz« gelten hier ohne weiteres als solidarisch; zur Seite geschoben ist die Möglichkeit, daß die besondere Sprache, in der jeder besondere Mensch sich ausdrückt, nicht nur sein Sein, sondern auch sein Sollen verkünde. Wie für Plato etwa die tapfere Handlung ihr letztes Wesen und Wert aus der allgemeinen Idee der Tapferkeit bezieht, nicht aber aus dem singulären Leben des singulären Menschen, dessen Pulsschlag sie ist – so ist auch für Kant die sittengesetzliche Handlung dem allgemeinen Gesetz der Sittlichkeit entnommen, mit ihr wird der Mensch zum Typus des Vernunftmenschen, und daß es ein »individuelles Gesetz« gäbe, das sich ausschließlich aus dem So-Sein dieses Individuums entwickelte (ohne darum im geringsten seine Idealität und Strenge oder die eventuelle Übereinstimmung seines *Inhalts* mit dem allgemeinen einzubüßen) – das verkennt die Kantische Ethik. Die klassisch-romanische Bezauberung durch den allgemeinen Begriff, durch die überindividuelle Typik hat den rein germanischen Begriff der Individualität abgelenkt, der doch auch für Kant letztes Fundament ist: daß der Sinn und Wert der individuellen Existenz schließlich aus ihrer eigenen Wurzel wächst. Aber nur bis zur Ablehnung aller sittlichen Normen, die von außen an diese Individualität herantreten mögen, ist der Individualismus hier vorgedrungen; das Innerliche dieses Individualitätswertes selbst wird wieder einer generalisierenden Idee verhaftet und gewissermaßen erst von seiner Verbreitung ins Allgemeine her wird es als Wert gewonnen.

Es ist schließlich dasselbe Verhängnis, das in das so ganz von dem Kantischen abweichende Lebensbild Goethes einen nie ganz gelösten Zwiespalt bringt. Goethes Jugend war ein ungestümes Werden und Wachsen seines Ich und zugleich eine leidenschaftliche Sehnsucht nach diesem Ich, das immer reiner, mächtiger, gotterfüllter sein sollte; die Bodenkräfte seiner ganz auf sich stehenden Individualität erzeugen sein Sein und sein Schaffen, sein Glück und seine Qualen; so radikal ist sein Individualismus, daß er mit achtzehn Jahren sich bei dem Gedanken empört, er könne einmal Kinder haben, die irgend jemandem ähnlich sähen. Diese echt germanische Passion ist seit der italienischen Reise umgebogen. Nicht der Individualismus überhaupt; denn noch als ganz alter Mann spricht er aus, daß, wie der Mensch von innen heraus leben müsse, so der Künstler unter allen Umständen »immer nur sein Individuum zutage fördern wird«. Aber dieses Individuum war ihm unter dem Einfluß der Klassik und der italienischen Kunst verändert: in den späteren Werken werden die Gestalten, so scharf umrissen und »von innen heraus lebend« sie sein mögen, mehr und mehr zu Typen, nach einem Formgesetz gebildet, das nicht auf ihre Einzigkeit beschränkt ist; jedes Individuum repräsentiert etwas Allgemeines, neben dem zwar andere, mit jenem nicht vermischte Allgemeinheiten stehen – aber in diesem Übereinzelnen, dieser generellen Idee seiner, ruht seine Bedeutung und sein Wert. Er griff zu dieser Art des Individualismus, weil er den seiner Jugend nicht zu Form, anschaulicher Begreiflichkeit, festen Gesetzen bringen konnte; wie die Entwicklung dieses tief deutschen Geistes nun einmal liegt, mußte er die Züge auszuscheiden suchen, die die Schwer-Zugänglichkeit, Schwer-Verständlichkeit des germanischen Wesens begründen. Aber diese Rechnung ging nicht glatt auf. Von so unermeßlicher kultureller Bedeutung es wurde, daß Goethe die deutsche und die klassische Wesensart zu einem ganz neuen Gebilde zusammenschuf, so ging eben doch von der unmittelbaren Kraft des Selbst, von dem ungehinderten Schwung der nur in und durch sich selbst bewegten Seele ein Teil unwiederbringlich verloren. Der Gewinn dieses Verlustes war groß – aber der Verlust dieses Gewinnes war nicht klein. Der

Individualismus seines eigenen Lebens wie seiner Hervorbringungen zeigt, mindestens hier und da, seitdem eine gewisse Spaltung. Gewiß wird er noch immer von innen gespeist. Allein dieses Innen muß zugleich noch etwas Allgemeines tragen oder ein Allgemeines lebt durch das Innen hindurch, es untersteht einem Gesetz, das die individuelle Form aus einem wie auch differenzierten Typus heraus bildet, und aus diesem Typus, nicht aber aus dem Einzigkeitspunkt ihrer Existenz, zieht sie ihre Legitimation.

Es gehört zu dem wunderlichen Schicksal des deutschen Geistes, daß eine Individualitätsform, die gleichberechtigt neben der seinen steht, ihm dauernd zum Verhängnis geworden ist. Unverkennbar ist es viel gefährlicher, viel dunkler, viel verantwortlicher, auf germanische Art als auf klassisch-romanische zu leben. In dem Augenblick, in dem die Triebkraft der Wurzel schwächer, die innere Stimme undeutlicher wird, in dem das verschleierte Gefühl für den kosmischen Wert grade dieses Mit-Sich-Alleinseins und seines Zusammenhanges mit dem Weltgrunde uns irgendwie abhanden kommt – in eben diesem bietet sich die Verlockung jenes anderen Individualismus dar, der der Besonderheit den Rahmen eines generellen Stiles, der Eigenkraft den Rückhalt an einer mindestens ideellen Allgemeinheit gibt, für die dies einzelne Leben ein Beispiel, eine Sichtbarkeit, eine Verdichtung sei. In dieser Form kann das Individuum sein Recht als solches sozusagen rational beweisen, in der germanischen Form kann es dies immer nur durch die Tat, und ist im übrigen auf das einsam in sich kreisende Selbstbewußtsein, Selbstgefühl angewiesen. Wo dem romanischen Individuum die Tat verwehrt ist, bleibt noch immer jene überindividuelle Sphäre als Träger und Umgebung seines Wesens bestehen und läßt – wie wir es oft an energielosen, inhaltlosen Existenzen des Südens spüren – eine einladende Liebenswürdigkeit und zugängige Kultiviertheit an der Stelle aufleuchten, an der wir eigentlich eine Persönlichkeit gesucht haben. Dem Deutschen, der sich nicht durch die Tat – sei es als Schöpfung, sei es als Handlung, sei es als charakteristisches Verhalten – erweisen kann, mangelt solche Ausweitung der Individualität um seinen Kern herum, dieser bleibt wie in einer Schale, aus der der andere, insbesondere der Fremde, ihn nur schwer herauslösen kann. Nicht darum handelt es sich, daß die Deutschen überhaupt »individualistischer« seien als andere Nationen; mag das auf sich beruhen. Sondern darum, daß die europäische Kultur den Begriff des

Individuums, als eine Gleichung zwischen Ich und Welt, bei Romanen ebenso wie bei Germanen hervorgetrieben und damit zwei verschiedene Lösungen dieser Gleichung erzeugt hat. Das deutsche Individuum, auch wo es sich Gesetzen, Formen, Ganzheiten »selbstlos« einordnet und dabei nur sich selbst treu bleibt, ist schließlich doch auf jene Verantwortlichkeit gestellt, die aus dem nur *ihm* eignen Mittelpunkt wächst – während sie im klassischen und romanischen Individualitätsideal gewissermaßen den Brennpunkt bildet, in den ein allgemeiner Stil und ein ideell gemeinsames Formgesetz, der Typus und die überindividuelle Idee dieser Individualität selbst ihre Strahlen: Sinn und tragende Kräfte – zusammenleuchten lassen.

Exkurs über das Problem: Wie ist Gesellschaft möglich? (1908)

Kant konnte die fundamentale Frage seiner Philosophie: Wie ist Natur möglich? – nur stellen und nur beantworten, weil für ihn Natur nichts andres war als die Vorstellung von der Natur. Dies bedeutet nicht etwa nur, daß »die Welt meine Vorstellung ist«, daß wir also auch von Natur nur soweit sprechen können, wie sie ein Inhalt unseres Bewußtseins ist, sondern, was wir Natur nennen, ist eine besondre Art, auf die unser Intellekt die Sinnesempfindungen zusammensetzt, anordnet, formt. Diese »gegebenen« Empfindungen, des Farbigen und Schmeckbaren, der Töne und der Temperaturen, der Widerstände und der Gerüche, die in der zufälligen Folge subjektiven Erlebens unser Bewußtsein durchziehen, sind für sich noch nicht »Natur«, sondern sie werden es durch die Aktivität des Geistes, der sie zu Gegenständen und Reihen derselben, zu Substanzen und Eigenschaften, zu ursächlichen Verknüpftheiten zusammenstellt. Wie uns die Elemente der Welt unmittelbar gegeben sind, besteht nach Kant unter ihnen nicht diejenige *Verbindung*, die allein aus ihnen die verständliche, gesetzmäßige Einheit der Natur macht, oder richtiger: die eben das *Natur*-Sein jener an sich inkohärenten und regellos auftauchenden Weltfragmente bedeutet. So wächst das Kantische Weltbild in dem eigentümlichsten Widerspiel: unsre Sinneseindrücke sind ihm rein subjektiv, da sie von der physisch-psychischen Organisation, die bei andern Wesen eine andre sein könnte, und von der Zufälligkeit ihrer Erregungen abhängen, aber sie werden zu »Objekten«, indem sie von den Formen unsres Intellekts aufgenommen, durch diese zu festen Regelmäßigkeiten und zu einem zusammenhängenden Bild der »Natur« gestaltet werden; andererseits aber sind jene Empfindungen doch das real Gegebene, der unabänderlich hinzunehmende Inhalt der Welt und die Gewähr für ein von uns unabhängiges Sein, so daß nun grade jene intellektuellen Formungen ihrer zu Objekten, Zusammenhängen, Gesetzlichkeiten als subjektiv erscheinen, als das von uns Mitgebrachte gegenüber dem, was wir vom Dasein empfangen, als die

Funktionen des Intellektes selbst, die, selbst unveränderlich, aus einem andern Sinnesmaterial eine inhaltlich andre Natur gebildet hätten. Natur ist für Kant eine bestimmte Art des Erkennens, ein durch unsre Erkenntniskategorien und in ihnen erwachsendes Bild. Die Frage also: wie ist Natur möglich? – d. h. welches sind die Bedingungen, die vorliegen müssen, damit es eine Natur gebe –, löst sich ihm durch die Aufsuchung der Formen, die das Wesen unsres Intellekts ausmachen und damit die Natur als solche zustande bringen.

Es würde naheliegen, die Frage nach den apriorischen Bedingungen, auf Grund deren Gesellschaft möglich ist, in analoger Weise zu behandeln. Denn auch hier sind individuelle Elemente gegeben, die in gewissem Sinn auch immer in ihrem Außereinander bestehen bleiben, wie die Sinnesempfindungen es tun, und ihre Synthese zu der Einheit einer Gesellschaft nur durch einen Bewußtseinsprozeß erfahren, der das individuelle Sein des einzelnen Elementes mit dem des andern in bestimmten Formen nach bestimmten Regeln in Beziehung setzt. Die entscheidende Differenz der Einheit einer Gesellschaft gegen die Natureinheit aber ist diese: daß die letztere – für den hier vorausgesetzten Kantischen Standpunkt – ausschließlich in dem betrachtenden Subjekt zustande kommt, ausschließlich von ihm an und aus den an sich unverbundenen Sinneselementen erzeugt wird; wogegen die gesellschaftliche Einheit von ihren Elementen, da sie bewußt und synthetisch-aktiv sind, ohne weiteres realisiert wird und keines Betrachters bedarf. Jener Satz Kants: Verbindung könne niemals in den Dingen liegen, da sie nur vom Subjekte zustande gebracht wird, gilt für die gesellschaftliche Verbindung nicht, die sich vielmehr tatsächlich in den »Dingen« – welche hier die individuellen Seelen sind – unmittelbar vollzieht. Auch sie bleibt natürlich, als Synthese, etwas rein Seelisches und ohne Parallele mit Raumgebilden und deren Wechselwirkungen. Aber die Vereinheitlichung bedarf hier keines Faktors außerhalb ihrer Elemente, da jedes von diesen die Funktion übt, die dem Äußeren gegenüber die seelische Energie des Beschauers ausführt: das Bewußtsein, mit den andern eine Einheit zu bilden, *ist* hier tatsächlich die ganze zur Frage stehende Einheit. Dies bedeutet natürlich einerseits nicht das abstrakte Bewußtsein des Einheitsbegriffes, sondern die unzähligen singulären Beziehungen, das Gefühl und Wissen um dies Bestimmen und Bestimmtwerden dem andern gegenüber, und schließt andrerseits ebensowenig aus, daß etwa ein beobachtender Dritter außerdem auch noch zwischen den Personen eine nur in ihm begründete Synthese, wie zwischen räumlichen Elementen, vollzieht. Welcher Bezirk des äußerlich-anschaulichen Seins zu einer Einheit zusammenzufassen ist, das ergibt sich nicht aus seinem unmittelbaren und schlechthin objektiven Inhalt, sondern wird durch die Kategorien des Subjekts und von seinen Erkenntnisbedürfnissen her bestimmt. Die Gesellschaft aber ist die objektive, des in ihr nicht mitbegriffenen Beschauers unbedürftige Einheit.

Die Dinge in der Natur sind einerseits weiter auseinander als die Seelen; die Einheit des einen Menschen mit dem andern, die im Verstehen, in der Liebe, im gemeinsamen Werk liegt – zu ihr gibt es in der räumlichen Welt, in der jedes Wesen seinen mit keinem andern teilbaren Raum einnimmt, überhaupt keine Analogie. Andrerseits aber gehen die Stücke des räumlichen Seins in dem Bewußtsein des Beschauers zu einer Einheit zusammen, die nun wieder von dem Zusammen der Individuen nicht erreicht wird. Denn dadurch, daß die Gegenstände der Synthese hier selbständige Wesen, seelische Zentren, personale Einheiten sind, wehren sie sich gegen jenes absolute Zusammengehn in der Seele eines andern Subjektes, dem die »Selbstlosigkeit« der unbeseelten Dinge sich fügen muß. So ist eine Anzahl von Menschen realiter in viel höherem, idealiter aber in viel geringerem Maße eine Einheit, als Tisch, Stühle, Sofa, Teppich und Spiegel »eine Zimmereinrichtung« bilden oder Fluß, Wiese, Bäume, Haus »eine Landschaft« oder auf einem Gemälde »ein Bild« sind. – In ganz andrem Sinne als die äußre Welt ist die Gesellschaft »meine Vorstellung«, d. h. auf die Aktivität des Bewußtseins gestellt. Denn die andre Seele hat für mich eben dieselbe Realität wie ich selbst, eine Realität, die sich von der eines materiellen Dinges sehr unterscheidet. Wenn Kant noch so sehr versichert, daß die räumlichen Objekte genau die gleiche Sicherheit hätten, wie meine eigne Existenz, so können mit der letzteren nur die einzelnen *Inhalte* meines subjektiven Lebens gemeint sein, denn die Grundlage des Vorstellens überhaupt, das Gefühl des seienden Ich hat eine Unbedingtheit und Unerschütterlichkeit, die von keiner einzelnen Vorstellung eines materiellen Äußerlichen erreicht wird. Aber eben diese Sicherheit hat für uns, begründbar oder nicht, auch die Tatsache des Du; und als Ursache oder als Wirkung dieser Sicherheit fühlen wir das Du als etwas von unsrer Vorstellung seiner Unabhängiges, etwas, das genau so für sich ist, wie unsre eigne Existenz. Daß dieses Für-Sich des andern uns nun dennoch nicht verhindert, ihn zu unsrer Vorstellung zu machen, daß etwas, das durchaus nicht in unser Vorstellen aufzulösen ist, dennoch zum Inhalt, also zum Produkt dieses Vorstellens wird – das ist das tiefste, psychologisch-erkenntnistheoretische Schema und Problem der Vergesellschaftung. Innerhalb des eignen Bewußtseins unterscheiden wir sehr genau zwischen der Fundamentalität des Ich, der Voraussetzung alles Vorstellens, die an der nie ganz zu beseitigenden Problematik seiner Inhalte nicht Teil hat – und diesen Inhalten, die sämtlich mit ihrem Kommen und Gehen, ihrer Bezweifelbarkeit und Korrigierbarkeit, sich als bloße Produkte jener absoluten und letzten Kraft und Existenz unsres seelischen Seins überhaupt darstellen. Auf die andre *Seele* aber, obgleich wir sie schließlich doch auch *vorstellen,* müssen wir eben diese Bedingungen oder vielmehr: Unbedingtheiten des eigenen Ich übertragen, sie hat für uns jenes äußerste Realitätsmaß, das unser Selbst seinen Inhalten gegenüber besitzt und von dem wir sicher sind, daß es auch jener andern Seele *ihren* Inhalten gegenüber zukommt. Unter diesen Umständen hat die Frage: wie ist Gesellschaft möglich? – einen völlig andern methodischen Sinn als die: wie ist Natur möglich? Denn auf die letztere antworten die Erkenntnisformen, durch die das Subjekt die Synthese gegebener Elemente zur »Natur« vollzieht, auf die erstere aber die in den Elementen selbst *a priori* gelegenen Bedingungen, durch die sie sich real zu der Synthese »Gesellschaft« verbinden. In gewissem Sinne ist der gesamte Inhalt dieses Buches, wie er sich auf Grund des vorangestellten Prinzips entwickelt, der Ansatz zur Beantwortung dieser Frage. Denn es sucht die, schließlich in Individuen sich vollziehenden, Vorgänge auf, die das Gesellschafts-Sein dieser bedingen – nicht als zeitlich vorangehende Ursachen für dieses Resultat, sondern als Teilvorgänge der Synthese, die wir zusammenfassend die Gesellschaft nennen. Allein die Frage ist noch in einem fundamentaleren Sinne zu verstehen. Ich sagte, daß die Funktion, die synthetische Einheit zu vollziehen, die der Natur gegenüber in dem anschauenden Subjekt ruht, der Gesellschaft gegenüber auf die Elemente eben dieser selbst übergegangen wäre. Das Bewußtsein, Gesellschaft zu bilden, ist zwar nicht in abstracto dem einzelnen gegenwärtig, aber immerhin *weiß* jeder den andern als mit ihm verbunden, so sehr dieses Wissen um den andern als den Vergesellschafteten, dieses Erkennen des ganzen Komplexes als einer Gesellschaft – so sehr dieses Wissen und Erkennen sich nur an einzelnen, konkreten Inhalten zu vollziehen pflegt. Vielleicht aber verhält sich dies nicht anders als »die Einheit des Erkennens«, nach der wir zwar in den Bewußtseinsprozessen, einen konkreten Inhalt dem andern zuordnend, verfahren, ohne doch von ihr selbst anders als in seltenen und späten Abstraktionen ein gesondertes Bewußtsein zu haben. Nun ist die Frage: was liegt denn ganz allgemein und *a priori* zum Grunde, welche Voraussetzungen müssen wirksam sein, damit die einzelnen, konkreten Vorgänge im individuellen Bewußtsein wirklich Sozialisierungsprozesse seien, welche Elemente sind in ihnen enthalten, die es ermöglichen, daß ihre Leistung, abstrakt ausgesprochen, die Herstellung einer gesellschaftlichen Einheit aus den Individuen ist? Die soziologischen Aprioritäten werden dieselbe doppelte Bedeutung haben, wie diejenigen, die die Natur »möglich machen«: sie werden einerseits, vollkommener oder mangelhafter, die wirklichen Vergesellschaftungsvorgänge bestimmen, als Funktionen oder Energien des seelischen Verlaufes; andrerseits sind sie die ideellen, logischen Voraussetzungen der perfekten, wenngleich in dieser Perfektion vielleicht niemals realisierten Gesellschaft – wie das Kausalgesetz einerseits in den tatsächlichen Erkenntnisprozessen lebt und wirkt, andrerseits die Form der Wahrheit, als des idealen Systems vollendeter Erkenntnisse, bildet, unabhängig davon, ob diese durch jene zeitliche, relativ zufällige seelische Dynamik realisiert wird oder nicht und unabhängig von der größeren oder geringeren Annäherung der im Bewußtsein wirklichen Wahrheit an jene ideell gültige.

Es ist eine bloße Titelfrage, ob die Untersuchung dieser Bedingungen des Sozialisierungsprozesses erkenntnistheoretisch heißen soll oder nicht, da doch das aus ihnen sich erhebende, von ihren Formen normierte Gebilde nicht Erkenntnisse, sondern praktische Prozesse und Seinszustände sind. Allein dennoch ist, was ich hier meine und was als der generelle Begriff der Vergesellschaftung auf seine Bedingungen geprüft werden soll, etwas erkenntnisartiges: das Bewußtsein, sich zu vergesellschaften oder vergesellschaftet zu sein. Vielleicht würde man es besser ein Wissen als ein Erkennen nennen. Denn das Subjekt steht hier nicht einem Objekt gegenüber, von dem es allmählich ein theoretisches Bild gewönne, sondern jenes Bewußtsein der Vergesellschaftung ist unmittelbar deren Träger oder innere Bedeutung. Es handelt sich um die Prozesse der Wechselwirkung, die für das Individuum die – zwar nicht abstrakte, aber doch des abstrakten Ausdrucks fähige – Tatsache bedeuten, vergesellschaftet zu sein. Welche Formen zugrunde liegen müssen, oder: welche spezifischen Kategorien der Mensch gleichsam mitbringen muß, damit dieses Bewußtsein entstehe, und welches deshalb die Formen sind, die das entstandene Bewußtsein – die Gesellschaft als eine Wissenstatsache – tragen muß, dies kann man wohl die Erkenntnistheorie der Gesellschaft nennen. Ich versuche im folgenden, einige dieser, als apriorisch wirkenden Bedingungen oder Formen der Vergesellschaftung – die freilich nicht wie die Kantischen Kategorien mit *einem* Worte benennbar sind –, als Beispiel solcher Untersuchung zu skizzieren.

I. Das Bild, das ein Mensch vom andern aus der persönlichen Berührung gewinnt, ist durch gewisse Verschiebungen bedingt, die nicht einfache Täuschungen aus unvollständiger Erfahrung, mangelnder Sehschärfe, sympathischen oder antipathischen Vorurteilen sind, sondern prinzipielle Änderungen der Beschaffenheit des realen Objekts. Und zwar gehen diese zunächst nach zwei Dimensionen. Wir sehen den andern in irgendeinem Maße verallgemeinert. Vielleicht, weil es uns nicht gegeben ist, eine von der unsern abweichende Individualität völlig in uns zu repräsentieren. Jedes Nachbilden einer Seele ist durch die Ähnlichkeit mit ihr bestimmt und obgleich diese keineswegs die einzige Bedingung des seelischen Erkennens ist – da einerseits eine gleichzeitige Ungleichheit erforderlich scheint, um Distanz und Objektivität zu gewinnen, andrerseits eine intellektuelle Fähigkeit, die sich jenseits der Gleichheit oder Nicht-Gleichheit des Seins hält – so würde das *vollkommene* Erkennen dennoch eine vollkommene Gleichheit voraussetzen. Es scheint, als hätte jeder Mensch einen tiefsten Individualitätspunkt in sich, der von keinem andern, bei dem dieser Punkt qualitativ abweichend ist, innerlich nachgeformt werden kann. Und daß diese Forderung mit jener Distanz und objektiven Beurteilung, auf denen das Vorstellen des andern außerdem ruht, schon logisch nicht vereinbar ist, beweist eben nur, daß das vollkommene Wissen um die Individualität des andern uns versagt ist; und von den wechselnden Maßen dieses Mangels sind alle Verhältnisse der Menschen untereinander bedingt. Welches nun aber auch seine Ursache sei, seine Folge ist jedenfalls eine Verallgemeinerung des seelischen Bildes vom andern, ein Verschwimmen der Umrisse, das der Einzigkeit dieses Bildes eine Beziehung zu andern zufügt. Wir stellen jeden Menschen, mit besondrer Folge für unser praktisches Verhalten zu ihm, als den Typus Mensch vor, zu dem seine Individualität ihn gehören läßt, wir denken ihn, neben all seiner Singularität, unter einer allgemeinen Kategorie, die ihn freilich nicht völlig deckt und die er nicht völlig deckt – durch welch letztere Bestimmung sich dies Verhältnis von dem zwischen dem Allgemeinbegriff und der unter ihn gehörigen Einzelheit unterscheidet. Um den Menschen zu erkennen, sehen wir ihn nicht nach seiner reinen Individualität, sondern getragen, erhoben oder auch erniedrigt durch den allgemeinen Typus, unter den wir ihn rechnen. Selbst wenn diese Umwandlung so unmerklich ist, daß wir sie unmittelbar nicht mehr erkennen können, selbst dann, wenn all die gewöhnlichen charakterologischen Oberbegriffe: moralisch oder unmoralisch, frei oder gebunden, herrisch oder sklavenhaft usw. versagen – innerlich benennen wir den Menschen doch nach einem wortlosen Typus, mit dem sein reines Fürsichsein nicht zusammenfällt.

Und dies führt noch eine Stufe weiter hinab. Grade aus der völligen Einzigkeit einer Persönlichkeit formen wir ein Bild ihrer, das mit ihrer Wirklichkeit nicht identisch ist, aber dennoch nicht ein allgemeiner Typus ist, vielmehr das Bild, das er zeigen würde, wenn er sozusagen ganz er selbst wäre, wenn er nach der guten oder schlechten Seite hin die ideelle Möglichkeit, die in jedem Menschen ist, realisierte. Wir alle sind Fragmente, nicht nur des allgemeinen Menschen, sondern auch unser selbst. Wir sind Ansätze nicht nur zu dem Typus Mensch überhaupt, nicht nur zu dem Typus des Guten und des Bösen u. dgl., sondern wir sind auch Ansätze zu der – prinzipiell nicht mehr benennbaren – Individualität und Einzigkeit unser selbst, die wie mit ideellen Linien gezeichnet unsre wahrnehmbare Wirklichkeit umgibt. Dieses Fragmentarische aber ergänzt der Blick des andern zu dem, was wir niemals rein und ganz sind. Er kann gar nicht die Fragmente nur nebeneinander sehen, die wirklich gegeben sind, sondern wie wir den blinden Fleck in unserem Sehfelde ergänzen, daß man sich seiner gar nicht bewußt wird, so machen wir aus diesem Fragmentarischen die Vollständigkeit seiner Individualität. Die Praxis des Lebens drängt darauf, das Bild des Menschen nur aus den realen Stücken, die wir von ihm empirisch wissen, zu gestalten; aber grade sie ruht auf jenen Veränderungen und Ergänzungen, auf der Umbildung jener gegebenen Fragmente zu der Allgemeinheit eines Typus und zu der Vollständigkeit der ideellen Persönlichkeit.

Dieses prinzipielle, wenngleich in Wirklichkeit selten bis zur Vollkommenheit durchgeführte Verfahren wirkt nun innerhalb der schon bestehenden Gesellschaft als das Apriori der weiteren, zwischen Individuen sich entspinnenden Wechselwirkungen. Innerhalb eines Kreises, der in irgendeiner Gemeinsamkeit des Berufes oder der Interessen zusammengehört, sieht jedes Mitglied jedes andre nicht rein empirisch, sondern auf Grund eines Apriori, das dieser Kreis jedem an ihm teilhabenden Bewußtsein auferlegt. In den Kreisen der Offiziere, der kirchlich Gläubigen, der Beamten, der Gelehrten, der Familienmitglieder sieht jeder den andern unter der selbstverständlichen Voraussetzung: dieser ist ein Mitglied meines Kreises. Es gehen von der gemeinsamen Lebensbasis gewisse Suppositionen aus, durch die man sich gegenseitig wie durch einen Schleier erblickt. Dieser freilich verhüllt nicht einfach die Eigenart der Persönlichkeit, aber er gibt ihr, indem ihr ganz individuell-realer Bestand mit jenem zu einem einheitlichen Gebilde verschmilzt, eine neue Form. Wir sehen den andern nicht schlechthin als Individuum, sondern als Kollegen oder Kameraden oder Parteigenossen, kurz als Mitbewohner derselben besonderen Welt, und diese unvermeidliche, ganz automatisch wirksame Voraussetzung ist eines der Mittel, seine Persönlichkeit und Wirklichkeit in der Vorstellung des andern auf die von seiner Soziabilität erforderte Qualität und Form zu bringen.

Dies gilt ersichtlich auch für das Verhältnis der Zugehörigen verschiedener Kreise zueinander. Der Bürgerliche, der einen Offizier kennenlernt, kann sich gar nicht davon freimachen, daß dieses Individuum ein Offizier ist. Und obgleich das Offizier-Sein zu dieser Individualität gehören mag, so doch nicht in der schematisch gleichen Art, wie es, in der Vorstellung des andern, ihr Bild präjudiziert. Und so geht es dem Protestanten gegenüber dem Katholiken, dem Kaufmann gegenüber dem Beamten, dem Laien gegenüber dem Priester usw. Überall liegen hier Verschleierungen der Realitätslinie durch die soziale Verallgemeinerung vor, die die Entdeckung jener innerhalb einer sozial entschieden differenzierten Gesellschaft prinzipiell ausschließen. So findet der Mensch in der Vorstellung des Menschen Verschiebungen, Abzüge und Ergänzungen – da die Verallgemeinerung immer zugleich mehr oder weniger ist als die Individualität – von all diesen a priori wirksamen Kategorien her: von seinem Typus als Mensch, von der Idee seiner eignen Vollendung, von der sozialen Allgemeinheit her, der er zugehört. Über alledem schwebt, als heuristisches Prinzip des Erkennens, der Gedanke seiner realen, schlechthin individuellen Bestimmtheit; aber indem es scheint, als ob erst der Gewinn dieser die ganz richtig fundamentierte Beziehung zu ihm ergäbe, sind tatsächlich jene Veränderungen und Neugestaltungen, die diese ideale Erkenntnis seiner hindern, grade die Bedingungen, durch die die Beziehungen, die wir allein als die gesellschaftlichen kennen, möglich werden – ungefähr wie bei Kant die Kategorien des Verstandes, die die unmittelbaren Gegebenheiten zu ganz neuen Objekten formen, doch allein die gegebene Welt zu einer erkennbaren machen.

II. Eine andre Kategorie, unter der die Subjekte sich selbst und sich gegenseitig erblicken, damit sie, so geformt, die empirische Gesellschaft ergeben können, läßt sich mit dem trivial erscheinenden Satz formulieren: daß jedes Element einer Gruppe nicht nur Gesellschaftsteil, sondern außerdem noch etwas ist. Als soziales Apriori wirkt dies, insofern der der Gesellschaft nicht zugewandte oder in ihr nicht aufgehende Teil des Individuums nicht einfach beziehungslos neben seinem sozial bedeutsamen liegt, nicht nur ein Außerhalb der Gesellschaft ist, für das sie, willig oder widerwillig, Raum gibt; sondern daß der einzelne mit gewissen Seiten nicht Element der Gesellschaft ist, bildet die positive Bedingung dafür, daß er es mit andern Seiten seines Wesens ist: die Art seines Vergesellschaftet-Seins ist bestimmt oder mitbestimmt durch die Art seines Nicht-Vergesellschaftet-Seins. Die folgenden Untersuchungen werden einige Typen ergeben, deren soziologische Bedeutung sogar in ihrem Kern und Wesen dadurch fixiert ist, daß sie von der Gesellschaft, für die ihre Existenz bedeutsam ist, grade irgendwie ausgeschlossen sind: so bei dem Fremden, bei dem Feinde, bei dem Verbrecher, sogar bei dem Armen. Dies gilt aber nicht nur für solche generellen Charaktere, sondern, in unzähligen Modifikationen, für jegliche individuelle Erscheinung. Daß jeder Augenblick uns von Beziehungen zu Menschen umfaßt findet und sein Inhalt von diesen direkt oder indirekt bestimmt ist, spräche durchaus nicht dagegen, sondern die soziale Umfassung als solche betrifft eben Wesen, die nicht völlig von ihr umfaßt sind. Wir wissen von dem Beamten, daß er nicht nur Beamter, von dem Kaufmann, daß er nicht nur Kaufmann, von dem Offizier, daß er nicht nur Offizier ist; und dieses außersoziale Sein, sein Temperament und der Niederschlag seiner Schicksale, seine Interessiertheiten und der Wert seiner Persönlichkeit, so wenig es die Hauptsache der beamtenhaften, kaufmännischen, militärischen Betätigungen abändern mag, gibt ihm doch für jeden ihm Gegenüberstehenden jedesmal eine bestimmte Nuance und durchflicht sein soziales Bild mit außersozialen Imponderabilien. Der ganze Verkehr der Menschen innerhalb der gesellschaftlichen Kategorien wäre ein andrer, wenn ein jeder dem andern nur als das gegenüberträte, was er in seiner jeweiligen Kategorie, als Träger der ihm grade jetzt zufallenden sozialen Rolle ist. Freilich unterscheiden sich die Individuen ebenso wie die Berufe wie die sozialen Situationen danach, welches Maß jenes »Außerdem« sie zugleich mit ihrem sozialen Inhalt besitzen oder zulassen. Den einen Pol dieser Reihe bildet etwa der Mensch in der Liebe oder in der Freundschaft; hier kann das, was das Individuum für sich reserviert, jenseits der dem andern zugewendeten Entwicklungen und Betätigungen, sich quantitativ dem Grenzwert Null nähern, es ist nur ein einziges Leben vorhanden, das gleichsam von zwei Seiten her betrachtet werden kann oder gelebt wird: einmal von der Innenseite, von dem terminus a quo des Subjekts her, dann aber, als das ganz ungeänderte, nach der Richtung des geliebten Menschen hin, unter der Kategorie seines terminus ad quem, die es restlos aufnimmt. Unter ganz andrer Tendenz bietet der katholische Priester das formal gleiche Phänomen, in dem seine kirchliche Funktion sein individuelles Fürsichsein völlig überdeckt und verschlingt. In dem ersten dieser extremen Fälle verschwindet das »Außerdem« der soziologischen Aktivität, weil sein Inhalt gänzlich in der Hinwendung zu dem Gegenüber aufgegangen ist, in dem zweiten, weil der entsprechende Typus von Inhalten überhaupt prinzipiell verschwunden ist. Den Gegenpol nun zeigen etwa die Erscheinungen der modernen, geldwirtschaftlich bestimmten Kultur, in der der Mensch als produzierender, als kaufender oder verkaufender, überhaupt als irgendein leistender, sich dem Ideal der absoluten Objektivität nähert; abgesehen von ganz hohen, führenden Positionen, ist das individuelle Leben, der Ton der Gesamtpersönlichkeit, aus der Leistung verschwunden, die Menschen sind nur die Träger einer nach objektiven Normen erfolgenden Ausgleichung von Leistung und Gegenleistung, und alles, was nicht in diese reine Sachlichkeit hineingehört, ist auch tatsächlich aus ihr verschwunden. Das »Außerdem« hat die Persönlichkeit mit ihrer Sonderfärbung, ihrer Irrationalität, ihrem inneren Leben völlig in sich aufgenommen und jenen gesellschaftlichen Betätigungen nur die für sie spezifischen Energien in reinlicher Abtrennung überlassen.

Zwischen diesen Extremen bewegen sich die sozialen Individuen, immer so, daß die dem inneren Zentrum zugekehrten Energien und Bestimmtheiten irgendeine Bedeutung für die dem andern geltenden Betätigungen und Gesinnungen aufweisen. Denn – im Grenzfall – sogar das Bewußtsein, diese soziale Aktivität oder Stimmung sei etwas von dem übrigen Menschen Geschiedenes, und trete mit dem, was er sonst ist und bedeutet, in die soziologische Beziehung eben *nicht* ein – selbst dieses Bewußtsein ist von durchaus positivem Einfluß auf die Attitude, die das Subjekt den andern gegenüber und die andern ihm gegenüber einnehmen. Das Apriori des empirischen sozialen Lebens ist, daß das Leben nicht ganz sozial ist, wir formen unsre Wechselbeziehungen nicht nur unter der negativen Reserve eines in sie nicht eintretenden Teiles unsrer Persönlichkeit, dieser Teil wirkt nicht nur durch allgemeine psychologische Verknüpfungen überhaupt auf die sozialen Vorgänge in der Seele ein, sondern grade die formale Tatsache, *daß* er außerhalb der letzteren steht, bestimmt die Art dieser Einwirkung. – Auch ruht darauf, daß die Gesellschaften Gebilde aus Wesen sind, die zugleich innerhalb und außerhalb ihrer stehen, eine der wichtigsten soziologischen Formungen: daß nämlich zwischen einer Gesellschaft und ihren Individuen ein Verhältnis wie zwischen zwei Parteien bestehen kann, ja vielleicht, offener oder latenter, immer besteht. Damit erzeugt die Gesellschaft vielleicht die bewußteste, mindestens die allgemeinste Ausgestaltung einer Grundform des Lebens überhaupt: daß die individuelle Seele nie innerhalb einer Verbindung stehen kann, außerhalb deren sie nicht zugleich steht, daß sie in keine Ordnung eingestellt ist, ohne sich zugleich ihr gegenüber zu finden. Dies geht von den transzendenten und allerallgemeinsten Zusammenhängen bis zu den singulärsten und zufälligsten. Der religiöse Mensch fühlt sich von dem göttlichen Wesen völlig umfaßt, als wäre er nur ein Pulsschlag des göttlichen Lebens, seine eigne Substanz ist vorbehaltlos, ja in mystischer Unterschiedslosigkeit in die des Absoluten hingegeben. Und dennoch, um dieser Einschmelzung auch nur einen Sinn zu geben, muß er irgendein Selbst-Sein bewahren, irgendein personales Gegenüber, ein gesondertes Ich, dem die Auflösung in dies göttliche All-Sein eine unendliche Aufgabe ist, ein Prozeß nur, der weder metaphysisch möglich noch religiös fühlbar wäre, wenn er nicht von einem Fürsichsein des Subjekts ausginge: das Eins-Sein mit Gott ist in seiner Bedeutung durch das Anders-Sein als Gott bedingt. Jenseits dieser Aufgipfelung zum Transzendenten zeigt die Beziehung, die sich der menschliche Geist durch seine ganze Geschichte hindurch zu der Natur als einem Ganzen vindiziert, die gleiche Form. Wir wissen uns einerseits in die Natur eingegliedert, als eines ihrer Produkte, das neben jedem andern als Gleiches unter Gleichen steht, ein Punkt, den ihre Stoffe und Energien erreichen und verlassen, wie sie durch das strömende Wasser und die blühende Pflanze kreisen. Und doch hat die Seele das Gefühl eines von all diesen Verschlingungen und Einbeziehungen unabhängigen Fürsichseins, das man mit dem logisch so unsichern Begriff der Freiheit bezeichnet, all diesem Getriebe, dessen Element wir doch selbst sind, ein Gegenüber und Paroli bietend, das sich zu dem Radikalismus: die Natur ist nur eine Vorstellung in menschlichen Seelen – aufgipfelt. Wie aber hier die Natur, mit all ihrer unleugbaren Eigengesetzlichkeit und harten Wirklichkeit dennoch in das Ich eingeschlossen wird – so ist andrerseits dieses Ich, mit all seiner Freiheit und Fürsichsein, seinem Gegensatz gegen die bloße Natur, doch ein Glied ihrer; das eben ist der übergreifende Naturzusammenhang, daß er dieses gegen ihn selbständige, ja oft genug feindselige Wesen mitumfaßt, daß das, was seinem tiefsten Lebensgefühl nach außerhalb seiner steht, doch sein Element sein muß. Nicht minder nun gilt diese Formel für das Verhältnis zwischen den Individuen und den einzelnen Kreisen seiner gesellschaftlichen Bindungen, oder, wenn man diese zu dem Begriff oder Gefühl des Vergesellschaftetseins überhaupt zusammenfaßt, für das Verhältnis der Individuen schlechthin. Wir wissen uns einerseits als *Produkte* der Gesellschaft: die physiologische Reihe der Vorfahren, ihre Anpassungen und Fixierungen, die Traditionen ihrer Arbeit, ihres Wissens und Glaubens, der ganze, in objektiven Formen kristallisierte Geist der Vergangenheit – bestimmen die Anlagen und die Inhalte unseres Lebens, so daß die

Frage entstehen konnte, ob der einzelne denn überhaupt etwas andres wäre als ein Gefäß, in dem sich zuvor bestehende Elemente in wechselnden Maßen mischen; denn wenn diese Elemente auch schließlich von einzelnen produziert wären, so sei der Beitrag eines jeden eine verschwindende Größe und erst durch ihr gattungsmäßiges und gesellschaftliches Zusammenkommen erzeugten sich die Faktoren, in deren Synthese dann wieder die angebbare Individualität bestünde. Andrerseits wissen wir uns als ein *Glied* der Gesellschaft, mit unsrem Lebensprozeß und seinem Sinn und Zweck ebenso unselbständig in ihr Nebeneinander verwebt, wie dort in ihr Nacheinander. So wenig wir als Naturwesen ein Fürunssein haben, weil die Kreisung der natürlichen Elemente durch uns wie durch völlig selbstlose Gebilde hindurchgeht und die Gleichheit vor den Naturgesetzen unser Dasein ohne Rest in ein bloßes Beispiel ihrer Notwendigkeiten auflöst – so wenig leben wir als Gesellschaftswesen um ein autonomes Zentrum herum, sondern sind Augenblick für Augenblick aus den Wechselbeziehungen zu andern zusammengesetzt und sind so der körperlichen Substanz vergleichbar, die für uns nur noch als die Summe vielfacher Sinneseindrücke, aber nicht als eine für sich seiende Existenz besteht. Nun aber fühlen wir, daß diese soziale Diffusion unsre Persönlichkeit nicht vollkommen auflöst; nicht nur um die schon erwähnten Reserven handelt es sich, um einzelne Inhalte, deren Sinn und Entwicklung von vornherein nur in der Einzelseele ruht und in dem sozialen Zusammenhang überhaupt keine Stelle findet; nicht nur um die *Formung* der sozialen Inhalte, deren Einheit als Individualseele nicht selbst wieder gesellschaftlichen Wesens ist, so wenig wie die künstlerische Form, zu der die Farbflecken auf der Leinwand zusammengehn, aus dem chemischen Wesen der Farben selbst herzuleiten ist. Sondern vor allem: der gesamte Lebensinhalt, so restlos er aus den sozialen Antezedentien und Wechselbeziehungen erklärbar sein mag, ist doch zugleich unter der Kategorie des Einzellebens zu betrachten, als Erlebnis des Individuums und völlig auf dieses hin orientiert. Beides sind nur verschiedene Kategorien, unter die der gleiche Inhalt tritt, wie eben dieselbe Pflanze einmal nach ihren biologischen Entstehungsbedingungen, ein andermal nach ihrer praktischen Verwendbarkeit, ein drittes Mal auf ihre ästhetische Bedeutung hin angesehen werden kann. Der Standpunkt, aus dem die Existenz des einzelnen angeordnet und begriffen wird, kann ebenso innerhalb wie außerhalb seiner genommen werden, die Totalität des Lebens, mit all seinen sozial ableitbaren Inhalten, ist ebenso als das zentripetale Schicksal seines Trägers zu fassen, wie es, mit allen seinen für das Individuum reservierten Teilen, dennoch als Produkt und Element des sozialen Lebens gelten kann.

Damit also bringt die Tatsache der Vergesellschaftung das Individuum in die Doppelstellung, von der ich ausging: daß es in ihr befaßt ist und zugleich ihr gegenübersteht, ein Glied ihres Organismus und zugleich selbst ein geschlossenes organisches Ganzes, ein Sein für sie und ein Sein für sich. Das Wesentliche aber und der Sinn des besonderen soziologischen Apriori, das sich hierin gründet, ist dies, daß das Innerhalb und das Außerhalb zwischen Individuum und Gesellschaft nicht zwei nebeneinander bestehende Bestimmungen sind – obgleich sie sich gelegentlich auch so, und bis zur gegenseitigen Feindseligkeit entwickeln können – sondern daß sie die ganz einheitliche Position des sozial lebenden Menschen bezeichnen. Seine Existenz ist nicht nur, in Aufteilung ihrer Inhalte, partiell sozial und partiell individuell; sondern sie steht unter der fundamentalen, gestaltenden, nicht weiter reduzierbaren Kategorie einer Einheit, die wir nicht anders ausdrücken können als durch die Synthese oder die Gleichzeitigkeit der beiden logisch einander entgegengesetzten Bestimmungen der Gliedstellung und des Fürsichseins, des Produziert- und Befaßtseins durch die Gesellschaft und des Lebens aus dem eignen Zentrum heraus und um des eignen Zentrums willen. Die Gesellschaft besteht nicht nur, wie sich vorher ergab, aus Wesen, die zum Teil nicht vergesellschaftet sind, sondern aus solchen, die sich einerseits als völlig soziale Existenzen, andrerseits, den gleichen Inhalt bewahrend, als völlig personale empfinden. Und dieses sind nicht zwei beziehungslos nebeneinanderliegende Standpunkte, wie etwa wenn man eben denselben Körper einmal auf seine Schwere hin und ein andermal auf seine Farbe hin ansieht, sondern dies beides bildet die Einheit, die wir das soziale Wesen nennen, die synthetische Kategorie – wie der Begriff der Verursachung eine apriorische Einheit ist, wenngleich er die beiden, inhaltlich ganz verschiedenen Elemente des Verursachenden und des Bewirkten einschließt. Daß diese Formung uns zur Verfügung steht, diese Fähigkeit, aus Wesen, deren jedes sich als den terminus a quo und den terminus ad quem seiner Entwicklungen, Schicksale, Qualitäten empfinden kann, den grade mit solchen rechnenden Begriff der Gesellschaft herzustellen und diesen nun als den terminus a quo und den terminus ad quem jener Lebendigkeiten und Seinsbestimmtheiten zu wissen – das ist ein Apriori der empirischen Gesellschaft, das macht ihre Form möglich, wie wir sie kennen.

III. Die Gesellschaft ist ein Gebilde aus ungleichen Elementen. Denn selbst wo demokratische oder sozialistische Tendenzen eine »Gleichheit« planen oder teilweise erreichen, handelt es sich immer nur um *Gleichwertigkeit* der Personen, der Leistungen, der Positionen, während eine Gleichheit der Menschen ihren Beschaffenheiten, Lebensinhalten und Schicksalen nach gar nicht in Frage kommen kann. Und wo andrerseits eine versklavte Bevölkerung nur Masse bildet, wie in den großen orientalischen Despotien, betrifft diese Gleichheit jedes mit jedem immer nur gewisse Seiten der Existenz, etwa die politischen oder wirtschaftlichen, niemals aber das Ganze derselben, dessen mitgebrachte Eigenschaften, personale Beziehungen, durchlebte Schicksale nicht nur nach der Innenseite des Lebens zu, sondern auch nach seinen Wechselbeziehungen mit andern Existenzen unvermeidlich eine Art von Einzigkeit und Unverwechselbarkeit haben werden. Stellt man sich die Gesellschaft als rein objektives Schema vor, so zeigt sie sich als eine Ordnung von Inhalten und Leistungen, die nach Raum, Zeit, Begriffen, Werten aufeinander bezogen sind, und bei denen man insofern von der Personalität, von der Ichform, die ihre Dynamik trägt, absehen kann. Wenn jene Ungleichheit der Elemente nun jede Leistung oder Qualität innerhalb dieser Ordnung als eine individuell charakterisierte, an ihrer Stelle unzweideutig festgelegte auftreten läßt, so erscheint die Gesellschaft als ein Kosmos, dessen Mannigfaltigkeit nach Sein und Bewegung zwar unübersehlich ist, in dem aber jeder Punkt nur in jener bestimmten Weise beschaffen sein und sich entwickeln kann, wenn nicht die Struktur des Ganzen geändert sein soll. Was man von dem Bau der Welt überhaupt gesagt hat: daß kein Sandkörnchen anders geformt sein und anders liegen könnte, als es der Fall ist, ohne daß dies eine Änderung des gesamten Daseins zur Voraussetzung und Folge hätte – das wiederholt sich an dem Bau der Gesellschaft, betrachtet als eine Verwebung qualitativ bestimmter Erscheinungen. Eine Analogie wie in einem Miniaturbild, unendlich vereinfacht und sozusagen stilisiert, findet das so aufgenommene Bild der Gesellschaft überhaupt an einer Beamtenschaft, die als solche aus einer bestimmten Ordnung von »Positionen« besteht, einer Prädeterminiertheit von Leistungen, die, von ihren jeweiligen Trägern abgelöst, einen ideellen Zusammenhang ergeben; innerhalb dieser findet jeder neu Eintretende einen unzweideutig bestimmten Platz, der gleichsam auf ihn gewartet hat und zu dem seine Energien harmonisch sein müssen. Was hier bewußte, systematische Festlegung von Leistungsinhalten ist, ist in der Ganzheit der Gesellschaft natürlich ein unentwirrbares Durcheinanderspielen von Funktionen, die Stellungen in ihr sind nicht durch einen konstruktiven Willen gegeben, sondern erst durch das reale Schaffen und Erleben der Individuen erfaßbar. Und trotz dieses ungeheuren Unterschiedes, trotz alles Irrationellen, Unvollkommenen, vom Wertstandpunkte aus Verwerflichen, das die historische Gesellschaft zeigt, bleibt ihre phänomenologische Struktur – die Summe und das Verhältnis der von jedem Element objektivgesellschaftlich gebotenen Existenzart und Leistungen – eine Ordnung von Elementen, deren jedes einen individuell bestimmten Platz einnimmt, eine Koordination von objektiv und in ihrer sozialen Bedeutung sinnvollen, wenngleich nicht immer wertvollen Funktionen und Funktionszentren; wobei das rein Personale, das innerlich Produktive, die Impulse und Reflexe des eigentlichen Ich ganz außer Betrachtung bleiben. Oder, anders ausgedrückt: das Leben der Gesellschaft verläuft – nicht psychologisch, sondern phänomenologisch, rein auf seine sozialen Inhalte als solche angesehen – so, *als ob* jedes Element für seine Stelle in diesem Ganzen vorherbestimmt wäre; bei aller Disharmonie von den idealen Forderungen her, verläuft es so, *als ob* alle seine Glieder in einem einheitlichen Verhältnis ständen, das jeden, grade weil er dieser besondre ist, auf alle andern und alle andern auf diesen anwiese.

Von hier aus nun wird das Apriori sichtbar, von dem jetzt die Rede sein soll und das dem einzelnen eine Grundlage und »Möglichkeit«, einer Gesellschaft zuzugehören, bedeutet. Daß jedes Individuum durch seine Qualität von sich aus auf eine bestimmte Stelle innerhalb seines sozialen Milieus hingewiesen ist: daß diese ihm ideell zugehörige Stelle auch wirklich in dem sozialen Ganzen vorhanden ist – das ist die Voraussetzung, von der aus der einzelne sein gesellschaftliches Leben lebt und die man als den Allgemeinheitswert der Individualität bezeichnen kann. Sie ist unabhängig davon, daß sie sich zu klarem, begrifflichem Bewußtsein aufarbeitet, ebenso aber auch davon, ob sie in dem realen Lebensverlauf ihre Realisierung findet – wie die Apriorität des Kausalgesetzes, als einer formenden Voraussetzung des Erkennens davon unabhängig ist, ob das Bewußtsein es in gesonderten Begriffen formuliert und ob die psychologische Wirklichkeit immer ihm gemäß verfährt oder nicht. Unser Erkenntnisleben ruht auf der Voraussetzung einer prästabilierten Harmonie zwischen unsern geistigen, wenn auch noch so individuellen Energien und dem äußern, objektiven Dasein; denn dies bleibt immer der Ausdruck des unmittelbaren Phänomens, gleichviel, ob man es dann metaphysisch oder psychologisch auf die Produktion des Daseins durch den Intellekt selbst zurückführen mag. So ist das gesellschaftliche Leben als solches auf die Voraussetzung einer grundsätzlichen Harmonie zwischen dem Individuum und dem sozialen Ganzen gestellt, so wenig dies die krassen Dissonanzen des ethischen und des eudämonistischen Lebens hindert. Würde die soziale Wirklichkeit durch diese prinzipielle Voraussetzung hemmungslos und ohne Verfehlungen gestaltet sein, so hätten wir die vollkommene Gesellschaft – wiederum nicht in dem Sinn ethischer oder eudämonistischer Vollkommenheit, sondern begrifflicher: sozusagen nicht die *vollkommene* Gesellschaft, sondern die vollkommene *Gesellschaft*. So weit das Individuum dieses Apriori seiner sozialen Existenz: die durchgehende Korrelation seines individuellen Seins mit den umgebenden Kreisen, die integrierende Notwendigkeit seiner, durch sein innerpersönliches Leben bestimmten Besonderheit für das Leben des Ganzen – so weit es dieses Apriori nicht realisiert oder realisiert findet, *ist* es eben nicht vergesellschaftet, *ist* die Gesellschaft nicht die lückenlose Wechselwirksamkeit, die ihr Begriff aussagt.

Eine bewußte Zuspitzung gewinnt dieses Verhalten mit der Kategorie des *Berufes.* Das Altertum hat zwar diesen Begriff im Sinne der persönlichen Differenziertheit und der arbeitsteilig gegliederten Gesellschaft nicht gekannt. Aber was ihm zugrunde liegt: daß das sozial wirksame Tun der einheitliche Ausdruck der inneren Qualifikation ist, daß sich das Ganze und Bleibende der Subjektivität vermöge ihrer Funktionen in der Gesellschaft praktisch objektiviert – das bestand auch im Altertum. Nur daß diese Beziehung sich an einem durchgängig gleichmäßigeren Inhalt vollzog; ihr Prinzip tritt an der Aristotelischen Äußerung hervor, daß einige von ihrer Natur her zum δουλεύειν, andre zum δεσπόζειν bestimmt wären. Bei höherer Ausbildung des Begriffes zeigt er die eigenartige Struktur: daß einerseits die Gesellschaft eine »Stelle« in sich erzeugt und bietet, die zwar nach Inhalt und Umriß von andern unterschieden ist, aber doch prinzipiell von vielen ausgefüllt werden kann und dadurch sozusagen etwas Anonymes ist; und daß nun diese, trotz ihres Allgemeinheitscharakters, von dem Individuum auf Grund eines inneren »Rufes«, einer als ganz persönlich empfundenen Qualifikation ergriffen wird. Damit es überhaupt einen »Beruf« gäbe, muß jene, wie auch immer entstandene Harmonie zwischen dem Bau und Lebensprozeß der Gesellschaft auf der einen Seite, den individuellen Beschaffenheiten und Impulsen auf der andern, vorhanden sein. Auf ihr als allgemeiner Voraussetzung ruht schließlich die Vorstellung, daß für jede Persönlichkeit eine Position und Leistung innerhalb der Gesellschaft bestehe, zu der sie »berufen« ist, und der Imperativ, so lange zu suchen, bis man sie findet.

Die empirische Gesellschaft wird nur durch dieses, in dem Berufsbegriff aufgegipfelte Apriori »möglich«, das freilich, gleich den bisher behandelten, nicht mit einem einfachen Schlagworte zu bezeichnen ist, wie die Kantischen Kategorien es zulassen. Die Bewußtseinsprozesse, mit denen sich Vergesellschaftung vollzieht: die Einheit aus Vielen, die gegenseitige Bestimmung der einzelnen, die Wechselbedeutung des einzelnen für die Totalität der andern und dieser Totalität für den einzelnen – verlaufen unter dieser ganz prinzipiellen, nicht abstrakt bewußten, aber in der Realität der Praxis sich ausdrückenden Voraussetzung: daß die Individualität des einzelnen in der Struktur der Allgemeinheit eine Stelle findet, ja, daß diese Struktur gewissermaßen von vornherein, trotz der Unberechenbarkeit der Individualität, auf diese und ihre Leistung angelegt ist. Der kausale Zusammenhang, der jedes soziale Element in das Sein und Tun jedes andern verflicht und so das äußere Netzwerk der Gesellschaft zustande bringt, verwandelt sich in einen teleologischen, sobald man ihn von den individuellen Trägern her betrachtet, von seinen Produzenten, die sich als Ichs fühlen und deren Verhalten aus dem Boden der für sich seienden, sich selbst bestimmenden Persönlichkeit wächst. Daß jene phänomenale Ganzheit sich dem Zweck dieser, gleichsam von außen an sie herantretenden Individualitäten fügt, dem von innen bestimmten Lebensprozeß dieser die Stätte bietet, an der seine Besonderheit zu einem notwendigen Glied in dem Leben des Ganzen wird – dies gibt, als eine fundamentale Kategorie, dem Bewußtsein des Individuums die Form, die es zu einem sozialen Elemente designiert.

Bibliographie
(Auswahl)

1. Schriften Georg Simmels

1881 *Das Wesen der Materie nach Kants Physischer Monadologie.* Phil. Diss. Berlin.

1882 »Psychologische und ethnologische Studien über Musik«. In: *Zeitschrift für Völkerpsychologie und Sprachwissenschaft* 13, 261-305.

1888 »Bemerkungen zu sozialethischen Problemen«. In: *Vierteljahresschrift für wissenschaftliche Philosophie* 12, 32-49.

1889 »Zur Psychologie des Geldes«. In: *Jahrbuch für Gesetzgebung, Verwaltung und Volkswirtschaft im Deutschen Reich* 13, 1251-1264.

1890 *Über soziale Differenzierung. Soziologische und psychologische Untersuchungen.* Leipzig: Duncker & Humblot

Inhalt:

I. Einleitung zur Erkenntnistheorie der Sozialwissenschaft
II. Über Kollektivverantwortlichkeit
III. Die Ausdehnung der Gruppe und die Ausbildung der Individualität
IV. Das soziale Niveau
V. Über die Kreuzung sozialer Kreise
VI. Die Differenzierung und das Prinzip der Kraftersparnis

1890 »Zur Psychologie der Frauen«. In: *Zeitschrift für Völkerpsychologie und Sprachwissenschaft* 20, 6-46.

1892 *Die Probleme der Geschichtsphilosophie. Eine erkenntnistheoretische Studie.* Leipzig: Duncker & Humblot.

Inhalt:

I. Von den psychologischen Voraussetzungen in der Geschichtsforschung
II. Von den historischen Gesetzen
III. Vom Sinn der Geschichte

1892/93 *Einleitung in die Moralwissenschaft. Eine Kritik der ethischen Grundbegriffe.* 2. Bde. Berlin: Hertz (Reprint Aalen 1964).

Inhalt: 1. Bd. (1892):

I. Das Sollen
II. Egoismus und Altruismus
III. Sittliches Verdienst und sittliche Schuld
IV. Die Glückseligkeit

2. Bd. (1893):

V. Der kategorische Imperativ
VI. Die Freiheit
VII. Einheit und Widerstreit der Zwecke

1894 »L'influence du nombre des unités sociales sur les caratères des sociétés«. In: *Annales de l'Institut international de Sociologie* 1, 373-385.

1894 »La différentiation sociale«. In: *Revue internationale de Sociologie* 2, 198-213.

1894 »Das Problem der Soziologie«. In: *Jahrbuch für Gesetzgebung, Verwaltung und Volkswirtschaft im Deutschen Reich* 18, 1301-1307.

1895 »Zur Psychologie der Mode. Soziologische Studie«. In: *Die Zeit.* Wien 12. 10. 1895, 22-24.

1895 »Über eine Beziehung der Selektionslehre zur Erkenntnistheorie«. In: *Archiv für systematische Philosophie* 1, 34-45.

1895 »Zur Soziologie der Familie«. In: *Vossische Zeitung* 30. 6. u. 7. 7. 1895, Sonntagsbeilage Nr. 26, 8-10 u. Nr. 27, 8-10.

1896 »Soziologische Ästhetik«. In: *Die Zukunft* 17, 204-216.

1896 »Zur Methodik der Sozialwissenschaft«. In: *Jahrbuch für Gesetzgebung, Verwaltung und Volkswirtschaft im Deutschen Reich* 20, 575-585.

1896 »Das Geld in der modernen Kultur«. In: *Zeitschrift des Oberschlesischen Berg- und Hüttenmännischen Vereins* 35, 319-324.

1896 »Superiority and subordination as subject-matter for sociology«. In: *American Journal of Sociology* 2, 167-189; 392-415.

1896 »Skizze einer Willenstheorie«. In: *Zeitschrift für Psychologie und Physiologie der Sinnesorgane* 9, 206-220.

1896/97 »Comment les formes sociales se maintiénnent«. In: *L'Année Sociologique* 1, 71-109.

1897 »Die Bedeutung des Geldes für das Tempo des Lebens«. In: *Neue Deutsche Rundschau* 8, 111-122.

1898 »Die Selbsterhaltung der sozialen Gruppe. Soziologische Studie«. In: *Jahrbuch für Gesetzgebung, Verwaltung und Volkswirtschaft im Deutschen Reich* 22, 589-640.

1898 »Zur Soziologie der Religion«. In: *Neue Deutsche Rundschau* 9, 111-123.

1898 »Die Rolle des Geldes in den Beziehungen der Geschlechter. Fragment aus einer ›Philosophie des Geldes‹«. In: *Die Zeit.* Wien 15., 22. u. 29. 1. 1898.

1899 »Zur Philosophie der Arbeit«. In: *Neue Deutsche Rundschau* 10, 449-463.

1900 *Philosophie des Geldes.* Leipzig: Duncker & Humblot
Inhalt: Analytischer Teil:
I. Wert und Geld

II. Der Substanzwert des Geldes
III. Das Geld in den Zweckreihen –
Synthetischer Teil:
IV. Die individuelle Freiheit
V. Das Geldäquivalent personaler Werte
VI. Der Stil des Lebens

1901 »Zur Psychologie der Scham«. In: *Die Zeit*. Wien 9. 11. 1901.

1901/02 »Die beiden Formen des Individualismus«. In: *Das freie Wort. Frankfurter Halbmonatsschrift für Fortschritt auf allen Gebieten des geistigen Lebens* 1, 397-403.

1902 »Weibliche Kultur«. In: *Neue Deutsche Rundschau* 13, 504-515.

1902 »Tendencies in German life and thought since 1870«. In: *International Monthly* 5, 98-111; 166-184.

1902 »The number of members as determining the sociological form of the group«. In: *American Journal of Sociology* 8, 1-46; 158-196.

1903 »Über räumliche Projektionen sozialer Formen«. In: *Zeitschrift für Sozialwissenschaft* 6, 287-302.

1903 »Soziologie der Konkurrenz«. In: Neue Deutsche Rundschau 14, 1009-1023.

1903 »Soziologie des Raumes«. In: *Jahrbuch für Gesetzgebung, Verwaltung und Volkswirtschaft im Deutschen Reich* 27, 27-71.

1903 »Die Großstädte und das Geistesleben«. In: *Jahrbuch der Gehe-Stiftung* 9, 185-206.

1903/04 »The sociology of conflict«. In: *American Journal of Sociology* 9, 490-525; 672-698; 798-811.

1904 *Kant. Sechzehn Vorlesungen, gehalten an der Berliner Universität.* Leipzig: Duncker & Humblot.

1905 *Die Probleme der Geschichtsphilosophie. Eine erkenntnistheoretische Studie.* Leipzig: Duncker & Humblot. 2. Völlig veränderte Aufl.

1905 »Das Ende des Streits«. In: *Die Neue Rundschau* 16, 746-753.

1905 *Philosophie der Mode.* Berlin: Pan-Verlag.

1905/06 »The sociology of secrecy and of the secret Societies«. In: *American Journal of Sociology* 11, 441-498.

1906 »Psychologie der Diskretion«. In: *Der Tag*. Berlin 2. und 4. 9. 1906.

1906 »Zur Soziologie der Armut«. In: *Archiv für Sozialwissenschaft und Sozialpolitik* 22, 1-30.

1906 *Kant und Goethe.* Berlin: Bard, Marquardt.

1906 *Die Religion.* Frankfurt/M.: Rütten & Loening.

1907 »Dankbarkeit. Ein soziologischer Versuch«. In: *Morgen. Wochenschrift für deutsche Kultur* 1, 593-598.

1907 »Soziologie der Über- und Unterordnung«. In: *Archiv für Sozialwissenschaft und Sozialpolitik* 24, 477-546.

1907 »Zur Philosophie der Herrschaft. Bruchstück aus einer Soziologie«. In: *Jahrbuch für Gesetzgebung, Verwaltung und Volkswirtschaft im Deutschen Reich* 31, 439-471.

1907 »Soziologie der Sinne«. In: *Die Neue Rundschau* 18, 1025 bis 1036.

1907 »Zur Soziologie des Adels. Fragment aus einer Formenlehre der Gesellschaft«. In: *Frankfurter Zeitung* 27. 12. 1907.

1907 *Schopenhauer und Nietzsche. Ein Vortragszyklus.* Leipzig: Duncker & Humblot.

1908 *Soziologie. Untersuchungen über die Formen der Vergesellschaftung.* Leipzig: Duncker & Humblot.
Inhalt:
I. Das Problem der Soziologie – Exkurs über das Problem: wie ist Gesellschaft möglich
II. Die quantitative Bestimmtheit der Gruppe
III. Über- und Unterordnung – Exkurs über die Überstimmung
IV. Der Streit
V. Das Geheimnis und die geheime Gesellschaft – Exkurs über den Schmuck – Exkurs über den schriftlichen Verkehr
VI. Die Kreuzung sozialer Kreise
VII. Der Arme – Exkurs über die Negativität kollektiver Verhaltensweisen
VIII. Die Selbsterhaltung der Gruppe – Exkurs über das Erbamt – Exkurs über Sozialpsychologie – Exkurs über Treue und Dankbarkeit
IX. Der Raum und die räumlichen Ordnungen der Gesellschaft – Exkurs über die soziale Begrenzung – Exkurs über den Fremden
X. Die Erweiterung der Gruppe und die Ausbildung der Individualität – Exkurs über den Adel – Exkurs über die Analogie der individualpsychologischen und der soziologischen Verhältnisse.

1908 »Der Brief. Aus einer Soziologie des Geheimnisses«. In: *Österreichische Rundschau* 15, 334-336.

1908 »Der Mensch als Feind. Zwei Fragmente aus einer Soziologie«. In: *Morgen. Wochenschrift für deutsche Kultur* 2, 55-60.

1908 »Über das Wesen der Sozial-Psychologie«. In: *Archiv für Sozialwissenschaft und Sozialpolitik* 26, 285-291.

1908 »Psychologie des Schmuckes«. In: *Morgen. Wochenschrift für deutsche Kultur* 2, 454-459.

1909 »Psychologie der Koketterie«. In: *Der Tag.* Berlin 11. und 12. 5. 1909.

1910 *Hauptprobleme der Philosophie.* Leipzig: Göschen.
Inhalt:
I. Vom Wesen der Philosophie
II. Vom Sein und Werden
III. Vom Subjekt und Objekt
IV. Von den idealen Forderungen

1910 »Philosophie des Abenteuers«. In: *Der Tag.* Berlin 7. und 8. 6. 1910.

1910 »Soziologie der Mahlzeit«. In: *Berliner Tageblatt* 10. 10. 1910. Beilage: Der Zeitgeist Nr. 41.

1910/11 »Zur Metaphysik des Todes«. In: *Logos* 1, 57-70.

1911 *Philosophische Kultur. Gesammelte Essays.* Leipzig: Klinkhardt.
Inhalt:
I. Einleitung
II. Zur philosophischen Psychologie: Das Abenteuer – Die Mode
III. Zur Philosophie der Geschlechter: Das Relative und das Absolute im Geschlechter-Probleme – Die Koketterie
IV. Zur Ästhetik: Der Henkel – Die Ruine – Die Alpen
V. Über künstlerische Persönlichkeiten: Michelangelo – Rodin
VI. Zur Religionsphilosophie: Die Persönlichkeit Gottes – Das Problem der religiösen Lage
VII. Zur Philosophie der Kultur: Der Begriff und die Tragödie der Kultur – Weibliche Kultur

1911 »Soziologie der Geselligkeit«. In: *Verhandlungen des 1. Deutschen Soziologentages vom 19.-22. 10. 1910 in Frankfurt/M.* Tübingen: Mohr, 1-16.

1911 »Das Relative und das Absolute im Geschlechter-Problem«. In: *Frauen – Zukunft* 2, 157-172 u. 253-265.

1911 »Der Begriff und die Tragödie der Kultur«. In: *Logos* 2, 1-25.

1913 *Goethe.* Leipzig: Klinkhardt & Biermann.

1913 »Das individuelle Gesetz. Ein Versuch über das Prinzip der Ethik«. In: *Logos* 4, 117-160.

1916 *Rembrandt. Ein kunstphilosophischer Versuch.* Leipzig: Kurt Wolff.

1916 *Das Problem der historischen Zeit.* Berlin: Reuther & Reichard.

1917 *Grundfragen der Soziologie. Individuum und Gesellschaft.* Berlin: Göschen.
Inhalt:

I. Das Gebiet der Soziologie
II. Das soziale und das individuelle Niveau (Beispiel der Allgemeinen Soziologie)
III. Die Geselligkeit (Beispiel der Reinen oder Formalen Soziologie)
IV. Individuum und Gesellschaft in Lebensanschauungen des 18. und 19. Jahrhunderts (Beispiel der Philosophischen Soziologie)

1917 *Der Krieg und die geistigen Entscheidungen. Reden und Aufsätze.* München-Leipzig: Duncker & Humblot.
Inhalt:
I. Deutschlands innere Wandlung
II. Die Dialektik des deutschen Geistes
III. Die Krisis der Kultur
IV. Die Idee Europa

1918 *Lebensanschauung. Vier metaphysische Kapitel.* München-Leipzig: Duncker & Humblot.
Inhalt:
I. Die Transzendenz des Lebens
II. Die Wendung zur Idee
III. Tod und Unsterblichkeit
IV. Das individuelle Gesetz

1918 *Der Konflikt der modernen Kultur. Ein Vortrag.* München-Leipzig: Duncker & Humblot.

1918 *Vom Wesen des historischen Verstehens.* Berlin: Mittler.

1922 *Schulpädagogik. Vorlesungen gehalten an der Universität Straßburg.* Hg. von K. Hauter. Osterwieck/Harz: Zickfeldt.
Inhalt:
I. Das grundsätzliche Verhältnis zwischen Erziehung und Unterricht
II. Von der Aufmerksamkeit und dem Lernen
III. Von der Konsequenz
IV. Vom Fragen
V. Von der Beurteilung
VI. Von den Strafen
VII. Von der Sprache und den Sprachen
VIII. Vom deutschen Aufsatz
IX. Vom Geschichtsunterricht
X. Von der sittlichen Erziehung – Anhang über sexuelle Aufklärung

1923 *Fragmente und Aufsätze aus dem Nachlaß und Veröffentlichungen der letzten Jahre.* Hg. und mit einem Vorwort von Gertrud Kantorowicz. München: Drei Masken-Verlag.
Inhalt:

I. Aus dem nachgelassenen Tagebuche
II. Über die Liebe (Fragment)
III. Der Platonische und der moderne Eros
IV. Die historische Formung
V. Gesetzmäßigkeit im Kunstwerk
VI. Zur Philosophie des Schauspielers
VII. Zum Problem des Naturalismus

1957 *Brücke und Tür. Essays des Philosophen zur Geschichte, Religion, Kunst und Gesellschaft.* Im Verein mit Margarete Susman hg. von Michael Landmann. Stuttgart: Koehler.
Inhalt:
Leben und Philosophie: Brücke und Tür – Das Problem des Schicksals – Fragment über die Liebe – Zur Metaphysik des Todes – Über Geschichte der Philosophie – Geschichte und Kultur: Das Problem der historischen Zeit – Vom Wesen des historischen Verstehens – Vom Wesen der Kultur – Die Zukunft unserer Kultur – Wandel der Kulturformen – Die Religion: Beiträge zur Erkenntnistheorie der Religion – Religiöse Grundgedanken und moderne Wissenschaft – Vom Heil der Seele – Das Christentum und die Kunst – Das Schöne und die Kunst: Philosophie der Landschaft – Die ästhetische Bedeutung des Gesichts – Germanischer und klassisch-romanischer Stil – Der Schauspieler und die Wirklichkeit – Aus einer Aphorismensammlung – Geschichtliche Gestalten: Nietzsche und Kant – Goethe und die Jugend – Erinnerung an Rodin – Die Gesellschaft: Soziologische Ästhetik – Das Gebiet der Soziologie – Die Großstädte und das Geistesleben – Soziologie der Mahlzeit – Individualismus – Das Individuum und die Freiheit

1958 »Anfang einer unvollständigen Selbstdarstellung«. In: Gassen, K. / Landmann, M. (Hg.), *Buch des Dankes an Georg Simmel. Briefe, Erinnerungen, Bibliographie. Zu seinem 100. Geburtstag am 1. März 1958.* Berlin: Duncker & Humblot, 9-10.

1968 *Das individuelle Gesetz. Philosophische Exkurse.* Hg. und eingeleitet von M. Landmann. Frankfurt/M.: Suhrkamp.
Inhalt:
Die Probleme der Geschichtsphilosophie – Beiträge zur Philosophie der Geschichte – Das Problem der Soziologie – Religion und Gesellschaft – Der Fremde – Soziologische Ästhetik – Zur Philosophie des Schauspiels – Der Henkel – Bruchstücke aus einer Philosophie der Kunst – Der Begriff und die Tragödie der Kultur – Der Konflikt der modernen Kultur – Das individuelle Gesetz – Anhang: Die ästhetische Quantität – Die Krisis der Kultur – Zum Fall Schmoller – Simmels Briefe an den Grafen Keyserling

2. Sekundärliteratur

Abel, Th. (1929), *Systematic sociology in Germany*. New York (Reprint 1965).

Abel, Th. (1959), »The contribution of Georg Simmel. A reappraisal«. In: *American Sociological Review* 24, 473-479.

Adler, M. (1919), *Georg Simmels Bedeutung für die Geistesgeschichte.* Wien.

Adorno, Th. W. (1965), »Henkel, Krug und frühe Erfahrung«. In: *Ernst Bloch zu Ehren.* Frankfurt/M., 9-20.

Altaraz, I. (1918), *Reine Soziologie. Darstellung und Kritik der typischen Versuche zur Schaffung einer philosophischen Sozialwissenschaft.* Diss. Berlin.

Altmann, S. P. (1904), »Die Philosophie des Geldes«. In: *Deutschland. Monatsschrift für die gesamte Kultur* 3, 88-104; 213-219.

Aron, R. (1969), *Deutsche Soziologie der Gegenwart.* Stuttgart.

Axelrod, Ch. D. (1977), »Toward an appreciation of Simmel's fragmentary style«. In: *The Sociological Quarterly* 18, 185-196.

Axelrod, Ch. D. (1979), *Studies in intellectual breakthrough.* Freud, Simmel, Buber. Amherst.

Bauer, I. (1961), *Die Tragik in der Existenz des modernen Menschen bei Georg Simmel.* Diss. München.

Becher, H.-J. (1971), *Georg Simmel. Die Grundlagen seiner Soziologie.* Stuttgart.

Becker, H. (1959), »On Simmel's ›Philosophy of Money‹«. In: Wolff, K. H. (Hg.), *Georg Simmel. 1858-1918. A collection of essays, with translations, and a bibliography.* Ohio State University, 216-232.

Bentley, A. F. (1926/27), »Simmel, Durkheim, Ratzenhofer«. In: *American Journal of Sociology* 32, 250-256.

Bernhard, E. (1914), »Georg Simmel als Soziologe und Sozialphilosoph«. In: *Die Tat* 5, 1080-1086.

Blumenberg, H. (1976), »Geld oder Leben. Eine metaphorologische Studie zur Konsistenz der Philosophie Georg Simmels«. In: Böhringer, H. / Gründer, K. (Hg.), *Ästhetik und Soziologie um die Jahrhundertwende: Georg Simmel.* Frankfurt/M., 121-134.

Böhringer, H. (1976), »Spuren von spekulativem Atomismus in Simmels formaler Soziologie«. In: Böhringer, H. / Gründer, K. (Hg.), *Ästhetik und Soziologie um die Jahrhundertwende: Georg Simmel.* Frankfurt/M., 105-117.

Böhringer, H. / Gründer, K. (Hg.) (1976), *Ästhetik und Soziologie um die Jahrhundertwende: Georg Simmel.* Frankfurt/M.

Bohner, H. (1930), *Untersuchungen zur Entwicklung der Philosophie Georg Simmels.* Diss. Freiburg i. Br.

Bouglé, C. (1894), »Les sciences sociales en Allemagne: Georg Simmel«. In: *Revue de Métaphysique et de Morale* 2, 329-355.
Bouglé, C. (1912/65), »The sociology of Georg Simmel«. In: Coser, L. A. (Hg.), *Georg Simmel*. Englewood Cliffs, N. J., 58-63 (franz. Orig. 1912).
Brinkmann, H. (1974), *Methode und Geschichte. Die Analyse der Entfremdung in Georg Simmels ›Philosophie des Geldes‹*. Gießen.
Christian, P. (1978), *Einheit und Zwiespalt. Zum hegelianisierenden Denken in der Philosophie und Soziologie Georg Simmels*. Berlin.
Coser, L. A. (1956), *Theorie sozialer Konflikte*. Neuwied 1965 (amerik. Orig. 1956).
Coser, L. A. (1958), »Georg Simmel's style of work«. In: *American Journal of Sociology* 63, 635-640.
Coser, L. A. (Hg.) (1965), *Georg Simmel*. Englewood Cliffs, N. J.
Coser, L. A. (1965/66), »The sociology of poverty«. In: *Social Problems* 13, 140-148.
Coser, L. A. (1971), *Masters of sociological thought. Ideas in historical and social context*. New York.
Coser, L. A. (1977), »Georg Simmel's neglected Contributions to the Sociology of Women«. In: *Signs. Journal of Women in Culture and Society* 2, 869-876.
Dahme, H.-J. (1981), Soziologie als exakte Wissenschaft. Georg Simmels Ansatz und seine Bedeutung in der gegenwärtigen Soziologie. 2 Bde. Stuttgart.
Davis, M. S. (1972/73), »Georg Simmel and the aesthetics of social reality«. In: *Social Forces* 51, 320-329.
Dieterich, O. (1921), *Georg Simmel und seine Bedeutung für die Nationalökonomie*. Diss. Freiburg i. Br.
Duncan, H. D. (1959), »Simmel's image of society«. In: Wolff, K. H. (Hg.), *Georg Simmel. 1858-1918. A collection of essays, with translations and a bibliography*. Ohio State University, 100-118.
Durkheim, E. (1900), »La sociologia ed il suo dominio scientifico«. In: *Revista Italiana di Sociologia* 4, 127-148 (amerikanische Übersetzung in: Coser (Hg.) 1965).
Eisermann, G. (1979), »Georg Simmel«. In: A. Silbermann (Hg.), *Klassiker der Kunstsoziologie*. München, 64-84.
Ekhart, L. (1956), *Georg Simmels philosophische Begründung seiner Soziologie*. Diss. Graz.
Eulenburg, F. (1909), »Simmels Probleme der Geschichtsphilosophie (Neuere Geschichtsphilosophie III C I)«. In: *Archiv für Sozialwissenschaft und Sozialpolitik* 29, 169-197.
Freund, J. (1976), »Der Dritte in Simmels Soziologie«. In: Böhringer, H. / Gründer, K. (Hg.), *Ästhetik und Soziologie um die Jahrhundertwende: Georg Simmel*. Frankfurt/M., 90-104.

Freyer, H. (1930), *Soziologie als Wirklichkeitswissenschaft.* Leipzig–Berlin.

Frisby, D. (1978), »Introduction to the translation«. In: G. Simmel, *The Philosophy of Money.* London, 1-49 (übersetzt und hg. v. T. Bottomore u. D. Frisby).

Frisby, D. (1981), *Sociological Impressionism. A Reassessment of Georg Simmel's Social Theory.* London.

Frischeisen-Köhler, M. (1920), »Georg Simmel«. In: *Kant-Studien* 24, 1-51.

Frost, W. (1925/26), »Die Soziologie Simmels«. In: *Acta Universitatis Latviensis* (Riga) 12 (1925), 219-313; 13 (1926), 149-225.

Gassen, K. / Landmann, M. (Hg.) (1958), *Buch des Dankes an Georg Simmel. Briefe, Erinnerungen, Bibliographie.* Berlin.

Gephart, W. (1982), »Emile Durkheim: Die elementaren Formen des religiösen Lebens. Oder: Das ›unheimliche Verhältnis‹ von Durkheim zu Simmel«. In: *Soziologische Revue* 5, 11-17.

Gephart, W. (1982), »Soziologie im Aufbruch. Zur Wechselwirkung von Durkheim, Schäffle, Tönnies und Simmel«. In: *Kölner Zeitschrift für Soziologie und Sozialpsychologie* 34, 1-25.

Gerhardt, U. (1971), »Immanenz und Widerspruch. Die philosophischen Grundlagen der Soziologie Georg Simmels und ihr Verhältnis zur Lebensphilosophie Wilhelm Diltheys«. In: *Zeitschrift für philosophische Forschung* 25, 276-292.

Gerhardt, U. (1976), »Georg Simmels Bedeutung für die Geschichte des Rollenbegriffs in der Soziologie«. In: Böhringer, H. / Gründer K. (Hg.), *Ästhetik und Soziologie um die Jahrhundertwende: Georg Simmel.* Frankfurt/M., 71-89.

Gerson, H. (1932), *Die Entwicklung der ethischen Anschauung bei Georg Simmel.* Diss. Berlin.

Grünewald, M. (1925), *Die Philosophie Simmels mit besonderer Berücksichtigung ihrer Beziehung zum Pragmatismus.* Diss. Breslau.

Hawthorn, H. B. (1956), »A test of Simmel on the secret society. The Doukhobors of British Columbia«. In: *American Journal of Sociology* 62, 1-7.

Hazelrigg, L. E. (1969), »A reexamination of Simmel's ›The secret and the secret society‹. Nine propositions«. In: *Social Forces* 47, 323-330.

Heberle, R. (1948), »The sociology of Georg Simmel. The forms of social interaction«. In: Barnes, H. E. (Hg.), *Introduction to the history of sociology.* Chicago, 249-273.

Honigsheim, P. (1956), »Simmel«. In: *Handwörterbuch der Sozialwissenschaften.* Bd. 9. Tübingen, 270-272.

Honigsheim, P. (1959a), »The time and thought of the young Simmel«. In: Wolff, K. H. (Hg.), *Georg Simmel. 1858-1918. A collection of essays, with translations and a bibliography.* Ohio State University, 167-174.

Honigsheim, P. (1959b), »A note on Simmel's anthropological interests«. In: Wolff, K. H. (Hg.), *Georg Simmel. 1858-1918. A collection of essays, with translations and a bibliography.* Ohio State University, 175-179.

Hübner-Funk, S. (1976), »Ästhetizismus und Soziologie bei Georg Simmel«. In: Böhringer, H. / Gründer, K. (Hg.), *Ästhetik und Soziologie um die Jahrhundertwende: Georg Simmel.* Frankfurt/M., 44-70.

Hübner-Funk, S. (1982), *Georg Simmels Konzeption von Gesellschaft. Ein Beitrag zum Verhältnis von Soziologie, Ästhetik und Politik.* Köln.

Joël, K. (1901), »Eine Zeitphilosophie«. In: *Neue Deutsche Rundschau* 12, 812-826.

Kiss, G. (1975), *Einführung in die soziologischen Theorien.* Bd. 2. Opladen.

Kistiakowski, Th. (1899), *Gesellschaft und Einzelwesen. Eine methodologische Studie.* Berlin.

Klemmt, A., *Georg Simmel. Eine kritische Charakter-Studie und Erläuterung der Grundprobleme der gegenwärtigen Philosophie.* Diss. Berlin.

Koigen, D. (1905), »Georg Simmel als Geldapologet«. In: *Dokumente des Sozialismus* 5, 317-323.

Koigen, D. (1910), »Georg Simmels soziologischer Rationalismus«. In: *Archiv für Sozialwissenschaft und Sozialpolitik* 31, 908-924.

Konau, E. (1977), *Raum und soziales Handeln. Studien zu einer vernachlässigten Dimension soziologischer Theoriebildung.* Stuttgart.

Kracauer, S. (1920), »Georg Simmel«. In: *Logos* 9, 307-338.

Landmann, M. (1951/52), »Konflikt und Tragödie. Zur Philosophie Georg Simmels«. In: *Zeitschrift für philosophische Forschung* 6, 115-133.

Landmann, M. (1958), »Bausteine zur Biographie«. In: Gassen, K. / Landmann, M. (Hg.), *Buch des Dankes an Georg Simmel. Briefe, Erinnerungen, Bibliographie.* Berlin, 11-30.

Landmann, M. (1967), »Georg Simmel als Prügelknabe«. In: *Philosophische Rundschau* 14, 258-274.

Landmann, M. (1968), »Einleitung des Herausgebers«. In: Simmel, G., *Das individuelle Gesetz. Philosophische Exkurse.* Frankfurt/M., 7-29.

Landmann, M. (1976), »Georg Simmel. Konturen seines Denkens«. In: Böhringer, H. / Gründer, K. (Hg.), *Ästhetik und Soziologie um die Jahrhundertwende: Georg Simmel.* Frankfurt/M., 3-17.

Lawrence, P. (1976), »Introduction to the life and work of Georg Simmel«. In: G. Simmel, *Sociologist and European.* Sunbury – on – Thames, 3-53.

Léger, F., *La pensee de Georg Simmel. Contribution à l'histoire des idées en Allemagne au début du xx° siecle.* 3. Bd., Diss. Paris (o. J.).

Levine, D. N. (1959), »The structure of Simmel's social thought«. In: Wolff, K. H. (Hg.), *Georg Simmel. 1858-1918. A collection of essays, with translations, and a bibliography.* Ohio State University, 9-32.

Levine, D. N. (1965), »Some key problems in Simmel's work«. In: Coser, L. A. (Hg.), *Georg Simmel*, Englewood Cliffs, 97-115.

Levine, D. N. (1971), »Introduction«. In: Simmel, G., *On individuality and social forms.* Chicago, IX-LXV.

Levine, D. N. (1977), »Simmel at a distance. On the history and systematics of the sociology of the stranger«. In: *Sociological Focus* 10, 15-29.

Levine, D. N. (1980), *Simmel and Parsons. Two approaches to the study of society.* New York.

Levine, D. N. (1981), »Sociology's quest for the classics. The case of Simmel«. In: B. Rhea (Hg.), *The future of the Sociological classics.* London, 60-80.

Levine, D. N. / Carter, E. B. / Gorman, E. M. (1976), »Simmel's influence on American sociology«. In: *American Journal of Sociology* 81, 813-845, 1112-1132 (deutsche Übersetzung in: W. Lepenies (Hg.), *Geschichte der Soziologie* Bd. 4, Frankfurt/M. 1981, 32-81).

Lieber, H.-J. (1974), *Kulturkritik und Lebensphilosophie. Studie zur deutschen Philosophie der Jahrhundertwende.* Darmstadt.

Lieber, H.-J. / Furth, P. (1958), »Zur Dialektik der Simmelschen Konzeption einer formalen Soziologie«. In: Gassen, K. /Landmann, M. (Hg.), *Buch des Dankes an Georg Simmel. Briefe, Erinnerungen, Bibliographie.* Berlin, 39-59.

Liebeschütz, H. (1970), *Von Georg Simmel zu Franz Rosenzweig. Studien zum jüdischen Denken im deutschen Kulturbereich.* Tübingen.

Lipmann, M. (1959), »Some aspects of Simmel's conception of the individual«. In: Wolff, K. H. (Hg.), *Georg Simmel. 1858-1918. A collection of essays, with translations, and a bibliography.* Ohio State University, 119-138.

Lübbe, H. (1962), »Simmel«. In: *Staatslexikon.* Bd. 7. Freiburg, 80-82.

Lübbe, H. (1974), *Politische Philosophie in Deutschland.* München.

Lukacs, G. (1918), »Über Georg Simmel«. In: Gassen, K. / Landmann, M. (Hg.), *Buch des Dankes an Georg Simmel. Briefe, Erinnerungen, Bibliographie.* Berlin 1958, 171-176 (ungar. Orig. 1918).

Lukacs, G. (1974), *Die Zerstörung der Vernunft.* 3 Bde. Darmstadt-Neuwied (1. Aufl. 1954).

Mamelet, A. (1912/13), »La philosophie de Georg Simmel«. In: *Revue de Métaphysique et de Morale* 20 (1912), 567-612; 682-717; 825-877; 21 (1913), 390-435.

Masaryk, Th. G. (1909), »Simmels Soziologie«. In: *Zeitschrift für Sozialwissenschaft* 12, 600-607.

Maus, H. (1959), »Simmel in German sociology«. In: Wolff, K. H. (Hg.), *Georg Simmel. 1858-1918. A collection of essays, with translations, and a bibliography.* Ohio State University, 180-200.

Mayntz, R. (1968), »Simmel«. In: Sills, D. L. (Hg.), *International Encyclopedia of the Social Sciences.* Bd. 14, New York, 251-258.

McLemore, S. D. (1970), »Simmel's ›Stranger‹. A critique of the concept«. In: *Pacific Sociological Review* 13, 86-94.
Mills, Th. (1958), »Some hypotheses on small groups from Simmel«. In: *American Journal of Sociology* 63, 642-650.
Mongardini, C. (1976), »Aspetti della sociologia di Georg Simmel«. In: Simmel, G., *Il conflitto della cultura moderna et altri saggi.* Rom, VII-CXCVI.
Müller, H. (1935), *Georg Simmel als Deuter und Fortbilder Kants.* Diss. Leipzig.
Naegele, K. D. (1968), »Attachment and alienation. Complementary aspects of the work of Durkheim and Simmel«. In: *American Journal of Sociology* 63, 580-589.
Nedelmann, B. (1980), »Strukturprinzipien der Soziologischen Denkweise Georg Simmels«. In: *Kölner Zeitschrift für Soziologie und Sozialpsychologie* 32, 559-573.
Nisbet, R. A. (1977), *Sociology as an art form.* London.
Nissen, J. (1925/26), »Vergesellschaftung als Einstellung. Eine Betrachtung zu Simmels Soziologie«. In: *Annalen der Philosophie und philosophischen Kritik* 5, 77-108.
Nobs, M. (1926), *Der Einheitsgedanke in der Philosophie Georg Simmels.* Diss. Bern.
Nowak, St. (1975), »Wstep do wydania polskiego« (Einleitung zur polnischen Übersetzung. In: Simmel, G., *Socjologia.* Warszawa, IX-XXXI).
Oakes, G. (1980), »Introduction«. In: Simmel, G., *Essays on interpretation in Social science.* Manchester, 3-94.
O'Neill, J. (1973), »On Simmel's ›Sociological apriorities‹«. In: Psathas, G. (Hg.), *Phenomenological sociology, Issues and applications.* New York, 91-106.
Pohlmann, E. (1979), *Das soziologisch-philosophische Werk Georg Simmels und sein geistesgeschichtliches Umfeld.* Diss. Freiburg i. Br.
Schmalenbach, H. (1919), »Simmel«. In: *Sozialistische Monatshefte* 25, 283-288.
Schmidt, C. (1905), »Eine Philosophie des Geldes«. In: *Sozialistische Monatshefte* 5, 180-185.
Schmoller, G. (1901), »Simmels Philosophie des Geldes«. In: *Jahrbuch für Gesetzgebung, Verwaltung und Volkswirtschaft im Deutschen Reich* 25, 799-816.
Schnabel, P. E. (1974), *Die soziologische Gesamtkonzeption Georg Simmels. Eine wissenschaftshistorische und wissenschaftstheoretische Untersuchung.* Stuttgart.
Schnabel, P. E. (1976), »Georg Simmel«. In: Käsler, D. (Hg.), *Klassiker des soziologischen Denkens.* Bd. 1. *Von Comte bis Durkheim.* München, 267-311.

Schrader-Klebert, K. (1968), »Der Begriff der Gesellschaft als regulative Idee. Zur transzendentalen Begründung der Soziologie bei Georg Simmel«. In: *Soziale Welt* 19, 97-118.

Simmel, H. (1976), »Auszüge aus den Lebenserinnerungen«. In: Böhringer, H. / Gründer, K. (Hg.), *Ästhetik und Soziologie um die Jahrhundertwende: Georg Simmel.* Frankfurt/M., 247-268.

Sorokin, P. (1928), *Contemporary sociological theories.* New York.

Spann, O. (1905), »Zur Kritik des Gesellschaftsbegriffes der modernen Soziologie«. In: *Zeitschrift für die gesamte Staatswissenschaft* 61, 302-344.

Spann, O. (1907), »Wirtschaft und Gesellschaft. Eine dogmenkritische Untersuchung«. In: *Gesamtausgabe,* Bd. 1 (= Frühe Schriften). Graz 1974 (Erstausgabe 1907).

Spykman, N. J. (1925), *The social theory of Georg Simmel.* New York (Reprint 1964).

Steinhoff, M. (1924/25), »Die Form als soziologische Grundkategorie bei Georg Simmel«. In: *Kölner Vierteljahreshefte für Soziologie* 4, 215-259.

Susman, M. (1923/24), Pole jüdischen Denkens. Hermann Cohen und Georg Simmel. In: *Die Tat,* 15, 385-389

Susman, M. (1959), *Die geistige Gestalt Georg Simmels.* Tübingen.

Tartler, R. (1965), Georg Simmels Beitrag zur Integrations- und Konflikttheorie der Gesellschaft. In: *Jahrbuch für Sozialwissenschaft* 16, 1-12.

Tenbruck, F. H. (1958), Georg Simmel. In: *Kölner Zeitschrift für Soziologie und Sozialpsychologie* 10, 587–614.

Tenbruck, F. H. (1959), Formal sociology. In: Wolff, K. H. (Hg.), *Georg Simmel. 1858–1918. A collection of essays, with translations, and a bibliography.* Ohio State University, 61-99.

Tönnies, F. (1918), Simmel als Soziologe. In: *Frankfurter Zeitung,* 9. 10. 1918.

Trnka, H. (1948), *Inwieweit bedeuten Simmels ›Philosophie des Geldes‹ und Molls ›Logik des Geldes‹ eine Förderung der modernen Geldtheorie?* Diss. (Hochschule für Welthandel) Wien.

Troeltsch, H. (1916), Zum Begriff und zur Methode der Soziologie. In: *Weltwirtschaftliches Archiv* 8, 259-274.

Troeltsch, E. (1922), Der Historismus und seine Probleme. 1. Buch: Das logische Problem der Geschichtsphilosophie. In: *Gesammelte Schriften* III. Tübingen.

Turner, J. H. (1975), Marx and Simmel revisited. Reassessing the foundations of conflict theory. In: *Social Forces* 53, 618-627.

Ulrich, P. O. (1981), *Immanenz und Transzendenz. Georg Simmels Entwurf einer nachchristlichen Religionsphilosophie.* Frankfurt/M.

Vierkandt, A. (1915/16), »Die Beziehung als Grundkategorie des sozialen

Denkens«. In: *Archiv für Rechts- und Wirtschaftsphilosophie* 9, 83-90; 214-225.
Vierkandt, A. (1921), »Programm einer formalen Gesellschaftslehre«. In: *Kölner Vierteljahreshefte für Sozialwissenschaften* 1, 56-66.
Vierkandt, A. (1934), »Simmel«. In: *Encyclopedia of Social Sciences.* Bd. 14, New York, 61.
Wallisch-Prinz, B. (1977), *A Sociology of freedom. Georg Simmel's Theory of modern society.* Diss. Bremen.
Walter, E. V. (1959), »Simmel's sociology of power. The architecture of politics«. In: Wolff, K. H. (Hg.), *Georg Simmel. 1858-1918. A collection of essays, with translations, and a bibliography.* Ohio State University, 139-166.
Weber, M. (1972), »Georg Simmel as sociologist, with an introduction by D. N. Levine«. In: *Social Research* 39, 155-163.
Weingartner, R. H. (1960), *Experience and culture. The philosophy of Georg Simmel.* Middletown, Conn.
Wiese, L. von (1920), »Soziologie als Einzelwissenschaft«. In: *Schmollers Jahrbuch* 44, 347-367.
Wiese, L. von (1921), »Zur Methodologie der Beziehungslehre«. In: *Kölner Vierteljahreshefte für Sozialwissenschaften* 1, 47-55.
Wiesehöfer, W. P. (1975), *Der unmetaphysische Mensch. Untersuchungen zur Anthropologie im Frühwerk Georg Simmels.* Diss. Tübingen.
Wolff, K. H. (1950), »Introduction«. In: *The sociology of Georg Simmel. Translated and edited by K. H. Wolff.* Glencoe, Ill., XVII-LXIV.
Wolff, K. H. (1958), »The challenge of Durkheim and Simmel«. In: *American Journal of Sociology* 63, 590-596.
Wolff, K. H. (Hg.) (1959), *Georg Simmel. 1858-1918. A collection of essays, with translations, and a bibliography.* Ohio State University.
Woyslawski, H.-L. (1931), *Georg Simmels Philosophie des kapitalistischen Geistes.* Diss. Berlin.

Nachweise

1. »Das Gebiet der Soziologie«. Aus: *Grundfragen der Soziologie. Individuum und Gesellschaft.* Berlin: Göschen 1917 (3. Aufl. 1970, 5-32); gekürzt.
2. »Die Ausdehnung der Gruppe und die Ausbildung der Individualität«. Aus: *Vierteljahresschrift für wissenschaftliche Philosophie* 12, 1888, 32-49; gekürzt; Originaltitel: »Bemerkungen zu sozialethischen Problemen«.
3. »Die Differenzierung und das Prinzip der Kraftersparnis«. Aus: *Soziale Differenzierung. Soziologische und psychologische Untersuchungen.* Leipzig: Duncker & Humblot 1890, 117-147; gekürzt.
4. »Das Geld in der modernen Kultur«. Aus: *Zeitschrift des Oberschlesischen Berg- und Hüttenmännischen Vereins* 35, 1896, 319-324.
5. »Die Arbeitsteilung als Ursache für das Auseinandertreten der subjektiven und der objektiven Kultur«. Aus: *Philosophie des Geldes.* Leipzig: Duncker & Humblot 1900, 475-505 [Titel von den Hrsg.]
6. »Zur Psychologie der Mode. Soziologische Studie«. Aus: *Die Zeit,* Wien 12. 10. 1895, 22-24.
7. »Zur Psychologie der Scham«. Aus: *Die Zeit,* Wien 9. 11. 1901.
8. »Psychologie der Diskretion«. Aus: *Der Tag,* Berlin 2. u. 4. 9. 1906.
9. »Psychologie des Schmucks«. Aus: *Morgen. Wochenschrift für deutsche Kultur* 2, Berlin 1908, 454-459.
10. »Rosen. Eine soziale Hypothese«. Aus: *Jugend* 2, 1887, 390-392.
11. »Soziologie der Konkurrenz«. Aus: *Neue Deutsche Rundschau* 14, 1903, 1009-1023; gekürzt.
12. »Zur Philosophie der Herrschaft. Bruchstücke aus einer Soziologie«. Aus: *Jahrbuch für Gesetzgebung, Verwaltung und Volkswirtschaft im Deutschen Reich* 31, 1907, 439-471; gekürzt.
13. »Dankbarkeit. Ein soziologischer Versuch«. Aus: *Morgen. Wochenschrift für deutsche Kultur* 1, 1907, 593-598.
14. »Soziologie des Raumes«. Aus: *Jahrbuch für Gesetzgebung, Verwaltung und Volkswirtschaft im Deutschen Reich* 27, 1903, 27-71; gekürzt.
15. »Die quantitative Bestimmtheit der Gruppe«. Aus: *Soziologie. Untersuchungen über die Formen der Vergesellschaftung.* Leipzig: Duncker & Humblot 1908, 47-133; gekürzt.
16. »Individualismus«. Aus: *Marsyas* 1, 1917, 33-39.
17. »Exkurs über das Problem: Wie ist Gesellschaft möglich?« Aus: *Soziologie. Untersuchungen über die Formen der Vergesellschaftung.* Leipzig: Duncker & Humblot 1908, 27-45.

Suhrkamp Verlag GmbH
Torstraße 44, 10119 Berlin
info@suhrkamp.de
www.suhrkamp.de